速度与规模

碳中和的 OKR 行动指南

Speed & Scale
A Global Action Plan for Solving Our Climate Crisis Now

［美］约翰·杜尔（John Doerr） 著
杨静娴 译

中信出版集团 | 北京

图书在版编目（CIP）数据

速度与规模：碳中和的 OKR 行动指南 /（美）约翰·杜尔著；杨静娴译 . -- 北京：中信出版社，2022.8
书名原文：Speed & Scale: A Global Action Plan for Solving Our Climate Crisis Now
ISBN 978-7-5217-4455-2

Ⅰ.①速… Ⅱ.①约… ②杨… Ⅲ.①节能减排－能源经济－研究 Ⅳ.① F416.2

中国版本图书馆 CIP 数据核字 (2022) 第 091651 号

Speed & Scale: A Global Action Plan for Solving Our Climate Crisis Now by John Doerr
Copyright © 2021 by Beringin Group, LLC
All rights reserved including the right of reproduction in whole or in part in any form.
This edition published by arrangement with Portfolio, an imprint of Penguin Publishing Group, a division of Penguin Random House LLC
Simplified Chinese translation copyright © 2022 by CITIC Press Corporation
ALL RIGHTS RESERVED
本书仅限中国大陆地区发行销售

速度与规模——碳中和的 OKR 行动指南
著者： ［美］约翰·杜尔
译者： 杨静娴
出版发行：中信出版集团股份有限公司
（北京市朝阳区惠新东街甲 4 号富盛大厦 2 座 邮编 100029）
承印者： 北京通州皇家印刷厂

开本：787mm×1092mm 1/16　　　印张：26.5　　　字数：438 千字
版次：2022 年 8 月第 1 版　　　印次：2022 年 8 月第 1 次印刷
京权图字：01-2022-2252　　　书号：ISBN 978-7-5217-4455-2
定价：99.00 元

版权所有·侵权必究
如有印刷、装订问题，本公司负责调换。
服务热线：400-600-8099
投稿邮箱：author@citicpub.com

献给安、玛丽和爱丝特，
感谢她们美妙的、无条件的爱。

目 录

序 III

引 言　有什么计划? 1

第一部分　碳排放清零

第一章　交通运输电动化 21
第二章　电网脱碳 50
第三章　重塑食物体系 86
第四章　保护自然 113
第五章　净化工业 139
第六章　清除碳 162

第二部分　加速转型

第七章　赢得公共政策支持 183
第八章　行动! 217
第九章　创新! 260
第十章　投资! 291

结语 333
致谢 341
附录一　计划如何加总 351
附录二　美国需要的政策 363
附录三　补充阅读资料 369
附录四　披露和投资 373
注释 375
图片鸣谢 409

序

"我很害怕,也很生气。"

2006年,我办了一场晚宴,在吃饭前放映了美国前副总统阿尔·戈尔(Al Gore)关于气候危机的开创性纪录片《难以忽视的真相》(*An Inconvenient Truth*)。我们围坐桌前,每个人轮流表达对这部影片所传递的紧迫信息的想法。轮到我15岁的女儿玛丽时,她以一贯的直来直去的风格说道:"我很害怕,也很生气。"然后,她补充说:**"老爸,这个问题是你们这代人造成的。你们最好解决它。"**

交谈戛然而止。所有人的目光都转向了我,而我完全不知道该说什么。

作为风险投资家,我的工作是寻找大机会,瞄准大挑战,然后投资大的解决方案。我因在谷歌和亚马逊等公司创始初期对其进行投资而为人所知,但环境危机让我曾经见过的任何挑战都相形见绌。我已经在硅谷的凯鹏公司(Kleiner Perkins)工作了40年。公司联合创始人尤金·克莱纳(Eugene Kleiner)生前为我们留下了久经考验的12条定律。其中第一条定律是:无论一项新技术看起来多么具有开创性,都要首先确保它是客户需要的。但环境危机这个问题让我想援引克莱纳另一条鲜为人知的定律:有些时候,恐慌是恰当的反应。

现在已经到了这样的时刻。我们再也不能低估人类所面临的气候问题的紧迫性了。为了避免不可逆转的灾难性后果,我们需要立刻果断地采取行动。对我来说,那天晚上改变了一切。

我和合伙人将气候问题列为最重要的投资目标。我们开始认真考虑投资于清洁和可持续的技术,即硅谷俗称的"清洁技术"(cleantech)。我们甚至聘请阿尔·戈尔担任了公司的最新合伙人。尽管有阿尔的鼎力相助,我的零排放投资之旅最初仍然是一段相当孤独的旅程。2007 年,iPhone 手机横空出世后,史蒂夫·乔布斯(Steve Jobs)邀请我们在苹果公司总部推出了针对移动应用程序开发的 iFund 基金。[1] 我们听到许多移动应用程序初创公司的精彩宣讲,我可以看到四周充满了机会。

那么,为什么要将大量资金投入太阳能电池板、电动汽车电池和非肉类蛋白质等未知领域呢?这是因为,无论是对公司还是对地球来说,这似乎都是应为之举。我认为,清洁技术市场是一头孕育待出的巨兽,而我坚信,我们能够通过做善事赚到钱。

于是,我们双管齐下,同时投资于移动应用程序和气候领域的初创企业,尽管许多人对这两个领域都心存疑虑。在移动应用程序领域的投资迅速给我们带来了一系列成功,但在气候领域的投资在开始时却进展缓慢,许多项目都惨遭失败。在任何情况下,打造一家基业长青的公司都极其困难,而建立一家以应对气候危机为己任的公司更是难上加难。

凯鹏遭到媒体无情的群嘲,但我们耐心而坚定地支持着我们投资的创业者。到了 2019 年,我们幸存的清洁技术风投项目开始击出一个又一个本垒打。我们 10 亿美元的绿色风险投资现在已经增值到 30 亿美元。

不过,我们已经没有时间绕场一周庆祝胜利了。随着时间的流逝,气候时钟不断嘀嗒作响。大气中的碳浓度已经超过了气候稳定的上限。以我们目前的速度,相较于工业革命前,全球平均气温的增幅将迅速突破 1.5℃大关,即科学家所说的可能会对地球造成严重破坏的阈值。全球变暖失控带来的影响已经比比皆是,包括毁灭性的飓风、仿佛《圣经》中描述的洪水、无法控制的森林大火、致命的热浪和极端干旱。

我必须提前警告你们：我们的减排速度远不够快，不足以扭转迫在眉睫的危机。我在 2007 年就这样说过，今天我依然想说：我们所做的还远远不够。² 除非我们在正确的方向上紧急提速，并迅速大规模地推进，否则我们必将要面对世界末日般的景象。融化的极地冰盖将淹没沿海城市，粮食歉收将导致饥馑遍地。到 21 世纪中叶，全世界可能将有 10 亿人成为气候难民。

幸运的是，我们在这场斗争中有一个强大的盟友，那就是创新。在过去的 15 年里，太阳能和风能的价格暴跌了 90%。清洁能源的增长速度超越了所有人的预期。随着电池技术的快速发展，电动汽车的续航里程不断增加，而成本则越来越低。更高的能源效率大大减少了温室气体排放。

然而，尽管已有很多解决方案在手，但它们的应用和普及却远远落后于应该达到的水平。我们需要大量投资和强有力的政策，能够让更多的人用得起这些创新。我们需要立即扩大既有技术的规模，并加速开发更多我们需要的技术。简而言之，我们既需要现有技术，也需要新技术。

那么，落实这项任务的计划何在？坦率地说，我们所缺少的恰恰就是这个：一个切实可行的计划。当然，有许多纸上谈兵的方法可以实现净零排放，即我们向大气中排放的温室气体量不超过我们所能消除的数量，但目标清单并不是计划。一长串的方案选项，不管看上去多么出色，也并非一个计划。愤怒和绝望不是计划，希望和梦想也同样不是。

最重要的是，我们需要明确的行动方针，这就是我撰写本书的初衷。在气候和清洁技术领域的一些世界顶尖专家的帮助下，我写出了《速度与规模》，旨在准确地展示我们应如何实现到 2050 年温室气体净零排放的目标。气候领域的先锋和英雄们已经取得了诸多来之不易的胜利，也收获了许多教训，我希望能够在他们的基础上再接再厉，更进一步。他们中许多人的故事在本书中均有讲述。他们通过更睿智的执行不断开拓创新，是真正的英雄。

计划的好坏取决于它的执行情况。为了完成这项艰巨的使命，我们需要在前进的每一步都承担起应尽的责任。这是我从我的导师，英特尔公司的传奇首席执行官安迪·格鲁夫（Andy Grove）身上学到的宝贵经验。这是我一次又一次亲眼见证过的经验之谈：有想法很容易，执行决定成败。

执行计划需要有恰当的工具。在我上一本书《这就是OKR》[①]（*Measure What Matters*）中，我概述了安迪·格鲁夫在英特尔发明的一套简单却功能强大的目标设定管理方法，被称为OKR，即目标和关键结果（Objectives and Key Results），它引导组织专注于少数几个基本目标，在各个层面上保持一致，努力达成雄心勃勃的结果，并在这一过程中追踪进展情况——只衡量最重要的方面。

现在，我建议我们应用OKR来解决气候危机，这是我们一生中最大的挑战。但在全押之前（这是一种不成功便成仁的决绝姿态），我们必须回答三个基本问题。

我们还有足够的时间吗？
我们希望如此，但我们很快就会将时间耗尽。

我们有很大的试错空间吗？
不，我们没有。不会再有了。

我们有足够的资金吗？
现在还没有。投资者和政府正在加紧行动，但我们需要来自公共和私营部门的更多资金，以开发和推广清洁经济的诸多技术。最重要的是，我们需要将用于非清洁能源的数万亿资金转移到清洁能源上，并更有效地利用这些能源。

数据清楚地表明，现在已经到了采取行动的时候。我将致力于投入我的时间、我的资源和我所拥有的一切知识与你们合作，构建一个净零排放未来。我邀请您加入我们的行动。要把我们的计划付诸实

---

① 中文书名参考中信出版社2018年中译本。——译者注

施，我们需要所有人的共同努力。最重要的是，我们需要以前所未有的速度和规模执行我们的计划。这一点是重中之重。

本书的目标读者包括各式各样的领导者，即任何能带动其他人加入并共同行动的人。他们包括那些能够调动市场力量的企业家和商业领袖，那些愿意为我们的星球而战的政治家和政策领袖，那些可以向他们选出的官员施压的公民和社区领袖，当然也包括新一代领袖，比如格蕾塔·通贝里（Greta Thunberg）[1]和瓦尔希尼·普拉卡什（Varshini Prakash）[2]，他们将为实现2050年及其后的目标指明道路。

《速度与规模》还是为隐藏在你内心深处的领导者而写。我在这里不是为了敦促消费者改变自己的行为。我们当然需要，也期待每个人都采取行动，但这些个人的行动远远不足以实现这一巨大目标。只有协调一致的全球性集体行动才能使我们及时成功撞线。

我似乎不是做出这个行动呼吁的合适人选。我是一个美国人，是地球历史上最大污染国的公民。我是一位富裕的白人，出生在密苏里州的圣路易斯，而我们这代人的不负责任正是造成这个问题的源头。

然而，就在我坐在旧金山附近家里的办公室撰写本书时，我眺望远方的群山，看到了山火映亮的橙色天空，[3]这是干旱和毁灭的标志。仅在加州，每年的山火就会吞噬数百万英亩[3]的森林，向大气中排放的二氧化碳量比全州所有化石燃料排放的二氧化碳总量还要多。这无疑是最糟糕的恶性循环，我觉得自己绝不能袖手旁观。无论作为一名

---

[1] 格蕾塔·通贝里，瑞典青年活动人士、激进环保分子，全球著名的"环保少女"，发起"为气候罢课"运动。但格蕾塔的言论和行为在全世界引发许多争议，有多次报道指出其言行不一，只是在口头上推行环保理念。比如声称为了环保乘坐无排放帆船从欧洲前往纽约参加气候行动峰会，但有团队专门从美国运帆船到欧洲，之后再返回美国，这实际上引起了更多的排放。有人认为她是被政客利用的无知青年。——译者注

[2] 瓦尔希尼·普拉卡什是美国著名气候活动家，环保组织"日出运动"的执行董事和联合创始人，该运动的年轻人致力于阻止气候变化，从石油巨头手中夺回民主，并选出为年青一代的健康和福祉而奋斗的领导人。——译者注

[3] 1英亩 ≈ 0.40公顷 ≈ 0.004平方千米。——编者注

信使我有着怎样的不足，我都必须采取行动。

我踏上这条道路已经有 15 年。我在这段旅程中见证的许多败而不馁的努力，令我收获良多。清洁技术投资与任何其他领域相比，都需要更多的资金、更多的勇气，还有更多的时间和毅力。它需要更长时间的坚持，远远超出大多数投资者所能忍受的限度。整个行业大浪淘沙的过程非常痛苦，但是那些成功的故事，无论其数量多么稀少，间隔时间多么长，仍然会让人觉得一次又一次的挫折完全值得。那些公司的价值远不止实现了盈利，它们正在帮助治愈地球。

基本来说，本书就像是一个合集，汇聚了我自己勇闯这些雷区的经历，以及其他数十位气候领袖的故事。作为投资者，我为支持了他们中的许多人而自豪。他们的幕后故事表明，我们有潜力落实到 2050 年实现净零排放的计划，以及为了成功实现目标我们需要克服哪些障碍。我希望这些故事能让读者在阅读那些技术性更强、数据更丰富的部分之余略感轻松。在这段旅程中，我深深被我们面临的问题和那些不懈努力的人激励。我希望你们也会如此。

所谓企业家，是这样一群人，他们以比常人更少的资源，成就比常人更大的功绩，且其速度之快亦为常人所不及。今天，大胆的冒险家们正在疯狂创新，重新书写规则，以避免人类陷入气候灾难。我们需要将他们的创业能量集聚起来，并尽可能广泛地分配给世界各地的政府、公司和社区。

拥有计划并不能保证达成目标。及时转型到净零排放的未来绝非板上钉钉之事。虽然我可能不如一些人乐观，**但请相信，我仍充满希望，只是有些急不可耐。**有了正确的工具和技术，有了精准的政策，最重要的是，有了科学的支持，我们仍然拥有奋力一搏的机会。

但我们必须立刻行动。

约翰·杜尔
2021 年 7 月

引言　有什么计划？

1942年3月，珍珠港事件发生三个月后一个寒冷的日子，富兰克林·罗斯福总统在白宫会见了美国陆军航空兵司令亨利·"哈普"·阿诺德（Henry "Hap" Arnold）[①]。此次会见只有一个议程：罗斯福总统赢得第二次世界大战的计划。这是一个历史性的挑战，尤其是当时的形势看起来极其严峻。罗斯福总统本可以详尽阐述地缘政治格局，或是列举和分析每一种可能出现的前线形势，也可能会陷入纷繁复杂的细节。然而，总统先生只是拿起一张鸡尾酒餐巾纸，并简单写下三点计划：

1. 守住四大战略要地
2. 进攻日本
3. 在被占领的法国击败纳粹

该计划重点突出、行动导向、简单明确。罗斯福的餐巾纸提供了美国军事领导人迫切需要的东西：清晰。

[①] 亨利·"哈普"·阿诺德即亨利·哈里·阿诺德，是美国名将、五星上将之一，被誉为"美国现代空军之父"。"哈普"是阿诺德使用最广泛的昵称，是"快乐"（Happy）的简写。——译者注

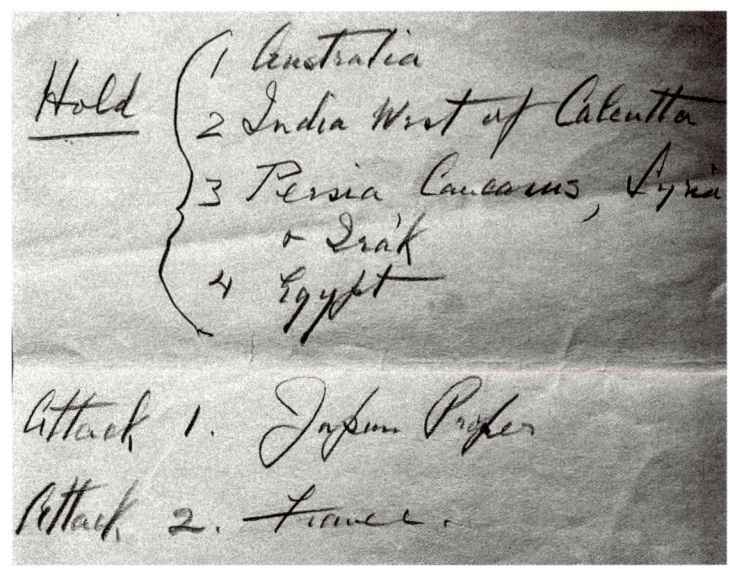

1942年3月，罗斯福总统用上面这张鸡尾酒餐巾纸
简单勾勒出他赢得二战的计划

该计划最终获得了成功，而这绝非巧合。会议结束后，阿诺德将军把罗斯福总统的餐巾纸带回了五角大楼。这份计划一直被列为绝密，直到D日（D-Day）[①]，并在其后的几十年中也被严格保密。2000年，企业家兼图书收藏家杰伊·沃克（Jay Walker）在拍卖会上买下了这张餐巾纸，并在他的图书馆展出。

沃克说："每当有人告诉我某个问题太过复杂，因而无法用一个清晰而简单的计划来解决时，我就会给他们看这张纸巾。难道你需要解决的问题真的比二战还复杂吗？"

何为温室气体？

温室气体是大气中吸收热量的气体。太阳辐射出能量，当你走出阴影来到阳光下时，你就能感觉到它。这些能量中的一部分被地球吸

---

① D日指1944年6月6日诺曼底战役打响之日，即同盟国对二战中被纳粹德国占领的欧洲大陆开始反攻的日子。——译者注

收并辐射回大气中。¹ 氮和氧是构成空气的主要气体，热能可以自由地穿过它们进入太空。但温室气体则是一种结合更为松散的复杂分子，它能吸收一部分热能量并将其再次辐射回地球表面，从而产生"温室效应"，即令地球在因接受太阳直接辐射而升温之后还有额外升温。

我们需要适度的温室气体，因为温暖对生命至关重要。但温室气体过量也会造成问题。二氧化碳是含量最多的温室气体，它无味、无形，而且难以清除。一旦从排气管或烟囱中释放出来，二氧化碳就会在大气中停留几个世纪。

甲烷是另一种强效温室气体。它是天然气的主要成分，能够点亮我们的炉灶，并为家庭供暖。牛类等牲畜大量地释放甲烷。甲烷在大气中停留的时间比二氧化碳短得多，但它的短期吸热能力却高达二氧化碳的数倍。

其他一些气体也会使地球变暖，包括一氧化二氮（化肥的一种副产品），以及一些常见的制冷剂。所有这些温室气体都可以通过一个统一的测量方法进行校准，即二氧化碳当量（CO_2e）。这一总括性指标可以统一度量不同气体对气候变暖的不同影响程度，有助于进行更有意义的比较。

大气中的温室气体含量是多少？

在前工业时代，每百万个空气分子中大约含有 283 个二氧化碳分子。² 2018 年，政府间气候变化专门委员会（IPCC）警告说，我们需要将二氧化碳当量保持在 485ppm① 以下。问题是现在大气中的二氧化碳当量已经超过了这一阈值，达到了 500ppm 以上。³ ［这些数据来自世界各地的 80 个采集点，由美国国家海洋和大气管理局（NOAA）严格测量。］

为了避免气候灾难，我们的目标必须是防止一切额外的温室气体积累，将二氧化碳当量降至 430ppm 以下，并保持在那个水平。

---

① ppm 为浓度单位，是 part per million 的缩写，表示百万分比。类似的还有 ppb、ppt，分别表示十亿分比、万亿分比。——译者注

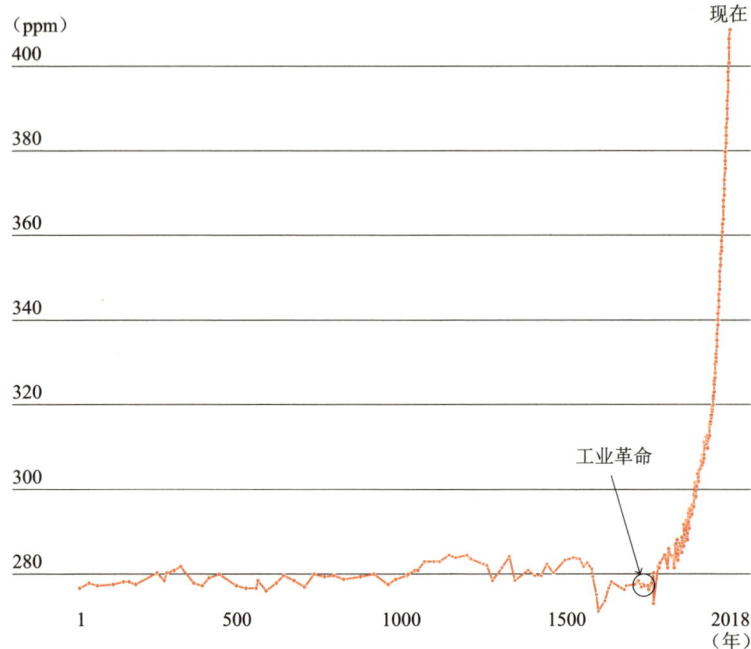

大气中的二氧化碳含量在过去 200 年中急剧上升

改编自 NOAA/ESRL（2018）和 Our World in Data①的数据和可视化资料。

在全球范围内进行评估时，二氧化碳当量通常以 10 亿吨（即 1 万艘满载的航空母舰的重量）为单位。⁴ 就排放量而言，燃烧 110 加仑②汽油会排放 1 吨二氧化碳当量。⁵ 用化石燃料为 1.2 万户家庭供电一年会排放 10 万吨二氧化碳当量。驾驶 20 万辆汽油驱动的汽车，平均每辆行驶 1.2 万英里③，总共会排放 100 万吨二氧化碳当量。运营 220 座燃煤发电厂，一年会排放 10 亿吨二氧化碳当量。每年因人类行为排放的二氧化碳当量总量为 590 亿吨。

---

① Our World in Data（用数据看世界）是由牛津大学经济学家麦克斯·罗瑟（Max Roser）在 2011 年发起的一个在线数据分享项目。——译者注
② 1 加仑 ≈ 3.79 升。——编者注
③ 1 英里 ≈ 1.61 千米。——编者注

为什么这些数字很重要？

不加控制的温室气体排放已经导致地球以失控的速度变暖。总体而言，自 1880 年以来，全球平均气温上升了大约 1℃。[6] 虽然这个数字听上去可能并不大，但这个小数字却造成了巨大的影响。

我们的气候危机由来已久。自工业革命开始以来，化石燃料的燃烧和其他人类活动向大气排放了超过 1.6 万亿吨温室气体，其中一半以上是 1990 年以后排放的。[7] 我们中的许多人都难辞其咎，无论何人，只要坐过汽车或飞机，吃过奶酪汉堡作为午餐，或是在暖气充足的家中享受舒适的环境，就是导致温室气体排放问题的一部分原因。

只有抢在排放物进入大气层之前大幅减少排放，才能防止我们的生态系统崩溃，并防止地球成为一颗不适宜人类生存的星球。请考虑下列针对 2100 年的可怕预测：

我们将大大**突破** 1.5℃的温度升幅上限。

大量研究显示，如果地球气温升高 4℃，全球经济会被摧毁，尤其是南半球的经济。[8] 这场灾难的规模将远远超过 2008 年的金融危机，而且将会长期持续。人类将进入永久性的气候萧条。

但坦率地说，此类警告不太可能让我们就此走上拯救地球的道路。对 80 年后之事所做的预测对于人脑来说实在太过遥远了。气温升高几度听起来无伤大雅而非不祥之兆。同时，最大的障碍在于：如果没有路线图，人们总是迟迟不肯做出改变。真正的变革需要一个清晰且可实现的计划。

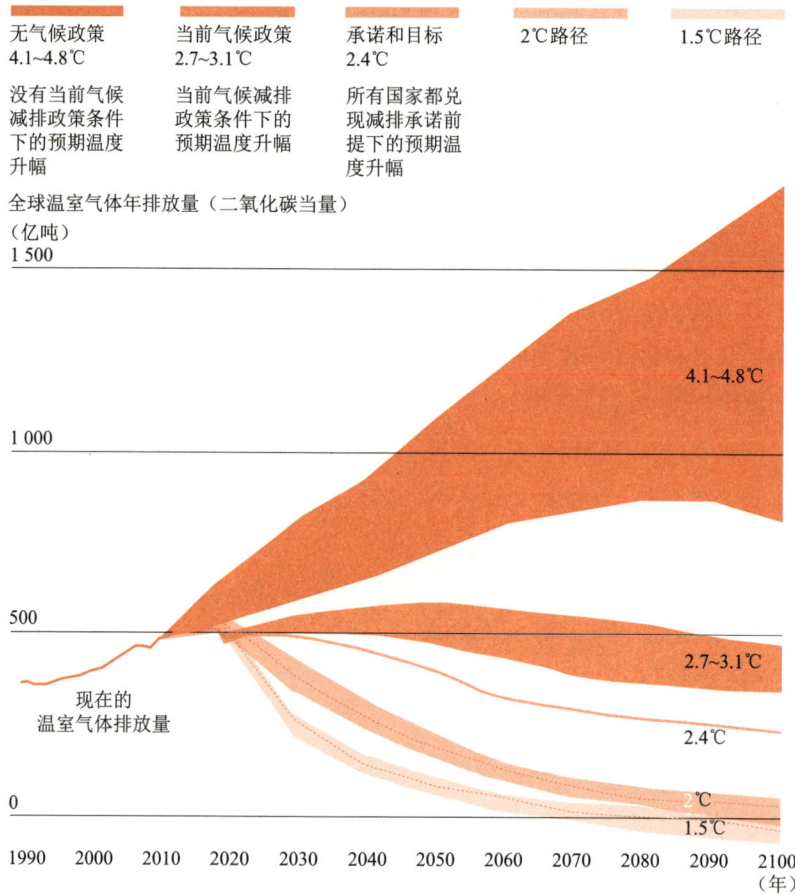

政策情境、排放和温度升幅范围预测

改编自 Climate Tracker 和 Our World in Data 的数据和可视化资料。

你是否能给我看看计划？在将数亿美元的风险资本投资于各种气候解决方案后，我都会提出这个问题。正如你我现在已经清楚知道的那样，一个解决方案组合并不是一个计划。披头士乐队在其名曲《革命》（Revolution）中点出了其中的区别："你说你找到了真正的解决方案……我们都乐意看到你的计划。"[9]

那么，我们如何防止气候危机演变成气候灾难呢？==什么才是有针对性、可操作、可测量的计划，让我们能真正避免这场迫在眉睫的灾==

难?在我们需要的时刻,我们的鸡尾酒餐巾纸在哪里?

这些问题已经困扰我很长一段时间。在过去的15年里,关于这个无比复杂的课题,我已经阅读了所有我能读到的东西。我曾就应对气候变化的理论和实践咨询过世界级权威机构。了解得越多,我就越担心。2009年,我向美国参议院的一个委员会表达了我的担忧。我说,能源技术革命正受到糟糕的联邦政策和研发资金不足的掣肘。

此后的第二年,我和我的合作伙伴组织了一次关于气候危机的研讨会,旨在建立一个清洁技术创新网络。我们召集了诺贝尔奖得主、时任美国能源部长朱棣文以及一些世界顶尖的气候和经济思想家,包括阿尔·戈尔、萨莉·本森(Sally Benson)[①]、艾比·科恩(Abby Cohen)[②]、汤姆·弗里德曼(Tom Friedman)[③]、哈尔·哈维(Hal Harvey)[④]和艾莫里·洛文斯(Amory Lovins)[⑤]。

随着我们开始意识到问题的严重性,我们将凯鹏在清洁技术方面的投资从我们投资组合的大约10%增加到将近50%的水平。与此同时,我开始在萨克拉门托倡导加州的先锋气候和能源政策。我饱含感情地在TED大会上做了一场关于气候变化与投资的演讲,敦促其他人加入这场运动。[10]

作为美国能源创新委员会的创始成员,我努力敦促美国政府增加对气候研究和开发的资助。我和一些志同道合的支持者一起参观了巴

[①] 萨莉·本森是斯坦福大学能源工程教授,2014年被任命为斯坦福大学的能源研究和教育中心普里科特能源研究所(Precourt Institute for Energy)所长。——译者注

[②] 艾比·科恩是高盛首席策略分析师,多次准确预估美国经济与证券市场走势,被誉为华尔街的"多头女司令"。——译者注

[③] 汤姆·弗里德曼似指托马斯·洛伦·弗里德曼,犹太裔美国新闻记者、民主党人、专栏以及书籍作家。他曾三次获得普利策新闻奖,因《世界是平的》等著作而誉满全球。——译者注

[④] 哈尔·哈维是著名气候政策专家,能源创新公司(Energy Innovation)的首席执行官,这家公司总部位于旧金山,为世界各地的政策制定者提供能源与环境政策相关的咨询和分析服务。——译者注

[⑤] 艾莫里·洛文斯是美国作家、物理学家,也是世界能源和能源政策方面的专家,著有《赢得石油终局》(Winning the Oil Endgame)等影响力甚广的著作。——译者注

西的实验室和工厂，了解如何将甘蔗加工成为生物燃料。我们前往莫哈韦沙漠的太阳能热电厂。我们徒步穿越亚马孙雨林，爬上加利福尼亚的风力涡轮发电机。我们去白宫拜见奥巴马总统。我们的不懈努力得到了回报，联邦政府拨款成立了一个名为 ARPA-E（高级研究计划局-能源）的全新机构，还有一些初创期的公司获得了一揽子贷款担保。

在国际上，2015 年的《巴黎协定》号召全球各国家和地区宣布自己的减排目标，这是一个历史性的进步。但正如美国气候特使约翰·克里（John Kerry）所观察到的，这些承诺不足以完成阻止气候变暖的使命。即使在巴黎做出的承诺得到了充分兑现，到 2100 年，全球气温也将升高 3℃或是更高，[11] 远远超过造成全球性大灾难的临界点。

在寻找一个全面计划的过程中，我浏览了针对我们可能拥有的选择所进行的分析，其数量已经数不胜数，从严格的科学分析到由衷的乐观预测，再到极度的悲观和沮丧表达。这很容易令人感到困惑或不知所措。但帮助一代又一代新公司取得成功的经历令我学会一点，那就是：要执行一个大计划，你需要明确且可衡量的目标。我的第一本书介绍了 OKR，即目标和关键结果可以如何推动各类组织获得成功，从谷歌到比尔及梅琳达·盖茨基金会，从小型初创公司到《财富》500 强中的巨无霸。我相信它们也能帮助我们应对全球危机。

OKR 代表目标和关键结果。它们所针对的，是任何值得实现之目标的两个关键方面，即"什么"和"如何"。目标（O）就是你努力要实现的"什么"。关键结果（KR）则告诉我们"如何"实现这些目标，通常它们会被分解为颗粒度更细的目标。

一个精心构建的目标是重要、行动导向、持久和鼓舞人心的。每个目标都得到精心挑选和精心设计的关键结果的支持。强有力的关键结果具体、有时限和雄心勃勃（同样也是现实的），最重要的是，它们应该是可测量和可验证的。

OKR 不是所有任务的总和。相反，它们聚焦于最重要的事情，即在实现特定目标的努力过程中的几个基本行动步骤。它们使我们能够追踪我们的进展。其设计理念是高瞻远瞩，努力去实现雄心勃勃但仍然可实现的目标。

净零排放是我们的底线。"净"意味着不可能仅仅通过减排来实现零排放。我们还需要依靠自然和技术来消除并储存无法避免的排放。但需要明确的是，我们不能以未来再清洁大气为借口继续燃烧化石燃料。我们面临的主要工作是减少排放。

我们的首要 OKR 是到 2050 年实现净零排放，同时在 2030 年实现减排一半这一关键里程碑。面对如此巨大的挑战，目标和关键结果将使我们保持清醒和务实的态度。这些目标和关键结果既可以使我们免于无益的空想，也可以使我们免受所谓"闪亮物体"——那些看似辉煌却在成本或规模上并无竞争力的创新——的干扰。通过让我们对自己的量化目标负责，它们使我们不会轻易依赖于渺茫的希望。我们将毫不松懈地专注于最大、最有成效的机会，因为那些机会将使我们按时实现净零排放的目标。

240亿吨	120亿吨	90亿吨	80亿吨	60亿吨
能源	工业	农业	交通运输	自然
41%	20%	15%	14%	10%

590亿吨
总量
100%

我们的温室气体排放总量是如何累加的

正如我在前面指出的，每年全球温室气体排放量高达 590 亿吨二氧化碳当量。[12] 一切如常、不做任何改变将使这一数字继续以每年

> 许多针对"一切如常"情境做出的较低预测是假设当前政策得以维持。但正如我们在美国看到的那样，没有人能保证政策一成不变。

65亿~90亿吨的速度增加。（换言之，如果一切如常，我们的日常生活将不复存在。）按照逻辑和公平的标准，对地球排放量负有最大责任的国家应该首先积极削减排放量。如果发达国家能够以身作则，也将降低发展中国家的清洁能源成本。

我们的目标符合政府间气候变化专门委员会、联合国环境规划署和《巴黎协定》谈判代表的计算结果。这三个机构都计算了与工业化前的气温水平相比，温度升高1.5℃、1.8℃和2℃情况下的排放水平。为了简化目标，==我们所制定的关键结果符合最雄心勃勃的目标，即气温升幅不超过1.5℃==。这是我们避免气候灾难的最佳机会，尽管科学家们认为这个目标不一定能够实现，而这种担心更成为我们尽快行动的理由。

总而言之，这就是我们的计划：解决气候危机的"速度与规模计划"。和罗斯福总统用铅笔在餐巾纸上写下的计划一样，这个计划也只包含几个词。它几乎没有暗示我们的目标将多么难以实现，它也完全可以用一张鸡尾酒餐巾纸就能写下：

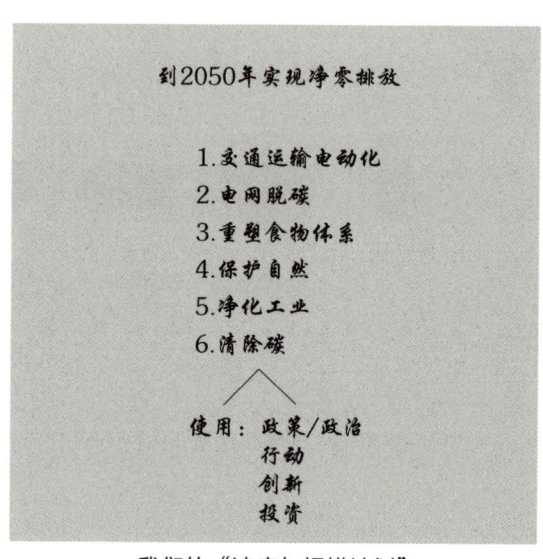

我们的"速度与规模计划"

图中的六项措施支持了我们的首要目标，即不迟于2050年实现净零排放，从而解决气候危机。这六项中的每一项本身都错综复杂，在本书中有专门的章节进行论述。它们构成了本书的第一部分"碳排放清零"。在这六项之下可以看到一系列加速气候行动的"促进机制"，它们构成了本书的第二部分"加速转型"。这个部分共包含四章，每一章讲述一种"促进机制"。

为了清晰界定我们的关键结果，我们招募了一个由政策专家、企业家、科学家和其他气候领袖组成的团队，他们慷慨地贡献了自己的时间和思想。我们还受到多个相关组织提出的解决方案和路径的启发，这些组织包括减少温室气体排放项目（Project Drawdown）、美国环保协会（Environmental Defense Fund）、能源创新公司（Energy Innovation）、世界资源研究所（World Resources Institute）、RMI（前落基山研究所）和突破能源基金公司（Breakthrough Energy）。

本着罗斯福总统的精神，我们努力将计划做到清晰、简洁：

"交通运输电动化"是指从汽油和柴油发动机转向充电式电动自行车、电动汽车、电动卡车和电动大客车（第一章）

"电网脱碳"是指用太阳能、风能和其他零排放能源取代化石燃料（第二章）

"重塑食物体系"是指恢复富含碳的表层土壤，采用更好的施肥方法，鼓励消费者吃更多低排放的蛋白质和更少的牛肉，并减少食物浪费（第三章）

"保护自然"是指对森林、土壤和海洋的干预与保护（第四章）

"净化工业"是指所有制造业，特别是水泥和钢铁业，必须大幅降低碳排放量（第五章）

"清除碳"是指我们必须使用天然和工程解决方案从大气中清除二氧化碳，并将其长期储存（第六章）

有关四种促进机制，我们将通过以下行动加速推行这些解决方案：

→ 实施至关重要的公共政策（第七章）

→ 将社会运动转化为有意义的气候行动（第八章）
→ 发明强大的技术并将其规模化（第九章）
→ 大规模部署资本（第十章）

因为只能成功，不能失败，我们为上述每个目标都制定了一套可衡量的关键结果。我们将追踪这些阶段性成果的进展，了解我们的成绩和不足，判断是否需要加快步伐或修正路线。

虽然我坚信我们所有的目标都是可以实现的，但没有一个目标确保一定能实现。 我们可能会在一些关键结果上取得超出目标的进展，而在其他关键结果上落后于目标。但只要我们能够在2050年之前达到净零排放，这些都是可接受的。这是这一代人欠后代的债，我们必须全额清偿。

我们制定这些目标得益于大量数据支持，它们是全球众多果敢的气候研究人员辛勤工作的成果。太长时间以来，他们一直在孤独地大声疾呼，只是到了最后的危急时刻，那些掌握着权力、影响力和金钱的人才开始倾听。他们的工作指导我们确定碳排放源，并明确应在哪里以及如何进行必要的减排。

公平起见，我们必须加上一条警告。尽管我们非常准确地知道大气中含有多少温室气体，但对当今各国和各行业排放量的计算仍存在一定不确定性。削减排放的目标代表了我们对如何应对眼前危机的一种认真看法，仅此而已。

根据我的经验，在商业领域，正确答案往往不是唯一的，公共政策和气候解决方案也是如此。速度与规模计划不是应对这一危急情况的唯一"正确"计划，但我们相信它达成了一种务实的平衡。它雄心勃勃，但扎根于严酷的现实。在许多方面，它是OKR的终极应用。到目前为止，我尚未看到任何一个比实现净零排放更大胆的目标。

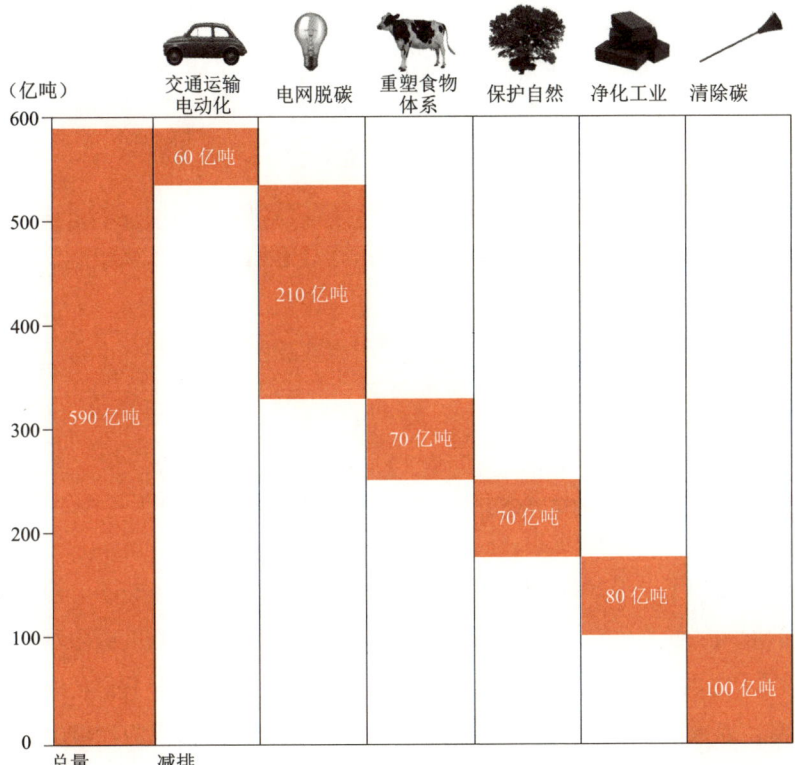

速度与规模：减排至净零

退一万步讲，人类已经处于巨大的危险之中。令人愤怒的是，我们本不必陷入如此境地。40年前，埃克森石油公司一位名叫詹姆斯·布莱克（James Black）的科学家就曾将化石燃料、大气中碳含量的上升与全球变暖联系起来。

当时，我们本可以通过渐进式变革（比如每10年减排10%左右）来摆脱今天的困境，但这位科学家的分析被忽视，进一步的研究被压制，因为埃克森公司以及合并后的埃克森美孚公司继续带头否定气候变化。20多年前，当阿尔·戈尔最终让步，乔治·布什当选美国总统时，我们仍然有机会，可以通过采取更具进取性的行动，以每10年削减25%左右的排放计划来解决这一危机。

引言 有什么计划？

> **VUGRAPH 18**
>
> **SUMMARY**
>
> I. CO₂ RELEASE MOST LIKELY SOURCE OF INADVERTENT CLIMATE MODIFICATION.
> II. PREVAILING OPINION ATTRIBUTES CO₂ INCREASE TO FOSSIL FUEL COMBUSTION.
> III. DOUBLING CO₂ COULD INCREASE AVERAGE GLOBAL TEMPERATURE 1°C TO 3°C BY 2050 A.D. (10°C PREDICTED AT POLES).
> IV. MORE RESEARCH IS NEEDED ON MOST ASPECTS OF GREENHOUSE EFFECT
> V. 5-10 YR. TIME WINDOW TO GET NECESSARY INFORMATION
> VI. MAJOR RESEARCH EFFORT BEING CONSIDERED BY DOE

埃克森公司内部报告摘录，1978 年[①]

而到了今天，我们已经没有时间，不全力以赴已经不行了。根据政府间气候变化专门委员会的说法，要克服困难，将气候变暖限制在 1.5℃ 之内，我们的总排放量将不能超过 4 000 亿吨。这是我们的碳预算，而人类正加速在这 10 年内花掉它。**我们必须立即采取积极的行动。**我们需要到 2030 年减少 50% 的排放量，到 2050 年再减掉其余的排放量。因为无论是否准备就绪，不可逆转的气候破坏都在酝酿之中。

奥巴马总统以他一贯出众的口才阐释了这一挑战："我们是感受到气候变化影响的第一代人，也是能对此有所作为的最后一代人。"

让我们思考可以实现净零排放未来的策略。按照影响气候的程度，它们包括：

---

① 图中幻灯片摘要：一、二氧化碳释放是无意中导致气候变化的最可能根源。二、主流观点认为，二氧化碳排放增加是由化石燃料燃烧引起的。三、到公元 2050 年，二氧化碳浓度翻倍可能会导致全球平均气温升高 1~3℃（两极地区气温预计将升高 10℃）。四、需要对温室效应的大多数方面开展更多研究。五、需要 5~10 年的时间窗口以获取必要信息。六、美国能源部正在考虑开展大型研究。——译者注

| 1. 削减（大幅减少排放） |
| 2. 节约（提高效率） |
| 3. 清除（清理剩余碳含量） |

首先，避免温室气体排放（如通过交通运输电动化或电网脱碳）仍然是主要的行动方针。这是目前减少10亿吨级温室气体排放最快、最可靠的方法。其次是提高能源效率，使每一单位的能源投入产出更多。

第三种策略是借助自然或技术清除并长期储存碳。它解决了无法避免的排放问题，特别是在交通、工业和农业领域。即使全球做出了最大和最集中的努力，这些排放物在可预见的未来也仍将伴随着我们。然而必须补充一点，二氧化碳的去除并不能取代避免排放或提高能效，而只是一个重要的补充。我们需要三者并举。

速度与规模计划向世界各地的政府和企业管理者发出了挑战，要求他们以高度的气候正义和公平感为指导。为了确保转型的公正性，我们必须承认发展中国家和发达国家之间的差异。各国在从经济上摆脱化石燃料的能力和速度方面存在巨大差异。我们必须关注数以百万计的普通工人，他们的生计与化石燃料息息相关。在我们的绿色未来，他们应该得到再培训和高质量的就业机会。

最后，我们还必须认识到世界各国中与气候相关的不平等现象。化石燃料污染对贫困社区和有色人种社区的影响远超平均水平。这些群体对这场危机的责任最小，也是最无力应对气候危机破坏性的群体。那些受碳密集型产业损害最严重的人必须从已经开始的能源转型中获得他们应得的利益。

清洁技术有助于重新开始。随着燃煤发电厂的关闭，我们应该抓住机会振兴煤电相关产业社区，让工人得以转向清洁能源工作岗位。人类必须停止像往下水道中排放脏水一样，向宝贵的大气中排放碳、甲烷和其他温室气体。

请记住，这一计划旨在彻底减少排放。这并不是为了帮助人类逐渐适应一个日益变暖的世界。气候变化的确已经开始。没错，我们确实需要投资于保护城市和农田免受更猛烈的飓风、龙卷风、森林火灾、洪水和干旱影响的项目，但今天在限制全球变暖方面做得越多，我们就越不需要被迫适应太过激烈的气候变化。

据说，有人曾问威利·萨顿（Willie Sutton）①为什么要抢劫银行，而他是这样回答的："因为那里面有钱。"我们需要找到排放的源头。**我们必须努力追求 10 亿吨级的减排。**这意味着要追踪 20 个最大的温室气体排放国，这些国家的排放量占世界温室气体排放量的 80%。这还意味着我们特别要瞄准排放量占据总量近 2/3 的前五名国家和地区：中国、美国、欧盟（加上英国）、印度和俄罗斯。[13]

截至 2021 年 6 月，至少有 14 个国家（包括德国、加拿大、英国和法国）已经制定了法律或已经提出立法，在 2050 年前将其碳排放量降至净零。[14] 问题是，所有这些国家的排放量加起来，也仅占全球总排放量的大约 17%。

直到最近，最大的排放国才开始表明其雄心壮志。拜登政府的气候行动计划要求到 2050 年实现净零排放，这比美国以前的政策有了惊人的飞跃。欧盟也承诺这样做。中国已经做出到 2060 年实现净零排放目标的承诺，我们认为这还是比目标晚了 10 年，但这至少是谈判的基础。而印度和俄罗斯尚未做出任何坚定的净零排放承诺。尽管如此，在国际层面，我们终于看到了一丝希望的曙光。剩下的则是至

---

① 威利·萨顿是臭名昭著的美国银行劫匪，人们根据他的一份声明总结出著名的威利·萨顿法则。当记者问及他为什么从银行偷东西时，他回答："因为钱就在那里。"换言之，既然他的最终目标是钱，那为什么要浪费时间在其他地方寻找钱，而不是走阻力最小、最成功的道路，直奔源头呢？因此，根据该法则，人们的第一选择应该是最明显的路线。——译者注

关重要的跟进问题。

要弥补几十年不计后果的排放所造成的恶果，代价肯定不会小。但大家知道，如果迟迟不采取积极的行动，一定会比今天立刻开始行动付出更大的代价。用国际公认的气候政策专家哈尔·哈维雄辩的话来说：现在拯救地球的代价小于毁灭地球。虽然对清洁技术的押注一度被视为冒险或轻率，但它现在已开始被视为实现经济增长的捷径。

在我写下这些文字的时候，新冠肺炎疫情危机仍然伴随着我们，世界上许多地方的死亡人数令人难以接受。这种流行病提醒我们，在灾难降临之前未雨绸缪是多么重要。气候危机同样如此，在这场危机中，每一项小小的减排措施都将使我们免受无法想象的痛苦。

2020 年，随着新冠肺炎疫情的大流行，我们所熟知的生活几乎戛然而止。然而，疫情带来的所有限制措施只减少了 23 亿吨碳排放量，约占全球年温室气体排放量的 6%。而且，甚至连这一小幅度的下降也很快消失不见，碳污染卷土重来。[15] 短期的强制措施可能有助于减缓疫情的传播，但它无助于解决气候危机。

我们面前的任务十分明确，采取行动的必要性从未像现在这样紧迫。我们如果及时实现净零排放，就可以问心无愧地为我们留给子孙后代的地球而感到自豪。

因此，让我们速度与规模并举，立刻行动起来吧。

第一部分

碳排放清零

第一章 交通运输电动化

风险投资圈有一条流传已久的箴言：永远不要投资带轮子的东西。2007年，在致力于投资清洁技术之后不久，凯鹏曾考虑打破这一规则。我们是否应该支持一家电动汽车公司？聪明人警告我离远一点儿。在一个多世纪的时间里，有1 000多家汽车公司先后成立，但这些公司几乎都消失了，许多公司惨遭失败。现在谁还记得德劳瑞恩（DeLorean）①？

凯鹏当时正与一位杰出的汽车设计师深入讨论合作事宜，他曾在阿斯顿·马丁和宝马汽车创下过辉煌业绩。亨里克·菲斯克（Henrik Fisker）原籍丹麦，但当时已经搬到洛杉矶生活。在我们的第一次会议上，他草拟了一个战略计划：为豪车买家生产一款电动汽车，然后进入价格更低的中端市场（真金白银主要来自这块市场）。菲斯克汽车公司（Fisker Automotive）将只生产汽车的车架，从而将其风险降至最低。对于电池这一最昂贵的部件，该公司与资金充足的A123系统公司（A123 Systems）签订了合同，该技术由备受推崇的麻省理工学院教授蒋业明发明。

---

① 德劳瑞恩（DMC）是美国一家富有神秘色彩的汽车公司，由汽车业高级主管约翰·德劳瑞恩于1975年创立，于1982年破产。它以生产与众不同的具有鸥翼车门和不锈钢车体的DMC-12汽车闻名于世，该车曾在广受欢迎的系列电影《回到未来》中作为时间旅行器道具。——译者注

就在大约同一时间，另外两位工程师也找到我们，他们以传奇发明家尼古拉·特斯拉（Nikola Tesla）的名字命名了自己的创业公司。他们与当时 PayPal① 的一位成功企业家建立了合作关系，这位企业家向特斯拉投入了大量自有资金，并成为其董事长。就是在这样的背景下，埃隆·马斯克（Elon Musk）找到我们，推销他的想法。

我们被埃隆的三阶段商业计划深深打动。特斯拉将从高端跑车 Roadster 开始，证明电动汽车（也被称为 EV）是可行且酷的。该公司准备在筹集到资金后立即投入生产。接下来将是豪华轿车 Model S，该车型将与宝马和奔驰竞争。最后，在未来 10 年左右的时间里，特斯拉将为大众市场推出一款成本更低的电动汽车。

这个极长的时间框架并没有让我觉得不安。事实上，特斯拉的整个计划都没有让我感到不妥，因为它在战略上是合理的，结构也很漂亮。但即使凯鹏有足够的资金同时投资菲斯克和特斯拉，这样做也不是正确之举。因为这两家公司是竞争对手，它们会让我们陷入利益冲突。我们必须选择其中一个。

我们做出了错误的决策，大错特错。由于最终选择了菲斯克，我们错失了有史以来回报率最高的一项投资。这直到现在仍然令人感到刺痛，特斯拉本可成为一项非常好的投资。但即使我们没能搭上这趟快车，我仍然对它为世界带来的改变而激动万分。埃隆带领公司度过了初创公司所面临的最艰难的时期。

> 2007 年对特斯拉进行的 100 万美元的种子投资在今天的价值将超过 10 亿美元。

特斯拉在自身蓬勃发展的同时，也推动汽车产业不断前进。该公司免费与竞争对手分享其拥有的专利，[1] 从而帮助推动了电动汽车市场的发展。

---

① PayPal 是全球使用最为广泛的第三方支付工具之一，由彼得·蒂尔（Peter Thiel）及马克斯·列夫钦（Max Levchin）创办，后与埃隆·马斯克创办的 X.com 合并成为新的 PayPal，马斯克曾短暂出任其首席执行官。——译者注

电动汽车数量（万辆）

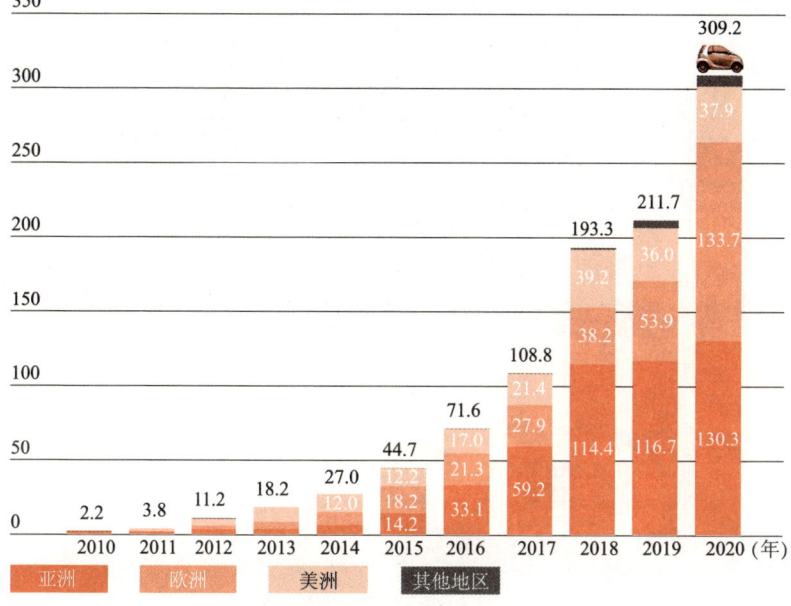

年份	亚洲	欧洲	美洲	其他地区	总计
2010					2.2
2011					3.8
2012					11.2
2013					18.2
2014	12.0				27.0
2015	18.2	12.2			44.7
2016	33.1	21.3	17.0	14.2	71.6
2017	59.2	27.9	21.4		108.8
2018	114.4	38.2	39.2		193.3
2019	116.7	53.9	36.0		211.7
2020	130.3	133.7	37.9		309.2

电动汽车越来越受欢迎

改编自 BloombergNEF 的数据和可视化资料。

到 2019 年，全球销售的每五辆电动汽车中就有一辆是特斯拉。[2] 2020 年，该公司共售出 50 万辆电动汽车。[3] 公司的市值高达大约 6 000 亿美元，[4] 超过四个紧随其后的竞争对手市值的总和。最重要的是，特斯拉的成功引发了一次经典的连锁反应，刺激全球汽车产业领导者加快了电动汽车的生产。而每一笔电动车的销售对于我们的气候计划而言，都可称为好消息。

那么凯鹏选中的公司命运如何呢？菲斯克卡玛（Fisker Karma）在 2012 年首次作为年度车型华丽亮相。这款车外形时尚奢华，但由于价格（10 万美元以上）[5] 和性能等原因，它销售惨淡。在菲斯克尚未培育出自己的市场之前，电池制造商 A123 系统公司已经先行倒闭。两辆汽车起火引发了一次召回事件。[6] 2012 年 10 月一个潮湿的日子，飓风桑迪横扫新泽西州纽瓦克港，淹没了一批从欧洲进口的价值高达 3 000 万美元的卡玛插电式混合动力车，彻底冲走了残存的希望。300

今天在道路上行驶的 10 辆汽车中,有 9 辆是由化石燃料驱动的

多辆汽车彻底损毁,其中 16 辆起火爆炸。[7] 可以说,该公司还没有真正起步就已宣告终结。

交通运输部门减排倒计时

我们从 590 亿吨到净零的全球减排计划涵盖了五大排放源:交通运输、能源、农业、自然和工业。我们的第一个目标是实现交通运输

电动化，针对的是目前主要来自各种车辆尾气的 80 亿吨碳排放。为了实现这一目标，全球必须在 2050 年前以零排放的汽车、卡车和公共汽车取代所有汽油和柴油动力汽车。

交通运输电动化的进程已经开始。截至 2021 年 1 月，全球已有近 1 000 万辆电动汽车上路。[8] 但是，我们在规模化所需技术的开发方面仍落后于计划，而且<u>其进展之缓慢令人沮丧。加速势在必行</u>。全球汽车行驶总里程数一直在持续增加。未来 20 年，尽管电动汽车将越来越受欢迎，但燃油型汽车的行驶里程数预计将保持在当前水平。[9]我们转向电动化的速度还不够快,这是因为电动汽车在便利性和成本方面还无法与汽油车和柴油车竞争。由于新车的平均使用寿命长达12年,[10]全球汽车周转率已经缓慢下降。燃油型汽车将在很长一段时间内持续向大气中排放碳。

实现交通运输完全电动化的影响无论怎么强调都不过分,并且它已经超越了气候变化的范畴。仅在美国,每年汽车排气管和发电厂排放的微粒物就导致35万人早逝,[11]在全球范围内,这一死因更占到早逝人口总数的1/5。据美国环保署的数据,空气污染与心脏病和肺癌发病率相关。[12]因此,交通运输电动化不仅是我们净零排放计划的基石,还对遏制致命疾病至关重要,这些疾病正不成比例地困扰着贫穷国家和有色人种社区。这是生死攸关的大问题。

我们已经为消除交通运输部门温室气体排放的行动制定了一些关键结果。良好的关键结果应当可根据公开可用的数据进行测量和验证。如果所有关键结果顺利达成,那么这也将确保我们能够达成目标,即将交通运输部门的排放量减少至每年20亿吨。

关于价格的关键结果(KR 1.1)力图打破推广电动汽车时面临的一个长期障碍,即让电动车的性价比与燃油车持平。如果希望电动汽车成为乘用车市场的主体,它们必须价格合理。当人们花更多的钱购买某种"绿色"产品而不是选择排放更多碳的产品时,他们支付的就是所谓的"绿色溢价"(green premium),我是从比尔·盖茨那里第一次听到这个词的。市场已经证明,如果有选择,大多数人不愿支付或无力负担能源溢价。[13]"人们会选用低成本的解决方案,"突破能源基金的技术负责人埃里克·图恩(Eric Toone)表示,"哪怕每加仑的清洁燃料只比从世界上最脏的沥青砂中提炼出的石油多花一分钱,许多人也不会为此买单。"而且,即使是那些愿意多花一分钱的人也会期待着它有更好的性能。

目标 1
交通运输电动化

到 2050 年,将交通运输部门当前 80 亿吨的排放量减少到 20 亿吨。

KR 1.1 **价格**
到 2024 年,电动汽车在美国达到与新型内燃机汽车同等的性价比（3.5 万美元）；到 2030 年,电动汽车在印度和中国达到与新型内燃机汽车同等的性价比（1.1 万美元）。

KR 1.2 **小汽车**
到 2030 年,全球个人购买的每两辆新车中将有一辆是电动汽车；到 2040 年,电动汽车在个人购买新车中的比例达到 95%。

KR 1.3 **大客车和卡车**
到 2025 年,所有新增大客车都是电动车；到 2030 年,所有新购中型和重型卡车中 30% 为零排放车辆；到 2045 年,95% 的卡车是零排放车辆。

KR 1.4 **里程**
到 2040 年,全球道路 50% 的行驶里程（包括两轮车、三轮车、小汽车、公共汽车和卡车）为电动里程；到 2050 年,这一比例达到 95%。
↓ 50 亿吨

KR 1.5 **航运**
到 2025 年,20% 的飞行里程使用低碳燃料；到 2040 年,40% 的飞行里程将实现碳中和。
↓ 3 亿吨

KR 1.6 **海运**
到 2030 年,所有新建船舶将转为"零排放就绪"船舶。
↓ 6 亿吨

对于特定关键结果,减排量以亿吨为单位进行量化,例如,KR 1.4 达成的减排量为 50 亿吨。

不同部门的绿色溢价差异显著

	"绿色"（无碳或低碳）产品价格	传统产品价格	绿色溢价
电力[14]	0.15 美元/千瓦时 *	0.13 美元/千瓦时 **	0.02 美元/千瓦时（15%）
乘用电动车（美国价格）[15]	36 500 美元（雪佛兰 Bolt）	25 045 美元（丰田凯美瑞）	11 455 美元 ***（46%）
长途卡车/船舶运输燃料[16]	3.18 美元/加仑（B99 生物柴油）	2.64 美元/加仑（柴油）	0.54 美元/加仑（20%）
水泥[17]	224 美元/吨	128 美元/吨	96 美元/吨（75%）
航空燃料[18]	9.21 美元/加仑	1.84 美元/加仑	7.37 美元/加仑（400%）
往返（经济舱旧金山至夏威夷）[19]	1 069 美元/张机票	327 美元/张机票	742 美元/张机票（227%）
碎牛肉汉堡肉[20]	8.29 美元/磅①	4.46 美元/磅	3.83 美元/磅（86%）

* 住宅太阳能合同价格。
** 包括分销成本在内的全球平均消费价格。
*** 电动车补贴前价格。

单纯依靠早期尝鲜者和热心公民并不能使我们实现净零排放的目标。为了保证市场转向电动汽车，电动车需要在同等价格下拥有更好的性能。考虑到这种情况，**绿色溢价只是针对我们解决每个问题所面临困难的粗略衡量**，[21] 揭示了我们在电动汽车、食品或水泥等领域还需要走多远才能实现净零排放的目标。

关于小汽车的关键结果（KR 1.2）要求到 2030 年，电动汽车将占据新车销售量的绝大多数，这从任何方面考虑都是很大的一步。所幸得益于强有力的公共政策，我们所需要的未来现在正在欧洲部分地

---

① 1 磅 ≈ 0.45 千克。——编者注

区变成现实。挪威新车销售中的电动汽车市场份额已经达到 75%。[22] 在中国，这一比例已经超过 5%，[23] 使其成为全球最大的电动汽车销售市场。在中国的大城市，市场售出的每五辆汽车中即有一辆是电动汽车。尽管美国是全球最大的电动汽车制造商特斯拉的故乡，但美国电动汽车的市场份额不足 2%。

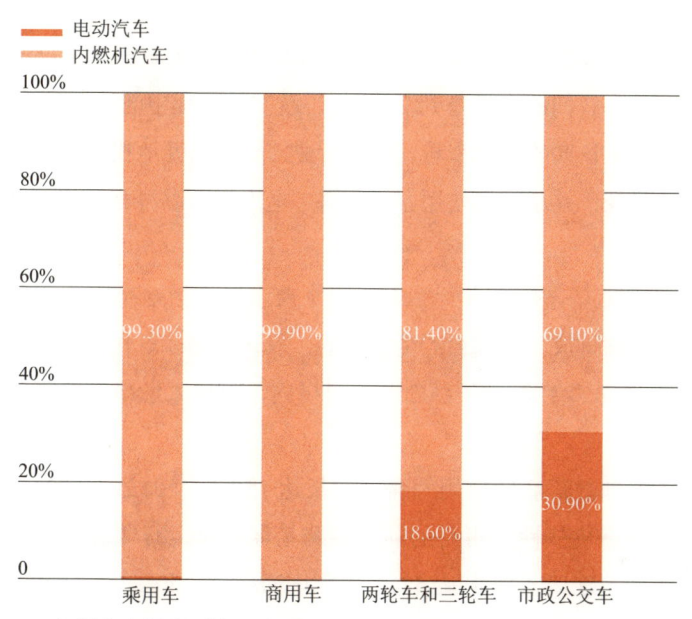

图例：电动汽车、内燃机汽车

车辆类别	内燃机汽车占比	电动汽车占比
乘用车	99.30%	
商用车	99.90%	
两轮车和三轮车	81.40%	18.60%
市政公交车	69.10%	30.90%

在所有车辆类别中，电动汽车的行驶里程表现都相对落后

改编自 BloombergNEF 的数据和可视化资料。

目前居于主导地位的大型汽车制造商也已经看到了这种增长趋势。大众汽车在电动化方面的投资到 2025 年将超过 850 亿美元。[24] 通用汽车、福特汽车和现代汽车也投入巨资，大力发展电动汽车。

关于大客车和卡车的关键结果（KR 1.3） 专注于两种车型，相对于乘用车，它们受到的关注较少，但排放量很大。尽管大客车和卡车仅占道路车辆的 10%，[25] 但它们排放的温室气体占整个交通运输部门全球温室气体排放的 30%。[26]

关于里程的关键结果（KR 1.4）与减排的相关性最直接。通过聚焦于总行驶里程，这个数据涵盖了道路上行驶的所有车辆，从新生产的电动汽车到最旧、最脏的燃油型车辆。2020 年，全球乘用车总里程中只有不到 1% 为电动车里程。[27] 考虑到全世界的年总里程高达 13 万亿英里，到 2050 年电动车里程占比达到 100% 将是一个雄心勃勃的大转变。

关于航运的关键结果（KR 1.5）呼吁航空业加速使用可持续的航空燃料。我们的目标是到 2025 年，航空总里程中的 20% 使用低碳燃料。从更长期的角度来看，航空行业需要创新性地找到实现碳中和飞行的路径，并制造出使用合成燃料、电力或氢燃料驱动的更高效的飞机。

关于海运的关键结果（KR 1.6）要求更积极地减少货船和客轮的海上运输排放。重油会产生大量的二氧化碳和硫氧化物，其中超过 2/3 的排放发生在距海岸线 250 英里以内，数亿人暴露在有害污染物之中。[28]

考虑到散货船的使用寿命一般长达 15 年，[29] 海运部门的脱碳努力尤其具有挑战性。可行的前进道路是促使海运行业制造或改装船舶，使其实现"零排放就绪"，并使用更清洁的能源。与此同时，还可以通过一系列举措来减少海运的排放量，包括降低船舶速度、使用更高效的发动机、升级船体和推进系统，以及增加过滤器，在那些致命的微粒物散逸到空气中之前吸附它们。[30]

凡是对通用汽车有利的，也对美国有利

1953 年，时任通用汽车公司首席执行官查尔斯·威尔逊（Charles Wilson）被德怀特·艾森豪威尔总统提名为国防部长。由于威尔逊明确表示不会出售其持有的大量通用汽车股票，一位美国参议员理所当然地提出，这中间是否可能存在利益冲突，而威尔逊的回答成为一句

名言："我想不出有什么利益冲突，因为许多年来我一直认为，凡是对我们国家有利的，也对通用汽车有利，反之亦然。"[31] 多年来，威尔逊的回答（稍做变形后）不断被用来赞扬和嘲讽通用汽车和整个企业界。但毫无疑问，这家美国最大的汽车制造商对美国的经济甚至身份认同都产生了重大影响。

在经历了一两次错误的尝试之后，通用汽车在开发零排放解决方案方面终于担负起领导职责。早在 1996 年，该公司就推出了第一款商用电动汽车 EV1，续航里程为 50 英里。正如《连线》（Wired）杂志所指出的，这款车"不切实际，无足轻重，注定会完全失败"。通用汽车投放了大约 1 000 辆 EV1 汽车用于租赁，大部分在加州，但最终召回和销毁了这批车辆。

这家汽车巨头花了 15 年时间才再次尝试推出雪佛兰 Volt，这是一款面向中端市场定价的插电式混合动力车。2011 年，Volt 获得了《汽车趋势》（Motor Trend）杂志的年度最佳车款大奖。在接下来的 4 年里，它一直与日产 Leaf 激烈争夺着美国最畅销插电式混合动力车的荣誉。2016 年，雪佛兰又面向中端市场推出一款纯电动汽车 Bolt，旨在与特斯拉的 Model 3 展开竞争。

尽管如此，通用汽车的电动汽车生产计划仍落后于特斯拉及其他全球竞争对手，至少直到 2020 年 3 月仍是如此。当时，该公司发布了一系列举世震惊的转型公告，充分发挥公司规模经济的优势。第一个利好消息是预告推出一款高性能、大容量的电动汽车电池平台 Ultium。随后在 2020 年 11 月，公司宣布将在 2025 年前推出 30 款电动汽车新车型。更令人震惊的是通用汽车首席执行官玛丽·巴拉（Mary Barra）制订的 2035 年发展计划：结束通用汽车 112 年的内燃机汽车制造历史。

玛丽·巴拉

　　一切始于与全美各地客户的交谈。我们发现他们对于电动车的观点已经发生了转变：如果它能提供合适的续航里程，有合适的充电基础设施，并且车辆能够满足我的需求，同时我还负担得起，那么我就会考虑。

　　我们从各处都听到了这个观点，并开始相信一场运动正在酝酿当中。考虑到经济负担能力的重要性，我们还看到通用汽车在其中可以发挥关键作用。如果想实现交通运输电动化，我们必须触及那些只购买一辆车的人。这不会是他们家的第二辆、第三辆或第四辆车，这将是他们唯一的选择。因此，我们决定担负起领导作用，并在全球范围内推动大规模的变革。

　　这是一个巨大的增长机会。我们还希望提供零排放自动驾驶共享电动汽车，并将价格从每英里3美元降至每英里1美元。

　　我们开发出一款电动概念车，可供美国国防部选择使用。在商用车方面，我们向联邦快递（FedEx Express）和其他运输车队销售电动送货车以及最后一英里的解决方案。

　　最终的成败取决于执行。我们的团队和工厂拥有专业知识。电动化现在已成为一种核心竞争力。我们了解客户，有资源做到这一点。

　　但首先，我们需要不断创新，以降低电池的成本，还需要全面建设充电基础设施。我们正在与爱迪生电气协会（Edison Electric Institute）讨论能源管理问题，包括如何将充电时间改为凌晨2:00—5:00，因为此时电费最低。此外，还有很多创新需要实现。

我曾读到新闻，称加州的某个小城禁止建造加油站。就在两年前，这还是不可想象的。特别是考虑到拜登政府的电动汽车推广目标，我们显然需要加快步伐。我们需要公平行事，以免导致分裂。电动汽车必须可以为所有人所用，我们不能丢下任何人。

作为领导者，首先要高度关注客户。然后，你需要考虑与气候变化和公平相关的企业责任，并有意愿做正确的事。坦率地说，这是员工对你的期望。

这不是在利益相关者与股东之间做选择，这二者实际上密不可分。我们的支持者包括我们的员工、经销商、供应商、当地社区和政府，也包括我们的股东和客户。在做出决策时，我们需要了解这一决策对所有利益相关者的影响。正如我身居此位后发现的那样，如果你专注于实现正确的使命，你将会做出更好的决定。

你要有意愿做正确的事——坦率地说，这是员工对你的期望。

政策助力销售加速

为了实现我们设定的有关汽车的关键结果（KR 1.2），必须迅速增加电动汽车的销售量。要想在2030年之前使电动汽车成为汽车销售的主体，到2025年，全球每售出的三辆汽车中就必须有一辆是电动汽车，这意味着需要在极短的时间内大大提高电动汽车的使用率。新的政策对此至关重要，我们将在第七章中详细讨论。但要推动这一转型，必须尽快加强下列三项既有政策。

首先，我们需要更大力度的资金激励，主要是税收抵免或退税，以弥补购买电动汽车的前期绿色溢价和长期节约的汽油成本之间的缺口。这正是美国在2009年颁布电动汽车可享受7 500美元联邦税收抵免政策的目的。但我们可以做得更聪明，不是将税收抵免局限于某款车型最早的一批买家，而是长期执行该政策，等到电动汽车的市场标价大大低于平价燃油车后再逐步取消。正如玛丽·巴拉指出的那样，"你不应该因为先行者甘愿冒险而惩罚他们"。

其次，为了加速燃油车淘汰，需要向车主们提供资金激励，让他们报废而不是转售燃油汽车。如果能推出比2009年版"旧车换现金"激励机制设计得更好，资金奖励也更慷慨的新计划，就可以以低廉的成本让数百万辆汽油车不再上路。

最后，颁布交通政策，禁止所有燃油车的销售，该政策被礼貌地称为"电动汽车销售规定"。仅这一措施就可以实现整个交通运输部门所需减排量的3/4。至少有8个欧洲国家，外加以色列和加拿大已经表示，它们将禁止使用燃油发动机。中国也正在制定时间表。加州州长加文·纽森（Gavin Newsom）下令从2035年开始实施禁令，[32]其他11位州长则呼吁拜登总统在全美范围内推行同样的政策。

在等待这些政策生效之际，我们需要提高所有燃油和混合动力汽车的燃油效率标准。如果汽车、卡车和大客车不得不燃烧含碳燃料，那么它们每消耗一加仑汽油应该能够行驶更远的距离。

电动大客车市场为何成为发展速度最快的市场

在所有交通方式中，大客车在采用电动车技术方面走得最远。考虑到柴油动力大客车造成的巨大空气污染，大客车造成的污染是一个紧迫的问题，这个问题在全球拥挤的大城市尤其突出。比亚迪是位于中国沿海核心城市深圳的一家制造商，它的崛起表明，当精明的企业行为在政府的大力支持下获得丰厚回报时，一家绿色企业可以走多远。

比亚迪的创始人兼首席执行官王传福成长于中国最贫穷的省份之一。他十几岁时父母双亡，由兄嫂抚养长大，最终成功考上大学，成为一名工程师。1995年，他创办了自己的公司，并选择英文"构建你的梦想"（Build Your Dreams）的首字母缩略词BYD作为公司名称。20多年后，王传福获得了巨大的成功，荣登中国富豪榜。

比亚迪以生产手机电池起家，随后不断进行扩张，开始生产平板电脑和笔记本电脑电池以及太阳能存储产品。该公司在香港证券交易所上市。2003年，王传福成立了比亚迪的汽车子公司，这比电池业务的风险要高得多。但王传福手里有一张王牌：中国政府的支持。这使得他的公司能够在全球电动汽车市场上与特斯拉竞争。[33]

在中国的许多大城市，空气污染是显而易见的噩梦。在王传福的领导下，比亚迪针对气候问题采取的应对措施是在开发中低价格的紧凑型轿车的同时开发电动大客车。该公司已成功地令中国拥挤的道路上减少了数千辆柴油大客车。拥有1 700万人口的深圳市目前已经完全实现公交车和出租车的电动化，并且正在接近完全实现配送车辆电动化的目标。

中国电动大客车市场的故事表明，公共政策可以加速创新和新技术的应用。为了解决电池寿命有限和充电设施短缺的问题，政府向比亚迪提供了超过10亿美元的拨款和补贴，并向电动汽车消费者提供资金激励。电动汽车是"中国制造2025"战略计划的核心组成部分，而比亚迪公司则在中国政府豪掷500亿美元抢占全球电动汽车领导地位的努力中占据了核心地位。在公共部门对研发资金的投入、税收减免以及充电站融资的大力支持下，中国至少已有400家公司投身电动汽车业务领域。[34]

在拥有1 700万人口的深圳市，城市公交已经完全实现电动化

一位投资者敏锐地注意到这一宝贵的投资机会，那就是沃伦·巴菲特，他抢购了比亚迪8%的股份。巴菲特的认可引来了其他机会。2013年，洛杉矶以北70英里的兰开斯特市市长邀请比亚迪在那里建造其第一家美国工厂。到2016年，王传福的公司向加州的城镇交付了数百辆电动大客车。2017年，比亚迪扩大了在加州的制造业务，但新工厂的开业仪式没有引起美国全国性媒体的关注。不过，时任共和党众议院多数党领袖凯文·麦卡锡（Kevin McCarthy）出席，因为新工厂在他的选区内。麦卡锡带头大力赞扬了比亚迪公司，因为其承诺雇用1 200名工人，每年制造1 500辆电动大客车。

勇往直前：普罗特拉电动大客车的故事

20世纪留给我们的遗产之一便是数百万辆噪声巨大、污染严重的柴油大客车，这些车辆穿行于城市、学校和机场之间，我们必须尽快让它们不再上路。戴尔·希尔（Dale Hill）是一位引领潮流的美国企业家。他从丹佛市起步，先是复兴了一家使用压缩天然气（这种燃料比柴油更清洁，但仍然会排放二氧化碳）的大客车制造商。2004年，希尔向前迈了一大步，开始专门制造电动大客车。他将自己的公司更名为普罗特拉（Proterra），即拉丁语"为了地球"的意思。

转型并非易事。2009年，在进入电动大客车领域五年后，普罗特拉的电池成本一直维持在每千瓦电力1 200美元的水平。希尔知道，要达到与柴油大客车同等的成本，他必须将这个数字降低40%以上，即每千瓦电力700美元左右。随着技术的不断改进和成本的降低，他开始向市政采购代理展示他的原型车。

但制造电动大客车需要大量资金，车辆成本高达数十万美元，同时市场增长缓慢，做出购买决定可能需要花几年时间。

2010年，凯鹏的两位清洁技术投资合伙人为是否应该支持普罗特拉而争论不休。在研究了电动汽车技术的潜在应用后，瑞安·波普尔（Ryan Popple）和布鲁克·波特（Brook Porter）发现了一个机会。由于大客车的利用率很高（每年行驶很多英里），而且燃油效率又低到令人发指的程度（每加仑行驶不到6英里），因此它们是电动化的理想之选。

瑞安对此特别热情高涨。作为曾参加伊拉克战争的前陆军排长，他的专注和自律令他在担任特斯拉公司财务总监期间表现优异，他帮助埃隆·马斯克及其团队度过了2008年的经济衰退期。瑞安拥有一手经验，了解实现全球净零排放的经济转型到底需要什么。他是出任普罗特拉临时首席执行官的最佳人选。

瑞安·波普尔

在商业世界中，你可能有运气欠佳的时候，但那和伊拉克战场上糟糕的一天根本无法相比。在伊拉克，风险意味着狙击手、迫击炮和路边的炸弹。我的一位好友和我一起参加了那里的行动，但他不幸阵亡。我几乎寻找不到合适的语言来悼念他。我朋友的头盔、靴子和步枪被小心翼翼地摆在了远离家乡的沙漠当中。

这段经历留给我很多自己根本无法回答的问题。这场战争取得了什么？那些牺牲到底值得吗？为什么我们不断被卷入这个地区的冲突？

有一件事我可以肯定，那就是中东不会很快安定下来，但全球石油价格取决于该地区的供应。在科威特的港口，油轮来来往往，甚至在运送入侵伊拉克所需坦克和重型设备的船只抵达时也是如此。

返回家乡时，我坚信美国简直是发疯了才会认为可以依赖从中东进口的石油，因此我对帮助减少美国的石油风险产生了浓厚的兴趣。当时我 26 岁。

后来我被哈佛商学院录取，但和清洁技术相比，那里的一切似乎都很无聊。毕业后，我加入了一家生物燃料初创公司。当时，电动汽车还没有形成产业。我们用谷物乙醇作为汽油的替代品，但我对其前景并不十分看好。传统的石油和天然气公司仍然控制着分销。而且到头来乙醇仍然需要燃烧，它的大部分能量都被浪费了。

2007年5月,我的妻子詹(Jen)拿给我一本《名利场》(*Vanity Fair*)绿色专刊。"你听说过特斯拉吗?"她问我。这听起来很刺激,而且我认为电动化非常合理。我向特斯拉发送了简历,并成为公司大约第250位员工。这是最无与伦比的一群人,但我们还是遇到了许多障碍。我们的第一款车Roadster遇到了生产障碍。下了订单的客户逐渐失去耐心,要求退还订金。

然后,经济大衰退来袭。作为财务总监,让公司在大衰退中生存下来可能是我做过的最艰难的工作。当你在经济衰退期间出售价值10万美元的跑车时,各种宏观因素都对你不利。我们提前接受了预付金,并将大部分资金用于研发,而不是增加库存。我们知道,如果投入生产,现金流将为负值。

我们通过设定车辆成本结构的具体目标克服了这些挑战,同时幸运的是,政策开始转向支持电动汽车。到2010年初,Roadster跑车的产量已经稳定,我们宣布推出Model S车型,获得了美国能源部先进技术制造贷款,并申请上市。

然后,我突然接到一位猎头的电话。她说:"有一个新的职位,一家风险投资公司希望找人创建一个清洁技术投资组合。"我说:"除非那家公司是凯鹏,否则我不感兴趣。"她则回答:"那么,我想我们应该一起吃顿午餐。"

这就是我加入凯鹏绿色团队的经过。我参与了第一个清洁技术基金的运作,他们让我专注于交通运输行业。这是一个很好的机会,可以在我关心的领域发挥巨大的影响力。投资菲斯克的惨痛经历实际上促使我们将关注点从乘用车领域转移。我们都不想错过电动汽车行业的其他领域。

因此我们问自己:"电池变得更便宜时还会发生什么?"我发现电动化的价值主张更适用于公共交通车辆。从里程和柴油车的效率来看,城市公交车是体现电动化价值主张最有力的例子。

中国国家能源委员会已经看透了这一点,并宣布:"我们将首先实现公交车电动化。"他们向城市公交车辆投入了大量资金和补贴,比亚迪得到了进一步发展。我开始四处张望，看看还有谁在生产电动大客车。

我一直对创业公司的创始人抱有极大的敬意。2010年，我遇到了戴尔·希尔，他用自己的美国运通卡在科罗拉多州创办了普罗特拉。当凯鹏对其进行A轮投资时，普罗特拉只有不到100名员工和仅仅一家客户。我在那里担任了两年的董事会顾问。

这家公司像许多初创公司一样，发展到了一个关键的节点。其技术是成功的，但要成为一家企业仍然任重道远。我作为临时首席执行官管理了公司一个夏天，在这期间他们一直在物色长期首席执行官人选。

我理解自己面临的挑战，并决心迎接挑战。我不希望在十年之后一觉醒来，看到街上到处行驶着电动大客车，然后心中充满遗憾。我的孩子们会问我："老爸，你以前不是也做过电动大客车吗？"于是我挺身而出。

电池变得更便宜时还会发生什么？

瑞安在2014年开始担任普罗特拉的首席执行官，此后，他四处出击，拜访了几十个城市的采购经理。他得到的反馈令人沮丧，但也颇为坦诚，并让他受益良多。虽然每个人都喜欢普罗特拉电动大客车，但他们认为这些车仍然是实验性的。在进一步降价和改善性能之前，他们不会购买更多。

"保持专注，"瑞安一直告诫他的团队，"只要能在一件事上比世界上任何人都做得更好，就意味着成功。"瑞安坚信他们可以打造出全世界最好的电动大客车公司。

对菲斯克和普罗特拉投资的经历告诉凯鹏，==电动汽车成败的关键因素是电池==。在瑞安的敦促下，凯鹏加大了投资力度，在旧金山机场附近的伯灵格姆建立了一个新的电池制造和研发中心。

我们需要招募掌握提高电池能量密度技术的工程师。问题是，就我们所知，全美国只有三个这样的人，他们都在特斯拉工作。他们中的一位，达斯汀·格雷斯（Dustin Grace）同意加入普罗特拉担任首席技术官。普罗特拉的下一代电池项目看似蓄势待发，然后……这个项目却戛然而止了。

瑞安·波普尔

我们的新一代电池能够提供足够能量支持许多重载应用，每次充电后的蓄电量超过100千瓦时。但为了满足电动大客车的实际应用需求，电池的蓄电量需要达到400千瓦时。第二年的大部分时间里，我们都在努力研发，并让电池蓄电量达到了250千瓦时的水平。但随后我们的一个电池组开始解体，而作为首席执行官的我对此一无所知。

2015年末的一天，我看到我们的两名工程师在研发区域后方踱来踱去，看上去神情紧张。我一贯喜欢发现问题，所以就过去问他们出了什么事。他们低头看着自己的鞋子说："我们不知道是否应该告诉你，但确实很担心。"然后他们告诉了我这个噩耗：我们修复电池的成本比扔掉它们重新开始的成本更高。

我发现自己陷入了巨大的两难境地。如果被迫重新启动电池计划，我们不得不再花两年时间，这样才能获得大部分收入。这会让客户感到沮丧，因为他们早已迫不及待地希望拿到性能更好的电动大客车。继续推进现有计划并努力解决存在的问题似乎更容易。

我没办法独自做出如此重大的决定，这是需要公司董事会表决的。那次会议可以说是公司有史以来最重要的董事会会议。我让工程师直接出席会议说明情况，在说明时，我一点儿也没有打断他们。达斯汀·格雷斯说，团队坚信能够让电动车百分之百占领大客车市场。但要实现这个目标，我们必须把现有的一切（包括过去18个月已经投入的资金）都扔进垃圾桶，然后从头再来。

我说："我们要做的是硬着头皮迎难而上，降低我们的收入预期，并筹集更多资金。"我们那时已经筹集了将近1亿美元，但还需要更多。我认为董事会成员很可能会站起来走出公司大楼，宣告公司末日的到来，同时也放弃我们打造美国电动大客车制造业的唯一机会。但董事会选择支持我们，他们投了赞成票。

2017年，普罗特拉开始了一项关键的道路测试：测试一辆电动大客车单次充电后的行驶里程。在两名司机轮流驾驶的情况下，一辆

40英尺①长的普罗特拉电动大客车开始在封闭道路上进行里程测试，并由第三方测量结果。当这辆大客车的电池电量耗尽时，它已经在不充电的情况下行驶了1 101英里，打破了之前的电动大客车行驶里程世界纪录。

这一巨大的成功促成了更多生意。包括洛杉矶、西雅图、伦敦、巴黎和墨西哥城等十几个全球最大城市的市长表示，到2025年，他们将只采购零排放公交车。

我们需要硬着头皮迎难而上。

普罗特拉将电池计划推倒重来是一个艰难的决定，但绝对是一个正确的选择。该公司的下一代大客车以碳纤维取代钢材，使车辆减重4 000磅。借助公司研发团队开发的名为Catalyst的新型车辆平台，每辆车单次充电的行驶里程可超过350英里。随着大客车电池性能的飞跃，大客车全面转向电动汽车的理由比以往任何时候都更加充分。市政交通官员更关注养车总成本。按12年寿命期的正常水平计算，通过大幅降低维护和燃油成本，电动大客车可比柴油大客车节省7.3万~17.3万美元。[35] 同时每辆大客车还减少了相当于27辆燃油小汽车的碳排放量。[36]

对普罗特拉来说，精彩的旅程才刚刚开始。截至2021年，该公司的电动大客车业务已经扩张到43个州，[37] 市场潜力仍然巨大。电动公交车在美国公共交通系统中的比重依然很小，仅占全国公交车总量的2%，而这一比例在中国已经达到25%。[38] 美国绝大多数市政公

---

① 1英尺 ≈ 0.30米。——编者注

交和校车仍然使用着柴油车。但我们相信，到2025年，电动大客车可以持续赢得竞争性投标，到2030年，全美国的公交车有望实现全部电动化。这是一个大胆但现实的关键结果，对我们的速度与规模计划至关重要。

普罗特拉的电动校车在效率、运营成本和零排放方面均居于领先地位

电池技术的改进将促进交通运输更广泛地实现电动化。乘用电动汽车领域的第一项成功来自高性能跑车。而对于商用车来说，大客车则是被推倒的第一张多米诺骨牌。现在，普罗特拉的技术正在扩展至送货车辆和重型卡车的电动化。该公司最近首次与车辆制造商达成合作关系，合作对象是全球最大的商用车制造商戴姆勒（Daimler）。正如普罗特拉董事会成员布鲁克·波特所说："柴油机的时代已经结束。"

提高性能的同时降低成本

更好、更便宜的电池是我们所需要的最关键的突破。尽管已经取得重大进展，但在提高电池性能并降低其成本方面，我们仍处于起步阶段。我曾亲眼见到类似进程发生在个人电脑行业。那是 1974 年，我刚从莱斯大学毕业，迫不及待地希望将所学的电气工程知识应用于实践。我去到硅谷，在英特尔找到了一份工作，当时英特尔公司正在开发第一款 8 位微处理器，公司希望通过制造售价低廉、应用广泛的微芯片来普及计算机。

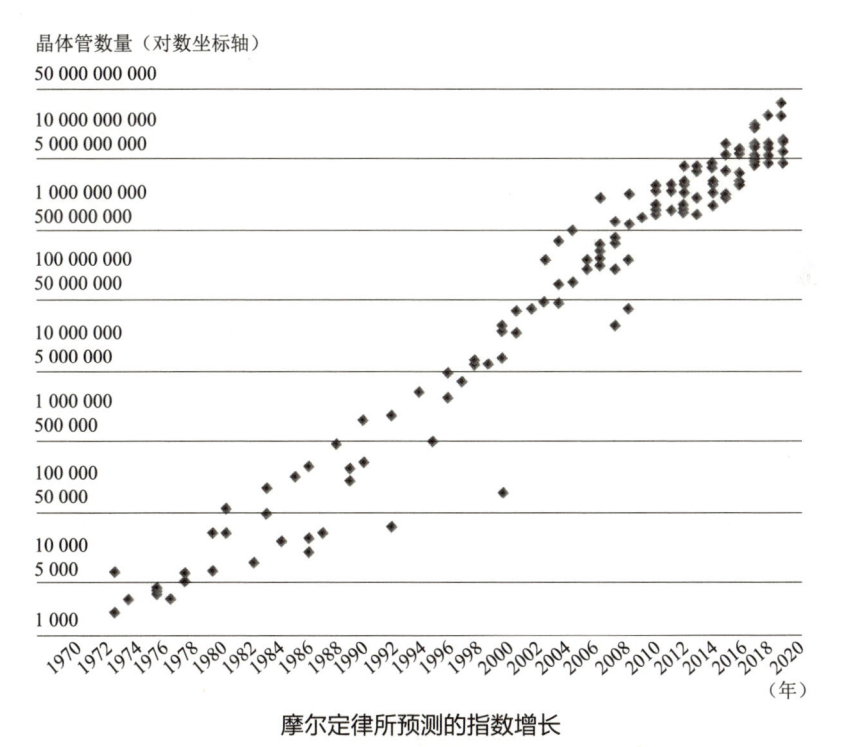

晶体管数量（对数坐标轴）

摩尔定律所预测的指数增长

改编自 Wikipedia 和 Our World in Data 的数据和可视化资料。

英特尔董事长、加州理工学院伟大的化学家戈登·摩尔（Gordon Moore）相信，计算机芯片性能可以无限维持复合增长速度。他提出，单个芯片上可容纳的晶体管数目大约每隔两年便会增加一倍。这个概念甚至令我们这些试图实现它的人也感到震惊。所谓"摩尔定律"并不是注定会发生的自然定律，而是通过成千上万名工程师多年不懈的累积进步形成的现实。它依赖于物理、化学、光刻、电路、设计、机器人、封装以及其他诸多领域的创新生态系统。

每一代微处理器的发展都证实了戈登的预测，它们为功能更强大、价格更实惠的计算机的出现铺平了道路。最初的计算机每年销量只有数百台（UNIVACS）和数千台（大型机和小型计算机），但是年销量很快就达到了数十万台（Apple Ⅱ）和数百万台（IBM PC 和 Mac），最终则达到了数十亿台（iPhone 和安卓手机）。在过去的半个世纪里，摩尔定律彻底重塑了世界经济，并几乎改变了商业和日常生活的方方面面。

不幸的是，摩尔定律并不适用于可再生能源，因为后者在材料和工程方面面临的挑战大不相同。但是，有没有其他方法可以预测电池和其他重要技术的发展呢？

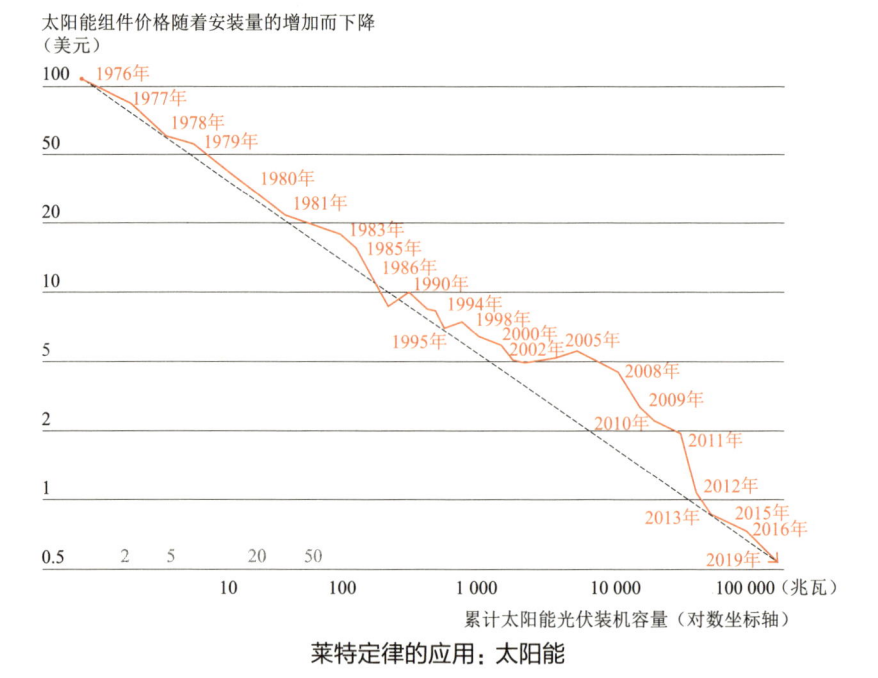

太阳能组件价格随着安装量的增加而下降
（美元）

莱特定律的应用：太阳能

注：太阳能光伏（PV）组件每瓦价格（对数坐标轴）已根据通货膨胀进行调整，以2019年美元价格表示。1 兆瓦 =1 000 000 瓦。

改编自 Our World in Data 的数据和可视化资料，根据 CC-BY 获得作者马克斯·罗泽授权。

事实上，有。**这就是莱特定律。**莱特的全名是西奥多·莱特（Theodore Wright）（与威尔伯和奥维尔[①]没有已知关系），毕业于麻省理工学院。1925年，莱特时任柯蒂斯飞机公司（Curtiss Aeroplane Company）的总工程师。他计算出，飞机产量每翻一番，飞机制造商的成本都会出现切实可信的下降。例如，如果你已经生产了1 000架飞机，那么第二个千架飞机的成本将降低15%，同时下一次翻倍（即4 000架）的成本也会相应降低15%。莱特定律有助于我们根据产量预测成本。莱特在第二次世界大战期间成为航空业的领袖，后来出任康奈尔大学代理校长。虽然莱特定律不像摩尔定律那样出名，但其预言性毫不逊色。

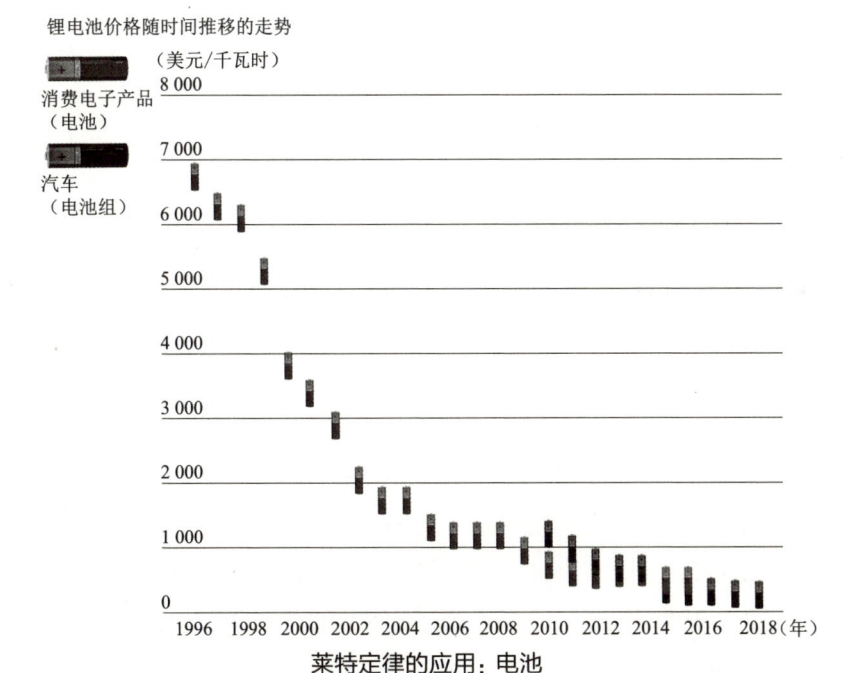

锂电池价格随时间推移的走势

消费电子产品（电池）

汽车（电池组）

（美元/千瓦时）

莱特定律的应用：电池

改编自国际能源署（IEA）的数据和可视化资料。

[①] 指威尔伯·莱特（Wilbur Wright）和奥维尔·莱特（Orville Wright），即飞机的发明者莱特兄弟。——译者注

在这个定律提出多年后，圣菲研究所（Santa Fe Institute）的一项研究表明，莱特定律还可以应用于描述从电视机到厨房用具共62种不同技术的成本曲线。[39] 在将它应用于电动汽车电池后，你将看到惊人的结果。2005年，当早期的电动汽车初创公司刚刚开始把理论付诸实践时，一块电池至少要花费6万美元。唯一能赢利的电动汽车是售价超过10万美元的豪华车或跑车，就像特斯拉和菲斯克的早期车型一样。根据莱特定律，产量每翻一番，电池组的成本就会降低35%。[40] 因此到2021年，同等规格的电池组只需花费8 000美元，[41] 电动汽车一下子便拥有了与内燃机汽车相差无几的成本竞争力。

"闪电"照耀福特

2021年5月，福特推出了首款电动版F-150皮卡车。[42] F-150皮卡已经连续44年荣登美国最畅销车型宝座。扣除7 500美元的联邦税收抵免后，电动版F-150皮卡的入门级车型在2022年春季上市时的售价将低于3.25万美元，在加利福尼亚和纽约等有额外电动汽车退税优惠的州，其售价还会更低。

新的F-150当之无愧地被命名为"闪电"（Lightning）。它的续航里程可达230英里，时速从0到60英里的加速时间仅有4.4秒。拜登总统在福特试车场开着一辆原型车兜了一圈后，（笑容满面地）表示："这家伙真快。"鉴于福特每年销售90万辆F-150皮卡，许多人认为这是又一个T型车（Model T）①时刻，即一个决定性的转折点。"汽车工业的未来是电动的，"拜登说，"没有回头路可走。"[43]

"闪电"不只是一辆卡车，它还是一台多用途、多任务、高度便携的发电机。根据福特公司的宣传，在停电的情况下，它可以为一座

---

① 福特T型车以其低廉的价格使汽车作为一种实用交通工具走入了寻常百姓之家，它的面世成为汽车工业史上具有重要意义的时刻。——译者注

房屋提供三天电力。它有 11 个电源插座，可以为电锯、水泥搅拌机、任何工地的夜间照明或以上所有设备提供电力。毕竟，正如《大西洋月刊》(*The Atlantic*) 所指出的，电动汽车本质上就是"四个轮子上的一块大电池"。[44]

然而，即使（至少在美国）电动乘用车的价格已经接近平价，我们仍然需要积极和创新的措施不断降低成本，以便为世界其他地区生产价格合理的汽车。在印度，最受欢迎的车型马鲁蒂铃木雨燕（Maruti Swift）[45] 的售价为 8 600~12 600 美元，约为西欧或美国平均售价的 1/3。在消除发展中国家的绿色溢价方面，可能会出现哪些进展？提高电池密度是其中之一。新的材料和设计可以减轻车辆的重量，从而降低寿命成本，延长行驶里程。

与此同时，在发达国家，我们仍然需要解决购车者对电池电量耗尽的恐惧——有些人称之为里程焦虑。虽然美国人平均每天开车的里程只有 27 英里，[46] 但人们的购车决策往往取决于他们在漫长的周末假期或夏季公路旅行中可能需要的最大行驶里程。

电动乘用车和电动大客车的最佳行驶里程相同，均为大约 350 英里，即可不间断地在高速公路上行驶大约 6 小时。按照目前电池创新的速度，电池续航里程有望很快达到 500 英里的水平。更长途的旅行和大型车辆则需要更好的电池。

交通运输电动化本身无疑是一个雄心勃勃的目标。但如果"清洁"的能源出自有污染的来源，如煤炭或天然气发电厂，我们从中获得的收益显然将大幅降低。简而言之，如果不对电网进行脱碳，我们就无法对交通运输进行脱碳——这是我们下一章要讨论的主题。

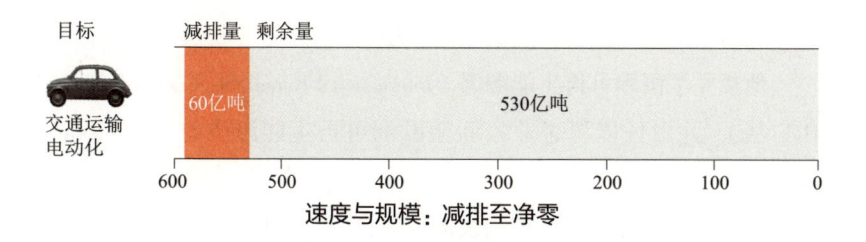

目标	减排量	剩余量
交通运输电动化	60亿吨	530亿吨

速度与规模：减排至净零

第二章　**电网脱碳**

托马斯·爱迪生曾经说过，从长远角度看，"我宁愿把钱投在太阳和太阳能上"[1]。但在爱迪生的时代，那是一个无处可下的赌注。煤才是那时候的现实选择，它可以 24 小时不停燃烧，将水煮沸以产生蒸汽，推动巨大的涡轮机叶片转动并发电。但在今天，情况已大不相同。要把电力源源不断地输进电网，然后再输送到千家万户和众多企业，化石燃料只是多种可以选择的方式之一。

不过，直到 21 世纪初，燃煤发电厂仍然提供了全球最大的电力份额。就在那时，长期担任德国联邦议院议员的赫尔曼·舍尔（Hermann Scheer）力主德国成为第一个扩大太阳能和风能发电规模的大国。舍尔使用一台风力发电机为自己的居所提供电力。在一些人的眼中，他期待人类社会依靠可再生能源运行的愿景不切实际。但这位议员提出一个计划：使用一种特殊类型的补贴来降低可再生能源的成本。

整个 20 世纪 90 年代，舍尔一直呼吁逐步淘汰煤炭和逐步关闭德国核电站，但他的呼吁遭到了当时掌管德国能源部门的那些老顽固的强烈反对。不过，作为议员的他并未屈服。

他成立了国际可再生能源署（International Renewable Energy Agency, IRENA），并出任能源企业家联盟欧洲可再生能源协会（Eurosolar）的主席。

但是面对错综复杂的德国政治局面，所有这些努力都没有发挥太大作用。舍尔曾是德国现代五项运动队的一名运动员，他私下开玩笑说，要想使他的立法获得通过，需要在政治上具备与现代五项运动技能相当的能力，包括游泳、击剑、马术、越野跑和射击。（他并没有说明他想将准星对准谁。）2000 年，他在德国联邦议院发言时宣布："化石燃料是造成气候灾难的罪魁祸首。唯一现实可行的选择是用可再生能源完全取代化石燃料和核能。"

看到同僚们无动于衷的样子，舍尔抛出了一个比喻："化石燃料和核燃料堪比全球性纵火者，而可再生能源是灭火器。"得益于他锲而不舍的坚持，这项法案终于获得通过。这项后来被称为《舍尔法》（Scheer's Law）的法令建立了世界上第一个大型太阳能和风能全国市场。这个构想非常简单，但是巧妙而有效。任何人（无论是普通的房主、拥有闲置土地的农民，还是拥有屋顶空间的零售商）都可以安装太阳能电池板阵列或一排风力发电机，并将电力输送到公用事业电网中，公用事业公司将以 20 年不变的预设价格购买这些民产电力。这样一来，人们就可以提前计算他们的年收入，并申请银行贷款来购买所需设备。

《舍尔法》规定，绿色电力的收购价格为每千瓦时 60 美分，[2] 是现行电价的 4 倍。这些额外的成本将作为电费附加费转嫁给房主和部分企业。对房主而言，平均每月会增加不到 10 美元的电费负担。少数人公开反对在基础电费上征收附加费，但对于这项有望创造数千个就业机会的计划，大多数德国公民表示了支持。[3]

资金开始向新的方向流动，并推动清洁电力的发展。不久之后，山坡上开始布满涡轮风力发电机，居民区的屋顶上方覆盖了光伏板，高速公路两旁排列着天蓝色的太阳能电池板，延伸至远方。一位名叫海因里希·加特纳的巴伐利亚畜牧农场主贷款 500 万欧元，在他的土地上安装了 1 万块太阳能电池板。[4] 他预计这些电池板带来的利润会超过养猪的利润。

舍尔的计划遵循的是一套现实的目标，也就是我所称的关键结果，包括：到 2010 年，可再生能源发电量占到总发电量的 10%；到 2020 年，占到 20%。风能和太阳能是该计划的重点，水力发电、地热发电、

第二章　电网脱碳

生物能源等其他清洁技术也将发挥辅助作用。到了 2006 年，德国的可再生能源实验已经走上了实现舍尔目标的轨道。但是，由于煤炭开采工作岗位的流失，政治形势变得越来越令人担忧。同时，不断上升的费用也引发了部分消费者的不满。舍尔没有屈服，继续引用气候变化数据和民意调查支持该计划。

  随着太阳能和风能发电规模在德国不断扩大，成本降低效应再现魔力。新的商业模式渐渐出现，绿色溢价，即使用清洁能源的额外成本开始降低。在一段时间内，可再生能源需求的飙升引发了制造业热潮。主要位于前民主德国地区的新"太阳能谷"工业区在太阳能电池板设计制造领域创造了多达 30 万个急需的工作岗位，[5] 另有多家资金雄厚的太阳能初创公司公开上市，并在股市上获得了令人印象深刻的亮眼表现。

  在那个绿色能源产业萌芽的年代，人们会想当然地认为，创办一家太阳能硬件技术公司是一个伟大的想法。我的亲身经历可以证明这一点。当时，凯鹏投资了 7 家太阳能电池板企业，这些举动随后让我们懊恼不已。

  随着德国市场的不断扩大，美国也加入了进来。尽管太阳能电池板是 20 世纪 50 年代在美国发明的，但美国最初并没有将这项技术推向规模化。随着《舍尔法》的生效，环保主义活动家说服美国多个州针对其电网内的可再生能源比例设定了温和的要求，并给予太阳能发电价格补贴。就在几年之前，风能和太阳能还属于微不足道的利基市场①，但此后全球的需求开始激增。

  然而，德国的引领性政策未能带来德国政客所期望的新增就业。原因很简单：中国看到了德国正在形成一个巨大的新兴太阳能电池板市场。在政府资金的大力扶持下，中国制造商进军德国，并从德国国内竞争者手中抢走了市场。廉价的中国太阳能电池板同样颠覆了美国市场，这也是凯鹏在这一领域投资失败的一个重要原因。

---

① 利基市场指那些被市场中的统治者或有绝对优势的企业忽略或放弃的高度专门化的需求市场。——译者注

峰值输出功率（兆瓦）　　　　　　　　　　　全球平均销售价格（美元）

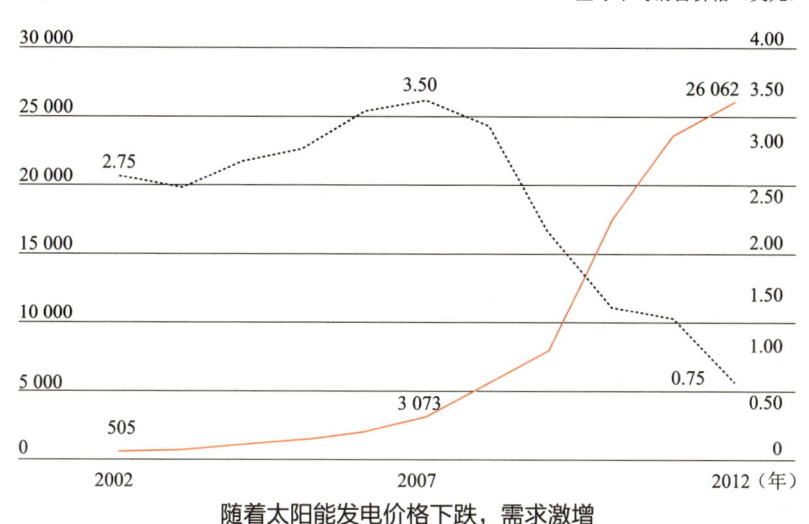

随着太阳能发电价格下跌，需求激增

改编自"可再生能源世界"（Renewable Energy World）的数据和可视化资料。

中国的太阳能产能扩张极其惊人。政府不仅向初创公司投入资金，还加大研发投入，以获取竞争优势。中国的各个地区，无论大小，突然之间都有了自己的太阳能电池板创业公司。中国政府认定，这是一个未来的战略产业，要大力发展它。美国和德国的制造商拥有一些技术先进的太阳能电池板专利，这本可以为他们提供与中国公司放手一搏的机会，但两国政府都没有为太阳能公司的生存之战提供太多帮助。中国最终抢走了全球70%的太阳能电池板市场。[6]

和其他投资者一样，我没有预见到德国实验的连锁反应，也没有预见到中国大规模进军太阳能制造业的影响。一旦太阳能电池板开始大量销售，就引发了一场全面的价格战。2010年至2020年间，太阳能电池板的价格从每瓦特输出功率2美元暴跌至20美分。[7]凯鹏投资支持的7家太阳能公司中有6家倒闭。对于我们这些输得精光的人来说，这是另一个教训：投资价格为王的大宗商品时一定要当心，特别是在其他政府对这些商品提供补贴的时候。

再来回头看看德国的情况：尽管他们的大部分太阳能制造工作岗

位不复存在，但太阳能装置比以往任何时候都更受欢迎。尽管太阳能电池板价格暴跌，批发电价随之下跌，但太阳能生产商和安装商的清洁能源补贴仍然居高不下。21世纪10年代中期，当德国联邦议院开始削减补贴之时，一些德国公用事业公司发现它们的利润已经灰飞烟灭。

越来越多的太阳能发电输入电网，特别是在中午的时候，这让化石燃料发电厂丧失了一天当中最有利可图的时间段。

这些公用事业公司中的大多数被迫裁员和重组，对其化石燃料发电厂进行了巨额减记，并将重心转向清洁能源。投资于公用事业的市政府也被迫削减服务。行业格局的颠覆性变化造成了巨大的附带损害。

不过，尽管《舍尔法》并不完美，它也表明==在正确的时间制定正确的政策有助于==清洁能源技术的推广，并在这个过程中可使价格变得更加可以承受。（这同样是对忽视变革的当权者发出的警示。）得益于德国的实验，现在几乎全球各地都能买到便宜的太阳能电池板。能源创新公司首席执行官哈尔·哈维说：=="这是德国送给世界的礼物。"==

2010年，德国可再生能源的比例达到了16%，远远超过了原先设定的10%的目标。不幸的是，舍尔在那一年因心力衰竭去世，享年66岁。三年后，他的女儿尼娜·舍尔（Nina Scheer）当选为德国联邦议院议员，并被提名为环境委员会委员。她支持的一项后续法案要求到2021年逐步取消对可再生能源的补贴，因为可再生能源已经不再需要补贴。在她的倡导下，一项关于在2038年前停止使用煤电的法案也获得了多数票的支持。

2019年，德国42%的电力来自可再生能源。[8]可再生能源"占据主流地位"的局面首次有望在一个领先的工业国家实现。2020年夏天，这真的成为现实。尽管新冠肺炎疫情大流行导致电力的总体需求下降，但太阳能发电几乎完全满负荷运行。可再生能源成为8 000万德国人的主要能源，为全国56%的电网供电。[9]

自《舍尔法》通过以来，德国已经将其电网的排放量减少了近一半。尼娜·舍尔说，她真希望父亲活着看到这一切。

增加无排放能源

电力部门是全球最大的单一碳排放源，每年排放 240 亿吨碳，超过全球碳排放总量的 1/3。我们依赖电力为居所和办公室供暖，做饭，给我们的电动汽车充电。请记住，电力本身不是能量的来源，而是能量的载体。只要能量源自化石燃料，实现电动化的任何东西都不算从真正意义上消除了碳排放。但电力本身并不一定需要燃烧，水力、风力或太阳光也能够产生电。电网脱碳和转向清洁能源是使我们的计划成为现实的最大一步。

太阳能和风能发电的局限性在于假如天气不晴朗或不刮风，它们就无法运作。为了使电网完全脱碳，我们需要储存能量，以备日落和无风时使用。我们需要精确的预测，将电力从能源过剩的地区转移到能源短缺的其他地区。能够按需发电的可再生能源，如地热和水力发电，必须能填补太阳能和风能的空白。一般来说，需要能够支撑几个小时到几天、价格可负担的短期能源，外加储能设备，以供能源长期存储。

我们在电力行业的关键结果是要求未来能够用上更便宜的清洁技术。我们承认富国和穷国之间的差距，因此在制定目标时为与能源贫困做斗争的国家提供了更灵活的时间表。

关于零排放的关键结果（KR 2.1）是我们要实现的首要任务，它要求到 2025 年零排放电力来源占到全球发电量的 50% 以上，到 2035 年，这一比例应提高到 90%。相应的解决方案包括发展核能，以帮助满足风能和太阳能不足时的能源需求。虽然核燃料几乎不产生任何排放，但严格来说，它不是可再生能源，它依赖于数量有限的放射性元素。核电站的寿命长达几十年，并且核电将成为全球能源组合的重要组成部分。但随着核电技术成本不断上升，同时其他能源选择越来越便宜，核电的作用在未来可能会减弱。

一方面，我们需要加强研发，增强核电的安全性；另一方面，要改革监管政策，加快核电站建设，从而帮助我们在 2050 年实现净零排放的目标。我们在核电站建设上没有犹豫不决的时间。可再生能源设施可以在几周内安装启用，而核电站则可能需要 10 年或更长时间才能建成并运行。

目标 2
电网脱碳

到 2050 年，将全球电力和热力排放量从 240 亿吨减少到 30 亿吨。

KR 2.1 零排放
到 2025 年，全球 50% 的电力来自零排放源；到 2035 年，零排放源发电比例达到 90%（2020 年该比例为 38%）。*
↓ 165 亿吨

KR 2.2 太阳能和风能
到 2025 年，所有国家的太阳能与风能设施的建造和运营成本低于排放源（2020 年实现此目标的国家占 67%）。

KR 2.3 储能
到 2025 年，短期（4~24 小时）储电成本低于 50 美元 / 千瓦时；到 2030 年，长期（14~30 天）储电成本低于 10 美元 / 千瓦时。

KR 2.4 煤炭和天然气
2021 年后不再建造新的煤电厂或天然气发电厂；现有煤电厂将在 2025 年前被淘汰或实现零排放，现有天然气发电厂将在 2035 年前被淘汰或实现零排放。*

KR 2.5 甲烷排放
到 2025 年，消除煤炭、石油和天然气发电厂泄漏、放空和大部分燃烧。
↓ 30 亿吨

KR 2.6 取暖和烹饪
到 2040 年，用于取暖和烹饪的燃气与燃油使用量减半。*
↓ 15 亿吨

KR 2.7 清洁经济
到 2035 年，减少对化石燃料的依赖，提高能源效率，使清洁能源生产率（GDP/ 化石燃料消耗）翻两番。

* 这是发达国家的时间表。对于发展中国家来说，达成这一关键结果预计需要更长的时间（5~10 年）。

每个国家都必须选择自己建设无碳排放电网的道路。一些国家，如德国，将逐步淘汰核能以及煤炭和天然气。但法国和中国可能会选择不同的策略。在美国，有 28 个州拥有核电站；[10] 核电占了弗吉尼亚州总发电量的 1/3。2020 年，弗吉尼亚州通过了一项与净零排放计划相关的法律，将核能视为无碳能源，与我们计划的立场一致。

我们并不关心具体使用了哪些技术，我们只希望它们不会向大气中排放更多温室气体。水力发电已占全球总发电量的 16%，主要来自大型水坝。[11] 风力发电和太阳能发电在全球的份额分别约为 6% 和 4%。[12] 美国西南部地区气候干燥，阳光充足，非常适合太阳能发电，而美国中部多风的地区则非常适合风力涡轮机发电。冰岛几乎所有的电力都来自可再生的水力或地热资源。在实现这一重大转变的过程中，每个国家和地区都需要因地制宜。

我们已经接近实现太阳能和风能方面的关键结果（KR 2.2）。在包括美国、中国、印度、南非、南美洲和西欧在内的占世界 2/3 的国家和地区，安装这些可再生能源设备已经成为获取能源最便宜的途径。[13] 但我们的关键结果更加雄心勃勃，它要求到 2025 年太阳能和风能在全球任何地方都是更便宜的能源。

有关储能的关键结果（KR 2.3）旨在使从储能设施调用电力的价格与实时电价相比具有竞争力。为此，我们需要低成本能源以及满足特定价格目标的创新能源存储技术。两者必须协同工作，才能向电网输送能量。

通过能源转型逐步摆脱化石燃料发电是关于煤炭和天然气的关键结果（KR 2.4）的核心，这是一个巨大的挑战。我们必须在全球范围内立即停止新的煤炭、石油和天然气开发项目。[14] 全球现在拥有足够的煤炭和天然气供应，我们必须开始减少需求。发达国家必须停建天然气厂，并继续停止建设新的煤电厂。然后，我们必须将重点转移到逐步淘汰大多数现存化石燃料发电厂上来。对于那些维持运行的发电厂来说，碳清除技术应能够清除它们的排放。

对于发展中国家来说，实现这一关键结果将需要更多的时间，可能还需要 5~10 年。在缺乏可靠电力供应的较贫困国家，清洁能源组

海上风电
学习率①: 10%

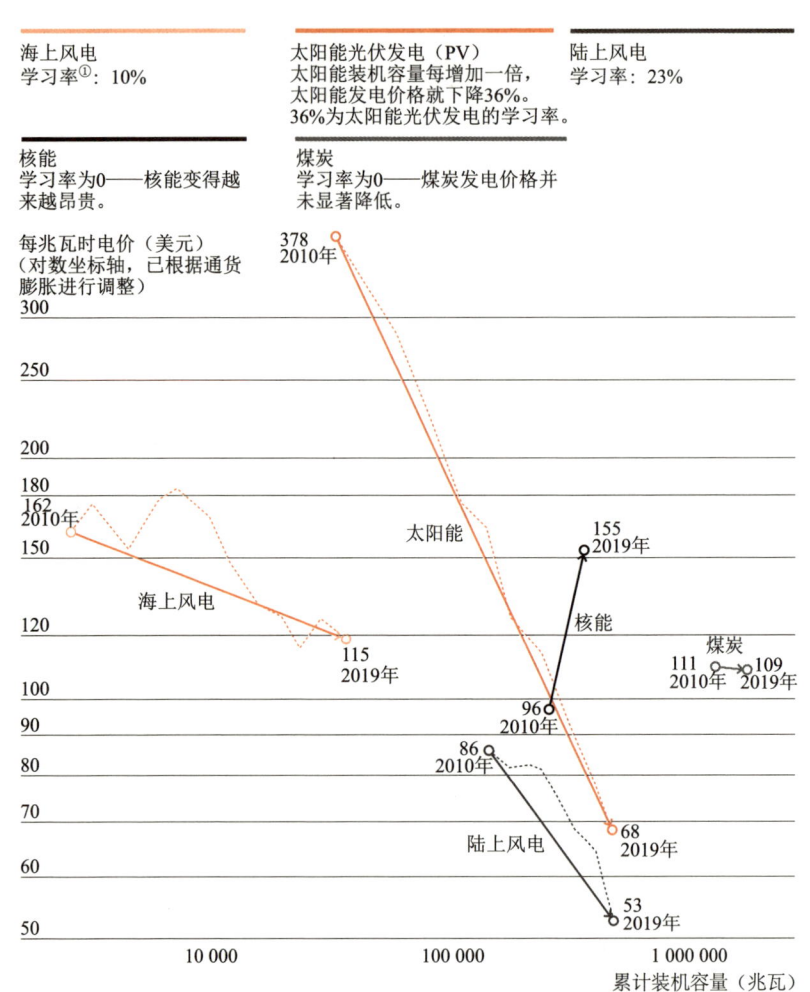

太阳能光伏发电（PV）
太阳能装机容量每增加一倍，太阳能发电价格就下降36%。36%为太阳能光伏发电的学习率。

陆上风电
学习率：23%

核能
学习率为0——核能变得越来越昂贵。

煤炭
学习率为0——煤炭发电价格并未显著降低。

每兆瓦时电价（美元）
（对数坐标轴，已根据通货膨胀进行调整）

378 2010年

162 2010年

太阳能

155 2019年

海上风电

核能

煤炭
111 2010年 → 109 2019年

115 2019年

96 2010年

86 2010年

陆上风电

68 2019年

53 2019年

累计装机容量（兆瓦）

随着价格下降和装机容量增加，可再生能源正在逐渐赢得市场

改编自 IRENA、Lazard、IAEA 和 Global Energy Monitor 的数据以及 Our World in Data 的可视化资料。

合可能无法满足其人口的迫切需求或稳定其电网。在这些情况下，新建天然气发电厂的选择可能是合理的，但前提是到 2040 年可以将它

---

① 学习率是学习曲线效应的量化值，即装机规模每翻一番，成本会随之下降的百分比。——译者注

们淘汰，或是能够清除其产生的碳排放。

总体而言，发达国家的任务是降低可再生能源的成本，消除绿色溢价，为清洁能源投资提供资金，并发挥带头作用，率先在国内实现脱碳。发展中国家则应抓住机会跳过过时的化石燃料模式，直接转向利用清洁、可负担的能源。富裕国家和世界银行的投资可以加速这一飞跃。与回过头来纠正过去的错误相比，在一开始就建设正确的能源基础设施更容易，也更便宜。

实现在全球范围内告别燃煤发电这一构想的时机已经成熟，尽管我们还不知道具体的实现路径。2021年5月，为了响应国际能源机构对全球能源系统净零排放和"全面转型"[15]的呼吁，七大发达经济体同意在年底前"停止对排放碳的煤炭项目提供国际融资"[16]。在美国和欧盟的带领下，这一承诺将有助于推动可再生能源的使用在2026年之前超过煤炭，在2030年之前超过天然气。[17]

有关甲烷排放量的关键结果（KR 2.5）直击"无组织排放"问题，要求到2025年消除30亿吨泄漏和有意排放的甲烷气体。[18] 现有法规必须得到严格执行，以更好地实施现场管理，并对老井、矿山和水力压裂现场进行加盖封堵。

有关取暖和烹饪的关键结果（KR 2.6）旨在用电加热装置和电炉取代建筑内的石油和天然气装置。现代的电热泵可以将加热效率提高3倍或3倍以上，是传统取暖和制冷技术的可靠替代。[19] 电磁炉则已在专业厨师界广获好评，同时还替代了室内空气污染的主要来源：炉灶。这一关键结果并不要求人们为了减排而牺牲生活品质，而是推动现代化技术的应用。

什么是零排放经济？它是指在摆脱化石燃料的同时保持经济增长的方式。一个国家的 GDP（国内生产总值）除以其化石燃料消耗量，即为该国的清洁能源生产率。而关于清洁经济的关键结果（KR 2.7）就是要求到2035年，各国的清洁能源生产率翻两番。

在20个碳排放量最大的国家中，法国表现最佳，这在很大程度上是因为法国70%的电力来自核能。表现最差的国家包括沙特阿拉伯和俄罗斯，因为这两个国家仍然沉迷于石油和天然气，尚未实现国内能源的多样化。各国可以通过转向更清洁的能源或更有效地利用化石燃料资源来提高其清洁能源的生产率。

与所有构建良好的 OKR 一样，我们需要达成所有设定的关键结果，以确保实现我们的目标。部分达成关键结果（哪怕达成了绝大部分）也意味着不成功。谢天谢地，太阳在一小时内为我们的星球提供的能量与人类一整年使用的能量一样多。[20] 在经历了几十年的失败后，今天太阳能设备的装机容量超过了所有其他技术，甚至风能。[21]

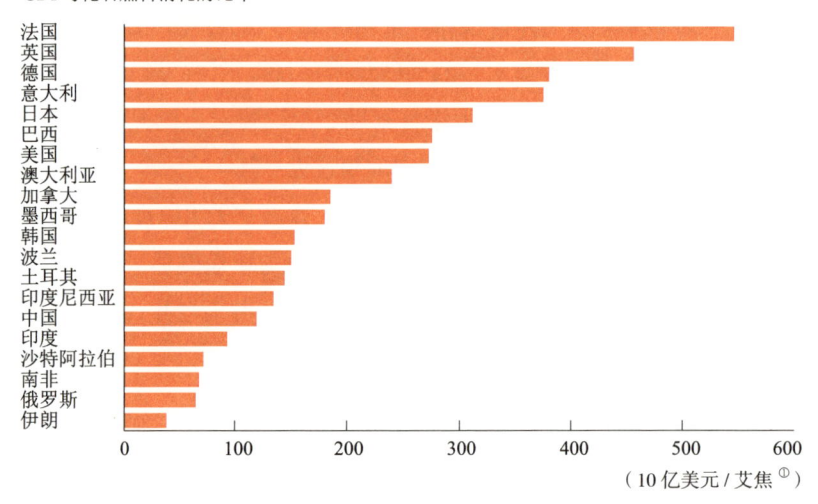

GDP 与化石燃料消耗的比率

（10 亿美元 / 艾焦[①]）

欧洲以较少的碳排放实现了较大经济产出

打造太阳能发电的商业模式：Sunrun 的故事

太阳能行业近年来的成功很大程度上得益于大力扩张规模的智能商业模式。旧金山初创公司 Sunrun 的首席执行官林恩·朱里奇（Lynn Jurich）深入市场底部，创造了一种新的商业模式。到 2020 年，Sunrun 在全美国已经拥有 30 万个家庭客户。

---

① 1 艾焦 =10 万亿焦耳。——编者注

林恩·朱里奇

在很小的时候，我阅读了图书馆传记部分的全部书籍，希望了解那些能够在很长一段时间内产生重大影响的人物。

后来我去了斯坦福大学，并一路读到了商学院，努力学习金融知识，力图让自己理解复杂的问题。如果不了解金钱的运作方式，就无法解决重大的社会挑战。

我得到了一家全球性银行的一份暑期实习工作，因而有机会到香港和上海出差。当时是2006年，这两座城市都在大兴土木，到处都是起重机。我走在街上，发现自己的四周笼罩着雾霾，口中吸入的是污染的空气。

夏天，这些雾霾来自以煤炭为燃料的发电厂，它们发出的电力用来保证办公室的空调运转。冬天，雾霾主要来自烧煤为蜗居取暖的千家万户。整个系统完全建立在化石燃料的基础之上，显然是行不通的。

虽然我们已经拥有以可再生能源取代化石燃料的技术，但要使这一转型在经济上可行，还需要做大量的工作。展望未来50年的职业生涯，我知道我想投身于此，不一定要专注于太阳能技术，而是关注分布式发电。

当时，一家名为SunEdison的初创公司因为创造了一种分布式发电的

第二章 电网脱碳

独特商业模式而渐渐获得关注。这家公司在无须支付任何前期费用的前提下，在全食（Whole Foods）、百思买（Best Buy）或沃尔玛（Walmart）的屋顶安装太阳能电池板，以满足商店的部分电力和制冷需求。这些商店将以固定费率向SunEdison支付电费，价格锁定期长达20年。利用这一可预测的收入流，这家初创公司得以为其项目筹集或借入足够的资金。

但是，当时还没有人将这种模式应用于住宅市场，尽管进军住宅市场的阻力可能更小。我与两位联合创始人，艾德·芬斯特（Ed Fenster）和奈特·克雷默（Nat Kreamer）合伙创办了一家公司，他们两人在消费金融方面有着丰富的经验。我们没有耗费大量时间与官僚主义气息浓厚的大公司进行合同谈判，而是重点思考一座座房屋的主人都需要什么。

早在人类跨入21世纪之时，市场上就已经有大量对太阳能光伏硬件，包括太阳能板和电池的投资。我们不想进入那个领域竞争，我们想投资太阳能发电设施的部署方式。太阳能发电的独特之处在于所有权分散于众多微小用户，但拥有巨大的规模扩张潜力。这就是可以实现电网平价的地方。我们可以让房主无须依赖公用事业公司就有能力实现能源自给自足，并创建一个分布式电力系统。

我们从朋友和家人那里筹集资金，创办了Sunrun公司，以规模化地实现我们对住宅"太阳能即服务"（solar-as-a-service）的愿景。我们去商店停车场把传单别在汽车的挡风玻璃上，并向在农贸市场购买蔬菜和奶酪的家庭主妇们宣传太阳能发电。

我们从创业初期就受益于太阳能的普及。民意测验告诉我们，人们相信太阳能，你需要做的只是站到他们前面告诉他们怎么做。而且人们往好里说也并不喜欢那些一家独大的公用事业公司。

虽然公司的早期使用者看重太阳能在应对气候变化方面的好处，但最重要的一点是，他们喜欢那种控制感，自己给自己发电，还能省钱。用户的前期成本为零，并可以长期锁定电价。这就好比有人在你的后院免费安装了一个汽油泵，并告诉你，从此以后你能够用每加仑1美元的价格加油，你想保留它一年还是很多年？这就是我们让房主签订20年合同的原因。

我们筹集资金用于支付太阳能系统的前期安装费用，每户约 5 万美元。随着时间的推移，这一数字已经大幅下降。用户签署的购电协议则涵盖了养护和维修费用。

我们用公司的股本金购买太阳能面板并负责安装，同时证明人们会签署协议。这是一个艰难的过程，但它确实成功了。

2008 年的经济衰退给公司造成了沉重的打击。面对房屋抵押贷款泡沫的破裂，谁还会继续资助一家靠房主信用生存的创业公司？对我们的客户来说，最大的风险是我们破产。幸运的是，公司在雷曼兄弟（Lehman Brothers）倒闭的前一天刚刚达成了一项融资交易。我们在最后关头获得了足够的资金熬过经济大衰退。

从商业模式的角度来看，挨家挨户地发展用户似乎很慢，但我们必须这样做。实际上，我们的扩张速度比商业市场更快。我们在 10 个州内覆盖了尽可能多的社区，消费者开始自己滚雪球，越来越多的人希望得到这个机会。

到 2013 年，我们终于实现了稳定的利润。董事会认为首次公开募股（IPO）的时机已到。这个时间点很微妙。我和丈夫布拉德结婚已经 9 年，正在犹豫是不是该要一个孩子了。他也是一名企业家，所以我俩总是在筹集资金或处理工作中的危机，一直找不到生孩子的合适时机。我当时已经 35 岁，我俩决定如果想要孩子就必须立刻要。我怀孕了，当然，时间正好与公司 IPO 的时间撞车。

我们可以让房主
有能力实现
能源自给自足。

当时，太阳能和风能在全球的市场份额正在缓慢扩大。不过，整个过程仍然十分艰难。大多数太阳能行业的先行者都腹背受敌，遭到拥有强大政治背景的公用事业公司的攻击。但 Sunrun 的"太阳能即服务"模式很快打开了市场。公司 2015 年通过 IPO 在纳斯达克市场募集了 2.5 亿美元，为其在 11 个州开展业务提供资金。早期投资者得到了丰厚的回报。

Sunrun 的"太阳能即服务"业务模式使其成为美国首屈一指的家用太阳能屋顶安装商

由于公用事业公司根基深厚，它们觉得没有必要对客户普及电力知识。我们刚起步时，10个人中有9个认为太阳能是最昂贵的能源。甚至到了今天，大多数人仍然认为太阳能太贵，即使这在几年之前就已经不再是事实。

公共电网的运行模式问题重重，市场极度破碎。作为电力的传输工具，电网被设计成一条单行道。当太阳出来的时候，太阳能用户家庭产生的电量超过其使用需求。根据所谓"净计量"政策，[22] 38个州的公用事业公司必须购买这些富余电力并将其输送到其他家庭。但电网运营商经常说，可再生能源太多，他们无法消化。公用事业公司自身并没有动力建立分布式电网，因此需要监管机构出手改变法规。

公用事业公司需要使供需平衡，太阳能的间歇性是它们面临的最大挑战。这些公司必须聪明地确定高峰和非高峰时段的电价，消费者也必须聪明地知道何时给汽车充电或烘干衣服。

解决这个问题的方案之一是由公用事业公司开发更好的需求响应管理，另一个方案是在所有住宅系统中安装蓄电池，这样房主就可以将多余电力存储起来供夜晚或第二天使用。如果我们能大规模地做到这一点，就可以建造被称作"虚拟发电厂"的系统。

夏威夷是一个有趣的缩影样本，大约30%的家庭拥有太阳能板和蓄电池。由于规模足够大，公司能够提供比公共电网更实惠和更可靠的电力。我们现在确信，每个家庭都应该有一个蓄电池，同时在设计电网时也应考虑适应这种模式。

现在，我们公司已经在22个州开展业务并成为美国最大的家用太阳能屋顶安装商，甚至超过了另一家拥有住宅太阳能公司业务的公司——特斯拉，任何同行对我而言都是盟友。我们都相信，全面实现电气化是正确的前进方向，我们正在共同实现这一未来——分布式电力。今天，我对这一点比刚开始时更有信心。

2021 年，得益于林恩·朱里奇和其他太阳能领域的开拓者，美国的太阳能装机容量达到 100 吉瓦①。[23] 人口数量为美国 4 倍多的中国目前的装机容量已达到 240 吉瓦。印度设定了到 2022 年装机容量达到 20 吉瓦的目标，而且已经提前四年实现了这一目标，其最新的目标是到 2030 年达到 450 吉瓦。[24] 在世界范围内，太阳能的发展正在接近一个历史性的关头，首次达到 1 太瓦（即 1 万亿瓦，或 1 000 吉瓦）。然而，尽管取得了如此迅速的进展，如果政策没有根本性改变，我们仍然无法实现净零排放目标。

林恩·朱里奇

就全球变暖问题而言，为了避免气候灾难，必须将升温幅度控制在 1.5℃之内，而我们现在几乎已经达到了上限。因此，我们现在做出的重大决策必须近乎完美。在 20 世纪 50 年代，美国以惊人的速度修建了国家公路系统。艾森豪威尔是一位伟大的领袖。我们需要采取一种全面战时的方法，把每个屋顶都尽可能利用起来，安装太阳能设施。

这意味着要对消费者提供激励措施，而不仅仅是激励那些居于主导地位的能源公司。我们需要用太阳能屋顶和蓄电池为建筑物供电。这些能量可以用来为我们的电动汽车充电，并帮助我们改用电动泵和电动压缩机制冷和采暖，不再依赖燃烧天然气或燃油的设备。

这在技术上已经可以实现。蓄电池的成本持续下降。每个人都在谈论中国和印度需要做什么，但如果美国起到带头作用，它们会做得更快。

是什么制约了太阳能使用的增长？是我们的惯性，因为不做改变总是比较容易的。既得利益者会努力捍卫自己的地盘，并通过繁文缛节和咬文嚼字让问题复杂化。

---

① 1 吉瓦 =10 亿瓦 =100 万千瓦。——编者注

迟早有一天，安装太阳能屋顶会像安装厨房电器一样便捷。如果一个房主想要在下周安装太阳能屋顶，他们的要求应该能够得到满足。所有的新房子在交付使用时都应该带有太阳能屋顶，它应该是房屋价格的一部分，就像花岗岩台面一样。

我们必须让这一切变得超级简单和便宜，目前我们正走在这条路上。这个电气化的新世界并不意味着牺牲。它并不昂贵，你仍然可以打造理想的居所，只不过现在你这么做的时候，还可以利用太阳实现能源的自给自足。

风能发电兴起

鉴于太阳能和风能是增长最快的两种能源，你可能会认为它们势必激烈争夺市场份额，但事实并非如此，因为这两种技术具有天然的互补性。太阳能电池板在白天将阳光转化为电能，而风力涡轮机在夜间风力增强时运转更快。从某种意义上说，风能也是太阳能。由于地形变化，太阳对地球表面的加热不均匀。空气受热上升时，会留下一片低气压区。这种气压差导致不平衡，由此产生的空气流动形成了风。

这两种可再生能源的商业模式也是互补的。如果说太阳能正在加速向分布式电网转型，风能则是集中采购和管理的。风能使公用事业公司得以继续做它们最擅长的事情：通过谈判达成有利的电力购买协议，然后向用户提供电力。风能发电的增长速度超过了任何其他公用事业规模的能源，甚至包括化石燃料。[25]

在美国，风能长期以来享有比太阳能更高的市场份额，这主要是因为它受到大型公用事业公司的欢迎。得克萨斯州位于盛产石油的墨西哥湾，是美国石油工业的发源地。得益于州政府对企业的优惠政策，这里长期以来一直是风能产业的领导者。2006年，马谷风能中心（Horse Hollow Wind Energy Center）在得克萨斯州中部建成。它的发电量为 735 兆瓦，建成时是世界上最大的涡轮风电场。（后来，其他地方已经建立起规模更大的风力发电厂，如中国甘肃省的风电场规模达到它的 27 倍。[26]）

随着时间的推移，风能技术得到了突飞猛进的发展。风电机叶片变得更长，涡轮机也变得更高。随着制造能力的翻番，新涡轮机的成本下降了一半。一旦美国的风力发电变得比用火车运输煤炭更便宜，将风电并入电网就具备了经济上的意义。

但陆上风电的未来增长面临几大制约因素，包括：输电瓶颈、公用设施限制、可用土地短缺，以及当地反对新建风电场。[27] 风电发展的"新边疆"是大海，这多亏了一位富有远见卓识的丹麦人，他将一场财务上的危机转化为新的绿色机遇。

奥斯特的海上风电革命

全世界第一个海上风电场最初只是一项小型实验。1991 年，在波罗的海的一个小岛附近，丹麦国有公用事业公司丹麦石油天然气公司（Danish Oil & Natural Gas, DONG）建造了 11 台风力涡轮机，并以最近的海滨小镇命名其为温讷比（Vindeby）海上风电场，电场建成后可发电 5 兆瓦。这个项目的总体规模很小，远未达到丹麦电力标准的 1%。

21 世纪初，风能的大部分增长是由多家创业企业贡献的。国有的丹麦石油天然气公司与竞争对手合并，巩固了其作为一家以石油和天然气为核心的能源公司的地位。但在 2012 年，这家拥有 6 000 名员工的公用事业公司面临一场财务危机。随着美国水力压裂技术的蓬勃发展，天然气产量创下历史新高，在短短四年内，全球天然气价格暴跌了 85%，从高峰跌到了谷底。[28] 尽管这对丹麦电力消费者来说似乎是个好消息，但丹麦石油天然气公司的利润灰飞烟灭。标准普尔将这家公用事业公司的信用评级下调为负。公司的首席执行官黯然下台。

董事会聘请了一位行业外领袖作为他的继任者，此人就是45岁的亨里克·鲍尔森（Henrik Poulsen），丹麦著名创新公司乐高（LEGO）的前任掌门人。在他的领导下，乐高实现了重大转型。鲍尔森在丹麦石油天然气公司前景黯淡的时候加盟公司，力图恢复公司的财务基础，并制定一个新的增长战略。

2012年，海上风电市场几乎还不存在。建设成本高得令人望而却步。在海洋中建造平台本来就风险很高，更不用说还面临着海滨住宅房主的激烈反对。

亨里克·鲍尔森面临着一些严峻的选择。换作别的首席执行官，面对这一切可能会惊慌失措，并开始裁员，直到天然气价格反弹。但这不是鲍尔森的行事作风，他抓住机会做出了根本性的变革。

> 2006年，丹麦石油天然气公司与其他五家丹麦能源公司合并，成为一家综合性的石油、天然气和电力公司，其核心业务仍然是化石燃料。

世界上第一个海上风电场，于1991年在丹麦近海建成

亨里克·鲍尔森

2012年8月,我加入丹麦石油天然气公司后不久,就发现公司已经深陷危机。标准普尔下调了我们的债务评级,欧洲其他大多数能源公司也面临着巨大的压力,传统电力生产业务正在迅速衰落。面对美国页岩气行业的蓬勃发展,液化天然气和天然气储存业务承受着巨大的价格压力。

我很清楚,我们需要一个新的行动计划。我们逐一考察了各项业务,寻找具有竞争实力和未来市场增长潜力的业务板块。

我们最终决定剥离一长串非核心业务,以减少公司的债务。我们需要建立一个全新的公司。我坚信,我们需要从黑色能源转向绿色能源,以应对气候变化。因此公司决定,将增长战略专注于发展一项业务,那就是海上风电。

我相信我们在海上风电领域拥有独一无二的机会,我们还拥有先发优势。我相信我们别无选择,只能放手一搏。

彻底转型从来都不是一件容易的事。我们研究了当时已经建成的所有海上风电场,领导团队审查了所有成本和数据。这些海上风电场的运营费用太高,能源成本是陆上风电成本的两倍多。

我们实施了一项大幅降低成本的计划,将海上风电的效率提升到可以击败化石燃料发电的水平。

我们将海上风电场分解为各个组成部分,从涡轮机到输电基础设施,从安装到运营和维护。

我们安装了越来越大的涡轮机,以增加海上风电场的容量;与供应商合作,不断降低每次新安装的成本。

2014年,我们参与了一系列英国海上风电项目的投标,这是海上风电行业最大的一宗竞拍交易,我们最终中标了其中三个项目。这保证了我们拥有足够的装机容量来继续推进降低成本计划。

我们曾制定了到2020年使风机安装成本降至每兆瓦时100欧元的目标,不过很快就超越了这一目标,到2016年,我们的安装成本已经降到了每兆瓦时60欧元。在四年内,我们将海上风电的成本降低了60%,远远超出了预期。一旦成功动员起整个行业和整个供应链支持我们完成使命,其爆发出的力量就真的很强大。

后来,我们弃用了"丹麦石油天然气公司"这个名字,将公司改名为奥斯特,以纪念首先发现电流产生磁场的丹麦传奇科学家汉斯·克里斯蒂安·奥斯特(Hans Christian Ørsted)。

我们决定专注于发展一项业务,那就是海上风电。

在一个新市场刚刚被打开时,往往没有太大的竞争,先行者将获得巨大的优势。在风电行业,丹麦有两家公司成为行业的先行者,其中一个是工业设备制造商维斯塔斯(Vestas),该公司是进入风力涡轮机

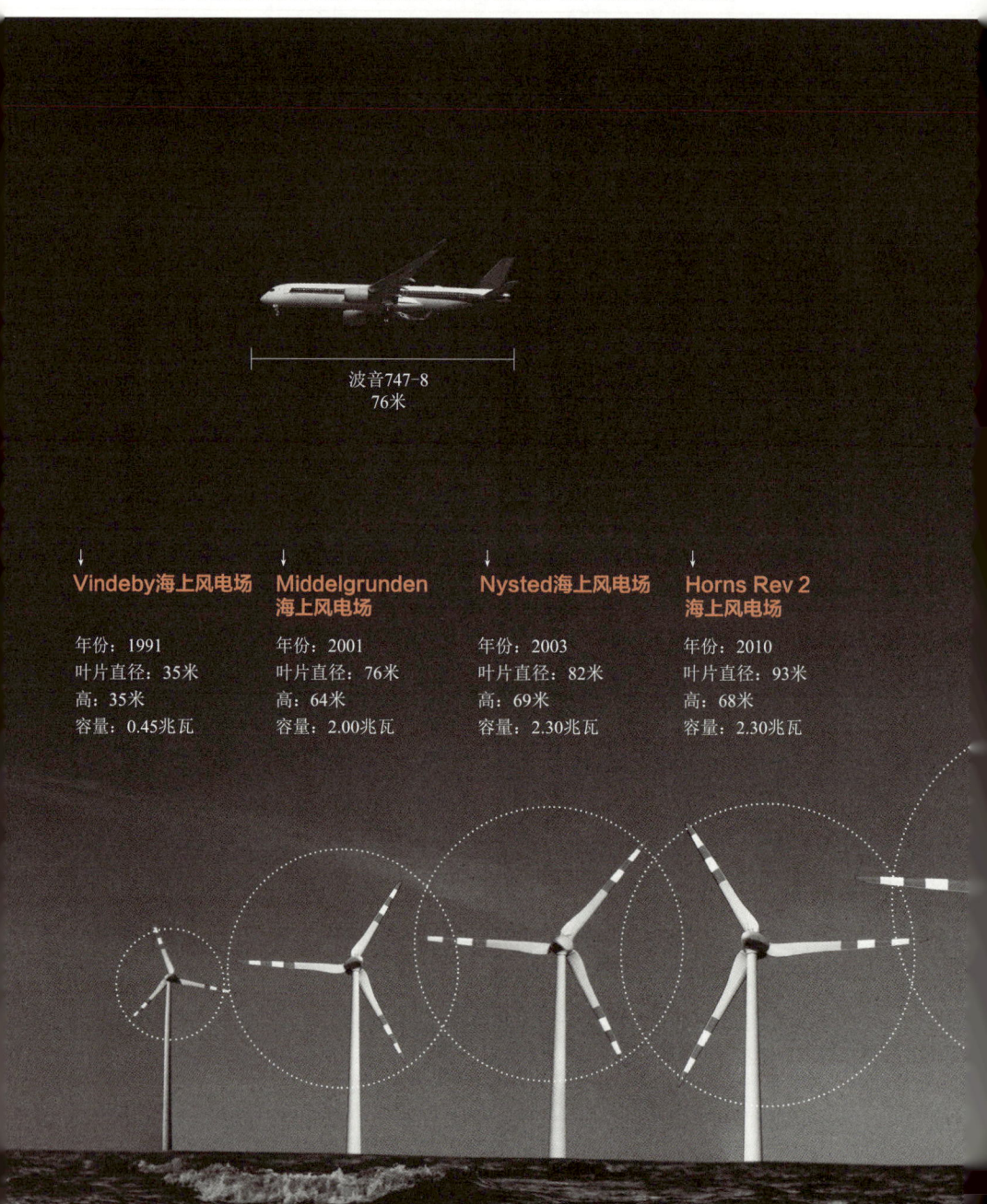

越大越强：奥斯特的风力涡轮机越来越大，发电能力越来越强

波音747-8
76米

Vindeby海上风电场

年份：1991
叶片直径：35米
高：35米
容量：0.45兆瓦

**Middelgrunden
海上风电场**

年份：2001
叶片直径：76米
高：64米
容量：2.00兆瓦

Nysted海上风电场

年份：2003
叶片直径：82米
高：69米
容量：2.30兆瓦

**Horns Rev 2
海上风电场**

年份：2010
叶片直径：93米
高：68米
容量：2.30兆瓦

Anholt海上风电场

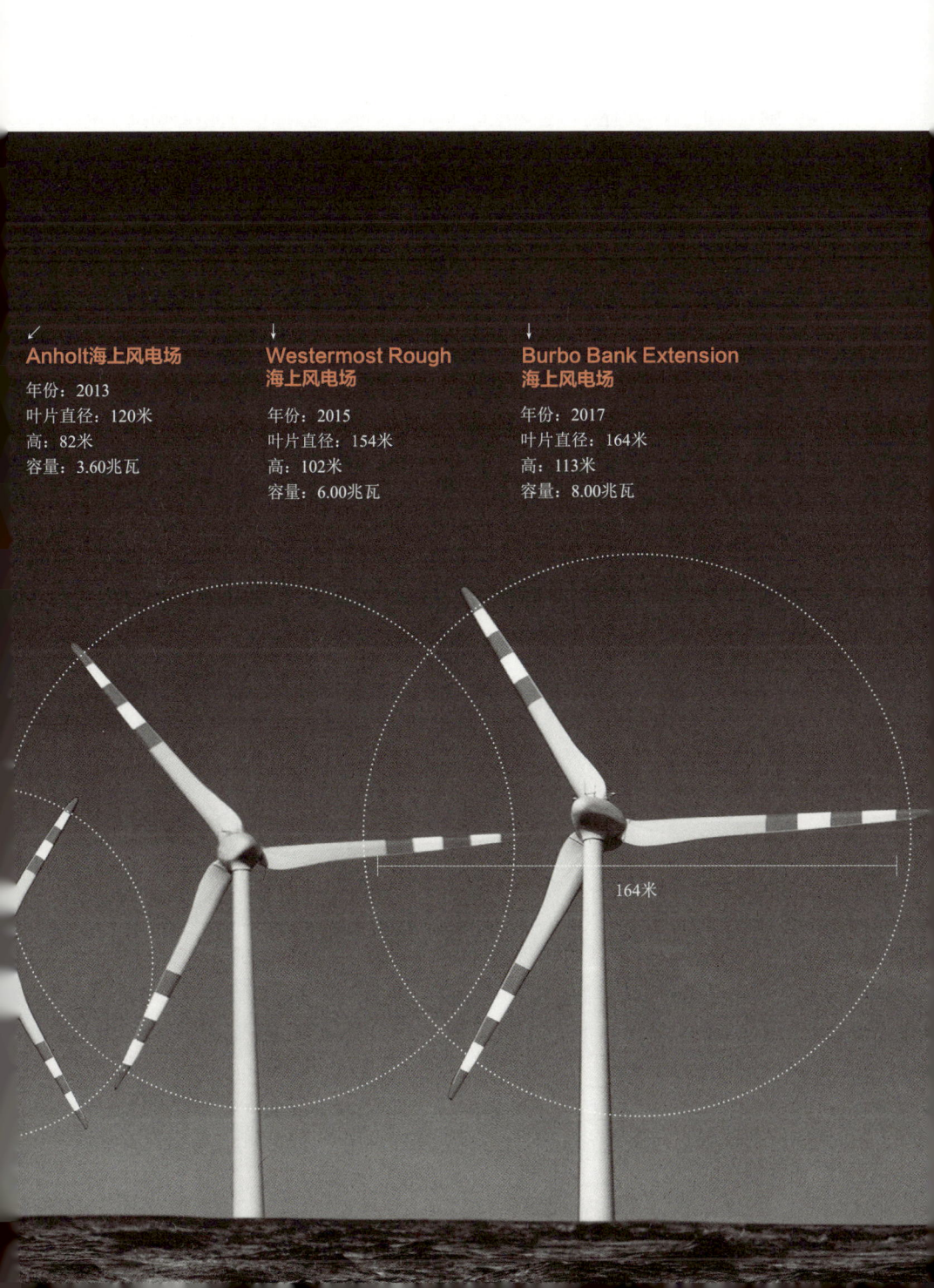

年份：2013
叶片直径：120米
高：82米
容量：3.60兆瓦

**Westermost Rough
海上风电场**

年份：2015
叶片直径：154米
高：102米
容量：6.00兆瓦

**Burbo Bank Extension
海上风电场**

年份：2017
叶片直径：164米
高：113米
容量：8.00兆瓦

164米

领域的首批制造商之一,现在是世界上最大的风力涡轮机制造商。[29]

而奥斯特公司则是第一个发现海上风电场规模可以远超陆上风电场规模的公司。这家公司早期的每个海上风电场发电量约为400兆瓦,新业务稳健增长,而且能够带来盈利。2016年,该公司成功上市,市值为150亿美元。四年后,它的市值已经达到了500亿美元。随着欧洲各国政府对海上风电表现出越来越浓的兴趣,其他公司也参与进来,这推动了整个行业的成本进一步降低。

亨里克·鲍尔森

由于我们在全球各地拥有新项目,海上风电场的设计和建设可以使用更加工业化的方法。这些项目不再被视为一次性项目,而是成为标准化的流水线产品。这让我们拥有极大的动力和自信,在欧洲、亚洲和北美海域积极推进业务。

我们原本并不知道美国是否会建设大规模的海上风电市场,但公司在波士顿开设了北美总部。然后,我们收购了一家公司,该公司赢得了首个海上风电场建设项目,即罗得岛海岸的布洛克岛风电场(Block Island Wind Farm)。现在,这个项目每年可减少4万吨二氧化碳排放,相当于减少了15万辆汽车的排放量。

从那时起,海上风电市场开始在全世界范围内蓬勃发展,我们赢得了相当大部分的竞标。更令人惊喜的是,我们重新激发了员工学习新技能的动力。尽管业务一直处于剧烈变化之中,但我们的使命为公司注入了新的目标。

到了2020年,奥斯特产出的90%的能源已经是可再生能源。[30]在将自身二氧化碳排放量减少了70%后,该公司在世界经济论坛上被评为世界上最可持续的公司。[31]如今,公司成为全球最大的海上风电开发商,在不断增长的全球市场中占据了1/3的市场份额。对于任何想摆脱过去的化石燃料公司来说,奥斯特均是一个卓越的典范。

天然气的肮脏秘密

2020年4月,美国环保协会报告,位于得克萨斯州西部的二叠纪盆地(美国最大的采矿和钻井区)发生一起紧急排放事件。协会的首席科学家史蒂夫·汉伯格(Steve Hamburg)被甲烷排放监测网络传来的图像和数据吓了一跳,这个监测网包括卫星信号、无人侦察机和配备了红外摄像机的直升机。

然后他变得警觉起来。汉伯格报告称:"这是美国境内一个主要盆地有史以来测量到的最大排放量。"[32] 二叠纪盆地泄漏的甲烷达到其天然气总产量的4%,这无疑会对气候造成严重破坏。

> 天然气中高达90%的成分是甲烷,而甲烷气体吸收大气中热量的能力是二氧化碳的30倍。

这一突发的大规模排放事件表明,准确、实时的监测可以让我们为削减和控制排放所做努力的效果得到加强。几天之内,美国环保协会即向应对此事件负责的石油和天然气公司及其监管机构发出了一系列法律备忘录,强烈要求它们采取行动封堵泄漏。

史蒂夫·汉伯格曾任堪萨斯大学和布朗大学的环境科学教授,但一个契机让他的人生出现了转折,当时,他作为主要作者参与撰写了政府间气候变化专门委员会一系列震惊世界的报告,这项工作使他们这些科学家赢得了2007年诺贝尔和平奖。第二年,当美国环保协会向他递出橄榄枝时,汉伯格认为自己对气候变化采取直接行动的机会到来了。他离开了布朗大学的讲座教授岗位,来到广阔的田野和天空大展身手。

美国环保协会最重要的项目是MethaneSAT,这是一颗专门跟踪和测量甲烷气体排放的卫星。预计在2023年前,美国和新西兰的一项联合太空任务将与SpaceX合作,用猎鹰9号火箭将这颗卫星送入近地轨道。MethaneSAT将在全球范围内搜寻石油、天然气和煤炭开采场所的无组织排放物,同时追踪牧场和垃圾填埋场额外排放的数十亿吨甲烷。这无疑将会让全球实时监测在我们解决气候危机的行动中发挥更大作用。

史蒂夫·汉伯格

　　MethaneSAT 工作的基础是收集数据和进行研究，以量化甲烷排放量。我们拥有的数据快照比以前任何时候都丰富，但我们需要一幅动态图像，一个连续的数据流，并且要能够覆盖全球，而不只是覆盖部分区域。

　　目前，我们仍然无法在世界上许多地方收集数据。要做到这些，我们需要一架飞机飞越相关地区或是一组人员在地面活动，但很多时候我们无法获得这些许可。

　　因此，卫星是未来的发展方向。多年来，我一直强调，如果想大规模、精确地完成这项工作，我们需要一颗专用的甲烷监测卫星。

　　首先要解决的问题是，我们需要收集哪些数据，以及从太空追踪能够达到怎样的精度。我们曾经前往哈佛 - 史密森天体物理中心的天文台，询问那里的工作人员：你们能建造这个吗？这在技术上可行吗？他们深吸了一口气，然后说，你知道，新技术出现的速度是很快的。

　　最后我们说，干脆我们自己来解决这个问题吧。我们把想到的一切都写在白板上，然后说：我认为我们可以做到。这样一颗卫星是可以建造的，于是我们发起了这个项目。

追踪无组织排放甲烷是一项颇具紧迫性的工作，这是由于甲烷气体巨大的温室效应及其相对较短的存续期。在前工业化时代，大气中的甲烷含量为 722 ppb。如今，它的浓度已经翻了一倍多。如果我们能在 2025 年和 2030 年分别成功地将人为甲烷排放量减少 25% 和 45%，将有助于在我们有生之年减缓全球变暖。[33]

从安装在飞机上的甲烷传感器到对住宅进行的研究使我们知道，甲烷泄漏不仅发生在石油和天然气生产中，还会发生在供应链上的每一步，再到我们使用的燃气器具。[34] 我们越早使用电气设备更换燃气设备，就能越早地消除这些额外的甲烷泄漏源。

从 1984 年起，美国环保协会主席弗雷德·克虏伯（Fred Krupp）一直坚持不懈地传递着这一信息，将它既作为紧急事件，也作为一个独特的机遇。他的组织在保护环境方面有着悠久而传奇的历史，并取得了诸多战果。该组织在清除汽油中的铅和禁止危险农药滴滴涕方面发挥了重要的作用。如今，这家全球性的非营利组织拥有 700 名全职员工，年预算为 2.25 亿美元。

追踪**甲烷**的紧迫性源于它对地球巨大的升温效力。

弗雷德·克虏伯

甲烷具有非同寻常的迅速升温效力,其影响是目前正在导致地球气候变暖。科学家和政策制定者日益认识到一个现实,那就是即使不考虑脱碳的需要,减少甲烷排放本身也十分重要。甲烷在大气中扩散的速度远远快于二氧化碳,前者扩散只需要大约10年,而后者则超过100年。因此,如果能够实现我们2025年和2030年的阶段性甲烷减排目标,气候变暖趋势将得到遏制,甚至在此后很快会产生冷却效果。

这种紧迫性尤其体现在北极地区夏季海冰问题上。我们知道,如果不降低甲烷排放量,就无法阻止海冰的消失。这当然也包括来自肉牛和奶牛的甲烷排放。但在美国环保协会,我们专注于石油和天然气行业。我们现在就有一个机会,能够减少甲烷排放并阻断这些反馈回路。如果不这样做,北极地区夏季海冰将会基本上消失殆尽。

好消息是,能源行业现在已经认识到了这个问题。行业内的大公司,包括埃克森美孚公司和雪佛龙公司(Chevron)、壳牌公司(Shell)、BP集团(英国石油)、沙特阿美公司(Saudi Aramco)、巴西国家石油公司(Petrobras)和挪威国家石油公司(Equinor),已经做出了相关承诺。这些公司成立了一个名为油气行业气候倡议组织(Oil & Gas Climate Initiative,OGCI)的投资共同体,承诺降低甲烷浓度,并支持到2030年消除常规燃烧,即废弃甲烷的燃烧。

坏消息是，该共同体只包括上市公司，而不包括俄罗斯、伊朗、墨西哥、印度尼西亚和中国①的国有企业，这些企业的甲烷排放问题必须借助外交手段加以解决。所有这些公司都需要立即行动，封堵其运营过程中的泄漏和其他无组织排放。

除了行业中期目标，我们还需要一个计划，促使化石燃料公司加快步伐，到2025年消除甲烷排放。石油和天然气公司需要制定战略，确保实施现场测量、监控和设备升级。许多公司当前使用的生产设备阀门在设计上仍然会根据流经阀门的气体压力而自动排放甲烷。这种传统设备很容易被不排放气体的现代阀门取代。这种阀门目前已经存在，每个阀门只需要300美元。[35]

在行业开始履行其减排责任的同时，MethaneSAT将着手检测未被封堵和报告的甲烷泄漏。我们需要强有力的禁止性法律和强制执行手段，以消除这些无组织排放。

2016年，在奥巴马政府任期即将结束的几个月里，美国环保署最终敲定了一项有关甲烷污染的法令，要求在所有新的油气田实施泄漏检测和修复。但随着特朗普政府暂停该法令的执行，2018年至2020年间，美国水力压裂现场的泄漏现象激增。[36] 2021年4月，拜登政府将防止甲烷泄漏作为基础设施一揽子计划的核心内容，把重点放在废弃井口上。

为了控制采矿和钻井作业，各国及其监管机构必须提高警惕。必须加大执法力度，有效控制新项目和既有项目中的泄漏问题。弗雷德·克劳伯表示："有些泄漏是有意为之。"出于安全和经济考虑而在开采现场燃烧废气的火炬燃烧做法必须作为不必要排放和天然气浪费行为受到严格监管。[37] 必须完全禁止将甲烷直接排放到大气中。

---

① 中国石油天然气集团有限公司于2015年正式加入OGCI，是OGCI当前12个成员之一。——译者注

全面转向电动化

作为一名自豪的加州居民，我想向四次连任我们州长的杰里·布朗（Jerry Brown）表示衷心感谢。早在气候问题成为全球性问题之前，布朗就已经开始倡导打造更清洁的环境。一系列举世瞩目的全球首创环保举措经他之手签署成为法律。1977年，加州颁布了一项史无前例的屋顶太阳能税收优惠政策。第二年，加州出台了有史以来第一个建筑和电器能效标准。1979年，布朗签署了世界上最严格的反烟雾法，下令禁止使用含铅汽油，暂停使用核电，并禁止海上石油钻探。

加州这个全球第五大经济体从未松懈。2002年，随着共和党人阿诺德·施瓦辛格（Arnold Schwarzenegger）当选州长，加州政府在气候领域展开了两党合作。这位共和党州长签署了《全球变暖解决方案法案》（Global Warming Solutions Act），旨在到2050年将温室气体排放量减少80%，此举使加州名副其实地成为气候问题领域的全球领袖。

2011年，杰里·布朗再次当选州长，并重新开始签署一系列具有里程碑意义的法案。2018年，在他卸任的前一年，他签署了一项法规，要求到2030年，加州60%的电力生产来自清洁能源，最终到2045年100%的电力生产来自清洁能源。加州成为世界上致力于完全实现清洁电力生产的最大的司法管辖区。

然而，从全美国的角度来看，我们还有很长的路要走。大约一半美国家庭和餐馆仍然依赖燃气灶和炉灶，许多厨师不愿意改用电。[38] 天然气公司正在利用人们对化石燃料的偏爱精心策划各类营销活动。

根据《消费者报告》（Consumer Reports）做出的广泛测试，在大多数烹饪任务（包括煮、炖和烧烤）中，电磁炉的性能均优于燃气炉灶。电磁炉不是依靠火焰，而是利用磁场产生能量来加热铸铁或钢制锅具。由于没有燃烧器，它们比煤气灶更安全，向空气中排放的有毒气体更少。位于伦敦的米其林星级餐厅 Pidgin 的合伙人詹姆斯·拉姆斯登（James Ramsden）表示："我喜欢我们的大电磁炉灶，我不会再回头去用煤气灶了。"超级明星厨师托马斯·凯勒（Thomas Keller）、里克·贝利斯（Rick Bayless）和蔡明昊也是电磁炉的支持者。各地的建筑规范应规定新建筑使用电磁炉，同时应对老建筑提供激励措施，鼓励用户逐步减少燃气灶的使用。

对于大多数烹饪任务而言，电磁炉的表现均优于燃气灶

我们宏伟的能源未来

随着我们逐渐改变烹饪、取暖和出行的方式，美国许多州长期停滞不前的电力需求将再次上升。因此，**我们的电网需要升级，以支持未来的能源负荷**，以及太阳能和风能等可变能源的不断涌入。美国的电网已经过时了，这并不是夸张的说法。为了实时满足需求并通过高压输电线路远距离输送能源，电网需要变得更加智能。

一些公用事业公司在这方面比其他公司做得更好。一些公司安装了"需求响应"系统，将软件与数千个恒温器的内置芯片进行连接。在地区出现电力短缺时，"智能"电网向同意少用空调以降低峰值用电量的消费者提供返利。另一种方法是"净计量"，即只要一个家庭的发电量超过其耗电量，太阳能屋顶就会将电力反输送回电网。[39] 除了能够让太阳能发电者节约一笔电费，净计量对地球来说也是一种胜利。

同时，越来越多零排放电力涌入世界各地的电网也使一个更大的挑战隐隐显现。今天全球生产出的2.7万太瓦时的电力很快将远远无法满足我们的需求。[40] 国际能源署宣称，到2050年，我们将需要至少5万太瓦时的容量来支持数千万辆新增的电动汽车。像埃隆·马斯克和林恩·朱里奇自始至终认为的那样，一旦太阳能电池板为千万家庭供电，人们的车库就将成为他们的加油站。

有了太阳能房屋，
人们的车库将成为
他们的加油站。

能源效率的力量

在历史上的大部分时期，国民经济的增长与能源使用量的增长同步。许多人认为，创造一美元 GDP 所需的能源或多或少是固定的，但牛津大学物理学家阿莫里·洛文斯（Amory Lovins）却持相反的观点。他认为：我们可以在极大减少能源使用的同时保持经济增长。1982 年，洛文斯与人共同创立了落基山研究所（Rocky Mountain Institute），致力于提高能源效率。他位于科罗拉多州老斯诺马斯市的太阳能房屋采用 99% 的被动式供热，成为节能型房屋设计的样板。这所房屋的一大特色是带有一个温室，其中没有火炉，但洛文斯全年都可以在那里种植香蕉。

洛文斯说，能源效率的飞跃肉眼可见，它们能够可靠地帮助我们更快向零排放的未来过渡。例如，LED（发光二极管）照明比传统灯泡省电 75%。设计更高效的管道和导管可以减少泵和风扇系统 90% 的摩擦力。[41]

2010 年，落基山研究所为纽约市帝国大厦的翻新工程提供咨询服务，最终帮助大厦实现了节能 38% 的成效。其他著名的建筑紧随其后。"需要改进的不一定是技术，"洛文斯表示，"而是设计，是选择如何对现有技术进行综合利用。"帝国大厦的节能成果来自隔热窗户、增加辐射屏障以及优化取暖和制冷系统。[42] 任何写字楼或家庭都可以这样做。

在美国，建筑物消耗了将近 75% 的电力。[43] 现阶段，建筑物必须经常使用两套不同设备进行供热和制冷，即烧气或烧油的锅炉和由电力驱动的空调。下一个飞跃将是彻底抛弃旧设备，安装一台电热泵，在一台设备上同时提供这两种服务。[44] 这些聪明的系统既能供热又能制冷，能将一个单位的电能转化成三个单位或更多的热量，同时还有工业化版本供大型建筑物使用。虽然这项技术的造价仍然较高，但它已经准备就绪，只需要联络离自己最近的授权经销商即可安装。

大多数人只有在原有设备坏掉的时候才会考虑使用电热泵。但公用事业公司可以提供激励措施，鼓励人们以电热泵取代燃气设备，就像它们针对密封条、保温隔热层和"能源之星"（Energy Star）认证电器等节能举措提供激励一样。仅在 2019 年，"能源之星"计划就帮助美国人减少了 390 亿美元的能源成本，减少了 3.9 亿吨温室气体排放，占美国总排放量的 5%。[45]

截至 2018 年，美国在能源效率方面仅排名区区第十位，落在德国、意大利、法国和英国之后。[46] 如果美国其他地区在能源效率方面能够与加州保持同步，全美国目前的二氧化碳排放量将减少 24%。[47]

这一领域的大部分潜力尚未被开发。对洛文斯来说，下一代的能源效率提升可能会使 20 世纪 70 年代以来所实现的节能成果相形见绌。

大型公用事业公司很容易受到市场波动的影响。到 21 世纪 20 年代末，目前正在形成的各种力量（从监管转向到更智能、更高效的电网）可能会吞噬整个行业收入的一半。每增加一个屋顶太阳能装置，都意味着传统公用事业业务收入的减少。

电网正在慢慢摆脱陈旧、低效和基于化石燃料的模式，这种模式集中、单向、以供应为中心，并且在需求高峰期脆弱不堪。未来的智能可再生能源电网将是分布式、双向和以客户为中心的。它将更富有效率，也更富弹性。目前面临的阻碍之一是为按需供电累积足够的储能，以补偿太阳能和风能的波动。随着可再生能源成本的持续降低，电网可以不断增加更清洁的能源和能源存储，以满足客户的需求和运营地区的限制。每一次采购，每一次效率的提升，每一次计量政策的变化，都让我们离清洁电网更近了一步。

人类在未来 30 年向新能源模式的转型将是一项伟大的成就。**最终，所有化石燃料发电厂都要关闭。**天然气的使用必须逐步减少，煤炭则将永远成为历史，这是人类的必由之路。我们的目标是在尽可能多的国家、尽可能快地完全实现电网零排放。

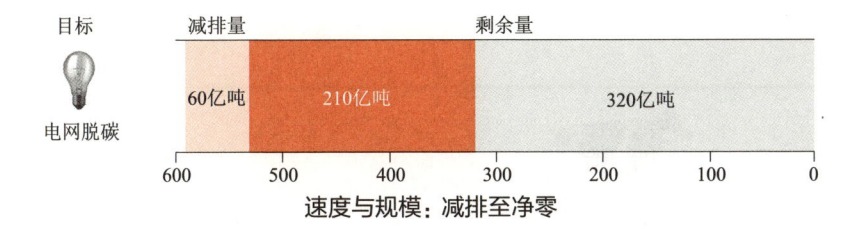

目标	减排量		剩余量
电网脱碳	60亿吨	210亿吨	320亿吨

600　　500　　400　　300　　200　　100　　0

速度与规模：减排至净零

不过，为了保护气候，人类不能只盯着能源问题，而是要拓宽视野，特别应思考如何养活全球的人口。我们吃的食物及其生长方式在全球温室气体排放中占据了惊人的份额。在下一章，我们将研究如何重塑粮食和农业系统，以帮助人类迈向净零排放的未来。

最终，所有化石燃料发电厂都要关闭。天然气的使用必须逐步减少，煤炭则将永远成为历史，这是人类的必由之路。

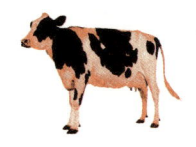

第三章　**重塑食物体系**

纪录片《难以忽视的真相》引发了人们对气候危机前所未有的关注。此后，人们开始积极探索大规模的电力和交通运输脱碳解决方案。早在我开始投资于清洁技术解决方案之前，阿尔·戈尔就已经公开点名批评在排放方面违规的公司，并积极为有前途的技术争取支持。作为一位年仅 28 岁的美国众议院新人，阿尔曾经参加了美国国会首次有关气候变化的听证会，几十年后，他重拾初心，再次聚焦于最有希望的气候解决方案，即以更好的方式种植粮食。

阿尔年轻时曾在其家族所有的卡尼福克农场（Caney Fork Farms）工作，那家农场位于田纳西州迦太基市附近。他的父亲，老阿尔伯特·戈尔（Albert Gore Sr.）会带着他漫步农场，并指给他看哪块土地最肥沃。他们会走到河床上，观察那里黝黑潮湿的泥土，小戈尔会抓起一把泥土。"黑土是最好的土壤，"阿尔说，"这是我老爸教我的。"

阿尔从未忘记那一课。但他略带尴尬地承认，他又花了 50 年时间才明白为什么肥沃的土地是黑色的，其中的缘由便是碳。阿尔说："较高的碳含量有助于养活土壤中的所有生命，而且土壤颜色越深，其保持水分的效果就越好，因为碳会形成一种网格结构，将水分固定在其中。"

微观层面上发生的一切决定了地球的环境演变。阿尔指出，地球的土壤中蕴含着 2.5 万亿吨碳，是大气中碳含量的 3 倍多。[1] 为了实

现净零排放目标，我们还需要土壤吸收更多碳。 土壤固碳的潜力巨大，但我们正朝着错误的方向前进，表层土壤正面临着危险。在过去一个世纪里，我们已经足足损失了全球 1/3 的表层土。²

重回卡尼福克农场的阿尔所使用的方法堪称未来农场的标准做法。他说："整个农场，包括谷仓、粮食生产和房屋都全部使用了可再生能源，但农场最关键的部分是表层土。"无论是种植莴苣、南瓜还是西瓜，都面临着同样的挑战：尽可能保持土壤的富碳状态，以促进植物和微生物之间的更多相互作用。

20 世纪 30 年代，不合理的耕作方式耗尽了得克萨斯州、俄克拉何马州和堪萨斯州平原地区的土壤养分，导致这一地区的大部分表层土被大风吹走。炎热的黑色阵风比建筑物还高，遮蔽了整个天空。自尘暴区形成以来，我们学到了很多关于作物轮作的知识，也了解到覆盖作物在保持脆弱的土壤方面的重要性。这份来之不易的知识催生了再生农业运动。

在传统农业中，犁会撕裂土壤的团聚体结构，破坏自然生态系统，并向空气中排放二氧化碳。富含氮的肥料则努力从受损的泥土中催生出更多的地力。然后是杀虫剂和除草剂，将化学物质排入我们的溪流和地下水，杀死有益的微生物。施放化肥产生的一氧化二氮排放以高

20 世纪 30 年代，贫瘠的农田土壤将美国的大平原变成了尘暴区

出二氧化碳 300 倍的速度吸收热量，并且可在大气中停留一个多世纪。仅化肥一项就导致了 20 亿吨二氧化碳当量的排放。[3]

概括来说，在导致当前危急状况的排放中，超过 15%（每年约 90 亿吨）可以直接归因于我们的粮食系统，包括工业化的农业、畜牧业（尤其是肉牛饲养）、稻米生产以及化肥和食物垃圾导致的排放。[4] 为了实现净零排放目标，我们必须从根本上改变农业和粮食系统的运作方式。

到 2050 年，全球人口将从今天的 70 亿增加到近 100 亿。日益壮大的中产阶层必然导致对肉类和乳制品的需求增加。要让每个人都有充足的食物，我们需要比 2010 年多生产 60% 的卡路里。[5] 下列目标与关键结果阐明了该领域的"速度与规模"要求。

阿尔·戈尔在田纳西州迦太基市的卡尼福克农场

为了在减少农业排放的同时为所有人提供足够的粮食，我们必须在上述五个方面做出努力。

有关农田土壤的关键结果（KR 3.1）聚焦于改善土壤健康，以表层土壤中的碳含量来衡量。通过加速推行再生农业，可以提高土壤中的碳含量。这种做法如果得到广泛应用，每年可吸收 20 亿吨二氧化碳。

有关肥料的关键结果（KR 3.2）呼吁限制氮基肥料的使用，使用氮基肥料导致了 20 亿吨二氧化碳当量的排放。[6]借助新的施肥方法，再辅以对施肥时间和位置的精准控制，农民可以在不影响产量的情况下减少排放。此外，我们必须发明不使用化石燃料生产化肥的方法。这些行动加在一起可以将二氧化碳和一氧化二氮的排放量减少一半。

目标 3
重塑食物体系

到 2050 年,将农业的排放量从 90 亿吨减少到 20 亿吨。

KR 3.1 农田土壤
将表层土中的碳含量至少增加到 3%,以改善土壤健康。
↓ 20 亿吨

KR 3.2 肥料
停止过度使用氮基肥料,开发更环保的替代品,到 2050 年将排放量减少一半。
↓ 5 亿吨

KR 3.3 消费
推广低排放蛋白质食物,到 2030 年将牛肉和奶制品的年消费量减少 25%,到 2050 年减少 50%。
↓ 30 亿吨

KR 3.4 水稻
到 2050 年,将水稻种植产生的甲烷和一氧化二氮量减少 50%。
↓ 5 亿吨

KR 3.5 食物浪费
将食物浪费率从 33% 降低到 10%。
↓ 10 亿吨

有关消费的关键结果（KR 3.3）旨在通过减少牛肉和乳制品的消费来减少牲畜（尤其是牛）饲养中的排放。要做到这一点，我们需要改进和扩大植物性替代品，以与牛肉和乳制品竞争，并改变人们对高排放食品的需求。碳标签和膳食指南可以引导消费者做出更好的选择。

有关水稻种植甲烷排放的关键结果（KR 3.4）要求在种植足够水稻的同时减少稻田甲烷排放，因为水稻是世界大部分地区的主要粮食。

有关食物浪费的关键结果（KR 3.5）旨在控制食品生产和运输过程中的损耗，以及被零售商和消费者丢弃的食品，从而达到减少排放的目的。今天，全球生产的食品中有 1/3 被浪费掉了，[7] 其中大部分进入了垃圾填埋场，并在那里产生了近 20 亿吨二氧化碳当量的排放（主要是甲烷气体）。[8] 减少食物浪费还能减轻生产负担，对食物的浪费也是对能源和水的浪费。

表层土无与伦比的潜力

要理解土壤为何如此重要，我们首先需要了解土壤的工作方式。土壤的形成需要花费很长时间，富含碳的植物和动物残留物首先被昆虫和千足虫分解，然后被细菌分解，并生成土壤。[9] 土壤中蕴含的有机物是碳的储藏库，也是植物的营养物质。健康、未被破坏的土壤包含的地下孔隙网络，是植物根系、真菌和蚯蚓共同作用的产物。[10] 这些微型孔洞可以让根系深入土壤，帮助土壤保持水分，使其更耐旱。

再生农业是旨在提高土壤固碳能力的一系列协同耕作和放牧实践。 它重建了土壤有机质，恢复了土壤中的生物多样性，即丰富的生命形式。再生农业运动限制传统的耕作方式，因为传统的耕作方式会将埋藏在土壤中的有机物暴露在氧气中，加速其分解，并向空气中排放二氧化碳。与传统农业不同，从事免耕农业的农民在泥土中打上数千个玉米粒大小的浅洞，并以对表层土破坏最小的方式播下种子。采用这种方式，根将长得更深，并在生长过程中吸收更多的营养物质和水分。2004 年，免耕农业仅占全球耕地面积的不足 7%。[11] 目前在美国，免耕农业已扩大到 21% 的耕地，[12] 整个南美洲的大部分耕地均采用免耕方法。[13]

免耕农业遵循的是已被证明的、有数百年历史的耕作方法。但正如瓦茨拉夫·斯米尔（Vaclav Smil）[①] 指出的那样，随着工业时代人口的增长，与在现有农田上进行集约种植相比，扩大种植面积是更不耗费劳力的方式。[14] 在 19 世纪，这一趋势加速发展。农民们没有想办法令贫瘠的土壤重新恢复肥力，而是砍伐和焚烧林地和草地，以增加种植空间。到了 20 世纪，工业化的农业促进了现有农田的更高产量和更高利润，但代价是更多的排放。

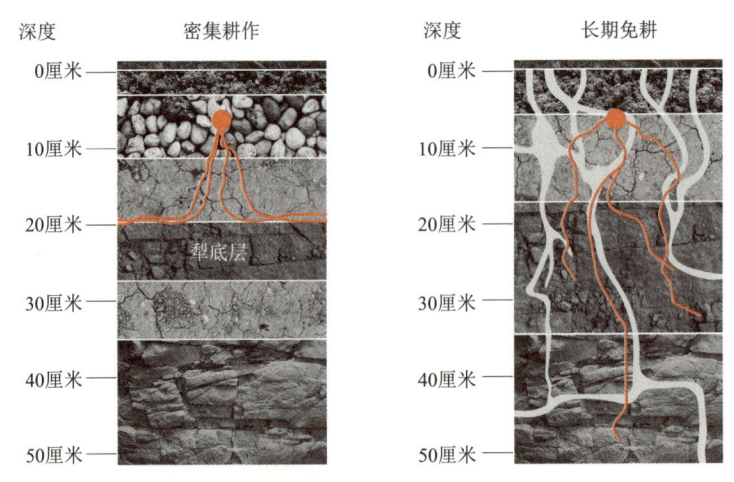

减少耕作可以创造更健康的根系和土壤

改编自加拿大安大略省农业、食品和农村事务部的信息和可视化资料。

---

① 瓦茨拉夫·斯米尔为捷克裔加拿大科学家和政策分析师，在加拿大温尼伯的马尼托巴大学环境学院担任特聘教授。他的跨学科研究涉及的领域包括能源、环境、食品、人口、经济、历史和公共政策。——译者注

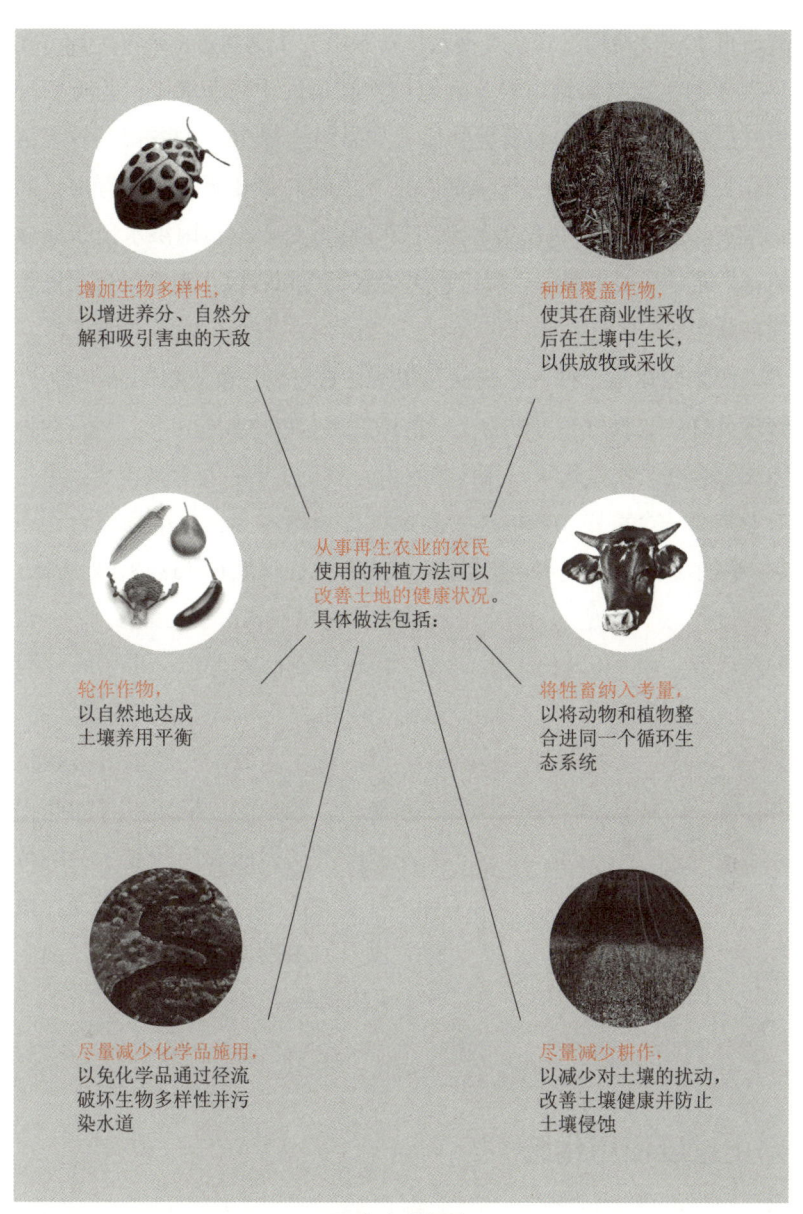

增加生物多样性，
以增进养分、自然分解和吸引害虫的天敌

种植覆盖作物，
使其在商业性采收后在土壤中生长，以供放牧或采收

从事再生农业的农民使用的种植方法可以改善土地的健康状况。具体做法包括：

轮作作物，
以自然地达成土壤养用平衡

将牲畜纳入考量，
以将动物和植物整合进同一个循环生态系统

尽量减少化学品施用，
以免化学品通过径流破坏生物多样性并污染水道

尽量减少耕作，
以减少对土壤的扰动，改善土壤健康并防止土壤侵蚀

再生农业解读

改编自 Eit Food 的可视化资料。

现代农业严重依赖化肥和农药，再生农业则对这种依赖提出了挑

第三章　重塑食物体系　　93

战。再生农民使用三叶草等覆盖作物来滋养土壤和防止杂草生长。在覆盖作物生命周期结束时，它们被留在田地中用于堆肥，为土壤提供一层自然的覆盖物和营养物质。如果将全球25%的农田种植上覆盖作物，每年可以从大气中清除近5亿吨二氧化碳，同时有助于防止旱灾。[15] 2019年，仅美国就有2 000万英亩土地因洪水侵袭而休耕。[16] 通过保留更多的表层土，再生农场可以在洪水退去后再次供作物茁壮生长。

作物轮作是一种古老的再生实践，它可以恢复土壤的基本养分。管理良好的放牧行为可以为土壤提供粪肥，以此代替化肥。将这两种做法结合起来便是轮牧，在休牧年份，牧场上的牲畜会被清空。再生农业的另一个重要实践是林牧复合，即将树木与畜牧草场整合到一起。阿尔·戈尔说："当你在牧场上散步时，你就能看到这种作业方式。在牧场上种植树木对土地更好。"

> 如果保持适当间距，树木可以为放牧动物提供遮蔽，缓解它们在炎热夏季的应激反应，同时又能够保证足够的阳光穿透，允许"林下"的牧草生长。林牧复合还可使农民收入多样化，树木可以被砍伐作为木材，而牧草也可以被转化为干草或生物燃料。

综合所有因素考虑，再生农业可能比工业化农业利润更高。即便如此，许多大型化工业农场仍然继续投钱维持着现状，转型的短期成本可能超出了许多经济拮据的农民所能承受的范围。为了加快向再生农业的转变，政府必须采取激励措施，鼓励农民和企业家采用这些新的解决方案。

停止过度使用化肥

由于在吸附大气热量方面的巨大作用，一氧化二氮是一种特别有害的温室气体。[17] 尽管其数量相对较少，但它目前占据全球总排放量的5%。大多数一氧化二氮来自肥料，尤其是美国玉米种植户中普遍使用的肥料。由于许多天然肥料经过分解也会释放一氧化二氮，因此以天然肥料取代化肥的效果并不好。

根据世界资源研究所的研究，种植豆类等覆盖作物可以减少一氧化二氮的排放，因为豆类作物培养的微生物能够以植物可以利用的形式从空气中吸附氮。[18] 此外，通过使用硝化抑制剂，相当于农业上的缓释胶囊，可以进一步削减一氧化二氮的排放。

政府可以仿效汽车燃油经济性标准推行氮效率标准，以此推动化肥公司减少其产品的一氧化二氮排放，如果这个标准能够附带财政激励手段，将取得更好的效果。

合成化肥的制备是一种碳密集型工艺，它通过将化石燃料中的氢与空气中的氮进行结合而产生氨，且需要高热和高压环境。[19] 作为一种更清洁的替代方案，世界各地的公司正在探索利用太阳能或风能来制造"绿色氨"。但在短期内，减少化肥使用是减少排放的有效手段。[20] 从长远来看，我们需要更清洁的方式生产合成肥料，从而实现大规模减排。

甲烷的威胁

我上高中的时候，有一个夏天曾在一家叫汉堡大厨（Burger Chef）的快餐店打工，负责给汉堡肉饼翻面。我干得非常不错，所以经理鼓励我考虑未来加入这一行："杜尔，你会成为一个做汉堡包的好手。"（我的兄弟姐妹因为这件事简直乐不可支。）那份工作教会了我两件重要的事情：第一是要认真做好每一项任务，第二就是美国人对汉堡包真的无比热爱。

但是直到多年后我才知道，到目前为止，肉牛养殖场产出的牛肉是所有流行食物中排放量最高的一种。

美国的人均牛肉消费量紧随阿根廷之后，超过了世界其他所有国家。[21] 典型的美国人每年在红肉和家禽上的消费量约为220磅，[22] 超过了自己的体重——这对快餐业来说是极其可观的一个大生意。[23]

快餐业在全球可实现 6 480 亿美元的收入，其中 1/3 来自美国。将这么蓬勃兴旺的生意转化为排放量，你就会开始意识到问题的严重性。

任何关于气候危机的严肃讨论都不能忽略大气中的甲烷，其中大部分来自牲畜和食物垃圾。它们总共产生了 12% 的温室气体，相当于每年 70 亿吨二氧化碳。[24] 正如你可能已经猜到的，牛是排放中的王者，其排放量高达 46 亿吨。[25] ==如果将全球的 10 亿头牛视作一个国家，那么它们的温室气体排放量将排在全球第三位==，仅次于中国和美国。肉牛和奶牛相加，占据了牲畜总排放量的近 2/3，使其他所有农场动物（包括猪、鸡、羔羊、山羊和鸭子）带来的气候威胁相形见绌。

当我们吃着汉堡或意大利辣香肠比萨时，大多数人不会想到排放问题。但是，这些日常膳食在其生产周期的每个阶段都会产生大量排放物，从种植牛饲料时使用的肥料到牛的消化过程（主要是打嗝）。[26] 此外，一头 1 000 磅重的奶牛每天可产生 80 磅粪便，这些粪便本身也会造成排放。[27]

超过 75% 的农田用于饲养供我们食用的牲畜。[28] 而这些动物仅提供全世界 37% 的蛋白质和 18% 的卡路里。[29] 除了产生大量温室气体排放，它们还是一种表现不佳、效率低下的食物来源。

随着全球对卡路里的需求不断增长，可用土地只会变得越来越少。与此同时，随着大部分人口收入的增加，他们对肉类和奶制品的需求也将增加，因而开垦更多土地用于农业和畜牧业的压力也不断加大，而这正是砍伐森林的主要驱动力。这将使我们的净零排放目标遭受双重打击，其一是牲畜的甲烷排放，其二是树木燃烧或腐烂时的碳排放。（速度与规模计划呼吁停止所有砍伐森林的行为，这正是下一章讨论的主题。）

大多数关于气候变化的著作对粮食生产的大规模减排前景持悲观态度，我也不会低估其困难。到 2050 年，全球将有接近 100 亿人需要养活，而且他们希望吃到自己想吃的食物。正如我们已经看到的，美国人特别喜欢吃牛肉和奶酪，而且要吃很多。

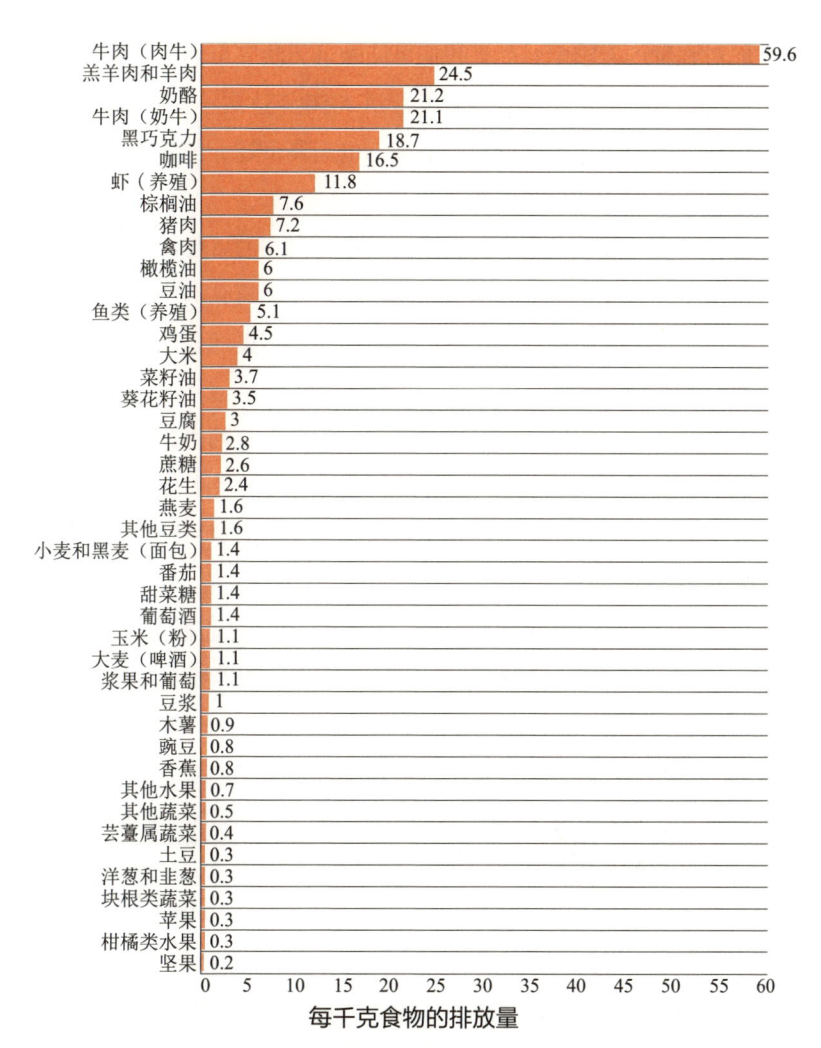

食物	每千克食物的排放量
牛肉（肉牛）	59.6
羔羊肉和羊肉	24.5
奶酪	21.2
牛肉（奶牛）	21.1
黑巧克力	18.7
咖啡	16.5
虾（养殖）	11.8
棕榈油	7.6
猪肉	7.2
禽肉	6.1
橄榄油	6
豆油	6
鱼类（养殖）	5.1
鸡蛋	4.5
大米	4
菜籽油	3.7
葵花籽油	3.5
豆腐	3
牛奶	2.8
蔗糖	2.6
花生	2.4
燕麦	1.6
其他豆类	1.6
小麦和黑麦（面包）	1.4
番茄	1.4
甜菜糖	1.4
葡萄酒	1.4
玉米（粉）	1.1
大麦（啤酒）	1.1
浆果和葡萄	1.1
豆浆	1
木薯	0.9
豌豆	0.8
香蕉	0.8
其他水果	0.7
其他蔬菜	0.5
芸薹属蔬菜	0.4
土豆	0.3
洋葱和韭葱	0.3
块根类蔬菜	0.3
苹果	0.3
柑橘类水果	0.3
坚果	0.2

温室气体排放数据反映了整个供应链产生的排放量。
改编自约瑟夫·普尔（Joseph Poore）和托马斯·内梅切克（Thomas Nemecek）[①]的数据以及 Our World in Data 的可视化数据资料。

那么，我们如何才能在减少数十亿吨牲畜和农业排放的同时满

[①] 约瑟夫·普尔是牛津大学土地经济学家，托马斯·内梅切克是瑞士农业生态学家，二人合作撰写并于 2018 年在《科学》（Science）杂志上发表了一篇研究论文，研究了农业温室气体排放等对环境的影响。——译者注

足人们对食物的需求呢？尽管我们可能永远无法完全消除这些温室气体，但我们肯定能够加快减排速度，到2050年达到年排放20亿吨的可控目标。但即使实现部分减排措施，也需要市场、创新、教育、政策和测量等诸多方面的共同努力。

这种转变已经在发生。植物蛋白质作为肉类的可行性替代品已大量进入市场。这些低排放食品的口感在不断改善，它们中最好的产品已经接近牛肉或猪肉的口感。它们在超市和餐馆里随处可见，而且正在快速扩张。

在供应方面，人们正在研发将天然添加剂混合到牛饲料中，以减少牛的肠道排放（打嗝问题），这一领域的研发前景十分光明。根据加州大学戴维斯分校的研究，在饲料中添加少量海藻可以将排放量减少82%，效果极其惊人。[30]

公众教育是一个更有力的工具。美国食品和药品监督管理局（Food and Drug Administration, FDA）于1994年推出的营养成分标签[31]推动了健康饮食行为：美国人的平均卡路里摄入量下降了7%，蔬菜摄入量增加了14%。同样，气候指引食品标签可以引导消费者做出对地球友好的选择，并扩大低排放食品的市场。杜克大学的一项研究表明，消费者"低估了与食品相关的排放，而标签有助于减少排放"。[32]

2019年，丹麦成为第一个在食品店推出"环境价签"[33]的国家。采用了气候标签的连锁餐厅"只是沙拉"（Just Salad）的首席可持续发展官桑德拉·努南（Sandra Noonan）表示："食品是我们个人对抗气候变化的最有力手段。"

2020年，潘娜拉面包店（Panera Bread）①成为标注"气候友好型"食物的最大连锁店。这家连锁面包店与世界资源研究所合作，为低排放的菜单选择打上"酷食餐"（Cool Food Meal）[34]徽章。将量化的碳足迹数据添加到易于理解的标签中将更有助于客户做出决策。

---

① 潘娜拉面包店是一家创立于1987年的美国和加拿大加盟连锁面包店，目前为美国最大的连锁面包店。——译者注

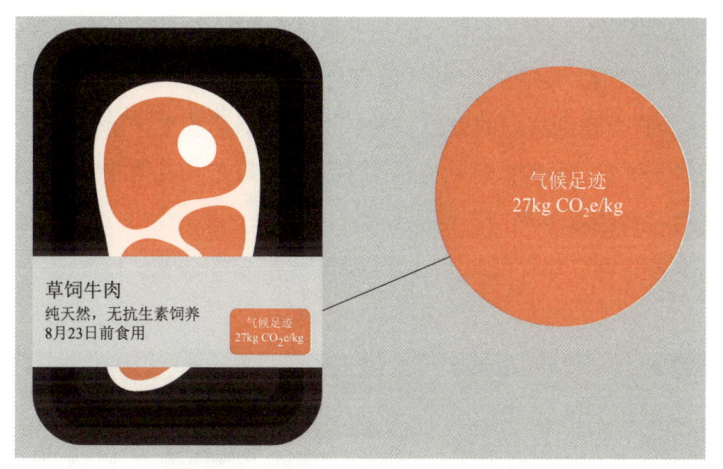

草饲牛肉
纯天然，无抗生素饲养
8月23日前食用

气候足迹
27kg CO₂e/kg

清晰的气候标签可以为消费者提供指导

早在 1992 年，美国农业部就推出了美国第一个官方膳食指南，即"健康饮食金字塔"（Eating Right Pyramid）。到 2011 年，金字塔演变成一个盘子；2020 年，指南更加强调蔬菜和杂粮的摄取。从学校午餐和公司自助餐到个人选择，这些指南对人们的饮食习惯产生了重大影响。通过引导消费者远离牛肉和奶制品，转向植物性蛋白质，政策制定者可以促进人们对低排放食品的需求。

从气候变化角度而言，最佳饮食会是什么样子的？植物学家和作家迈克尔·波伦（Michael Pollan）提出了一个简单的处方："健康饮食，不要吃太多，以植物为主。"约翰霍普金斯大学的一项研究得出结论，"饮食结构中素食应占 2/3"，[35] 将肉类和奶制品限制为每天最多吃一份，这样做可以将牲畜的排放量减少 60%。

> 有了美味的植物基肉类和奶制品，我们将不再需要限制食量。

重新发明汉堡："别样肉客"的故事

2010 年，一位名叫阿莫尔·德什潘德（Amol Deshpande）的年轻凯鹏合伙人注意到全球粮食短缺的报道，并开始关注利用植物蛋白复制肉类质地和风味的技术。那一年晚些时候,大概就在我开始了解牛的排放量时,阿莫尔陪同一位身材高大、名叫伊森·布朗(Ethan Brown)的人来到我们的办公室做宣讲。伊森穿着牛仔裤和T恤,身高足有1.9米,他的宣讲给人留下了深刻的印象,其中最令我震撼的是他对"植物基麦当劳"的愿景和对做出全天然植物基汉堡的热情,他期待着这种汉堡在口味上可以与真正的汉堡相媲美。

气候友好型食谱:大量水果和蔬菜,有限的动物基蛋白质
改编自加拿大政府的可视化资料。

伊森·布朗

我小时候生活在华盛顿特区和马里兰州的大学公园市,我父亲是马里兰大学的教授。由于不喜欢城市生活,我父亲尽可能待在我家位于马里兰州山区的农场里。虽然他买这座农场是出于休闲和保护自然的目的,但由于他本人颇具创业精神,我们很快就拥有了100头荷斯坦奶牛和一家牛奶厂。

当我还是个孩子的时候,对身边的所有动物都极其着迷,无论是家里的、畜棚里的,还是小溪中或树林里的。我最早的职业抱负是当一名兽医。

我从小吃肉长大。考虑到我的体形,我可能吃得比大多数人都要多。我最喜欢的快餐之一是罗伊·罗杰斯(Roy Rogers)[①]的火腿芝士汉堡。随着年龄的增长,回想在农场度过的时光,我发现自己更难将产品(火腿、奶酪、牛肉)与出产它们的动物区分开来。

时间快进到我20岁出头的时候。我和父亲坐在他在马里兰大学的办公室里,讨论我的职业道路。他问了我一个重要的问题:世界面临的最大问题是什么?我想一定是气候变化问题。因为如果气候崩溃,

---

① 罗伊·罗杰斯是一家美国快餐连锁店,主要在大西洋中部和美国东北部各州经营。——译者注

其他一切也都无关紧要了。

所以，在完成学业并在海外工作了一段时间后，我开始专注于清洁能源领域，从事气候相关的工作。我的职业生涯非常顺利，并且结婚生子，还贷款买了房。然后发生了两件事。第一件，在我30岁出头的时候，意识到我的孩子们赖以成长的食物体系基本上没有改变，他们将面临与我同样的困境和为数不多的选择，这让我日渐不安。第二件，我个人对动物和农业的兴趣与专注于能源和气候的职业开始融合。例如，我还记得自己参加了清洁技术会议，与数千名专业人士共聚一堂，讨论如何提高燃料电池或锂离子电池的效率和密度，然后我们集体出去吃牛排晚餐。当了解到牲畜会产生大量排放后，我忍不住想，一个巨大的解决方案正在那里等待着我们去发现。

没到而立之年的我就已经开始完全吃素。我心目中最早的"别样肉客"（Beyond Meat）是一家提供植物基汉堡的麦当劳餐厅。然而，我很快意识到，我们需要的不只是一间餐厅，而是更好的产品。要做出更好的产品，就不能把"肉类替代品"当作烹饪练习而是需要像我在能源领域看到的那样，应用最先进的科学技术并投入巨额预算，并且不满足于造出"代用品"或是"替代品"。我们需要直接从植物中制造肉类，即植物基肉类。

对于我来说，真正的突破出现在我不再从动物来源（如鸡、牛、猪）的角度思考和定义肉类，而是从其成分的角度来思考和定义肉类。从本质上讲，肉类实际上是由五种物质组成：氨基酸、脂类、少量碳水化合物、微量矿物质，当然还有水。动物以植物为食并把它们变成肌肉组织，即我们称之为肉的东西。有了今天的技术，我们可以直接从植物本身提取这些核心物质，而无须再借助生物反应器（动物）。我们可以使用其他系统将这些物质组装成我们熟悉的肉质结构。

我开始在全球范围内寻找能够成为解决方案一部分的技术。我最终找到了密苏里大学的两位研究人员，他们正在研究一种方法来破坏植物蛋白质中的键，并将蛋白质重新拼接出肌肉纤维的质地和口感。2009年，也就是我创建公司的那一年，我给这两位研究人员打电话毛遂自荐。非常幸运的是，他们最终同意与我合作。然后我向马里兰大学也提出请求，邀请他们加入研究。在这两所大学的通力合作下，经过几年时间的努力，我们终于研制出了可行的原型产品。

伊森当年在凯鹏向我们分享愿景时，已经从家人和朋友那里筹集到资金，在一座破旧的医院大楼里建造了一个实验性厨房。我越了解他，就越发现他是我见过的最真实的人之一。他致力于满足人们对烧烤和肉类的口腹之欲，但使用豌豆、小扁豆和植物油来取代肉类。他选择了最可持续的作物，并提取它们的蛋白质创造出构成牛肉的基本生化成分，完全不再需要牛的参与。虽然伊森看起来像是一个现代嬉皮士，但他有一个完善的商业计划，有高科技作为后盾，并有消费者口味测试作为支撑。此外，我们也非常喜欢他所起的名字：别样肉客[①]。凯鹏成为伊森新成立公司的第一个大投资者。

伊森·布朗

时间一天天过去，成功与挑战并存。我自己投入了大约25万美元，但我们需要数百万美元才能把"别样肉客"真正做起来。凯鹏的团队慨然出手投资了我们。有了他们带头，其他投资者迅速跟投，我们的项目开始真正取得进展。

虽然我们在2009年末向市场推出了一种牛肉产品，但直到2012年，才向消费者提供了一款我当时认为在肌肉结构和感官体验方面均具突破性的产品，即我们的植物基鸡肉条。全食将这款产品作为一款主打方便食品进行了大张旗鼓的推介，邀请马克·比特曼

[①] 别样肉客的英文名 "Beyond Meat" 直译为 "超越肉类"。——译者注

（Mark Bittman）①在《纽约时报》的"星期日评论"（Sunday Review）专刊发表了封面专题文章，其插图是一位艺术家绘制的素描，上面是一只长着西兰花脑袋的鸡。这是我们的高光时刻。

2016年，我们推出了盒装别样汉堡（Beyond Burger），首先在全食，然后在全美国与纯牛肉汉堡同架销售，现在则已经在全球销售。该产品由纯天然成分制成，以"生肉饼"的形式上市，供消费者自己烹饪，这是我们的又一个突破。即使今天我们已经推出了3.0版本的产品，但要让别样汉堡（还有我们的其他产品）能够完全追上它们的动物蛋白同类，我们也还有很长的路要走。别样肉客的"迅速且不懈创新项目"（Rapid and Relentless Innovation Program）正在支持我们实现这一目标。好消息是，我们没有看到什么实质性的障碍可能阻止我们的产品在某一天实现与肉类毫无差别。

2019年，我们到达了另一个重大里程碑。麦当劳开始在加拿大安大略省西部的少数店面测试我们为他们专门研发的汉堡。某个晚上，我在多伦多开会后有机会开车几个小时去到店里，并且吃到了我们的产品——味道好极了，整个过程我都无比享受。在停车场外，我感到无比感激和宽慰，当初的梦想终于变成了现实。

增长意味着我们需要更多的资本，公司上市的时机已经成熟。2019年5月的公开募股让包括我在内的所有人大吃一惊。我们的开盘价是发行价的两倍多，股票价格在接下来的几个月里翻了两番。突然之间，每个人都知道了别样肉客。

两百多万年前，我们的祖先开始食用动物的肉。这种饮食选择，以及后来发现可以用火进行烹饪，提供了更高的营养密度。这就像是在大草原上找到一根能量棒，再也不用大量食用草和其他植物。由于不再需要处理过多食物原料，我们的胃缩小了。大量能量被节省下来，为我们祖先的大脑快速增大供能，人类大脑的体积增加了一倍。今天，

---

① 马克·比特曼（Mark Bittman）是美国著名美食记者、作家，曾任《纽约时报》专栏作家。他著有多部著作，并参加电视专栏节目，积极推广半素饮食。——译者注

我们可以利用这种脑力和技术将肉类与动物分开，从而实现对人类健康、气候、自然资源以及动物福利的多赢局面，不仅有益于我们自己，还能造福后代。这简直可以称为一种进化层面的变革，对我的同事和我自己而言都是极大的激励。

别样肉客的目标是到 2024 年实现植物基汉堡与牛肉汉堡具有同等价格

别样肉客已经在全球 80 多个国家（包括广阔的中国市场）拥有超过 11.8 万个分销点。它也已经与全球最大的两个餐厅品牌麦当劳和百胜餐饮集团签署了全球战略协议，但这只是开始。最近的一项消费者研究表明，超过 90% 的植物基汉堡消费者不是严格的纯素食者或素食主义者。[36] 更广泛的市场证实了植物基肉类的市场生命力：2020 年，植物基肉类销售同比增长 45%，[37] 而且其增长曲线没有出现放平的迹象。[38] 别样肉客的新目标是，到 2024 年达到与牛肉具有同等价格。[39]

伊森·布朗是一位气候斗士，他在一个竞争激烈的行业中坚持不懈。别样肉客与"不可能食品公司"（Impossible Foods）一直在进行着激烈的正面竞争。不可能食品公司用血红素制作汉堡产品，血红素是一种从大豆中提取的类血分子。2019 年，汉堡王开始在全球销售"不可能的汉堡"（Impossible Whopper）。同年，泰森食品公司（Tyson Foods）也加入了这一行列，推出了由豌豆蛋白制成的素鸡块。这家美国最大的肉类生产商没有逆潮流而行，而是选择入场争夺市场份额。目前，植物蛋白占据了包装肉类市场近3%的份额，大约是10年前植物奶的市场份额。

人造肉，也被称为合成肉、实验室培养或细胞培养肉，是替代蛋白质市场的另一个未来发展方向。其制作方法是在对动物的肌肉、脂肪和结缔组织进行活检后，在富含营养的血清中人工培养细胞。虽然合成肉类不符合纯素食主义者或素食主义者的要求，同时其价格目前仍然高于天然肉类，但其生产具有减排潜力。梅奥医学中心（Mayo Clinic）的心脏病专家、Upside Foods 首席执行官兼联合创始人乌玛·瓦莱蒂（Uma Valeti）表示，他们的自我更新细胞技术可以"完全将动物从肉类生产过程中去除"。[40]

乳制品的两难选择

如果说让消费者从肉类转向食用植物基替代品听起来还很遥远，那么请想一想近年来超市牛奶区的新变化。目前在美国的奶类销售总量中，15% 来自燕麦、大豆、杏仁或其他植物。[41] 随着植物奶的绿色溢价接近于零，它们的市场份额逐年增长。无论消费者选择哪种类型的植物奶，以排放、土地使用和水资源使用这三个关键指标衡量，它们都比牛奶更环保。

然而，我们应该指出，牛奶只占乳制品相关排放的一小部分。更大的排放来自奶酪，它是排放量第三高的食物，仅排在牛肉和羊肉之后。[42] 全球销量最大的奶酪是马苏里拉奶酪。生产 1 磅马苏里拉奶酪（可以制作两个传统的比萨饼）需要 10 磅牛奶，这相当于一头高产奶牛的日产奶量，而一头奶牛每年排放大约 250 磅甲烷。[43]

尽管牛奶的替代品已经日渐流行，我们目前仍在寻找良好的奶酪替代品。就我的口味而言，由坚果和大豆制成的无奶奶酪替代品还不达标。但我毫不怀疑食品创新者会在短时间内做出更好的东西。

改良水稻种植方法

虽然围绕食品和气候的大多数讨论集中在肉类消费上，但一种看似无害的主食本身也会产生大量的排放。大米是 30 多亿人的主食，[44] 提供了全世界 20% 的热量消耗。它还占全球甲烷排放量的12%，[45] 而根据有些估计，这个比例甚至更高。

水稻通常以水田种植，这种做法可以防止杂草生长，并被认为可以提高产量。不幸的是，水田为可以产生甲烷的微生物提供了理想的环境，这些微生物在无空气的条件下以分解有机物为食。

这是一个棘手的问题，但解决方案正在酝酿之中。如今，数以百万计的小规模稻农正在采用改良的水稻种植方法。他们通过间歇性灌溉这种对环境友好的方法来替代淹水灌溉模式，以减少甲烷的排放。除了能消除高达 2/3 的甲烷排放，这些措施还可以使水稻的产量翻一番，并大幅提高稻农的收益。但它们同时带来了另一个问题，那就是一氧化二氮的排放量急剧增加，它对地球的升温作用是二氧化碳的 300 倍。[46]

为了控制这一问题，必须密切监测和管理稻田水位。浅水灌溉，加上氮和有机物管理，可以限制这种跷跷板效应，并将温室气体排放量减少 90%。[47]

更可持续的水稻种植法的核心在于避免水分含量的大幅波动。目前，大型粮食供应商正在逐渐增加从不再采用淹水灌溉法的农场采购的稻米数量。本叔叔（Uncle Ben）① 的母公司马氏（Mars, Inc.）2020年采购的大米中，此类大米的数量已经达到 99%。[48] 联合国支持的可持续稻米平台（Sustainable Rice Platform）发布了一个经过验证的标识，引导消费者选择对农民和气候均有利的粮食产品。

转向低排放种植绝非简单的勾选操作，促进浅水灌溉需要与数亿种植者密切合作。要想说服水稻种植者改变长期使用的方法，就需要向他们做出有更高产量和收益的承诺。因此，我们需要开展更多研

---

① 本叔叔为美国大米品牌。——译者注

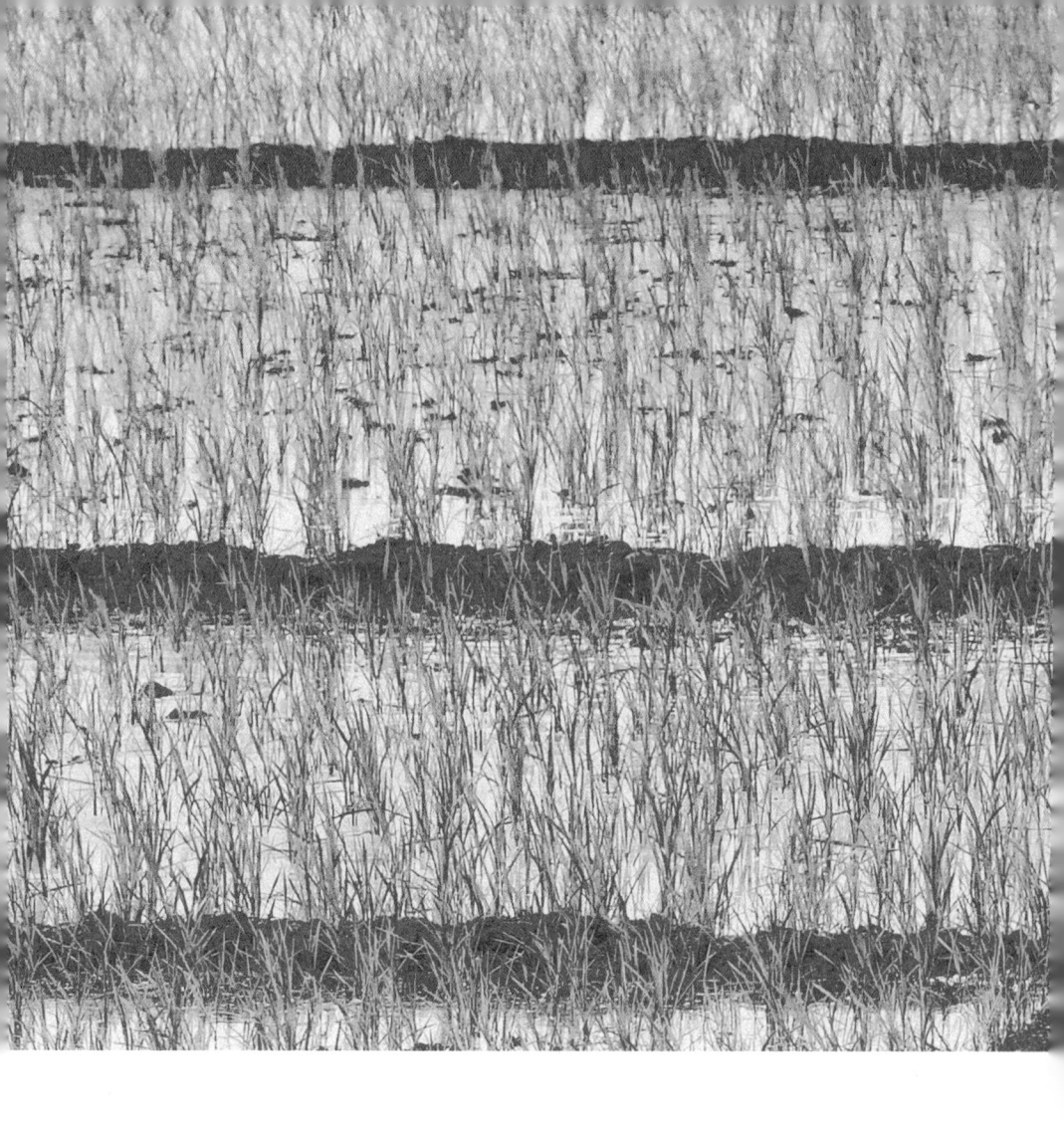

究，进行更多教育，提出更多指标。但在缓解气候危机所需的众多解决方案中，这是一个能够以相对较低成本得到巨大回报的方案。

调整供给侧补贴方向

尽管取得了实质性进展，但我们还没有走上实现农业减排目标的正轨。我们看到了希望的曙光，但同时也面临着巨大的阻碍。自

大米是全世界超过 30 亿人口的主食

2010 年以来,全球牛只数量一直保持稳定,尽管同期人口有所增长。[49] 美国的牛奶价格下降,[50] 侵蚀了奶牛场的利润。一些农民正在缩小养殖规模,其他人正在出售奶牛场或将其土地转作其他用途。

但我们的牛肉和奶制品排放问题不会自行解决。大多数国家会向农民提供补贴。2019 年,美国政府对农业生产者的补贴总额达到 490 亿美元,其中也包括对乳制品行业的巨额补贴。[51] 中国(1 860 亿美元)和欧盟(1 010 亿美元)对农业的补贴还要更多。

我们需要抓住时机打破现状,推动食品行业降低排放。农民需要帮助才能改种新作物。作为首要原则，我们必须将政府补贴转向更可持续的农业。农民商业网络（Farmers Business Network）①的阿莫尔·德斯潘德说："越来越多的农民希望参与到再生农业中来。这样做不仅利润更高，而且有助于保护他们的土地，而他们九成的财富都在他们的土地上。"他补充说，通过将更多的土地从放牧转向高需求作物，农民可以进一步提高农场的价值。

最终，重塑我们的食物体系将更加有利可图，对地球也会更好。世界资源研究所负责科学和研究的副总裁珍妮特·兰加纳桑（Janet Ranganathan）说："粮食是所有可持续发展挑战的根源。如果我们不对粮食生产系统进行重大改变，我们甚至无法实现将升温幅度控制在2℃以下的目标。"

关注食物浪费

为了大幅度减少农业的排放，我们还必须解决粮食系统中最大的问题之一：食物浪费。**世界上每年有33%的粮食被白白浪费掉，**[52]这是一个令人震惊的数字，而食物浪费现象在高收入国家更加严重。总体而言，我们浪费的食物造成了超过20亿吨的全球排放。与此同时，全世界尚有8亿多人营养不良。[53]简言之，在大量食物没人吃的同时，又有大量人口没得吃。

在低收入国家，食物浪费大多不是有意为之，其主要原因是储存不当、设备和包装不合格或天气恶劣。大多数浪费发生在供应链的早期，食物在收获之前就已经腐烂，或者在运送给买家的途中变质。

相比之下，在美国，消费者会扔掉35%的食物。[54]每年的食物浪费总额高达2 400亿美元，[55]相当于每户浪费近2 000美元的食物。

---

① 农民商业网络是美国一个农业信息交流平台，农民用户可以在该平台上交流农业技巧，了解农业资讯，又被称作农民的"领英"。——译者注

导致这种现象的原因之一是食品标签上误导性的保质期，它会促使人们过早丢弃安全和可食用的食品。同时，零售商拒收某些食品（通常是出于外观原因）也加剧了食物浪费。

这种全球不均需要一系列解决方案。在富裕国家，我们的战略包括标签标准化、市政堆肥计划和公众意识运动。我们仍然需要零售商和食品银行及其供应链之间达成更有效的减少食物浪费的计划。

2015年，法国禁止大型杂货店丢弃本可以捐赠给慈善机构的未售出食品。每天，超过2 700家法国超市会将临近保质期的食品送到全国80家仓库，这一做法每年可挽救4.6万吨食品，[56] 对食品银行的捐赠增加了20%以上。

不过，尽管这些努力值得赞赏，我们仍然需要对供应链进行早期干预。在发达国家，食物浪费最常见的环节包括屠宰场、农场和配送点。在较贫穷的国家，这一问题最好通过升级食品储存、加工和运输基础设施来解决，诸如使用更好的储物袋、筒仓或板条箱之类无须高额投资的措施可以发挥巨大的作用。生产者和购买者之间更清晰的沟通和协调一致也是必需的。

政府将需要与私营部门合作，实现强有力的计量和报告来追踪食物运输。如果避免食物浪费能够引起更多重视，我们就可以实现减少10亿吨级排放量的目标。

前途光明，但道路曲折

食品部门的脱碳是一项巨大的挑战，但其影响同样十分巨大。通过重塑食物体系，我们将大幅减少农业排放，朝着气候稳定、健康生活和减少饥饿迈出一大步。

为了帮助人们做出更好的选择，我们需要针对食品和温室气体排放之间的关系加强公众教育。还需要在再生农业方面进行更多创新。我们也需要更多的资金，而且是数额巨大的资金，以促进农民、供应商、食品公司、零售商、餐馆,以及消费者这一最重要的群体,做出可持续的选择。

  部分解决办法在于提高农业生产率和效率。为了在不破坏宝贵资源的情况下种植人类所需要的一切,我们需要提高粮食亩产量,使同样的土地能够产出更多的卡路里。过去半个世纪以来,美国农民一直朝着这个方向努力。[57] 得益于生产效率的提高,生产一磅牛肉或一加仑牛奶所需的土地和水的数量不断减少。[58] 在全球层面,公共部门扮演着重要角色。加大研发力度可以提高生产率,推行更好的政策可以阻止农民将森林或草原改作农田。

通过重塑食物体系,我们将大幅减少农业排放。

  到 2050 年,人类对大自然做出的一些重大承诺需要兑现。正如我们已经指出的,由于人口不断增长,需要的卡路里要增加 50% 以上。[59] 在减排和保护重要生态系统的同时满足人类生存需求,将成为一项艰巨的任务。但通过提高农业的劳动生产率和可再生性,向精准施肥转型,鼓励低排放膳食和减少粮食浪费,==我们能够实现避免气候危机和享受我们应得食物的二者得兼。==

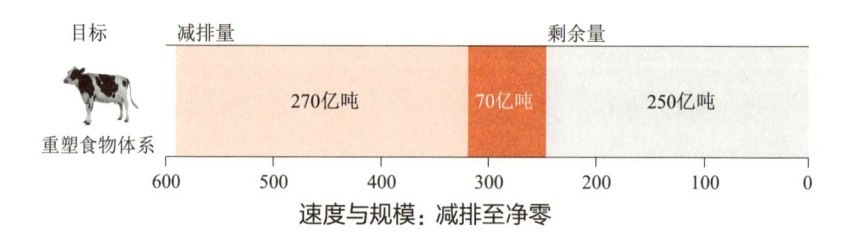

目标	减排量		剩余量
重塑食物体系	270亿吨	70亿吨	250亿吨

速度与规模:减排至净零

第四章　保护自然

我喜欢像工程师那样处理问题，即先从整体上观察，然后再一一剖析各个部分。我在莱斯大学读书时会把旧的音响设备拆分重组，用于我们的校园广播电台 KTRU。有时我们也会在校园音乐会上使用这些设备，这个过程让我明白了一个原理。在搭建舞台时，一个常犯的错误是将通电的话筒摆放得离扬声器太近，结果就会出现我们熟悉的高分贝噪声，极其尖锐刺耳，令人痛苦。

这个问题被称为"反馈回路"，即来自扬声器的声音被麦克风收取，被扬声器放大播出，再次被麦克风收取，然后从扬声器中发出更大的声音。当这种反馈发生时，你需要关闭麦克风或切断扬声器的连接，否则，这种不受控制的放大可能会烧坏设备，并震坏你的耳朵。

在今天的气候问题中，我们看到了几个危险的反馈回路。这是一个可怕而未知的领域，即使最好的气候模型也不能完全解释它们。为了更好地理解正在发生的破坏，请把地球想象成一个巨大且极其复杂的机器。大气中高浓度的碳使地球变暖，高环境温度会从森林中吸取水分。干热的环境会引起山火爆发并导致其蔓延，将树木中储存的碳排放到大气中，从而导致温度更高。这就是我们现在所处的困境。

反馈回路可能会在重复时卡住。如果不切断碳排放的根源，全球

碳在陆地、大气和海洋中不断流动

改编自美国能源部生物与环境研究信息系统的数据和可视化资料。

| 人类排放 | 自然通量 | 储存的碳 |

- 光合作用
- 人类排放
- 植物呼吸
- 植物生物质
- 土壤碳
- 微生物呼吸与分解
- 化石碳

大气层

海气交换

表层海洋

光合作用　　　呼吸与分解

海洋沉积物

深海

活性沉积物

变暖的回路将成为一场失控的灾难。整个生态系统将丧失稳定性，这其中无疑包括森林，也会包括农田、草原、河流三角洲和海洋。如果这种气候扰动持续足够长的时间，可能会达到无法挽回的地步。在这方面最脆弱的地区是永久冻土，即北极地区土地表面下的冻土，它的变化将对地球造成可怕的严重影响。由于温度升高，土壤解冻，微生物将分解在土壤中冻结了亿万年的植物物质，大量二氧化碳和甲烷将被排放到大气中。我们没有办法按下暂停键，也无法将碳重新封存起来。[1] 如果不加以控制，永久冻土的消融可能使北极从温室气体汇变成一个巨大的排放源。

要想终止这一令地球不再宜居的反馈回路，我们就必须稳定碳循环。 我们的星球有自然的潮起潮落。树木吸入二氧化碳并释放氧气，海洋和土壤吸收大量的碳，岩石也有同样的功用。在工业时代之前，自然碳循环处于平衡状态，当时大气中的二氧化碳含量约为280ppm。[2] 但随后，人类开始用煤来取暖、发电和提供蒸汽动力。再然后，我们燃烧石油用于交通运输。很快，我们的二氧化碳排放量超过了地球可以吸收和储存的量，大气中的二氧化碳浓度开始上升。自18世纪中期以来，大气中的二氧化碳浓度增长了50%，而且增加的速度每年都在加快。[3]

今天不断上升的碳水平预示着一场可能影响整个地球的大危机。地球的"碳汇"（我们的土地、森林和海洋）从大气中吸收碳，但是它们正面临满溢的风险。工业化、化石燃料污染和破坏性做法威胁了它们吸收碳排放的能力。除非我们改变做法，否则我们可能会扼杀实现净零排放目标的所有机会。我们如果真的要避免气候灾难，就需要恢复地球的三大碳汇，使它们按照大自然的设计发挥作用。

我们要如何解决这个重大问题呢？或许生物学家爱德华·威尔逊（E.O. Wilson）的观点值得一看，他是一位伟大的科学家，被誉为"达尔文的自然继承人"。2016年，在辉煌的70年职业生涯即将结束之际，威尔逊送给世界一份礼物——一部名为《半个地球》（*Half-Earth*）

的著作。威尔逊提议，为了保护地球上的生物多样性，作为一种紧急手段，我们应将地球面积的一半留给大自然。"'半个地球'的建议提供了与问题规模相称的第一个紧急解决方案，"威尔逊写道，"我相信，只有将地球的一半或是更多地区划为自然保护区，我们才能拯救环境中的生物部分，实现人类自身生存所需的稳定。"[4]

威尔逊的大胆提议是将地球上 50% 的海洋、森林和土地划为保护区，以此为手段实现至关重要的目标：使地球碳循环实现正常化，以及遏制气候反馈循环升级。

人类只有地球这一个共同的家园。任何对我们与地球关系的根本性反思都需要打破根深蒂固的土地利用和发展模式。我们需要考虑本地人口的福祉，也必须解决气候公平问题。在全球的资源需求和环境保护需要之间，不可避免地需要进行权衡取舍，这一切都不容易做到。但是，如果想要防止一场全面的气候灾难，我们就需要开始与大自然合作，而不是与它对抗。

> 人们往往愿意相信我们能通过植树造林来消除砍伐森林的恶果。但需要考虑以下因素：树木在哪些地方生长得最茂盛，其对邻近土地的影响，树木的寿命，以及如果不种树会发生什么。

为了重新平衡碳循环，我们必须实现下面这三个目标。

有关森林的关键结果（KR 4.1） 呼吁，到 2030 年大幅度减少人为砍伐森林的行为，且种植的树木超过砍伐或焚烧的树木。要实现保护森林的目标，第一步就是提供政治和经济支持，停止毁林开荒，使现有森林在未来几个世纪都能保持完好。我们需要更严格的监管、检验和认证，确保只有符合可持续要求的木材进入市场。

有关海洋的关键结果（KR 4.2） 要求停止对海洋的破坏。我们的近岸海域遍布可以吸收碳的海洋植物，形成范围广阔的水下草原。它们必须受到保护，免受污染和破坏性捕捞活动的影响。深海则覆盖着一层海洋沉积物，这是地球上最大的单一碳储存库。在这些水域，商业捕鱼行为大肆使用底拖网，将重重的渔网拖过海底，从而将二氧化碳释放到海水中，并最终将一部分二氧化碳释放到大气中。到 2050 年，我们需要终止深海拖网捕鱼作业，并保护 50% 的海洋。

目标 4
保护自然

到 2050 年，将排放量从 60 亿吨降至 −10 亿吨。

KR 4.1　**森林**
到 2030 年实现净零森林砍伐，停止在原始森林中的破坏性做法和砍伐行为。
↓ 60 亿吨

KR 4.2　**海洋**
彻底废除深海底拖网捕捞，到 2030 年保护至少 30% 的海洋，到 2050 年保护 50% 的海洋。
↓ 10 亿吨

KR 4.3　**土地**
到 2030 年，将保护区的比例从目前的 15% 扩大到 30%，到 2050 年扩大到 50%。

有关土地的关键结果（KR 4.3）要求，到 2030 年使 30% 的土地——从苔原和冰盖到草原、泥炭地和热带稀树草原——受到保护，到 2050 年使 50% 的土地受到保护。相较于 2020 年 15% 的保护率，[5] 这是一个颇具挑战性的延伸目标。

综合起来，我们在本章中的三个关键结果将减少 70 亿吨的排放，相当于造成我们当前危机排放量的 13%。要实现这些目标，我们需要政府大胆行动、私营部门进行勇敢果断的创新和投资，以及慈善事业的关注。

本章一个不容忽视的大背景是气候正义。人类经常以燃料、食物或居所作为破坏自然的正当理由。对于今天的许多人来说，毁林开荒等做法是维持自身生存的最佳方式。任何公正的自然保护计划都必须提供可行的替代方案，确保人们能够赚取收入，养家糊口。人类不能简单地借助禁令帮助我们走出气候危机，也不能居高临下地解决这场危机。富裕国家、大公司和慈善家必须承担这些恢复性措施的全球成本，无论其是发生在贫困国家还是在自己的国家。

森林的未来

过去几十年来，世界各地的森林火灾一直占据着新闻头条的位置。面对每天扑面而来的亚马孙雨林在燃烧或是加州又现山火的新闻，人们很容易变得麻木。但是，树木为什么如此重要，失去树木时到底会发生什么，我们中有太多人对此知之甚少。

让我们从最基本的说起：树木可以从大气中吸收碳，小树苗可以储存少量碳，长成的树木可以储存更多。树木会在自己的有生之年（通常是 100 年或更长）保有这些碳。然后，无论有意与否，当树木被焚烧时，它们将释放碳存储，将体内的二氧化碳排放到大气中。因此，森林流失是导致全球变暖的原因之一，反过来，全球变暖又导致了更严重的森林流失。

与此相关的数字触目惊心。每6秒钟，全球就会失去一个足球场大小的森林。[6] 总体而言，森林流失（包括被砍伐和被烧毁的森林总量）将每年产生60亿吨二氧化碳，[7] 约占全球总排放量的10%。

热带地区的森林流失问题尤其严重，因为热带森林储存了大量的碳，更不用说其中还栖居着多种多样的野生动物。仅亚马孙雨林就蕴含了760亿吨碳。[8] 根据世界资源研究所的数据，如果将热带森林流失造成的排放量与各国的排放量加以对比，森林流失的碳排放量将排在第三位，仅次于中国和美国。[9]

"这是一个刻不容缓的紧迫情况，"美国环保协会前高级气候官员纳特·基奥汉（Nat Keohane）指出：**"如果我们现在不保护热带森林，10年后将没有机会这样做。"**

人们砍伐树木是为了给牲畜和农作物腾出空间，或者用来生产木材和纸张，或是修建道路和水坝。森林流失在一定程度上是因为我们对农业用地的需求，其目的是满足世界日益增长的人口的需要。说得委婉一点，人类面临着土地短缺的问题。要想在2050年不借助乱砍乱伐来养活全世界100亿人口，我们需要提高现有农田的生产率，并不再消费牛肉等排放密集型食品。如第三章所述，必须实施减少食品生产排放的政策，并投资于饲料添加剂和精准肥料等创新科技。但是，即使我们成功地做了所有这些事情，也还远远不够。

为了终结森林流失现象，我们需要财政激励，促使人们转向森林保护。至关重要的是，这些资金必须流向那些靠砍伐树木为生的人，如果不能弥补并超过他们毁林赚取的收入，我们就不能指望森林拥有更好的命运。此外，我们还需要强力执行保护森林的国家政策。

2007年，联合国宣布了一项计划，旨在减少发展中国家毁林和森林退化所导致的排放量，该计划被称为REDD+。计划的构想看上去简单清晰：富裕国家向发展中国家提供资金，以确保后者的森林保持原状。但由于资金缺口和缺乏全球统一的碳价格，该计划在很大程度上流于形式。计划启动以来，热带森林地区的排放量一直在上升。在富裕国家兑现捐款承诺之前，REDD+等计划无助于改变现状。

温带森林
（涵盖"北方"和"温带"地区）

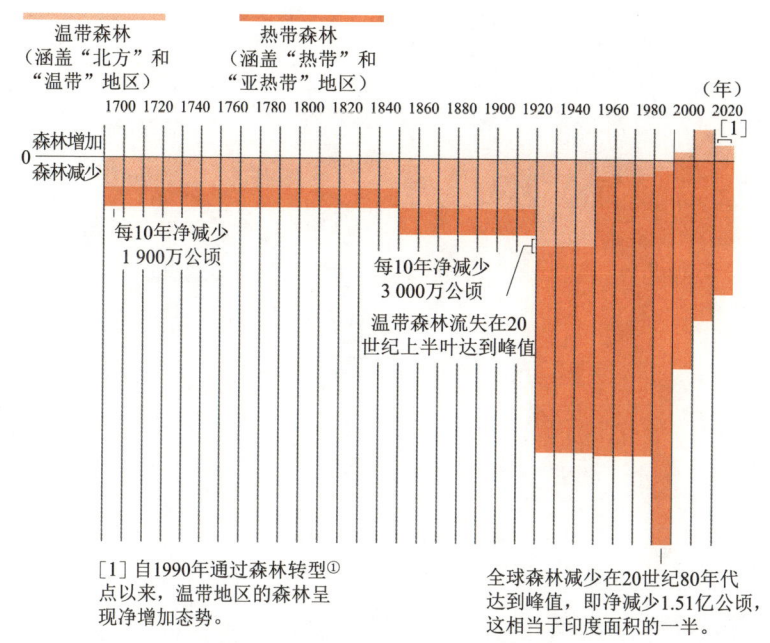

热带森林
（涵盖"热带"和"亚热带"地区）

（年）
1700 1720 1740 1760 1780 1800 1820 1840 1860 1880 1900 1920 1940 1960 1980 2000 2020

森林增加
0
森林减少

每10年净减少1 900万公顷

每10年净减少3 000万公顷

温带森林流失在20世纪上半叶达到峰值

[1]

[1] 自1990年通过森林转型①点以来，温带地区的森林呈现净增加态势。

全球森林减少在20世纪80年代达到峰值，即净减少1.51亿公顷，这相当于印度面积的一半。

热带森林流失导致了全球森林的减少

在缺乏有效大规模公共政策的情况下，私营部门试图填补这一空白，推出了一系列计划，由企业向公共或私营实体支付费用，以确保森林不遭砍伐。这些被避免的排放，即所谓的抵消，可以花钱购买，帮助企业中和自己的碳足迹。[10]我们将在第六章中详细讨论这一主题，不过在此请大家注意，这些计划在一些方面受到质疑，包括额外性（这些排放本来是否可被避免？）、耐久性（这些树木能存活多久？），以及可验证性（这些计划是否履行了其承诺？）。

为了及时遏制森林的流失，我们需要提供更多资金，提高森林保护工作的质量。此外，更高的透明度对验证计划是否有效至关重要，而不断提升卫星数据质量和推行认证计划十分关键。最后，政府必须做出更有力的承诺，通过财政激励和严格执行的法律保护，在政策面双管齐下，遏制森林流失。

---

① 森林转型是一国或地区森林面积由减少到增加的趋势变化过程。——译者注

森林流失对地方生态系统和地球的碳循环均造成了破坏

我们可以看看下面这个国际组织的例子。这个组织针对森林流失危机创造出一个基于市场的解决方案，充分体现了开拓性领导力。

雨林联盟：创造可持续采伐市场

2000年，自然保护主义者滕西·惠仑（Tensie Whelan）当选雨

林联盟（Rainforest Alliance）的主席，该组织致力于保护生物多样性以及那些依赖生物多样性谋生的人。滕西上任时，气候变化基本上是一个被媒体和政府忽视的无关紧要的议题。她设定了一个大胆的目标：通过建立一个数十亿美元的市场来保护全球的雨林。

滕西·惠仑

我是在纽约市长大的,不过我家在佛蒙特州有一个农场,我会去那里露营和钓鱼。我的父亲在自然历史博物馆工作,从他那里我学到了很多关于自然的知识。我妈妈会说西班牙语,从事刑事司法改革工作。我的祖父母住在墨西哥城,所以我曾近距离地见识过贫困。

我年轻的时候曾在瑞典一份国际环境杂志担任编辑,然后又前往拉丁美洲做了一名记者,报道包括森林流失在内的可持续发展问题。我亲眼看到,人们砍伐树木是迫于经济压力,而不是因为他们是坏人。

当年的一大热点新闻是麦当劳从哥斯达黎加采购牛肉的做法。这种做法压低了美国的汉堡包价格,但放牧行为增加也导致森林遭到砍伐。由于环保方面的压力,麦当劳和其他公司停止从那里采购牛肉,但这并没有阻止森林砍伐行为。人们为了有口饭吃而转向刀耕火种的农业。这让我对如何帮助人们追求可持续的谋生之道产生了兴趣。

雨林联盟是由丹尼尔·卡茨(Daniel Katz)创立的。在读到每分钟有 50 英亩的雨林遭到破坏,每天有 24 个物种灭绝后,他深受触动,决定采取行动。

丹尼尔用从赌场赢来的钱赞助了一次专家会议。他们提出了两个相辅相成的想法:首先,他们用买断取代抵制,即开展广泛的正面宣传,推动人们购买可持续产品。

其次，他们创造了一个标志来认证市场上的可持续产品，以一只青蛙的图像作为面向消费者的认证图标，因为健康的青蛙种群是健康生态系统的象征。

联盟的第一个胜利是对哥斯达黎加的香蕉种植场进行了可持续性认证。然后他们对危地马拉的咖啡种植场也进行了同样的认证，并在厄瓜多尔开始了一项可可认证计划。

雨林联盟印章：可持续采购实践的标志

20 世纪 90 年代，人们在控制森林流失方面取得了相当大的进展，[11] 但对滕西来说进展还不够快。在发展中国家，一个农场一个农场地与当地种植者和原住民达成合作是一个漫长而艰难的过程。滕西承诺出钱为当地居民保护雨林，而不是破坏它们。她赢得了农民的信任，报名人数每年都在增加。通过推行安全的工作条件和公平的工资，该计划也在农场工人中流行起来。

随后他们迎来了突破。全球最大的香蕉公司之一金吉达（Chiquita）决定为所应为，要求所有与它合作的供应商都必须放弃强迫劳动。金吉达拥有的全部种植场都通过了雨林联盟认证。他们承诺在不破坏树木或剥削劳动力的情况下，从森林中采集原料。

吸引全球最著名的品牌之一加入使局面彻底改变。与金吉达的合作使雨林联盟成为环保运动中最引人注目的非营利组织之一。扩大可持续实践计划的规模成为惠仑的首要任务。

我亲眼看到人们砍伐树木是迫于经济压力。

滕西·惠仑

雨林联盟有 35 名雇员，每年的预算为 450 万美元，这些预算分散在太多的项目中。我们需要搞明白如何扩大规模，特别是在大公司和大品牌开始为此买单之后。

对金吉达的所有产品进行认证花了大约 10 年的时间。在我任内，其他香蕉公司也开始改变做法并与联盟进行了合作。与此同时，我们还推广了咖啡和可可的认证。为了筹集资金和提高公众认识，我们开始收取雨林联盟印章的使用许可费。

我们还致力于帮助森林居民社区获取碳信用和其他生态系统服务费（由品牌和企业支付现金）。我们必须让更多的资金从大公司流向小生产商。

我们邀请了卡夫食品的首席执行官来参观。卡夫是一家收入超过 300 亿美元的大公司。[12] 当罗杰·德罗梅迪（Roger Deromedi）来到萨尔瓦多时，我们让农民向他介绍他们所做的改变，并告诉他怎样做是可行的，怎样做则行不通。他看到了可持续生产如何在经济、环境和社会方面产生积极影响。

其结果是，卡夫承诺其旗下多个品牌将从雨林联盟认证的种植者那里采购。在 5 年内，该公司 25% 的产品完成了可持续来源认证，并将公司的碳足迹减少了 15%。[13]

到 2006 年，联盟达到了一个关键的里程碑：认证品牌的年销售额达到 10 亿美元。

然后，联合利华的人邀请我加入他们的可持续农业咨询委员会。他们自己的标准与我们的标准非常一致。茶叶尤其令他们感兴趣，其旗下大约有 20 个茶叶品牌，其中包括立顿。实际上，是他们在说服我进军茶叶市场，而不是我说服他们。

这对肯尼亚数以千计的小型茶叶生产商产生了巨大影响。我们还看到阿根廷农民改善了在美国市场销售茶叶的环保做法。然后我们又与玛氏集团合作，采购以可持续方法生产的可可。

就这样，我们逐渐从香蕉领域拓展开来。目前，我们认证了全球 20% 的茶叶、14% 的可可和 6% 的咖啡——通过整个供应链为 5 000

家公司提供可持续采购。总而言之，我们正在帮助当地种植者确保全球约 7% 的农业森林的可持续性。

通过付给种植者现金来减少碳排放和保护本地生态系统，雨林联盟传播了按照保护成效付费的理念。联盟在本质上为碳制定了一个价格。2015 年，滕西·惠仑离开雨林联盟，前往纽约大学斯特恩商学院担任其可持续商业中心的负责人。在她离开时，部分得益于联盟的坚定努力，森林流失现象开始缓解（至少是暂时性的）。2000 年至 2015 年间，相关的碳排放量下降了 25%，从 40 亿吨降至 30 亿吨。[14]

加入纽约大学之后，惠仑领导开发了一个有效的指标，以衡量企业在可持续发展方面的支出是否合理。[15] 该指标可以追踪公司在员工留任、客户忠诚度和公司估值方面的变化。

许多第三方机构正在跟踪这些数据。国际可持续发展研究所发布了一份关于认证产品的年度报告。纽约大学已经与一家汇编零售产品条形码数据的公司合作，收集关于消费者行为的深度洞察。

滕西·惠仑

我加入纽约大学后，对"绿色鸿沟"（green gap）产生了极大的兴趣。所谓"绿色鸿沟"，是指消费者对可持续发展价值的表述与他们实际购买行为之间的差异。我希望看到现实世界的真实数字，而不是进行调研。

我们拿到了一些零售包装消费品的 5 年数据，涵盖 36 个产品类别、7 万多种个人护理产品和食品。我们研究了所有被贴上可持续标签的产品，比如植物基、有机或非转基因产品，并与传统产品进行了比较。

我们发现，在这 5 年中，以可持续性为卖点的产品占据包装消费品增长的 55%，平均获得了 39% 的溢价。事实上，并不存在什么"绿色鸿沟"，真正存在的是"绿色溢价"。

虽然大多数消费者可能不愿意为清洁能源或电动汽车支付绿色溢价，但许多人愿意为可持续食品支付一点额外的费用。

2015年,《巴黎协定》以前所未有的力度强调了世界森林问题:"缔约方应采取行动酌情养护和加强温室气体的汇和库,包括森林。"[16] 条约甚至向保护雨林和大自然其他碳汇的国家政府和非政府组织规定了"基于成果的支付"。

防止森林流失需要更多的投资。在全球范围内,用于毁林的资金投入大大超过保护森林的资金投入,二者之比高达40∶1。[17] 然而,现在已经开始出现了向绿色转型的趋势。2021年4月,在拜登总统主持的领导人气候峰会上,私营部门和公共部门齐聚一堂,承诺在年内筹集至少10亿美元用于大规模森林保护和可持续发展。惠益将提供给原住民和森林社区。这可能是拯救森林的制胜方案,即在世界领先的土地管理者的监督下,以高透明度和高标准提供更多资金。

发挥原住民的领导作用

在避免气候灾难的力量中,也许最被低估的一点是保护原住民的权利、土地和生活方式。虽然原住民只占全球人口的5%,但他们的土地却拥有世界生物多样性的80%。[18] 这些土地中包括至少12亿英亩的森林,[19] 储存了380亿吨碳。同时,原住民的作用并不仅限于这些数字。他们的传统植根于对自然生态系统的关怀和与自然和谐共生的关系。原住民的智慧和实践经历了长达数个世纪的积淀,对于人类缓解全球变暖的努力以及适应新的环境不可或缺。

从数字上看,原住民的力量无可争议。原住民社区管理的森林砍伐率往往比周围森林低2~3倍,甚至与受到国家保护的森林相比也是如此。[20] 根据世界资源研究所的研究,"亚马孙河流域原住民保有的土地可以储存碳,通过过滤水减少污染,通过固定土壤保持水土,并可提供其他重要的地方性、区域性和全球性生态系统服务。"

为了保证原住民对土地的管理权在未来几个世纪不受侵害,他们的土地必须受到法律保护，同时他们对土地的所有权必须得到承认。在气候圈内，这一原则被称为保障土地保有权。

在横跨巴西、玻利维亚和哥伦比亚的亚马孙河流域，受土地保有权保障的土地在 20 年的时间里可以创造的净收益高达每英亩 4 000 美元，总收益将超过 1 万亿美元，而保有这些土地的成本不超过收益的 1%。[21] **令原住民的土地受到法律保护可以使亚马孙地区 55% 的封存碳处于封存状态。**这是我们防止排放增加和保护地球最具成本效益的机制之一。[22]

修复海洋生态系统

地球上的海洋为我们提供了一半的氧气和丰富的鱼类。[23] 海洋作为气候调节者的能力无与伦比，人类要想繁荣和生存下去，就离不开海洋。

但事实是，我们的海洋已经不是原来的样子。长达数十年的污染已经造成了损失。早在 20 世纪 60 年代，科学家就已测量出，海洋的碳吸收出现小幅但明显的下降。这些数据点，以及海洋酸度增加的证据，吸引罗杰·雷维尔（Roger Revelle）开始研究这个问题。雷维尔就职于加州拉荷亚的斯克里普斯海洋学研究所（Scripps Institute of Oceanography），是全球首批气候科学家之一，他得出的结论是，地球正遭受人为导致的全球变暖的影响。作为哈佛大学的客座教授，雷维尔曾经给年轻的阿尔·戈尔讲过课，后者将他视为导师。描述海洋吸收二氧化碳能力不断下降的指标被称为"雷维尔因子"（Revelle factor）①。

海洋自然地与大气交换碳，海洋从人类所知的时代起就一直在呼出和吸入碳。但近几个世纪以来，随着大气中的碳开始不断增加，海洋的功能主要是作为一个储存碳的容器，吸收多于释放。[24] 除了空气

---

① 雷维尔因子得名于雷维尔，是海洋二氧化碳–碳酸盐体系的缓冲因子，指二氧化碳的瞬时变化与总溶解无机碳（DIC）的变化之比。——译者注

第四章　保护自然

中大量的化石燃料排放外，过度捕捞、过度开采和过度开发也释放了大量的碳，这些碳最终储存在水生生态系统和海洋沉积物中。

其结果便是，距离我们海岸线最近的海域，也是大多数海洋生物的家园，陷入了困境。[25] 海草、珊瑚礁和红树林都遭受了过度人类活动的洗劫。如果我们能够停止这种破坏行为，就可以防止每年将10亿吨的碳排放入大气层。[26]

此外，还有另一个海洋区域，它位于大陆架之外的深海，覆盖了地球表面的50%。[27] 深海沉积层蕴含的碳是我们所有土地储存碳量的数千倍。[28] 深海采矿和捕鱼扰乱了这些沉积层并释放出碳，增加了海洋酸度，甚至溶解了一些贝类。[29] 海底拖网捕鱼尤其具有破坏性。巨大的渔网沿着海底拖拽，释放出15亿吨水性二氧化碳排放，[30] 研究人员目前还能不确定其中有多少进入了大气。

> 平均而言，海洋的酸度比工业化前升高了约25%。

我们的海洋正在两条战线上受到攻击，被迫从上方的大气和下方的海底吸收碳。与此同时，塑料污染已经侵袭了我们最远和最深的水域，并使海洋生物窒息。过度捕捞不断加剧，从1980年占世界鱼群的10%扩大到今天的33%。更可悲的是，到2050年，全球90%的珊瑚礁都有可能因海水变暖和变酸而消失。中国的珊瑚礁已经消失了80%，而作为世界上最大的珊瑚礁系统，澳大利亚的大堡礁也由于大规模的"白化"事件（表明海水正在变暖）失去了一半以上的珊瑚礁。[31]

到目前为止，导致海洋酸化的最大因素是空气中的二氧化碳被海洋吸收。通过实现零排放和减少大气中的二氧化碳，我们可以阻止海洋变暖和酸化。与此同时，我们可以通过扩大海洋保护区来减少与海洋有关的排放。

墨西哥的奇迹

领导这项事业的是海洋生态学家恩里克·萨拉（Enric Sala），他是海洋保护领域的全球顶级专家之一。萨拉是在西班牙北部的布拉瓦海岸长大的，因此自然而然地将海洋作为他一生的挚爱。他在巴塞罗那大学攻读生物学并获得了生态学博士学位，随后成为斯克里普斯海洋学研究所的教授。

1999年，萨拉前往墨西哥的巴哈半岛（Baja Peninsula），参观了卡波普尔莫（Cabo Pulmo），这里曾经拥有丰富的生态系统，但当时已经变成了水下沙漠。渔民们再也捕不到足够的鱼来维持生计。曾经为鱼类提供食物并吸收大量碳的海洋植被已经消失。绝望的渔民们做了一件出人意料的事情。就像萨拉在一次TED演讲中所说的那样，"他们不是花更多的时间出海，试图捕捞所剩无几的鱼类，而是完全停止了捕鱼。他们建立了一个海洋国家公园，一个完全禁止捕捞的海洋保护区"。[32]

十年后，这片水下荒漠再次成为一方生机勃勃的海洋乐土。甚至连石斑鱼、鲨鱼和狗鱼等大型食肉鱼类也回来了。正如萨拉所说："我们看到鱼类恢复到原始水平。那些富有远见的渔民和城镇正在从经济增长和旅游业中赚到更多的钱。"

萨拉辞去了学术界的工作，成为国家地理学会一名全职环境保护人员。他与博物学家迈克·费伊（Mike Fay）合作，说服中非的加蓬共和国总统建立了一个国家海洋公园网络。2008年，萨拉和费伊发起了"原始海洋"（Pristine Seas）倡议，记录尚存的原始海洋区域，并与各国政府合作保护它们。这些壮观的保护区占地面积相当于半个加拿大，现在受到了政府法律或法规的严格保护。

萨拉说："这些地方展示了未来的海洋应有的样子。因为海洋具有非凡的再生能力，我们只需要保护更多处于危险中的地方，就可以让它们再次恢复野生状态，焕发勃勃生机。"这个故事的寓意极其简单：当商业利益与环境保护相结合时，奇迹就会发生。

虽然沿海海洋保护区的数量近年来有所增加，但只有7%的海洋水域得到充分保护而免受过度捕捞和其他破坏。为了使我们的计划发挥作用，到2030年，我们需要使至少30%的海洋得到保护，到

2050年，使50%的海洋得到保护。据美国国家公共广播电台报道，"现在已有定论，海洋保护区的做法行之有效。研究一再证明，在执行严格的捕鱼禁令后，鱼类数量迅速攀升，并为在周围水域工作的渔民带来了实实在在的好处。事实上，许多专家认为，只有海洋保护区的范围显著扩大，渔业生产才可持续。"[33]

虽然绝大多数捕鱼活动都发生在沿海海域，但在公海的捕鱼现象也十分普遍。深海捕鱼基本上不受管制。有关当局可以监督沿海区域的做法，但是，越是深入海洋，规则就变得越混乱，执法也变得越困难。

萨拉将目光投向了海底拖网捕捞这种极具破坏性的做法。"超级拖网渔船是海洋中最大的渔船，它们的渔网大到可以容纳十几架747喷气式飞机，"他表示，"这些巨大的渔网摧毁了它们行驶路线上的一切，包括海丘上的深海珊瑚，而这些珊瑚可能已经生长了几千年。"卫星数据显示，俄罗斯、中国、日本、韩国和西班牙的捕鱼量占公海捕鱼量的近80%。[34]这些国家和地区的政府为购买更大的船只提供现金奖励，以此补贴拖网捕捞。

据萨拉分析，超过一半的公海渔场捕捞作业需要依靠政府补贴，每年补贴总额高达40亿美元。"原始海洋"倡议主张在国际上禁止海底拖网捕捞。[35]在顶尖海洋科学家的支持下，联合国主持了相关讨论，证明此项禁令不会损害世界鱼类供应。

面对日益变暖的地球环境，海洋保护大业任重道远。珊瑚礁、海洋植被和海洋生物仍然处于危险之中。**气候变化的反馈回路尚未关闭。**直白一点说，我们需要更严肃的全球承诺。2016年，24个国家加上欧盟同意保护南极洲的罗斯海，在35年内禁止商业捕鱼。签署国包括渔业大国中国、日本、俄罗斯和西班牙。如果我们能够扩大这些保护，我们将有机会帮助海洋重新发挥其应有的作用，继续充当无数物种生机勃勃的家园。

净损失：海底拖网捕捞将储存的碳释放到海洋中

养殖海带

虽然现在拯救海洋尚为时未晚，但这项任务已经非常紧迫。我一生敬重的英雄戈登·摩尔，即前文所述的摩尔定律的提出者，将他的聪明才智和资金投入了海湾基金会（Bay Foundation），专门致力于恢复加利福尼亚蒙特雷湾沿岸的水下海带林。海带吸收的二氧化碳是同等大小陆地森林的 20 倍。[36]17—18 世纪，蒙特雷湾的海獭数量由于毛皮贸易的增加而大量减少。由于海獭消失，它们最喜欢的食物之一——海胆大量繁殖，并吞食了大部分海带。从 20 世纪 80 年代开始，人们开展了一系列保护工作，帮助恢复了该地区海獭的数量。随着海胆再次受到控制，蒙特雷的海带林逐渐重现昔日的辉煌，生态系统已经恢复。

海带林可以成为扩大海洋年度碳吸收能力的一种方式。接近海洋表面的叶片通过光合作用吸收二氧化碳。海带是生长最快的植物形式之一，每天的生长速度可达两英尺。19世纪中叶，查尔斯·达尔文在乘坐英国皇家海军的"小猎犬"号军舰航行途中曾经遇到过海带，并做出了如下评论："在我看来，这些巨大的水生森林，只有陆地森林可堪作比。各式各样的生物依赖海带而生，为数众多，令人惊叹。"

2017年，非营利组织"缩减项目"（Project Drawdown）[①]表示，养殖数十万英亩新海带林的前景具有"显而易见的吸引力"，[37]是一个颇有前途的未来气候解决方案。丹麦奥胡斯大学（Aarhus University）海洋生态学教授多特·克劳斯·詹森（Dorte Krause Jensen）称，随着富含营养的海带叶片死亡并沉到3 000英尺或更深的海底，它们中蕴含的碳"可以视作被永久封存"。[38]

世界资源研究所粮食项目技术主任蒂莫西·夏辛格（Timothy Searchinger）指出，海带林是"一种有效的转化途径，不会占用本应留作种植粮食的宝贵农田"。传统上，吸收二氧化碳的生物质是在陆地上种植的。海带是一种潜在的碳去除途径，而且不会与农业竞争。

在马萨诸塞州伍兹霍尔和澳大利亚昆士兰工作的行星科学家布赖恩·冯·赫尔岑（Brian Von Herzen）发明了一种方法，称为"海洋永续农业阵列"。冯·赫尔岑的非营利性气候基金会开发了这种供海带生长的网格，由可再生能源泵从深海处汲取养分丰富的海水来灌溉。到2020年，该组织将在菲律宾运行小型试点阵列，并正在为澳大利亚海岸设计1 000平方英尺的网格。该基金会正在筹集资金，在菲律宾建造至少10倍于这个规模的养殖网。

尽管冯·赫尔岑的雄心壮志尚未真正施展开来，但他的商业模式

---

① "缩减项目"是一个成立于2014年的非营利组织，其宗旨为帮助世界实现"缩减"，即在未来某个时间点使大气中的温室气体水平停止攀升并开始稳步下降。——译者注

完全讲得通。通过收割和出售部分海带以及恢复鱼类种群，运营商可以在 4 年内收回安装成本。如果冯·赫尔岑这样的创新者能够将这种做法推广到世界海洋面积的 1%，即澳大利亚面积的一半左右，这些海带林每年将吸收 10 亿吨二氧化碳。

这是一个诱人的前景。但在开始依靠海带林帮助我们实现净零排放目标之前，我们需要更强有力的证据。

海带林是指海中的藻类养殖场，它们可以吸收碳并将其安全地储存在海底

泥炭地的力量

地球拥有多个巨大的碳储存箱，从湿地延伸到苔原和极地冰盖，再到位于其下方的冻土——永久冻土层。这些天然碳汇可以吸收并封存碳，长达数万年之久。

这其中最鲜为人知却最重要的也许是泥炭地。泥炭是一种厚重、泥泞、浸水的物质，在历史上曾被用作燃料。泥炭地是仅次于海洋的世界第二大碳储存载体。[39] 当它们遭到破坏时，其影响会波及全世界的大气层。例如，排干的泥炭地仅占世界陆地面积的 0.3%，却会产生 5% 的人为二氧化碳排放。[40]

泥炭地亟须保护，以避免灾难性的排放

在开展森林保护工作的同时，排干泥炭地的禁令也已经得到实施。在印度尼西亚，早期的回报十分乐观。但我们需要激励措施、统一的监测和严格的标准来加强泥炭地保护并恢复其规模。

通过生物多样性衡量碳韧性

通过恢复土地、森林和海洋，我们也保护了地球的生物多样性，保护了让我们的生态系统充满生机的数百万物种。生命形式是相互依存的，一个物种的丧失会威胁到另一个物种。每当一个物种灭绝，生态系统都可能会以不可预见和看不见的方式发生着变化。蠕虫或微生物被工业养殖杀死后，它们就不能再消耗有机物，也不再向土壤中沉积碳。在美国的黄石国家公园，小型狼群控制着麋鹿的数量，而麋鹿以尚未长大的白杨树苗为食。如果狼灭绝，麋鹿就会变得太多，白杨幼苗将被大量啃食，随着时间的推移，植被将会消失。狼仅仅凭借自身的存在就可以帮助树木生长。

"生态灭绝"（生态系统及其生物多样性遭到大规模破坏）的威胁，是当前气候紧急状态的核心。地球上生存着 800 万~900 万种动植物。[41] 在人类出现之前，每年只有百万分之一的物种灭绝。在 20 世纪初，每年的物种灭绝数量上升到十几种，而且灭绝速度不断加快。**今天，100 多万个物种面临灭绝的威胁。**[42] 正如爱德华·威尔逊所写，最糟糕的情况可能还没有到来："如果物种灭绝加剧，生物多样性将达到生态系统崩溃的临界点。"

在美国，保护土地和物种的主要机构之一是国家公园管理局。小说家和环保主义者华莱士·斯泰格纳（Wallace Stegner）将美国的国家公园制度称为"我们有史以来最好的构想"。许多国家都试图效仿美国。

然而，尽管自然资源保护取得了令人瞩目的成就，物种灭绝率仍然居高不下。野生栖息地正在受到威胁。我们要如何帮助生态系统得以恢复？

我们最大的挑战：30 年 30% 和 50 年 50%

我时常情不自禁地赞叹大自然的鬼斧神工。碳循环是一个可衡量的过程，迫切需要重新平衡。就像爱德华·威尔逊一定会告诫我们的那样，为了避免气候灾难，我们必须像向清洁能源转型一样积极行动起来，恢复自然环境。

2018 年，为了响应威尔逊的"半个地球"提议，美国国家地理学会成立了大自然运动（Campaign for Nature），这是一个由科学家、企业家、原住民和环境领袖组成的联盟。威尔逊的愿景是到2050年将半个地球变成自然保护区，大自然运动则设立了近期目标，即到2030年保护地球面积的30%。他们认为，要应对气候变化和"防止大规模灭绝的危机"，我们至少要做到这一点。[43]2021年，拜登政府认可了美国的这个目标。

速度与规模计划兼顾了上述两条时间线，即2030年保护30%土地的近期目标，以及决定成败的2050年保护50%土地的目标。驾驶飞机的时候，你在达到最低离地速度之前无法起飞，而只有成功地飞离地面，你才能自信地规划路线并飞往最终目的地。

==自然的三大领域，即土地、森林和海洋都对达成我们的净零排放使命至关重要。我们的碳汇目前正处于临界线上，一侧是气候稳定和生物多样性，另一侧是气候灾难和大规模物种灭绝。人类也是处于危险中的脆弱物种之一。在进化之树上，人类现在正处于危险边缘，自身的生存也面临着迫在眉睫的危险。==但在你可能会感到绝望之前，请记住这一点：我们已经一次又一次地看到，无论生态系统看起来已经遭到多大的破坏，恢复工作实际上都是可行的。

总体而言，自从1.1万年前的最后一个冰期结束，人类的日子一直相当美好。我们在一个宜居的星球上繁衍生息，这个星球温度适宜，既不太冷，也不太热。威尔逊写道："我们人类继承的美丽世界花了38亿年才建成。人类是自己赖以生存的世界的管理者，我们已经得到足够多的教训，帮助我们接受这条简单和易于遵循的道德准则：勿再造恶业。"

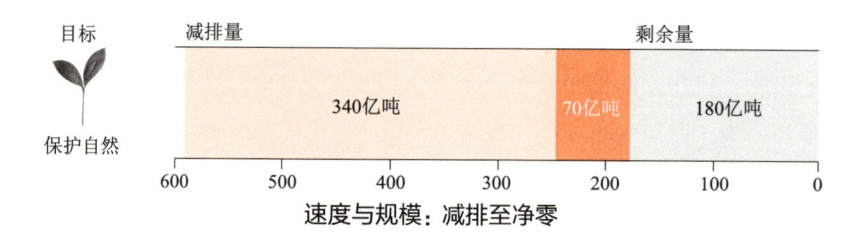

目标	减排量		剩余量
保护自然	340亿吨	70亿吨	180亿吨

速度与规模：减排至净零

第五章　净化工业

　　25岁时，詹姆斯·瓦基比亚（James Wakibia）踏上了一条成为"禁塑愿景承载者"的道路。[1] 瓦基比亚生活在肯尼亚第四大城市纳库鲁（Nakuru），是一名摄影记者。一开始，他背着变焦镜头在街道上游走，拍摄日常生活的照片：商店在清晨开门，孩子们去学校上学，当然还有大自然的美景——肯尼亚以其美丽的自然景色而闻名。瓦基比亚在他的博客上发布了这些照片，很快就有人找上门来付费请他拍摄。"摄影帮助我看见周遭世界，"他说，"让我有勇气停下来，按下快门，并在事后勇敢发问。"[2]

　　2011年的一天，瓦基比亚经过当地的垃圾场。那里充斥着超市塑料袋，有些已经被吹到了附近的道路上。他还拍摄了被塑料瓶塞满的城市湖泊和池塘沿岸的照片，镜头中的一切令他深感厌恶。2013年，他发起了一场要求搬迁垃圾场的请愿。市政府官员对此无动于衷，拒绝了这个提议。

　　对瓦基比亚来说，这只是第一次小冲突。他通过自己的推特标签"#BanPlasticsKE"（禁塑KE）获得了数千名粉丝。他喜欢引用著名美国民谣歌手和环保主义者皮特·西格（Pete Seeger）的一句歌词："如果它不能被减少、再利用、修复、重建、翻新、再加工、转售、回收或堆肥，那么它就应该被限制、重新设计或停止生产。"瓦基比亚自己的口号更短："少塑更酷。"（Less plastic is fantastic.）在那次垃圾场事件发生四年后,他将精力投入一个更大胆的目标上。他再次发起请愿,要求纳库鲁成为世界上首个完全禁用一次性塑料制品的城市,包括塑料袋、塑料瓶和一次性餐具。市政当局再次拒绝了他。

不过这一次,运动吸引了肯尼亚负责环境和地区发展的内阁部长朱迪·瓦克洪古(Judi Wakhungu)的注意,她非常欣赏瓦基比亚的想法,因此她推动在全国范围内实施禁塑。她认为这是经济上的当务之急:肯尼亚一半的牛胃里都有塑料袋,这抑制了全国的牛奶供应。2017 年,肯尼亚通过了世界上最严格的限制一次性塑料的禁令。[3]"我没想到能得到这样的结果,"瓦基比亚兴高采烈地说,"这真是个好消息。"

詹姆斯·瓦基比亚在肯尼亚向塑料污染宣战——并取得胜利

肯尼亚的惩罚措施极其严厉。任何制造、进口或销售塑料包装袋的人都面临最高达 4 万美元的罚款或最长 4 年的监禁。任何违禁使用塑料袋的人都可能被罚款 500 美元或被监禁 1 年。政府在执法上是认真的。数百名违规者被罚款，十几人被判入狱。

该法案通过后不到 18 个月，肯尼亚宣布，其 80% 的人口已经停止使用塑料袋。[4] 英国广播公司向国际听众报道了这次胜利。瓦基比亚获得了联合国环境规划署的表彰。[5]

一个小国在通过一项绿色法律时需要与强大的力量对抗，特别是当某种被禁用的材料是由大型跨国公司制造，并拥有成千上万种用途时。电影《毕业生》(The Graduate) 中有一个著名的场景，一位商人告诉达斯汀·霍夫曼 (Dustin Hoffman) 扮演的年轻男主角："我只想说一个词：塑料。塑料有着美好的未来。"[6] 1967 年，在这部电影拍摄时，塑料刚刚开始成为我们今天所知道的无处不在的材料：无法抗拒地流行，毋庸置疑地有用，但最终成为一场噩梦。

塑料会造成两次污染，一次是在制造时，另一次是在被丢弃时。塑料在制造时不仅要使用石油和天然气，而且在制造过程中还会排放二氧化碳。人类历史上一半的塑料是在过去 15 年中制造的，[7] 这个事实对未来有着严峻的影响。问题恶化的速度越来越快，而且是以工业大生产的规模不断发展。

在我们的世界里，几乎所有人造的东西在制造之时都会造成排放——从肯尼亚禁止使用的塑料制品到我们道路上的混凝土桥梁，再到我们摩天大楼中的钢材。即使我们成功实现电网脱碳和交通运输电动化，但制造电网所需的材料也会释放温室气体。一些排放来自用作直接热源的化石燃料，另一些来自制造工艺中的化学反应。

下面的策略能够可靠地应用于每个工业部门，以减少排放。首先是减少使用。将建筑物设计为使用较少混凝土的结构，可以减少其向大气中排放的二氧化碳。其次是回收再利用。通过回收纺织品和制造可回收织物，我们不必再从头开始生产全新的产品。然后是替代热源。通过用电产生熔化钢铁所需的热量，我们可以使用无排放的能源。最后，但并非最不重要的是发明创造。通过制造可供堆肥用的新型容器，我们可以防止它们最终进入垃圾填埋场。

目标 5
净化工业

到 2050 年，将目前 120 亿吨的工业排放量减少到 40 亿吨。

KR 5.1　**钢铁**
到 2030 年，将钢铁生产的总体碳强度[①]降低 50%，到 2040 年降低 90%。
↓ **30 亿吨**

KR 5.2　**水泥**
到 2030 年，将水泥生产的总体碳强度降低 25%，到 2040 年降低 90%。
↓ **20 亿吨**

KR 5.3　**其他行业**
到 2050 年，将其他工业来源（如塑料制品、化工产品、纸张、铝制品、玻璃制品、服装）的排放量减少 80%。
↓ **30 亿吨**

---

① 碳强度：单位 GDP 的二氧化碳排放量。——编者注

我们的工业制成品的排放量高达 120 亿吨，约占全球总排放量的 20%，这给我们的大气带来了沉重的负担。关于钢铁的关键结果（KR 5.1）针对的是这个类别中最大的单一排放源，其排放量达 40 亿吨。[8] 这个关键结果呼吁全球钢铁公司明确具体做法和技术，以在钢铁生产中减少使用化石燃料。关于水泥的关键结果（KR 5.2）针对混凝土制造业，其排放量约为 30 亿吨。[9] 今天的钢铁和水泥生产主要由中国主导，中国正在快速推进城市化，建设速度惊人。为了让这两大工业部门脱碳，新方法和新技术的成本必须符合发展中国家的实际。

塑料制品、化工产品、纸张、铝制品、玻璃制品和服装的制造都使用化石燃料作为直接热源。这些产品中的大多数最终被焚烧，产生更多的排放物。针对其他行业的关键结果（KR 5.3）遵循我们的工业净化策略，即减少使用、回收再利用、替代热源和发明创造，以削减这些部门的排放。

当然，这些说起来容易做起来难。本章将从最直接接触消费者的部门，即塑料和服装开始。然后，将研究产生热量的新方法，这种方法有助于工业部门广泛脱碳。最后，会探讨挑战最为艰巨的混凝土和钢铁这两大排放源的减排问题。

我们没有其他出路。如果不减少工业排放，它们将随着不断增长的世界人口和能源需求而水涨船高，并最终爆棚。

塑料的危害

塑料是化工业的一部分，后者每年的碳排放量为 14 亿吨。20 家大型聚合物生产商制造了全球一半以上的一次性塑料垃圾，其中美国的埃克森美孚和陶氏以及中国的中石化名列前茅。在人类历史的这一决定性时刻，这些公司面临着一个抉择：是继续以气候为代价使用化石燃料，还是率先转型，引领我们走向可持续的未来。

要有效禁止使用一次性塑料制品，必须提供功能性替代品。塑料袋可以用未经漂白的原色纸袋或者回收瓶子制成的可重复使用的袋子取代。坚固的器皿、吸管和容器可以使用可降解纤维来制造。装饮料就更简单了，货架商品可以使用玻璃和铝制容器，外卖饮料则使用可重复使用的瓶子以及可降解杯子盛放。我们有史以来最大的成功回收再利用案例是什么？那就是你家附近的超市或便利店里堆满货架的一次性铝罐。美国生产出的全部铝中有近75%至今仍在使用，[10] 这证明了"循环经济"的潜力。

就塑料而言，目前紧迫的状况反映了原有的两种解决方案至少迄今为止已经失败，尽管这两种方案都曾看上去前途光明。第一个失败的解决方案是塑料回收。尽管回收得到广泛推行，合规程度也很高，但市场已经崩溃。长期接收美国塑料垃圾的国家，尤其是中国和马来西亚，不再愿意充当垃圾场。就在不久前，中国还每年进口700万吨废料。[11] 但是，在看到回收公司随意倾倒塑料废物，导致水道遭到破坏后，中国关闭了大门。这些回收公司收取了大量不符合质量要求的塑料，但不愿承担利润损失，而是将其任意倾倒，污染了中国的河流。[12] 坦率地说，全球回收市场一片混乱。

在美国，大部分责任应归咎于石油和塑料行业。更有甚者，这些公司属于明知故犯。早在1989年，它们就展开游说，给所有塑料制品打上可回收标记，尽管它们知道这会彻底颠覆回收计划。[13]（就算往好里说，无处不在的1~7代码也只能说令人迷惑。[14]）于是，不明就里的美国消费者开始把几乎所有东西扔进他们的蓝色可回收物垃圾箱，包括那些不可回收和被食物污染的物品。[15]

为了使回收计划更有效，人们需要能够识别哪些东西是真正可回收的。由可持续包装联盟设计的新标签会有所帮助。例如：饼干通常被包装在一个塑料托盘中，周围包裹着一层薄薄的塑料薄膜，然后被包装在一个硬纸盒内。一个合适的标签会告诉我们纸板是可回收的，塑料薄膜包装不可回收，而托盘在进入蓝色垃圾箱之前需要清洁。更精确的标签也会暴露那些可能装糊涂的公司，这些公司会假装不知道其使用的材料不可回收。

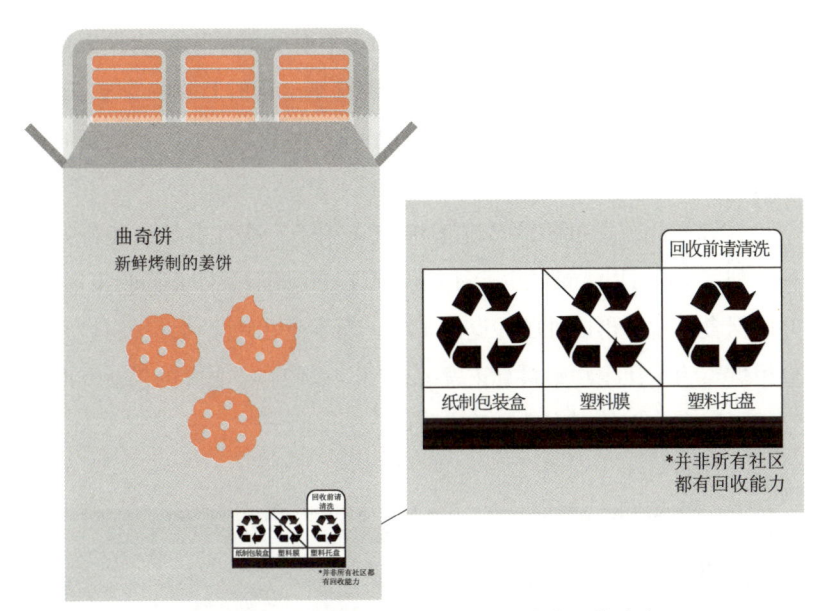

指示性标签可以帮助消费者做出正确的回收决定

改编自 How2Recycle 指南。

第二个未能兑现的承诺是生物塑料。要更好地理解为什么生物塑料会失败,我们需要考虑两个问题。第一,这种材料是不是有机的?第二,它是可生物降解的吗?理想的生物塑料是一种可以被细菌分解的有机树脂,对上述两个问题的回答均为"是"。但事实证明,这两者都不容易核实。

在从化石燃料和石化产品转向可再生能源这一极其缓慢的过程中,可口可乐曾试验性地使用由 70% 的石油和 30% 的乙醇(从甘蔗中提取)制造的瓶子。[16]虽然这种混合物的碳足迹略有减少,但使用它制成的塑料瓶仍然需要数百年才能降解。其他生物塑料可能比传统的石油塑料更有害于环境和我们的健康。[17]有些方法会产生更多的污染物,消耗更多的臭氧,吞噬更多宝贵的土地。

我们需要的是一种更易降解并且可以规模化的方法。化学专家们正在研究一种叫作 PLA(聚乳酸)的聚合物。PLA 由玉米或木薯淀粉制成,坚固耐用,质感与普通的塑料杯相似,但与传统塑料相比,它

第五章　净化工业

可减少75%的温室气体排放。这里面会有什么陷阱吗？这种聚合物只能在专门的工业堆肥设施中进行生物降解，同时其降解需要10~12周的时间，这限制了它的实用性。在传统的垃圾填埋场，或者被倾倒进海洋中，它则很难降解。[18]

尽管如此，在可能的情况下将PLA用于一次性食品包装将是一种胜利。[19]它可以大量减少运往垃圾填埋场的塑料，防止回收箱污染，并确保食物垃圾得以堆肥并返回土壤，而不是在垃圾填埋场腐烂并释放甲烷。为了让生物塑料真正发挥作用，我们需要更多的创新，以便它们可以在我们的家庭堆肥箱中降解。

更环保的替代品：由植物淀粉制成的PLA聚合物与石油塑料相比温室气体排放量减少了75%

塑料污染的生命周期展示了我们今天的处境，而这不是一幅美丽的图画。全世界只有9%的塑料垃圾被回收利用。其余塑料的命运如何？它们中的12%被焚烧并排放二氧化碳，[20]剩下的则进入垃圾填埋场，并最终进入了我们的海洋。自1980年以来，塑料污染已经激增了10倍。由于垃圾流管理不善，每年有800万吨垃圾流进入海洋，杀死了多达100万只海鸟，[21]伤害了数百种鱼类、海龟和海洋哺乳动物。动物被塑料碎片缠住时可能会窒息或溺水。当误食了塑料，由于塑料塞满了它们的胃，它们可能会活活饿死。

全球塑料生产和使用，1950—2015年

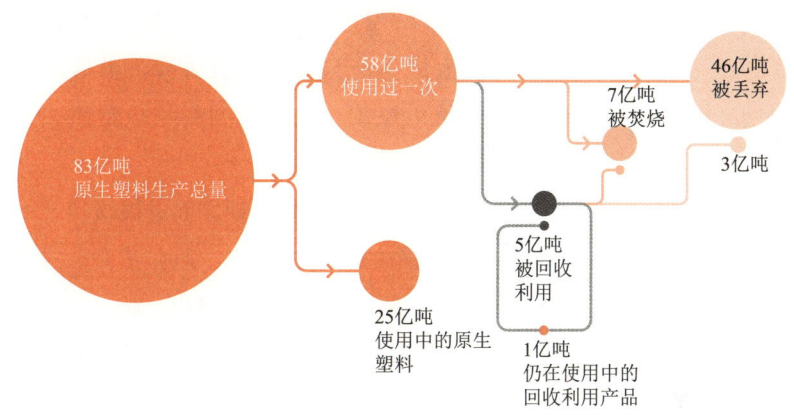

83亿吨
原生塑料生产总量

58亿吨
使用过一次

7亿吨
被焚烧

46亿吨
被丢弃

3亿吨

5亿吨
被回收利用

25亿吨
使用中的原生塑料

1亿吨
仍在使用中的回收利用产品

塑料在其生命周期的每个阶段都会造成污染

改编自 R. Geyer 等人的数据和 Our World in Data 的可视化资料。

现在，大力推行禁用这些致命材料的国家早已不止小小的肯尼亚。2018 年，英国议会颁布了一项 25 年计划，逐步淘汰某些塑料制品，并遵守美国对微塑料的零售禁令（微塑料是洗涤剂、化妆品和护肤品中使用的一种微珠）。截至 2021 年，欧盟已经禁止使用一次性吸管、餐盘和餐具，并设定"到 2029 年使 90% 的塑料瓶得到回收"的目标。[22] 目前共有 127 个国家制定了某种限制塑料使用的法规。[23]

我们知道不能完全禁止使用塑料，至少现在还不能。塑料在某些医疗用品、家用电器和多用途容器中是不可替代的。但除了缺乏政治意愿，没有什么能阻止我们取缔包装、购物袋和其他一次性塑料制品，这些物品的排放占塑料相关排放量的近一半。

服装业的解决方案

虽然服装和鞋类是较小的温室气体排放源，但由于我们每天

都要穿着它们，因此它们在文化上的重要性超过了具体的排放数字。过去 20 年中，"快时尚"的出现加速了服装的生产和消费，使该行业的排放量达到每年 6 200 万吨。[24] 为了追逐瞬息万变的时尚周期，制造商们大量生产只穿几次就丢弃的低质量服装，纺织品、橡胶、皮革和塑料垃圾泛滥，填满垃圾场。

> 哈佛商学院发布的一项研究表明，Zara 使用的服装面料被有意设计为穿不到 10 次就得丢弃。

服装行业在采取气候行动方面进展缓慢，不过《时尚》（*Vogue*）杂志近期发布的一份报告称，业界正在形成共识，到 2030 年减排 50%。[25] 为了实现这一目标，时尚品牌、制造商和零售商需要加快部署上游和下游解决方案。上游，即纺织业的减排相对比较直接。通过在服装生产中使用可再生能源和提高能源效率，我们可以直接减少排放。产业下游的解决方案更加分散。我们需要品牌选择低排放的运输途径和更清洁的零售业务模式，同时减少生产过剩现象。为了推动大规模变革，我们需要这些企业促进消费者更积极地接受服装租赁、转售、翻新、回收和再利用。还有一个更大的目标，那就是找到方法，延长每件毛衣、每件外套、每只鞋子或每个手提包的使用寿命。

另一个可以产生重大影响的战略是用回收材料制造服装。巴塔哥尼亚（Patagonia）① 早在 1993 年就开始使用回收塑料瓶制造仿毛起绒布，率先成为实现这一飞跃的品牌之一。如今，数十家知名品牌和市场新军加入了这场运动。

其他行业领军者开始转而使用更环保的材料。例如，一家总部位于旧金山的鞋类品牌使用 OKR 来跟踪其净零排放目标的进展。Allbirds 成立于 2014 年，在鞋类这个拥挤、竞争激烈的市场中，该品牌的独特追求是以舒适和高质量的设计，打造"地球上最可持续的鞋

---

① 巴塔哥尼亚是一家美国服装公司，1973 年成立，主要销售户外服装，号称最具环保意识的美国户外品牌。——译者注

类"。成立两年后，它售出了其第 100 万双鞋，那是一双该品牌标志性的美利奴羊毛运动鞋，中底由巴西甘蔗提取物制成。

Allbirds 的联合创始人兼首席运营官乔伊·兹威林格（Joey Zwillinger）表示："我们将环境因素视为企业成功的关键利益相关方。"[26] 为了保证公司的财务目标与净零排放目标保持同步，公司为所有 250 名员工设定了 OKR。这些行动使得今天的 Allbirds 不仅仅是一家鞋类公司，也成为一家环保公司。2021 年，为了加速可持续鞋类市场的发展，Allbirds 与业内其他公司公开分享了其碳足迹计算器。[27]

公司一个最高层级的目标规定了对客户绝不动摇的坚定承诺：所有 Allbirds 产品在其整个生命周期都严格遵循碳中和标准。相应的关键结果将跟踪运营各个方面的排放目标，从供应链到制造、运输，到零售。为了实施这项 OKR，公司会对每位员工都进行培训，使他们可以在各个环节量化并减少碳排放。

Allbirds 所引领的绿色时尚队伍现在正日益壮大。例如，Reformation 等公司根据可持续性对纤维进行排名，并相应做出采购决定。斯特拉·麦卡特尼（Stella McCartney）等品牌正在用行动表明，高端时尚也可以实现转型。

消费者方面，我们正在见证二手和复古服装的繁荣。美国、欧洲和亚洲的年轻人迅速将二手服装转变为真正的时尚潮流。Trove① 和 Tradesy② 等平台提供的服务正在创建全新的在线转售市场，促使购物者购买优质服装并进行转售，以应对快时尚的负面影响。现在，服装行业的其他参与者需要迎头赶上这一最新的时尚潮流：净零排放。

---

① Trove 总部位于美国加州，是一家获得第三方认证的加州共益企业（California for Benefit Corporation），这些企业在社会和环境效益、透明度及法律责任方面都达到了最高标准。该公司目前为 B2B 平台，为服装零售商提供白标服务，帮助其制定和运营二手商品转售项目，并提供技术和物流支持。——译者注

② Tradesy 是一家出售设计师服装的二手交易平台，其主营业务集中在服饰、鞋子及箱包等产品上，致力于将二手服装买卖发展成垂直化的电子商务。——译者注

工业热能电气化及氢的前景

工业生产过程中的热能占全球能源使用量的近 1/5,[28] 也是整个工业部门二氧化碳排放的最大源头。纵观整个制造业，生产各种产品，无论是纸张、纺织品还是钢铁、水泥等，都需要不同程度的热能，这些热能在生产现场产生，需要使用天然气、煤炭或石油等高排放的能源。

目前在技术上，至少占工业燃料消耗量一半的制造工艺已经可以实现电气化。[29] 电热泵、电锅炉和回收废热已经是成熟的替代方案，可以满足中低热量需求。不过，尽管一些电炉的温度可以达到 1 000 ℃ 以上（钢铁生产的必要条件），但因为成本和能源需求过高，其使用存在局限。工业界正在积极寻找更实用的方法来获得零排放的高热能源，并且已经开始探索根本性的转变。

许多工业生产工艺中使用的化石燃料已经可以被取代

	工业用热的燃料消耗份额	工艺示例	技术现状
超高温热（>1 000 ℃）	32%	玻璃熔炉熔炼、热轧板坯再加热、石灰石煅烧生产水泥	研究或试验阶段
高温热（400~1 000 ℃）	16%	石油化工中的蒸汽重整和裂解	已有相关技术
中温热（100~400 ℃）	18%	干燥、蒸发、蒸馏和活化	已有相关技术
低温热（≤100 ℃）	15%	清洗、漂洗和制备食物	已有相关技术
其他（潜在未评估）	19%		

改编自麦肯锡公司的数据和可视化资料。

近年来，工业界最激烈的气候争论集中在氢的前景上。和电一样，氢也是一种能量的载体，而不是能源。氢拥有巨大的潜力，因为它几乎无处不在。只要有水和电流，就可以制造出氢。通过电解工艺，可用电将水分子裂解成两个氢原子和一个氧原子，然后将生成的氢气储存起来并直接在现场使用，或是冷凝成液体运往别处，在需要时再产生热能或电能。

业界使用颜色代码对氢气进行分类：

棕氢或黑氢：
使用煤生产

灰氢：
使用天然气生产

蓝氢：
使用天然气生产，排放的二氧化碳被捕获并封存

绿氢：
使用零排放能源生产

今天生产的大部分氢气的用途是制造化学品，这些氢气中的95%是使用天然气生产的。我们的宏伟目标是，在未来几十年内使清洁的氢气成为产生高温热能的标准。这样，我们就能够使水泥和钢铁等目前难以推进减排的行业成功脱碳。

虽然随着更多工厂的建成，生产清洁氢气的成本将下降，[30]但在世界大部分地区，可能还需要20年或更长时间才能令生产"清洁"氢气的成本低于生产"脏"氢气的成本。不管氢的来源如何，氢在过去没有使用过它的行业中都面临着成本障碍，因为氢的加压和冷凝成本高昂，液态氢的运输也很困难，同时还需要重新修建管道以防止氢气泄漏或爆炸。这些成本相加，将是一笔巨大的绿色溢价。

绿色氢气必须与电池和其他成本不断下降的清洁能源竞争。绿色氢能的优势又在何处呢？机会之一是在生产化肥所用的氨的过程中以

绿氢取代脏氢。未来，绿氢还有望在钢铁生产和其他高热工业制造工艺中成为一种经济的选择。此外，利用太阳能电池板或风力涡轮机为电解槽供电并在现场制氢也有助于控制成本。

在其他部门，绿氢可能适用于电网储存和海上运输。但它不太可能为汽车、公共汽车、卡车或火车提供动力，因为在这些领域中密度更高、重量更轻的电池正成为一种更实用的选择。然而，绿氢可能成为一种无排放的选择，用来制造城市所需的建筑材料，从而使人类迎来一个新的工业时代。

水泥行业的脱碳

人类使用混凝土已经有 2 000 多年的历史。但直到 19 世纪中期开始进入工业时代以来，城市的建设者才学会大规模地使用混凝土。约瑟夫-奥古斯特·帕文·德拉法基（Joseph-Auguste Pavin de Lafarge）在法国东南部经营着一家石灰石采石场。当时，他正在寻找新的方法来加工采石场的白色岩石和富含矿物质的黏土，为此，他采用了此前不久刚获得专利的波特兰水泥制造工艺，该工艺之所以得名，是因为用这种工艺制造出的水泥与英吉利海峡波特兰岛上著名的石灰岩颇为相似。

到了 19 世纪 30 年代，拉法基工厂的烟囱开始排放出滚滚浓烟。他无从得知自己正在为未来的气候危机做出"贡献"，也不会知道，到了 21 世纪，水泥行业每年会排放出大约 30 亿吨的二氧化碳。生产水泥一直是一项艰巨的任务。石灰石和黏土先是在燃烧化石燃料的窑炉中被加热到 1 450℃，这个过程将产生水泥重量一半的二氧化碳排放。随着原料被旋转加热，石灰石分解成氧化钙和二氧化碳，并产生另一半二氧化碳排放。窑中烧出的"熟料"卵石加上石膏和其他材料，被磨制成水泥。水泥本质上是一种胶水，与水、沙子和砾石混合形

> 水泥生产的不同阶段均会释放二氧化碳。

成混凝土。对于19世纪的建筑业来说，这是一个成功的公式。拉法基逐步发展成为世界上最大的水泥制造商之一，并至今仍保持着这一地位，收入高达250亿美元。

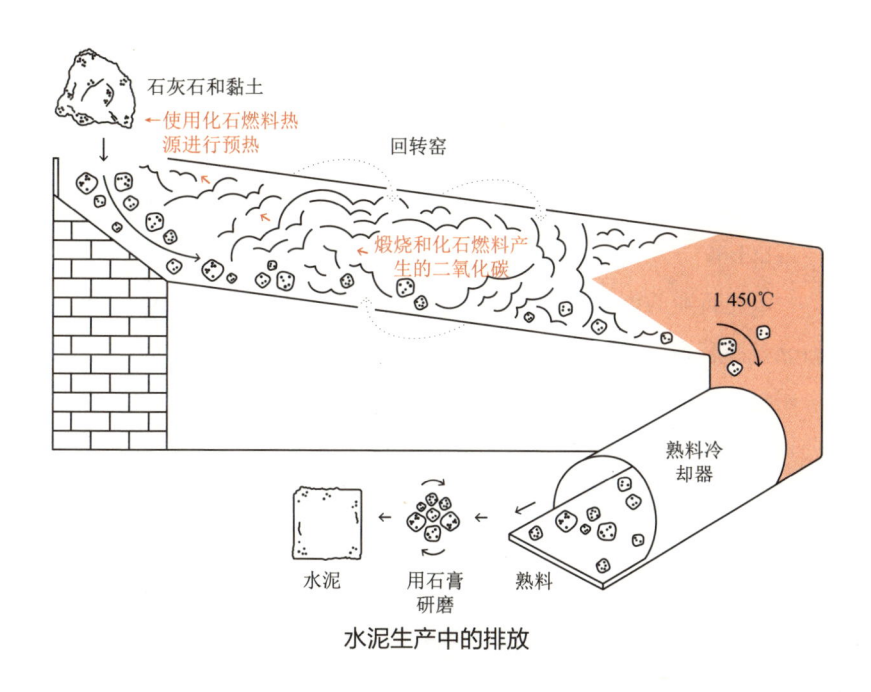

石灰石和黏土 → 使用化石燃料热源进行预热 → **回转窑** → 煅烧和化石燃料产生的二氧化碳 → 1 450℃ → **熟料冷却器** → **熟料** → 用石膏研磨 → **水泥**

水泥生产中的排放

每生产一吨混凝土，就会向大气中排放几乎相同量的二氧化碳。[31]除非做出根本性的变革，否则水泥行业的碳排放量（约占全球温室气体排放总量的5%）将随着经济增长而不断增加。要求彻底改变的压力越来越大。2019年，气候变化机构投资者集团（Institutional Investors Group on Climate Change）开始利用其管理的33万亿美元资金，迫使水泥行业在2050年实现净零排放。[32]该组织向包括拉法基豪瑞（LafargeHolcim）在内的四家大型欧洲水泥制造商发出了一封措辞强硬的公开信，敦促这些公司制定短期和长期排放目标。

拉法基的首席执行官扬·杰尼什（Jan Jenisch）表示："我们不会轻视这一挑战。"[33]他重申了该公司使用20%的可再生能源发电

第五章　净化工业

的承诺，并表示将加倍努力开发碳中和的水泥。关注气候变化的投资者对此并不买账，指出拉法基豪瑞的行动速度不够快，力度也远远不够。最终，在 2020 年 9 月，该公司终于承诺到 2050 年实现净零排放。[34]

埃里克·特鲁西维奇（Eric Trusiewicz）在水泥和混凝土行业工作了 10 年。扬·范多库姆（Jan Van Dokkum）在我们制定绿色投资战略时是凯鹏的一位运营合伙人。他们两人都是索里达（Solidia）的董事。索里达是一家年轻的公司，该公司开发出一种新的化学配方，使用这种配方的水泥在硬化过程中可以吸收二氧化碳。

水泥行业的创新需要围绕两个主要的排放点进行：加热所用的化石燃料和窑内的化学反应。在热能方面，有很多大有希望的方法，可以用电或清洁的氢来取代化石燃料。针对窑内的实际生产工艺，几家公司正在重新设计流程，以捕获石灰石中释放的二氧化碳。许多组织，比如扬和埃里克的公司索里达，正在努力改变水泥的原始配方，使用新的化学物质来改变混凝土的硬化方式。通过改变化学成分，索里达的混凝土在凝固时可以吸收二氧化碳。其他团体也正在测试新的材料和添加剂，这些材料和添加剂有助于使用更少的水泥来形成混凝土，从而减少排放。

正如埃里克所说，混凝土面临的问题是一个难题。要想使这些更清洁的新兴方法得到应用，大型跨国公司和创新创业公司需要合作。新建水泥厂的成本高达 4 亿美元，企业家和大学研究团队无法独自完成这项工作。

没人能够保证，我们一定会找到一种方法来消除水泥行业的所有排放。但是，我们的文明不会停止建设，因此我们必须继续努力寻找，而回报则是迈向净零排放目标的一大步。

埃里克·特鲁西维奇

  混凝土是所有文明的隐形基底材料。你想到的任何城市化、工业活动、能源生产、交通基础设施、建筑，都是以混凝土为基础的。

  混凝土是年产量 300 亿吨的魔法。取一些这种白色粉末，把它和你在周围找到的任何东西混合，你就能制成一块可以使用 50 年以上的石头。世界上 40% 的人只用一把铲子就可以做到这一点，另外 60% 的人使用工业化设备建造更大的房屋和其他建筑物。没有这个东西，任何形式的文明都是不可想象的。

混凝土是年产量 300 亿吨的魔法。

扬·范多库姆

水泥行业脱碳面临着巨大的挑战。今天，全球共有 20 多家公司生产了世界上绝大部分水泥。到目前为止，尚没有任何激励措施促使它们采用与二氧化碳减排相关的新技术。

对于生产水泥的公司来说，经济效益和环境保护之间基本是错位的。这些公司的碳足迹十分显著。水泥行业是一个竞争激烈的商品行业，利润极其微薄。因此，如果其他生产商不使用创新技术，企业将资金投入创新会成为一个巨大的挑战。创新一直被视作一种障碍，而非必需品。

我们需要针对水泥行业提出明确的治理要求。只有到那时，创新和变革才会成为他们的必要选择。

埃里克·特鲁西维奇

的确，这是一个难题。但是，通过现有工艺技术，已经可以实现 50% 或更多的减排。首先，可以通过设计将建筑物的混凝土用量减少一半。其次，你可以求助于二氧化碳减排解决方案，比如辅助胶凝材料和填料。这些替代品不像品牌混凝土那样光鲜，但它们很实用。挑战在于推广它们被广泛使用。

做出改变并不容易。新的混凝土技术带来了绿色溢价。虽然材料有时甚至更便宜,但其生产工艺因为需要技术专长和监管,往往成本更高。人们已经花了几十年的时间学会以现在这种特定方式建造建筑物。数亿工人,其中许多是低技能工人,在全世界的建筑工地工作。此外,还存在监管和公共安全问题。我们需要加强教育,了解如何有效和安全地使用这些新材料,以及如何设计出需要使用更少材料的建筑物。

政府可以制定激励性政策或法规要求加快变革的步伐。水泥和混凝土巨头们不应因为水泥业的二氧化碳排放量高这一事实而受到责备。如果政府和人民希望某个部门发生变化,他们就必须改变该部门的规则。这些公司之所以一直抵制变革,是因为迄今为止,抵制变革的成本更低。

随着形势的发展,现在这些大公司再忽视排放问题已经不再是成本更低的选择。他们看到了煤炭、石油和天然气行业正在发生的变革,自己并不希望被抛在后面,而是正在积极询问应如何创新。

扬·范多库姆

重担不应只压在政府的肩上。投资和金融界也可以向水泥行业施压,要求其采取治理行动。水泥行业需要感受到变革的压力。财务压力会影响股价、进入资本市场的机会和投资回报。股东压力是采纳新技术和新实践的最大驱动力。

埃里克·特鲁西维奇

我们应如何使行业实现净零排放?需要扩大现有创新的规模,并继续将可行技术推向市场。一种新的方法要想被行业接受,它所使用的原材料需要容易获得并且成本低廉。其最终产品需要简单易用,具有成本竞争力并且安全可靠。理想情况下,它还应使用现有的基础设施。这是一个很高的标准,不过在解决这个问题时,企业将大有可为。

的确,这是一个难题。

锻造美好未来

几个世纪以来，熟练的工匠已经可以锻造出超级强韧的金属。但直至19世纪80年代，一位出生于苏格兰的宾夕法尼亚州实业家安德鲁·卡内基的发现才真正改变了世界。他用极高的温度去除了粗铁中的杂质，制造出更坚硬和更耐用的产品。这种被称作钢的产品很快变得不可或缺。有了钢梁，建筑物可以凌空而起，远远超出了原来只能建造四五层楼高的限制，城市变得越来越高耸。汽车工业兴起后，钢板成为首选材料。

从气候角度看，钢铁制造业的问题在于其每年的碳排放量接近40亿吨，约占全球总量的7%。与水泥一样，钢铁生产需要接近2 000℃的超高温。这些高炉需要烧煤，因而增加了炼钢的碳污染。

减少钢铁制造的排放量绝非易事。这是一个复杂的、多步骤的过程，从重新加热半成品到将钢材轧制成薄板，每一步都需要化石燃料。一个不完整的解决方案是使用电流熔化回收的废钢，[35]美国近2/3的钢铁生产使用了这一工艺。但这种工艺在中国使用较少，而2020年，中国生产的钢占了全球18亿吨钢产量的一半以上。[36]

无排放钢生产必须满足三个标准。首先，熔炉必须使用零排放能源。其次，进入熔炉的铁要么不使用化石燃料生产，要么以废钢代替。最后，轧制前的加热步骤需要使用绿色氢气或其他清洁来源。

在绿色钢铁可行性解决方案大规模应用之前，需要对性能和成本进行实际测试。2020年，瑞典钢铁制造商奥瓦科（Ovako）与氢气生产商林德气体（Linde Gas）合作，在其位于霍夫斯的废钢冶炼厂安装了一套绿色氢气系统。项目负责人戈兰·尼斯特罗姆（Göran Nyström）表示，这标志着氢首次被用于轧钢厂里加热钢。[37]试验的成功使奥瓦科能够筹集所需资金将其所有工厂进行转型，从而使其钢生产全过程的碳足迹都大幅减少。

奥瓦科的成功证明，钢的生产过程可以使用无排放绿氢，而不会对钢材质量产生任何不良影响。不出意外的是，化石燃料行业做出了反击，尤其是液化天然气公司，因为后者担心这会让使用天然气生产的"蓝色"氢气面临竞争威胁。欧洲能源研究联盟（European Energy Research Alliance）主席尼尔斯·罗克（Nils Rokke）称，跳过使用液化天然气生产的氢气而完全使用绿色氢气是"荒谬的"，并辩称，"你需要两者并举"。[38]

尽管罗克的话不无道理，至少在过渡时期是这样，但是绿色精灵已经从瓶子里出来了。由瑞典几家钢铁制造商发起的 HYBRIT 联合体①希望更大规模地推广使用绿色氢气。2020年8月，联合体成员之一瑞典钢铁行业的龙头企业瑞典钢铁公司（SSAB）启用了首家大型绿氢钢厂。瑞典首相斯特凡·勒文热情洋溢地表示："我们正在进行钢铁制造业千年以来最大的技术转型。"[39]

瑞典政府实际上创建了一个 OKR。他们设定了一个明确的目标：到2040年瑞典钢铁业实现零碳排放。关键结果之一是在2024年前进行大规模生产水平测试，关键结果之二是进行更大范围的推广。正如瑞典钢铁公司首席执行官所言："我们必须抓住这个机遇。"[40]

正如我们所见，工业可能是脱碳努力中最复杂的领域。即便如此，新技术和新的商业模式在塑料、服装、水泥和钢铁行业均取得了显著进展。总的来说，它们具有减排80亿吨的潜力。如果你一直在计算，你就会知道，到现在为止，我们的大气层中还有100亿吨待减的排放量，我们在下一章中将重点讨论这个问题。

---

① HYBRIT 指"突破性氢能炼铁技术"（Hydrogen Breakthrough Ironmaking Technology），是由三家行业巨头瑞典钢铁公司、欧洲最大铁矿石生产商 LKAB 公司和欧洲最大电力生产商之一瑞典大瀑布电力公司合作开展的研发创新项目。——译者注

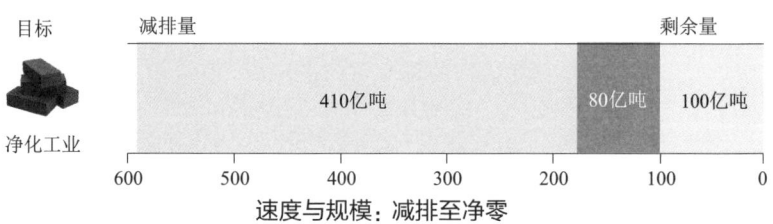

目标	减排量		剩余量
净化工业	410亿吨	80亿吨	100亿吨

| 600 | 500 | 400 | 300 | 200 | 100 | 0 |

速度与规模：减排至净零

速度与规模

钢铁制造业每年的二氧化碳排放量约为 30 亿吨

第五章 净化工业

第六章 清除碳

让我们想象一下，我们已经实现了前五章设定的目标：交通运输和电力已得到净化，农业得到转型，同时新的水泥和钢铁制造方法被发明出来。我们很可能在一些大目标上有所欠缺，在其他目标上的表现超出预期，假设最终的总体数字达到预期。即便如此，按照我们自己的计算，人类每年仍将排放100亿吨温室气体。

这一点让我夜不能寐。因此，我们有关清除二氧化碳的关键结果（KR 6.1和KR 6.2）绝对是极其关键的，我们必须想方设法，清除每年多出来的这100亿吨二氧化碳。否则，这不仅是我们计划的失败，也是整个人类的失败。

所以，现在的问题就变成：我们应该专注于减少排放，还是应该优先考虑消除排放？鉴于争取有限气候行动资金的竞争实在太过激烈，这不仅仅是一场学术辩论。我们的立场是：世界需要两者兼顾。这两种努力是相辅相成的。如果没有大规模的碳清除行动，到2040年，减排量需要每年翻一番，我们才能及时实现净零排放。在尚不存在清洁替代品的行业，这将成为我们无力承担的重负。

那么，究竟什么是二氧化碳清除（简称为碳清除）？它包含了一系列行动，旨在从大气中捕获二氧化碳分子，然后将其储存起来。[1] 二氧化碳可以嵌入工业产品或地下蓄水层、土壤、森林、岩石、海洋中。在实践中，碳清除包括工程解决方案和自然解决方案。前一种方法的一个主要

目标 6

清除碳

每年清除 100 亿吨二氧化碳。

KR 6.1	基于自然的碳清除	
	到 2025 年至少每年清除 10 亿吨二氧化碳,到 2030 年每年清除 30 亿吨,到 2040 年每年清除 50 亿吨。	
	↓ 50 亿吨	

KR 6.2	借助工程方式的碳清除	
	到 2030 年至少每年清除 10 亿吨二氧化碳,到 2040 年每年清除 30 亿吨,到 2050 年每年清除 50 亿吨。	
	↓ 50 亿吨	

例子是直接从空气吸收,即将二氧化碳从环境空气中分离并永久储存。基于自然的解决方案包括重新造林(在曾经树木繁茂的地方重新种植树木)、植树造林(鼓励新植树木)和农用林业(将乔木和灌木整合进农田)。

从大气中分离二氧化碳将是一项伟大的技术壮举。但它面临的一大阻碍使这个挑战极度困难(几乎令人望而却步),那就是这项工作的巨大规模。根据专门从事减排实践的环境智囊机构世界资源研究所的说法,我们尚未真正踏上每年清除数十亿吨碳的征途。

就目前情况而言,在我们的净零排放大目标中,每年清除100亿吨碳(约占全球总排放量的17%)的子目标相当大胆。摩根大通的迈克尔·塞姆巴利斯特(Michael Cembalest)曾经半调侃半认真地评论说,有关碳清除的学术论文数量之多,与现实生活中真正清除的碳量之低的巨大落差在科学史上无出其右。塞姆巴利斯特表示,在我们面临的所有艰巨任务中,工程化清除碳可能是"最难攻克的一关"。[2]

对此,我的看法是:到2050年,我们需要惊人的创新和智慧去清除数十亿吨碳。但我们别无选择,只能设法找到答案。

捕获碳的竞赛

我们的星球需要一系列碳清除方案。为了有机会在2050年之前将碳排放量降至净零,人类需要现在就开始资助所有碳清除方案,并不断扩大其规模。

无论是借助自然方式还是工程方式清除二氧化碳,面临的挑战都非常复杂。[3] 自然解决方案面临着一系列与标准、会计、验证和"额外性"相关的问题,所谓"额外性",是衡量碳清除是否在任何情况下都会发生的一个指标。虽然以可负担的价格进行森林相关投资的机会很多,但额外性的市场标准却让我们望而却步。此外,这些解决方案通常意味着争夺农业和发展所需的土地。最后,它们的持久性不确定,也引发疑虑。树木会被烧毁,富含碳的表层土可能被耕种。自然界储存的碳将被释放回空气中。

碳清除的多种可行方法

二氧化碳清除方法	说明
植树造林和重新造林	在新种植的森林中封存二氧化碳（植树造林），在退化或遭砍伐的森林地区重新种树（重新造林）。
改进森林管理	改变森林管理方法，增加碳储存量
生物炭	将生物质热降解产生的固体残渣掺入土壤中
生物能源与碳捕获和储存（BECCS）	将二氧化碳在生物质中固存，使其在能量转换时不会释放，而是被捕获和储存
建筑材料	混凝土养护，矿化碳材料与植物纤维的整合
碳矿化	天然或人工碱性矿物与二氧化碳反应并形成固体碳酸盐矿物，如方解石或菱镁矿
直接空气碳捕获和储存（DACCS）	用化学方法从环境空气中分离出二氧化碳，并将其永久储存
提升海洋的碱度	主要以矿物溶解或电化学方式增加海洋的碱度，从而增加海洋中储存的溶解无机碳
土壤固碳	通过调整土地管理，例如减少耕作或实行农用林业，提高土壤碳含量。
海岸带蓝碳	恢复生态系统（包括泥炭地和海岸），借助其中额外生长的生物质和土壤封存二氧化碳
海洋生物质管理和培育	在海洋生态系统中培育微藻或大型藻类，以增加水生生物质中的碳封存，和/或通过改善生物质的管理或利用来提高封存碳的耐久性

改编自 CDR Primer 的信息和可视化资料。

借助工程方式清除碳的解决方案具备长达千年或更长时间的耐久性。但这种方法也面临一些问题。

数量：正如世界资源研究所的凯利·莱文（Kelly Levin）所指出

的那样，我们寄希望于"前所未有且可超大规模扩展的技术"。尽管直接空气捕获技术前景看好，但迄今为止，该技术在全球范围内仅封存了 2 500 吨碳，仅是目标的 1% 的一个零头。

如果我们寄望于工程解决方案来将剩余的 100 亿吨碳排放量清除一半，那么当前的技术恐怕难当大任。==人类需要的，是一块和佛罗里达州一样大的太阳能电池板。==整个过程将消耗全球能源总量的近 7%，比墨西哥、英国、法国和巴西的能源消耗加起来还要多。[4] ==把这么多的二氧化碳泵入地下，相当于让整个石油工业反向运转。==如果碳清除技术能够真正满足我们的需要，它们必须变得更加高效。

成本：现有的工程碳清除模式几乎不足以经济地实现大规模碳捕获和碳储存。市场刚刚形成。目前直接空气捕获的价格大概为每吨 600 美元，[5] 相当于每 10 亿吨 6 000 亿美元。这意味着每年清除 50 亿吨碳将耗费 3 万亿美元。

正是基于这个原因，我们将这一关键结果与本书第二部分中"创新！"一章的碳清除关键结果（KR 9.4）联系起来。随着未来的技术突破和规模经济的发展，到 2030 年，工程碳清除的商业价格可能降至每吨 100 美元，到 2040 年达到每吨 50 美元，相较于目前的成本下降了 95%。

公平：正如政府间气候变化专门委员会所指出的，我们通往低碳、适应气候变化的未来之路"充满了道德、现实和政治上的困难，以及不可避免的权衡取舍"。[6] 在受致命空气污染困扰的社区，除碳不能代替减排。即使美国的一家以煤为燃料的钢铁厂向冰岛的一家碳捕获公司支付了碳清除补偿费用，这家工厂仍在损害当地居民。

碳补偿效果如何？

在我们着手进行碳清除之前，必须首先搞明白如何实现目标、由谁来实现。补偿计划使公司或个人可以通过为减少或清除碳排放的行动付费，从理论上抵消其自身的排放。[7]

在气候行动领域，补偿是一个饱受批评但得到广泛使用的术语。==在最糟糕的情况下，补偿只是一种漂绿行为==，即免除公司或个人不良行为责任的方式。虽然高质量的补偿可能会对气候产生积极影响，但它们容易被高估甚至成为一种欺诈。[8] 通常，它们被用来为绿色解决方案提供资金，而这些解决方案即使没有补偿金也会被部署。我们不能借助漂绿来解决气候危机。我们的碳预算太少，而留给人类的时间也不多了。

普罗特拉的总裁，达美航空前首席可持续发展官加雷思·乔伊斯（Gareth Joyce）认为，我们需要一种新的碳清除信用货币。理想的系统将奖励对未来技术解决方案的投资，同时保证资金流向现在使用的基于自然的方法。

在选择一个碳补偿项目之前，请先问自己以下两个问题：

我们是否已尽一切可能针对我们的运营、供应链和产品使用方式脱碳？

我们是否已经尽可能地优化了全部效能？

如果上述两个问题的答案都是肯定的，那么补偿可能是一个值得一试的临时解决方案，前提是它们是：

附加的

可证实的

可量化的

耐久的

对社会有益的

我们的速度与规模计划要求各国和各家公司首先处理好自己的事

情，通过避免污染和提高能源效率来减少排放。只有先做到这一点，我们才能转向碳补偿，不是将其作为会计策略或公关策略，而是作为真正帮助我们治愈地球的努力。正如世界资源研究所的凯利·莱文所说，当你处于危险边缘时，"你需要竭尽全力"。

我们应该种一万亿棵树吗？

种植更多的树木是一种从空气中提取碳的合情合理并且成本低廉的方法，这种方法需要系统地推进。没错，树木确实是吸收二氧化碳和结束全球变暖反馈回路的最佳自然机制。种植一万亿棵树的提议引起了相当大的轰动。但这些吸引眼球的活动往往回避了植树造林难以回答的问题：一棵树到底能吸收多少碳，能吸收多长时间？植树会对当地的生态系统和经济造成怎样的影响？一万亿棵树需要多少土地？

要大规模地推广植树造林，需要事先深谋远虑、仔细规划和严格监管。最成功的重新造林是在树木能够繁茂生长之地种植本地树种或是与当地生态系统有互补性的树种。为了恢复和扩大碳汇，满足有关森林的关键结果（KR 4.2），我们需要种植能够一直活到2050年乃至以后的树木，帮助我们度过危机。

我们还需要考虑土地需求。如果完全依靠树木，仅仅清除由美国人造成的排放就需要占用全球一半的土地。[9]这并不是说植树没有用，而是恰恰相反。但与所有其他碳清除方案一样，大家要记住，它不是包治百病的万能解药。植树造林是一项重要的战略，仅次于制止无节制的森林砍伐和失控的排放。

随着从中国到埃塞俄比亚等国的努力，植树运动正在兴起。[10]而在铺天盖地的美好意愿之下，更重要的是不应把重点放在随意设定的目标上，而应放在持久的影响上。

从稀薄的空气里捕获碳

2009年，克里斯托夫·格博尔德（Christoph Gebald）和扬·伍尔兹巴赫（Jan Wurzbacher）在瑞士攻读工程学研究生时，创立了一家名为Climeworks的公司，专注于直接空气捕获。8年后，他们建造了一个由18个巨大的扇形单元组成的装置，[11]可以过滤出空气中的二氧化碳。在首次展示后，邻近的一家温室购买了这些二氧化碳作为刺激其水果和蔬菜生长的肥料。作为一项副业，Climeworks将捕获的二氧化碳泵入罐中，将其出售给当地一家灌装厂，用来生产可口可乐碳酸饮料。

这些早期的交易是通向更大商业行为的桥梁。Climeworks与冰岛公用事业公司雷克雅未克能源公司（Reykjavík Energy）合作，建造了一个试验性屋顶设施，以每吨1 000美元的价格每年捕获50吨二氧化碳，这是一项重要的机械碳清除概念验证测试。测试的下一步是建造一个每年捕获4 000吨二氧化碳的工厂。[12]Climeworks不会出售这些捕获的碳，而是将其混合到地热热水中，注入地下蓄水层。两年后，一个渐进的化学反应将产生一种固体矿物——碳酸钙。过去的排放物将被永远封存在岩石中。

加拿大不列颠哥伦比亚省的一家初创公司Carbon Engineering计划以更大的规模部署类似的技术。在比尔·盖茨和雪佛龙公司的支持下，该公司正在建设据称将是世界上最大的直接空气捕获工厂，有能力每年清除100万吨二氧化碳。[13]

直接空气捕获不是实现目标的唯一方法。2018年，一群航空工程师在旧金山成立了一家名为Charm Industrial的创业公司。公司创始人兼首席执行官彼得·莱因哈特（Peter Reinhardt）表示："我们在整整一年中利用每个星期六的时间寻找一种经济的方法来封存二氧化碳。"他们决定采用一种被称为"快速热解"的方法，即通过快速燃烧，利用高温将植物材料分解成液体燃料。曾经是碳排放源的农业废弃物变成了一种"生物油"，被泵入旧油井。莱因哈特

说：“它不再是气体，所以会下沉并留在地下。碳不会再升上来了。”Charm 已经可以以每吨 600 美元的价格封存二氧化碳，并已经有小幅盈利。

这些潜在的解决方案将依赖于政府对碳设定的价格，进而根据这一价格对每吨被封存的碳付费。到 2030 年，如果工程清除成本像我们相信的那样下降，每吨 100 美元的碳价格可以抵消整个捕获过程的

瑞士初创企业 Climeworks 是直接空气捕获领域的先驱

成本。此外，这将刺激更大的市场，并有助于降低绿色溢价。例如，捕获的二氧化碳可用于制造水泥，或用作喷气燃料。清除信用可以出售给某家公司，用来抵消其在其他领域的排放。Climeworks 首席执行官扬·伍尔兹巴赫对《纽约时报》表示："我们不仅仅是在创建一家公司，我们正在创建一个新的行业。"[14]

加速扩大碳清除市场

如果产品没有市场，你就无法创建一个新的行业。碳清除面临的实际问题是缺乏实实在在的激励措施让人们来为此买单。为什么有人会花 600 美元（或者即使是 300 美元）来清除空气中的一吨碳？这个价格相当可观，而相对于我们通过工程方式消除 50 亿吨碳的目标，这一吨仅仅是首个 10 亿吨的十亿分之一。哪怕你大笔一挥，豪买 100 万吨，背上 5 亿美元的一个大包袱，你仍然需要有 1 000 个同道中人来做同样的事情，才能在一年内清除 10 亿吨碳。

此时，Stripe 公司横空出世。这是一家互联网支付处理公司，2009 年在加州帕洛阿尔托成立。公司的创始人帕特里克·科利森（Patrick Collison）在到达拥有投票权的年龄之前就已经在软件领域颇有建树。16 岁时，帕特里克因开发出人工智能编程语言 Croma 而赢得爱尔兰 BT 青年科学家竞赛。后来他进入麻省理工学院学习，但很快便辍学，与弟弟约翰一起创办了 Stripe 公司。如今，该公司为亚马逊、DoorDash、Salesforce、Shopify、优步和 Zoom 等公司提供金融服务。这个曾经微不足道的家族企业现在已经价值 950 亿美元。Stripe 基于云的软件服务业务遍布 120 个国家，其独特的定位是建立大规模的碳清除市场。2020 年 10 月，在南·兰索霍夫（Nan Ransohoff）的领导下，它推出了 Stripe Climate，这项服务使得任何企业都可以轻松地将其收入的一小部分用于碳清除事业。截至 2021 年 6 月，已经有 2 000 多家企业通过 Stripe Climate 以平均每吨超过 500 美元的价格购买了碳清除服务。[15]

南·兰索霍夫

Stripe 在 2019 年下半年开始涉足碳清除领域,当时,我们承诺每年至少支付 100 万美元用于直接从大气中清除二氧化碳并将其永久储存(对每吨的价格不做限制)。

这个承诺在很大程度上源于 2018 年政府间气候变化专门委员会报告的一项重要结论:除了减排,碳清除也可以发挥至关重要的作用,以减轻气候变化最糟糕的影响。

虽然现在已经有了一些解决方案,比如植树造林和土壤固碳,但仅靠这些解决方案,不太可能让我们成功实现目标。

Stripe 致力于填补这一空白。在实践中,这意味着我们会从初创公司那里购买碳清除,通常是作为它们的第一个客户。我们的做法是基于下面的理论,即早期客户可以帮助有前途的新兴公司加速成本曲线下降和产量曲线上升。这不是一个新的想法。制造学习曲线的经验已经一再表明,部署和规模可以带来改进,在 DNA 测序、硬盘容量和太阳能电池板行业都可以看到这一现象。

2020 年春天,公司将理论付诸实践,进行了首次碳清除采购。我们的声明引发了两个反馈。首先,碳清除社区对此做出了令人惊讶的积极反应,充分表明这一领域对资本是多么渴求。其次,我们收到了许多 Stripe 用户主动发来的信息,他们分享说也想做出自己的气候承诺，但发现不知道从哪里开始，更不用说制定自己的项目评估标准了。

这两个发现促使我们推出了 Stripe Climate，这项服务使得任何企业都可以轻松地将其收入的一小部分用于资助前沿性的碳清除业务。

没有哪一家企业能够以一己之力创造足够的需求，扩大碳清除市场的规模。但是，在 Stripe 平台上运行的数百万家企业共同努力，可以帮助这个新兴行业萌芽和持续发展。我们的目标是通过汇集需求，为碳清除事业创造一个巨大的市场。如果成功，这一市场将加快低成本、永久性碳清除技术的普及，从而帮助世界拥有更多可以选择的解决方案，以避免气候变化最具灾难性的影响。

**我们的目标是
通过汇集需求，
为碳清除事业
创造一个巨大的市场。**

随着越来越多的客户适时出现并自愿购买，碳清除公司得以扩大业务规模并降低价格。下一步将是审核实际捕获的碳量，并为耐久性制定溢价。

微软是这一领域的领跑者之一，它最近做出了前所未有的承诺：到 2030 年，微软将实现碳负排放。[16] 这家科技巨头承诺，其整体运营（外加供应链）将清除超出其排放量的碳。到 2050 年，微软的目标是清除追溯到 1975 年的所有排放，在那一年，比尔·盖茨从哈佛大学辍学，与保罗·艾伦共同创立了微软公司。

微软的承诺附加了一笔 10 亿美元的投资，用于加速推进正在进行的碳清除项目并扩大其规模。正如微软的团队领导所写的，"这是我们这些有资金实力，能够走得更快、更远的人应该做的"。本着 OKR 的追踪精神，他们承诺每年发布一份可持续发展报告，以"详述我们的碳影响和减排历程"。

微软发布了一份征集提案书，从 40 个国家征求到 189 个创意。15 项获奖提案总共将清除 130 万吨碳，是迄今为止全世界直接空气捕获量的 500 多倍。Climeworks 和 Charm 都进入了最终一轮。

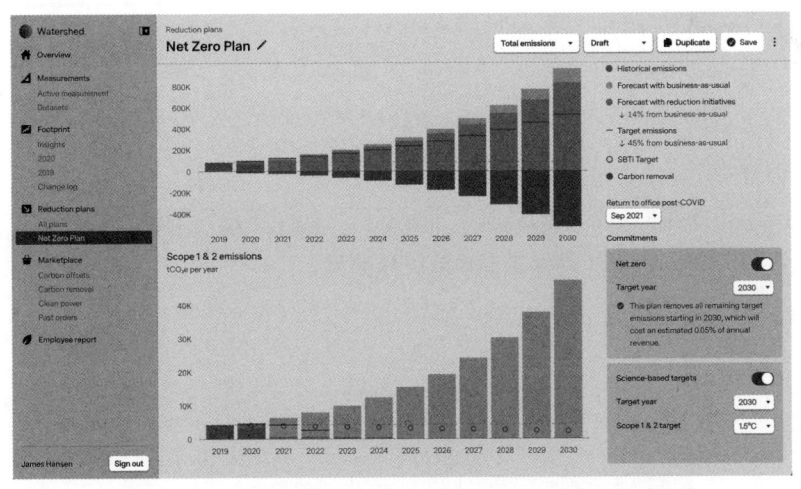

Watershed 的碳核算平台可以帮助企业追踪并减少其排放

当然，在微软选出的第一批碳清除项目中，99%都是基于自然的解决方案，主要是森林和土壤项目，其耐久性不超过100年。[17] 微软计划每年创造更大和更广泛的解决方案组合。随着时间的推移，它预计耐久性更长的工程化解决方案会在其碳清除工作中占据越来越高的比例。

寻找每个组织的净零排放路径

令任何一家公司达到净零排放都是一项艰巨的工作。这意味着找到办法彻底减少现有的排放，最大限度地提高能源效率，衡量远距离供应链的进展，并计算需要多少补偿来抵消剩余的碳。同样重要的是，有意义的净零排放努力需要像公司财务报告那样，以严格和透明的方式向投资者汇报结果。

20年前，我和红杉资本的朋友迈克·莫里茨（Mike Moritz）联手，支持拉里·佩奇和谢尔盖·布林创办了谷歌。今年，我们再次联手支持了来自Stripe的三位创业者，克里斯蒂安·安德森（Christian Anderson）、阿维·伊茨科维奇（Avi Itskovich）和泰勒·弗兰西斯（Taylor Francis），他们联合创办了Watershed（分水岭）。我们都认同下面的观点，即推动碳减排的软件平台必将成为净零排放奋斗中的分水岭。

正如我们从泰勒的经验中所看到的，如果不进行测量，你就无法进行管理，更重要的是改变也就无从谈起。

泰勒·弗兰西斯

我记得八年级结束的那个夏天，我观看了《难以忽视的真相》。走出电影院时，我满心惊恐，但也被深深触动，跃跃欲试。这场气候危机感觉像是一个跨越几代人的挑战，将会在我和我的朋友们长大成人的过程中一直影响我们。如果现在就开始行动，我们应该可以解决一些问题。

我想尽己所能做些什么。于是莽撞地直接给阿尔·戈尔的办公室发送电子邮件，直到有人回信说，他们正在培训志愿者，制作戈尔幻灯片的本地版本。我前往纳什维尔接受培训。（当时我才14岁，所以我妈妈不得不一同前往帮我在旅馆订房。）在接下来的四年里，我四处奔走，从加州到中国，前往不同的高中谈论气候变化。我告诉学生们，我们需要向父母施压，迫使他们采取行动，这样我们这代人才能在一个没有气候灾难的世界中长大。

但我一直苦苦寻找，希望不仅能够大声疾呼，而且能切实做些什么，真正改变碳排放量。所以我暂时把气候问题放在一旁，来到Stripe工作。在这里，我学到了很多关于构建软件产品的知识。

2019年，我感到时机已经成熟，可以回过头来继续为气候而战了。于是我与克里斯蒂安·安德森和阿维·伊茨科维奇合作，共同创办了一家公司，其使命是每年直接清除至少5亿吨二氧化碳。克里斯蒂安曾经发起了Stripe的气候计划，而我们看到，现有的企业气候计划极不充分。公司会花好几个月的时间整理 PDF 格式的碳足迹报告，这些报告在发布之时已经过时了。

他们购买廉价的碳补偿，但这些项目实际上并没有从大气中去除碳。这就是我们灵光一现的时刻：脱碳要想成为一项经济范围内的努力，那么它需要能够应对挑战的软件工具。

这正是我们在 Watershed 所构建的：帮助公司测量、减少、清除和报告其碳排放的工具。你可以把它看作一个实现真正净零排放的平台。我们希望企业能够将碳的计算融入日常决策。

我们知道这是可能实现的。苹果、谷歌、微软、巴塔哥尼亚，甚至沃尔玛等领先企业都发现，它们可以在业务增长的同时大幅减排。这对它们的经营业绩也有好处。

一大批公司现在正在使用 Watershed 来管理碳排放，就像它们管理业务的其他部分一样。Square 在采购硬件时寻找低碳材料，并推动区块链矿工使用清洁能源。Sweetgreen 在计算卡路里的同时，通过计算每种食物的碳影响来设计菜单。爱彼迎、Shopify 和 DoorDash 有机会以零碳方式重塑酒店、电子商务和物流。

这一切都是为了拉低碳排放曲线。全球总排放量是数十亿商业决策一起导致的，这些决策涉及如何为建筑物供电，如何制造产品并提供给客户。只有每家企业都将碳纳入这些业务决策，我们才能实现净零排放的目标。

只有每家企业都将碳纳入其业务决策，我们才能实现净零排放的目标。

从使人警醒到鼓舞人心

在本书的前六章中,我们试图传达我们对所面临挑战的规模的认识,这六大要素共同作用,将推动碳排放的时钟倒转。假如你感到有点沮丧,我一点也不惊讶,因为我经常有同样的感觉。气候变化是从生物学到物理学、从政府到商业的巨大连锁力量的产物。这个问题非常复杂,充分理解它都很困难,更不用说解决它了。我们只有做大量努力,才能赢得一个可靠的机会躲过气候灾难,而留给我们的时间实在是太少了。最重要的是,风险非常非常高。

不过,成功的回报也很高。一旦我们走上了净零排放之旅,就能享受额外的收益。一旦我们成功地减少和清除了碳排放,我们将恢复大自然的疗愈能力。我们将帮助地球吸收更多的碳,实现最终的良性循环。

像我们的OKR一样,本书也分为两部分。我已经分享了我们需要采取什么行动,以便在气候危机笼罩我们之前解决它。这是最困难和令人警醒的部分。现在,让我们谈谈如何在2050年这一最后期限到来前实现这一目标。我们将研究四种可以创造奇迹的利器。我称之为**促进机制:政策、运动、创新和投资。**

我并不认为本书的第二部分是所谓"简单"的部分。对我来说,这是更令人振奋的部分,是鼓舞人心的部分。虽然我不指望仅凭美好的愿望就能让我们渡过难关,但第二部分确实是更充满希望的部分。这是在我们的社区、政府、公司和非营利组织内部可能发生的事情,我们可以在这些领域施加一些控制措施。

归根结底,是我们让自己陷入了当前的困境。因此,也只有我们——带着人类所共有的弱点,也带着我们共有的智慧——能够帮助自己摆脱困境。下面,就让我们认真思考如何做到这一点吧。

目标

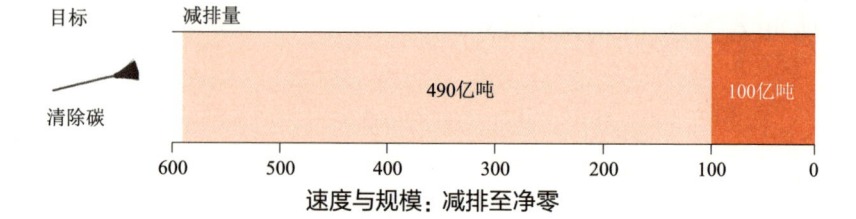

清除碳

减排量

490亿吨　　100亿吨

600　500　400　300　200　100　0

速度与规模：减排至净零

第二部分

加速转型

第七章　赢得公共政策支持

2009年1月，在加州为气候问题奋力斗争两年之后，我踏上了一个更大的舞台。我举起右手，在美国参议院气候变化和能源政策听证会上做证。在我家乡州的参议员芭芭拉·博克瑟（Barbara Boxer）主持的一个委员会面前，我警告说，美国面临在太阳能、风能和先进电池技术方面落后的危险。[1] 我还说，如果我们能够更好地为美国企业家提供资金，就能促成关键解决方案的出现，尽管其中一些人注定会失败。我认为，为温室气体排放定价（即碳价格）是一项凌驾于其他一切之上的政策，也是最重要的政策。除了鼓励减排，碳价格还将在可再生能源和化石燃料之间创造公平的竞争环境。它可以改变一切。

"请原谅我的直言不讳，"我对参议员们说，"但迄今为止我们所做的还不够。我们必须现在就行动起来，而且既要有速度，也要有规模。"

我是经过字斟句酌的。如果想要开始扭转一个多世纪以来对气候的破坏，人类就需要更快速地做出努力并让其规模得以指数级扩大。作为一个创新能力无与伦比的国家，美国需要带头遏制全球变暖。作为对这一困境负有最大责任的国家，我们必须比其他国家做更多的事情来解决它。

如果一定要确定一个气候变化被广泛认定为人类的致命威胁的时间点，那就应该是1992年里约热内卢的联合国环境与发展会议，也就是众

所周知的地球峰会。² 来自 179 个国家的科学家、外交官和政策制定者（其中包括 117 位国家元首）在那一年的 6 月召开了一个为期 12 天的会议。这些杰出的领袖集思广益，开始致力于寻求办法来拯救我们的星球。³

这次峰会的议程涵盖了一系列重要议题，包括濒临灭绝的热带雨林、迫在眉睫的水资源短缺问题、令人窒息的城市扩张，以及从含铅汽油到核废料等无处不在的毒素。但有一个话题超越了其他话题，那就是证明大气中二氧化碳和其他温室气体急剧增加的科学依据，以及它们与气候变化的联系，这个问题迫切需要回应。

地球峰会吹响了可持续发展的号角，呼吁进一步保护我们的生态系统。代表们通过了一项雄心勃勃的计划，每年的预算高达 6 000 亿美元。这个时刻增强了人们对一个新兴政治问题的认识，并让人们逐渐熟悉了一个不祥之词：全球变暖。

然而，峰会从一开始就进行得磕磕绊绊。曾经发誓要成为"环保总统"的乔治·布什即将面临连任竞选，因而不愿冒犯化石燃料行业。如果公约设定具体的排放量目标，布什威胁说，他将抵制该公约，因为这会对美国经济构成潜在危害。⁴ 最后，美国与其他 153 个国家共同签署了一项协议，但这份协议远远满足不了我们的需要，而这种做法又为后来的几十年开了一个不好的先例。==国际气候协定将一次又一次地让步于美国政治和化石燃料行业的利益需要，一次又一次地遭到淡化。==

两年后的 1994 年，《联合国气候变化框架公约》呼吁富裕国家减少排放，同时对贫穷国家保护自然资源的行为提供补贴。地缘政治权衡的结果无法令人满意。《华盛顿邮报》指出："富国和穷国在里约热内卢无休止地争论谁应该为各种环境保护行动买单，然而最终，世界各国同意搁置这些问题，留待在未来的联合国会议上继续讨论……人们希望随着时间的推移，持久的解决办法能够自然浮现。"⁵

1997 年的《京都议定书》是第一个明确规定温室气体减排目标的国际公约，签署国对此抱以厚望。但美国参议院投票阻止批准该公约。⁶ 气候行动停滞了近 20 年，直到 2015 年才有了突破性的《巴黎协定》，奥巴马总统签署行政命令，美国加入了该协定。190 多个国家呼吁，相较于工业化前，将全球平均升温幅度限制在"远低于"2℃的范围内，并将"持续努力"，将升温幅度限制在1.5℃之内，"认识到这将大大降低气候变化的风险和影响"。[7]这一次，谈判者没有设定具有约束力的目标和时间表，但他们的新策略展现了更大的雄心。这是第一次世界上每个国家都做出承诺（至少是白纸黑字），将为控制排放的共同目标而努力，并承诺在未来加大行动力度。

一年后，新当选的美国总统唐纳德·特朗普发誓要让美国退出该协议。四年后，拜登总统又让美国重新加入《巴黎协定》。撇开党派纷争不谈，我们还必须认清一个残酷的事实：在我们为及时消除温室气体排放而进行的生死攸关的战斗中，《巴黎协定》虽然迈出了重要的第一步，但协议本身并不能使我们实现目标。正如美国气候特使约翰·克里所指出的，"即使履行了我们在巴黎所列出的一切行动承诺，气温仍然会上升3.7℃。这是灾难性的。然而，我们并没有做到我们在巴黎所要求的一切，所以我们正……朝着4.1℃或4.5℃的升温幅度——一个环境末日的未来前进。"[8]

《巴黎协定》的主要缔造者克里斯蒂安娜·菲格雷斯（Christiana Figueres）强调，该协定设计的框架允许各国制订自己的减排计划，并使各国随着时间的推移更加雄心勃勃地朝着2050年的净零排放目标前进。菲格雷斯指出，各国最初的承诺只是长期持续改进过程的"起点"。以巴黎为基础，各国政府必须每五年召开一次会议，报告行动进展，并明确下一步的集体减排行动。菲格雷斯表示，在未来30年里，随着脱碳行动不断取得进展以及"不断增长的雄心壮志，我们将在2050年实现净零排放"。

人类需要的政策

我们一如既往的目标是雄心勃勃地设计目标和关键结果，即OKR。在第一部分中，我们设定了减少温室气体排放的量化目标。现

在，在本书的第二部分中，我们将讨论加速向净零排放转型必不可少的手段：首先是政策和政治支持，也包括社会运动、创新和投资。

未来的一系列全球政策行动必须推动全球加速向净零排放转型，同时透明和精确地指出每个国家应如何应对这一挑战。这是一个前所未有的威胁，也是一个前所未有的机遇。随着美国的重新加入，我们

《巴黎协定》为各国制定更为雄心勃勃的减排目标提供了一个框架

对气候行动达成了有史以来最广泛的全球共识。2021年4月，拜登总统在世界地球日发起召开了有40位领导人参加的线上气候峰会。

在政策领域，必须清楚如何才能获胜。但对于政策本身而言，要害之处又在哪里？与任何一套目标一样，我们必须专注于那些基本目标。我们把几十种可能性加以提炼，形成最重要的几种。

目标 7
赢得公共政策支持

（我们将按国别追踪全球排放量最高的五个国家对这个目标的实施情况。）

KR 7.1	承诺	各国都做出国家承诺，到 2050 年实现净零排放，到 2030 年至少实现一半。*
KR 7.1.1	电力	针对电力行业制定要求，到 2025 年减排 50%，到 2030 年减排 80%，到 2035 年减排 90%，到 2040 年减排 100%。
KR 7.1.2	交通运输	到 2035 年，所有新的小客车、大客车和卡车实现脱碳；到 2030 年，货运船舶实现脱碳；到 2045 年，半挂卡车实现脱碳；到 2040 年，40% 的航班实现碳中和。
KR 7.1.3	建筑	到 2025 年，针对新建住宅执行零排放建筑标准；到 2030 年，针对新建商业建筑执行零排放标准，同时禁止销售非电气设备。
KR 7.1.4	工业	到 2040 年，工业生产中使用的化石燃料至少减少一半；到 2050 年，完全淘汰工业生产中使用的化石燃料。
KR 7.1.5	碳标签	要求给所有商品贴上碳排放足迹标签。
KR 7.1.6	泄漏	控制燃烧，禁止放空，并强制要求立即防止甲烷泄漏。
KR 7.2	补贴	停止对化石燃料公司和有害农业行为的直接与间接补贴。
KR 7.3	碳价格	各国的温室气体价格至少达到每吨 55 美元，并且每年上涨 5%。
KR 7.4	全球禁令	禁止将氢氟碳化物（HFC）用作制冷剂，禁止将一次性塑料用于所有非医疗用途。
KR 7.5	政府研发	将用于研发的公共投资（至少）增加 1 倍；在美国，将这一投资增加为现有投资额的 5 倍。

* 这是发达国家的时间表。对于发展中国家来说，达成这一关键结果预计需要更长的时间（5~10 年）。

有关承诺的关键结果（KR 7.1）要求各国坚定地承诺，到2050年实现净零排放，制定雄心勃勃的2030年减排目标，以及与目标相一致且可在内部得到有力执行的行动计划。

有关电力的关键结果（KR7.1.1）追踪各国有关零排放电力的目标。这些目标不断提高：到2025年达到50%，到2030年达到80%，从而传递出强有力的市场信号，促使公用事业公司按时完成转型。它们还引导政府投资清洁能源的关键基础设施。

有关交通运输的关键结果（KR7.1.2）衡量国家对购买电动汽车提供的激励措施。税收抵免和退税在美国、亚洲和欧洲都很流行。即使电动汽车在使用时比燃油型汽车更经济，我们还是需要这些"优惠"政策，以抵消较高的初始购买价格。

关于增加电动汽车里程和逐步减少燃油车里程的想法并不缺乏。在挪威，政府免除了电动汽车的进口税，并为车主提供税收减免以及公路通行费用和公共停车场收费折扣。在美国，2009年曾短暂推行过一项"旧车换现金"的置换计划，显示了给予车主现金激励以激发其淘汰旧车的潜力。国家汽车里程标准是提高燃油效率的可靠工具。提高税收抵免上限可以进一步鼓励人们购买电动汽车。我们只需要一些明智的政策和政治意愿来为这些举措提供资金，便有望在全球范围实现上路车辆的全电动化。

关于建筑的关键结果（KR 7.1.3）要求，到2025年所有新建住宅建筑达到零排放标准，到2030年所有新建商业建筑达到零排放标准。这意味着所有的取暖和烹饪设施都要从燃油炉和燃气炉转为电炉。此外，它还为新建筑和现有建筑设定了效率目标。加州的绿色建筑规范可成为全球典范，自20世纪70年代以来，这个规范已经帮助加州居民节省了1 000多亿美元。[9] 加州每户家庭的平均年度电费比得克萨斯州低了700美元。[10] 这是如何实现的？这要得益于房屋隔热和电器标准、改进的建筑设计和更高效的灯泡。最重要的是，加州的规范要求随着时间的推移不断升级。

关于工业的关键结果（KR7.1.4）规定，到2040年，至少在工业生产过程中淘汰一半化石燃料，到 2050 年将其全部淘汰。

关于碳标签的关键结果（KR 7.1.5）建议在所有消费品上贴碳排放标签，包括食品、家具和服装。其目的是通过披露所有产品的碳足迹，让购物者能够选购更低排放的商品。

有关泄漏的关键结果（KR 7.1.6）规定，各国应通过控制燃烧、禁止放空以及要求及时修复石油和天然气钻井现场泄漏的法规。由于监管和执法不力，这些"无组织排放"（主要是甲烷）[11] 释放了超过 20 亿吨二氧化碳当量。甲烷是一种"短期气候因子"，它比二氧化碳在大气中停留的时间要短得多，但在短期内会导致更大幅度的升温。甲烷污染是可以预防的，但每个国家还是要正视甲烷污染这一紧迫威胁。

有关补贴的关键结果（KR 7.2）旨在消除事实上资助碳排放的政府补贴，并将资金重新用于能源效率和我们的清洁能源转型。化石燃料行业每年获得 2 960 亿美元的直接补贴和 5.2 万亿美元的间接补贴，将近占全球 GDP 的 6.5%。[12]（5.2 万亿美元包括附带费用，如空气污染造成的医疗费用。[13]）此外，仅美国一国就花费了 810 亿美元的军事和安全支出用于保护油气场所和全球运输路线。[14] 这一关键成果还将终结对高排放农业实践的补贴，取而代之的是对再生农业和其他气候友好措施进行激励。

有关碳价格的关键结果（KR 7.3）要求针对温室气体排放收取费用。尽管各国的实施情况各不相同，但基本理念很简单：必须要对温室气体污染设定一个价格，要针对二氧化碳、甲烷和其他导致气候变暖的气体排放处以越来越高的罚款。碳价格将使化石燃料能源更加昂贵，竞争力降低，从而减少其使用。这将向市场发出一个强烈的信号，促使人们加快采用更清洁、更高效的替代品。

有关全球禁令的关键结果（KR 7.4）要求各国普遍通过《〈蒙特利尔议定书〉基加利修正案》。这项国际条约禁止使用所有氢氟碳化物，这是一种吸热制冷剂，其吸收热量的效力是二氧化碳的数千倍。120 多个国家已经批准了逐步淘汰氢氟碳化物的《〈蒙特利尔议定书〉

基加利修正案》，但截至本书撰写之时，三大排放国尚未加入其中，即中国①、美国和印度。拜登总统就职后不久向美国参议院提交了修正案，预计该修正案将在参议院获得批准。此外，美国环保署正在制定一项限制温室气体制冷剂的规定。这一关键结果还建议全球禁止一次性塑料用于非医疗用途，包括快速淘汰塑料购物袋和一次性饮料容器。

有关政府研发的关键结果（KR 7.5）资助突破性技术的发现，以降低采用清洁技术的成本。它要求全球政府将对能源研发的赞助金额增加一倍，美国的相关费用将至少增加为现有金额的五倍，达到每年 400 亿美元。新增资金将用于基础和应用研究，包括早期试验。即使是小额的政府补助也能对清洁技术初创公司产生巨大影响。这些资金投入还可以为一个国家未来的经济带来巨大的红利。

《巴黎协定》的深远影响

在克里斯蒂安娜·菲格雷斯倡导完成《巴黎协定》五年多后，我请她谈谈即将于 2021 年 11 月在格拉斯哥召开的联合国气候大会。她说，她希望会议能够在《巴黎协定》的基础上，要求各国在 2030 年之前提交第二套减排计划。她还希望格拉斯哥会议的代表们能就全球碳价格达成一致，以向净零排放目标迈进一大步。

---

① 中国于 2021 年 6 月正式接受了《〈蒙特利尔议定书〉基加利修正案》，并于 2021 年 9 月 15 日生效。——译者注

克里斯蒂安娜·菲格雷斯

2015 年《巴黎协定》是第一个获得一致通过且具有法律约束力的条约；《联合国气候变化框架公约》全部 195 个缔约国都签署了该协议。随后，美国曾"短暂地离开"《巴黎协定》，后来又重返协定。与此同时，由于签署国迅速批准，该协定在创纪录的短时间之内生效。

《巴黎协定》的独特之处在于，它规定了一个不断改进的进程，并将每个国家的现实情况作为基准起点。该协议还为我们的目标确立了一个终点：到 2050 年实现净零排放。这是最难达成共识的部分。

我们从一开始就知道，要达到净零排放，有许多不同的途径，每个国家的路径都将各不相同。由于允许所谓的"国家自主贡献"，这个协议更加灵活。该协议不是惩罚性的，而是基于各国理性的利己主义，这是一股强大的变革力量。

无论你排放了什么，这些确实都是你排放的。协议没有进行指责，而是确定了一个起点、一个共同的方向和一个共同的结果。只要 2050 年前我们能在全球范围内达到净零排放，每个国家都可以决定自己的道路。

还有我们称为棘轮机制的一系列检查点。每过 5 年，各国必须齐聚一堂，报告它们为减少排放所做的努力。它们还必须勾勒出减排的下一个目标。这些计划必然是动态变化的。它们基于快速发展的解决方案和技术、快速变化的财务考虑以及最有效政策的前景。

至于格拉斯哥会议的首要任务，我希望看到我们在巴黎设定的希望能够最终成为现实，即确定全球性的排放价格，因为碳价格对于整个经济的脱碳和打击森林砍伐至关重要。

目前，我们已经有60个司法管辖区设定了碳排放价格，但每吨碳排放价格低得离谱，一般在2美元到10美元之间。要想真正有所作为，价格需要随着时间的推移涨到每吨100美元。有了严格的跨境标准化和量化方法，我相信全球碳价格将会成为推动转型的决定性力量。

我现在最关心的部分是自然：我们的土地和海洋。与恢复人类赖以生存的自然环境相比，我们在实现能源、交通运输和金融的转型方面的进展要快许多。我们还没有真正将再生土壤、在退化的土地上重新造林或保护森林的措施有机结合起来。现有的森林已经所剩无几。在制定出一个随着时间的推移而不断上涨的碳价格之前，现有的任何商业模式都不可能维系地球上的土地和海洋。这是让我们能够将所有气候缓解措施联系在一起的重要因素，也是让我夜不能寐的原因。

> 只要2050年前我们能在全球范围内达到净零排放，每个国家都可以决定自己的道路。

我完全同意克里斯蒂安娜的观点，那就是最好向前看。以前的国际气候条约为我们今天的处境奠定了基础。而格拉斯哥会议及其后的气候会议则要承担非常非常大的责任。

中国
26%

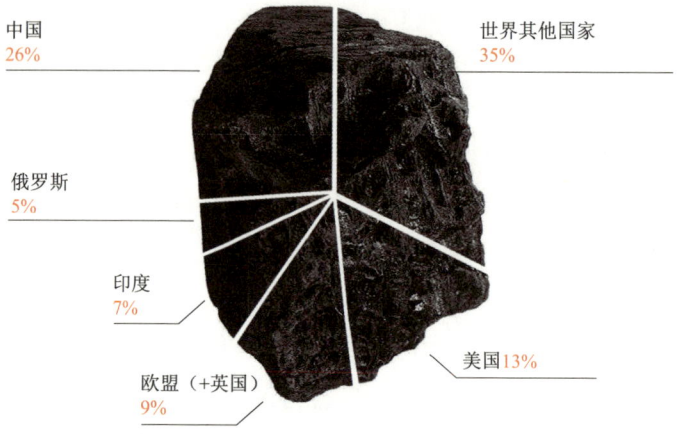

世界其他国家
35%

俄罗斯
5%

印度
7%

欧盟（+英国）
9%

美国 13%

全球 2/3 以上的排放来自五大排放经济体

改编自 2020 年《联合国排放差距报告》（UN Emission Gap Report）的数据。

关注五大排放经济体

下列五个经济体的温室气体排放占全球温室气体污染总量的近 2/3：中国（26%）、美国（13%）、欧盟和英国（9%）、印度（7%）和俄罗斯（5%）。[15]

为了突出重点，我们进一步明确了这五大排放经济体的主要排放源。中国和印度的主要排放源是煤电。俄罗斯的主要排放源是石油和天然气钻探和煤炭开采。如果考虑到无组织排放和最终用途燃烧，能源工业的排放占了俄罗斯温室气体污染的 80%。[16] 在美国和欧洲，交通运输排放在 2018 年和 2019 年都有所增加，这是因为对汽油和柴油的依赖。[17] 为了在所剩无几的时间内打造出净零的世界，我们必须追踪五大排放经济体的最新官方目标，并和我们自己计划设定的雄心勃勃的关键成果相比对，不断衡量它们的实际进展。

那么，这些主要排放经济体的现状如何？哪些政策将是最关键的？在下表中，我们展示了五大排放经济体已经实现了我们的哪一个或哪几个关键结果。正如你所看到的，我们还有很长的路要走。

五大排放经济体各自的脱碳政策

政策和政策目标	中国	美国	欧盟＋英国	印度	俄罗斯
	方向意义	**不足**			
					无承诺
	2060年前实现净零排放	2030年前将减少排放一半	2050年前实现净零排放	**无承诺**	
KR7.1 承诺18: 每个国家都做出承诺,到2050年实现净零排放,到2030年至少实现目标的一半					
KR7.1.1 电力19: 制定电力部门的减排目标,到2025年减排50%,到2030年减排80%,到2035年减排90%,到2040年减排100%	中国已承诺严格控制煤炭发电,在2030年前实现碳达峰	10个州、哥伦比亚特区和波多黎各已经通过具有约束力的立法,要求到2050年实现清洁发电占比达到100%或净零排放	欧盟制定目标,到2030年可再生能源比例至少达到32%	印度已经承诺,到2030年印度至少40%的电力将来自非化石能源	**无目标**
KR7.1.2 交通运输20: 借助补贴和法规,到2035年加速小汽车、中型卡车和轻型/中型卡车的更新换代,到2045年加速重型卡车的更新换代	中国于2020年10月由国务院发布了《新能源汽车产业发展规划（2021—2035年）》,规定到2025年新能源汽车销量达到新车销售总量的20%左右,到2035年电动汽车将成为新车销量的主流(即>50%)	美国提供最高7 500美元的联邦税收免减,此税收减免优惠作制造商销售了20万辆给定型号的电动汽车后将终止。一些州还提供了额外的激励措施(如加利福尼亚州、科罗拉多州、特拉华州)	欧盟已提议,到2030年将汽车的二氧化碳排放标准从比2021年的排放水平低37.5%进一步降低至50%以下,并到2035年有效禁止内燃机汽车	印度通过了FAME II[①],自2019年4月起生效,计划支出1 000亿卢比(14亿美元)作为购买电动汽车的短期刺激和支持充电基础设施的部署	俄罗斯已经免除了电动汽车的进口税(到2021年底)

---

① FAME II,即（混合动力和）电动汽车的快速应用和生产计划[Faster Adoption and Manufacture of (Hybrid) and Electric Vehicles Scheme]的第二阶段。——译者注

政策和政策目标	中国	美国	欧盟+英国	印度	俄罗斯
KR7.1.3 建筑 21: 到2025年，针对新建住宅执行零排放建筑标准；到2030年，新建商业建筑执行零排放标准；同时，到2030年禁止销售非电气设备	中国《绿色建筑创建行动方案》要求，到2022年，70%的新建建筑符合中国三星级评价体系的绿色建筑标准	联邦政府没有针对建造净零能耗建筑的要求。加利福尼亚州、科罗拉多州和马萨诸塞州有相关要求	在欧盟，新建筑将从2021年开始"接近"零能耗。欧盟和各成员国正在考虑限制在销售的新建和现有建筑中安装使用化石燃料的家用器具	无建造净零能耗建筑的要求。对使用化石燃料的家用器具的销售没有限制	无建造净零能耗建筑的要求。对使用化石燃料的家用器具的销售有限制
KR7.1.4 工业 22: 到2050年，逐步淘汰工业生产过程中使用的化石燃料；到2040年，使用的化石燃料至少减半	无相关政策	无相关政策	各国正在努力将欧盟委员会制定的工业战略转化为强有力的立法和金融工具	无相关政策	无相关政策
KR7.1.5 碳标签 23: 要求在所有货物上贴排放足迹标签	无碳标签	无碳标签	无碳标签，仅在丹麦有一个试点计划	无碳标签	无碳标签
KR7.1.6 泄漏 24: 控制甲烷燃烧，禁止放空，并强制要求立即防止甲烷泄漏	无相关法律	相关法律正在审核中	相关法律正在审核中	无相关法律	无相关法律
KR7.2 补贴 25: 终止对化石燃料公司和含农业行为的直接与间接补贴	1.432万亿美元	6 490亿美元	2 890亿美元	2 090亿美元	5 510亿美元

政策和政策目标	中国	美国	欧盟＋英国	印度	俄罗斯
KR7.3: 碳价格 26: 各国的温室气体价格至少达到每吨 55 美元，并且每年上涨 5%*	中国于 2021 年 7 月在上海启动了一个全国性碳交易市场	美国没有全国性价格。12 个州制订了积极的碳定价计划	欧盟排放交易体系的关注重点是电力部门。截至 2021 年 5 月，碳价格约为每吨 50 美元。单个成员国的碳税从每吨低于 1 美元到超过 100 美元不等	无价格	无价格
KR7.4 全球禁令 27: 禁止将氢氟碳化物用作制冷剂，并禁止一次性塑料用于所有非医疗用途	中国于 2021 年 4 月决定接受《〈蒙特利尔议定书〉基加利修正案》，承诺到 2024 年实现氢氟碳化物的生产和消耗达峰。国家自主贡献: HCFC-22（二氟一氯甲烷）到 2020 年减少 35%，到 2025 年减少 68%	2021 年 5 月，美国环保署根据《2020 年美国创新和制造法案》发布了推动逐步淘汰氢氟碳化物的第一条法规，但该法规仍有待通过	自 2015 年 1 月以来，欧盟已经制定了含氟气体法规。欧盟委员会正在审查现行的含氟气体法规，并强化现有措施	仅有提案，没有直接禁令	无禁令
KR7.5 政府研发 28: 将用于研发的公共投资（至少）增加一倍；在美国，将这一投资增加为现有投资额的五倍	79 亿美元	88 亿美元	84 亿美元	1 100 亿美元	极少（近乎无）研发投入

本表内容截至 2021 年 7 月。
资料来源：参见尾注。

中国的沧桑巨变

2006 年，中国超越美国成为世界上最大的排放国。此后，两国差距不断扩大。2019 年，中国向大气排放了超过 140 亿吨的温室气体，是第二大排放国美国排放量的两倍左右。与此相矛盾的是，中国在清洁能源方面的投资也比世界上任何其他国家都多。

中国在能源和环境方面最重要的决策是通过中共中央制定的著名"五年计划"做出的。这些计划并不是空洞的承诺或闪亮的公关宣传，一旦出台，它们将会得到强力执行。2020 年 9 月，习近平主席在联合国大会上出人意料地宣布，中国将力争在 2060 年前实现碳中和。[29] 对于这个世界上人口最多的国家来说，这是一个前所未有的目标，也是朝着正确方向迈出的一步。然而，这仍然比政府间气候变化专门委员会所设定的目标落后了 10 年。

中国实现净零排放的最大障碍是什么？那就是为 200 多万煤矿工人找到新的工作，[30] 因为中国目前的燃煤量占了全世界的一半，同时 60% 的电力仍依赖煤炭。[31] 积极的一面是，中国领导人知道他们必须改变。根据克里斯蒂安娜·菲格雷斯的说法，远离煤炭越来越符合中国的目标，即不断改善公共卫生，并在全球经济向更绿色转型的过程中发挥领导作用。她表示："继续被过时的 20 世纪的技术束缚并不符合中国自身的利益。"2020 年，中国新增可再生能源发电量占世界的一半，与上一年度世界其他地区的风力发电量相当。

尽管 2021 年 4 月的气候峰会给出了一些线索，但中国到底将如何逐步淘汰煤炭等诸多问题仍然没有答案。习近平主席宣布，计划到 2025 年"严控"煤炭消费增长，在 2026 年至 2030 年期间"逐步减少"煤炭消费，从而令中国的排放量在 2030 年前达到峰值。尽管中国各个省份的能源战略可能存在差异，但这些国家目标至关重要。

与此同时，一些最大胆的想法来自清华大学，该校成立了气候变化与可持续发展研究院。2019 年的大部分时间里，中国的气候科学家聚集于此，努力研究各种模型，寻找使中国实现净零排放目标之道。

作为该研究院院长和中国气候变化事务特别代表，年过古稀的解振华是中国在这一问题上的权威。[32] 他负责向中国的最高领导层提交清华大学的数据。他是净零排放目标的支持者。"你在刚开始做这件事的时候，这只是一份工作，"解振华告诉彭博绿色（*Bloomberg Green*）的记者，"但过了一段时间，当你看到你能给国家、人民和世界带来的影响时，它就不再只是一份工作。它已经成为一项事业，一项更崇高的使命。"

超高压线路使中国能够利用远离城市中心的清洁能源

在国际谈判领域，解振华采取了合作态度。正如他对彭博绿色所说："作为一位气候谈判代表，你会有对手和朋友，但是没有敌人。"我们应该承认，中国和美国在从 5G 无线网络到机器人和人工智能等新兴技术领域，正在卷入一场激烈的全球竞争，在清洁技术领域也不例外。正如解振华所承认的，中国在"缓解、适应、融资和技术"方面的立场仍需要在格拉斯哥敲定。为了推动全球实现净零排放目标，两个最大的碳排放国必须找到合作的方式。双方需要将那些对它们在减排和碳清除方面的共同利益而言至关重要的专业知识带到谈判桌上。

解振华坚持认为，中国 2060 年的净零排放目标将加速市场的变化。"这发出了一个明确的信号，"他说道，"我们必须快速转型，大力创新。"他表示，煤炭投资将被视为存在风险，市场将会调整，可再生能源的地位将上升并最终成为主导。

中国领导人致力于经济的快速增长，但他们对气候危机及其对经济的威胁也很敏感。尽管中国已经部分缓解了可怕的空气污染，但 2020 年，创历史纪录的洪水则使 7 000 多万人受灾，造成 330 亿美元的损失。正如解振华所说："气候变化所造成的损害不是发生在未来，而是就发生在此时此地。"

美国：重返协议

截至目前，美国是对气候危机累计贡献最大的国家，迄今为止已向大气中排放了超过 4 000 亿吨碳（并仍在继续增长）。[33] 在过去 20 年中，美国在气候变化问题上的立场一直摇摆不定，这取决于谁入主白宫。乔治·布什总统遵从了化石燃料行业的要求，支持建设更多的燃煤发电厂，并拒绝执行《京都议定书》。[34]

尽管巴拉克·奥巴马总统在医疗改革方面取得了巨大成功，但他未能通过气候变化相关立法。即便如此，奥巴马也明白，在经济大衰退之后，清洁能源投资将创造就业机会。他的《美国复苏与再投资法案》将 900 多亿美元用于清洁能源计划：风力发电厂、太阳能电池板创新、先进电池计划。奥巴马政府借助《清洁空气法》，在 2009 年至 2016 年间将新车和轻型卡车的燃油效率法定要求提高了 29%，并设定了到 2025 年达到每加仑燃油行驶 54.5 英里的历史性目标。

唐纳德·特朗普下令全面取消环境保护政策后，这一进展大部分遭到逆转。但在乔·拜登就职后不久，他又推翻了特朗普的几项命令，提出了一个里程碑式的气候计划。该计划承诺，美国到 2035 年将实现清洁电力占比达到 100%，到 2050 年实现净零排放。拜登的计划为美国在气候行动上的领导作用提供了迄今为止最大胆的愿景。==这不仅仅是对其前任政府政策的根本性逆转,也是一次真正的飞跃。==

然而,就在我撰写本书之时,政策仍在摇摆。美国国会正在考虑一项规模大为缩减的基础设施计划,将拜登计划的关键部分排除在外。很多事情仍悬而未决。在气候问题上失败不应成为一种选择,但它有时又确实成为一种选择——一种我们子孙后代无法承受的选择。

对于美国和五大排放经济体中的其他各方而言,到2050年实现净零排放的最可靠方法是采用我们所有政策相关的关键结果,包括国家碳价格。但美国最能发挥领导作用的领域是研发,这是美国的传统优势,美国迫切需要重新做出承诺。近20年来,经通胀调整后,联邦能源研发年度支出一直低于1980年的80亿美元水平。[35] 这比美国人每周花在汽油上的钱还少。[36] 事实上,这比我们每年花在薯片上的钱都要少。[37] 为了实现所需的突破,例如使用更便宜、更轻便的电池或是实现绿色氢的规模化,美国必须将公共部门投入的研发金额提高到当前水平的5倍,达到每年400亿美元。换句话说,我们建议美国政府将公共研发资金提高到与现在分配给国家卫生研究院的资金相当的水平,即每年大约400亿美元。[38] 有了适当的公共研发资金和碳价格,美国可以大大降低绿色溢价,造福全世界。

欧洲:先行一步,但不够快

近20年前,欧盟建立了一个碳排放限额和交易体系,对碳进行定价,欧盟现在已经成为世界上最大的碳交易体系。快进到2019年,英国成为首个通过立法明确2050年实现净零排放目标的排放大国。次年,欧盟制定了自己的2050年净零排放目标,并规定到2030年至少减排55%。[39] 尽管这些行动看上去颇为亮眼,但气候活动人士认为,欧盟成员国没有按照《巴黎协定》的要求在建设清洁交通基础设施和减排方面取得足够的进展。[40]

德国卓越的能源智库阿戈拉能源转型（Agora Energiewende）的执行董事帕特里克·格雷琴（Patrick Graichen）说，存在的问题之一是认知和行动之间的差距。"如果你问一位政治家什么是最重要的，他们会说是逐步淘汰煤炭。但如果不以风能和太阳能取代煤炭，你就无法淘汰煤炭。人们对这一点尚未完全理解，更不用说采取适当的紧迫性行动了。"

作为欧洲最大的经济体，德国及其能源政策尤为重要。作为对宪法法院最近一项裁决的回应，德国承诺到2030年减少65%的排放，并在2045年前实现碳中和。[41] 德国公司正在引领增加绿色氢燃料生产，以制造清洁的水泥和钢材。也许最令人鼓舞的是，德国已经为建筑和运输燃料设定了碳价格。不过，==除非能加快关闭国内煤电厂的进程（这一计划现在已延期到2038年），否则德国几乎肯定无法达成2030年的减排目标==。[42] 鉴于德国将于2021年9月举行大选，并选出16年来的首位新总理，它必须提升其雄心壮志。①

作为世界气候行动的中心，欧洲有很多有利条件：强大的公众支持、科技发展动力和支持气候行动的各国法院。在积极承诺已经到位的情况下，欧盟及其成员国现在必须努力建设基本的清洁能源基础设施，同时以破纪录的速度减少对化石燃料的依赖。

印度：增长的挑战

印度次大陆为我们所有人提供了一幅令人警醒的画面，揭示了可能出现的气候灾难。近年来，热带气旋、海平面上升和致命的旱灾都不断加剧，对人类的生命和粮食生产都造成了巨大的损失。印度已承诺将其人均排放量保持在不高于较发达国家的水平。但到2050年，该国人口预计将增长近20%，达到16亿，位居世界第一。再加上

---

① 奥拉夫·朔尔茨于2021年12月8日正式当选为德国总理。——编者注

60% 以上的贫困率，[43] 印度的爆炸性增长使得净零排放目标尤其具有挑战性。

克里斯蒂安娜·菲格雷斯说："作为一个发展中国家，印度有充分的理由推迟设定全经济范围的净零排放截止日期。"她指出，过早淘汰现有能源将使更多人陷入贫困："印度多年来一直表示，在保护生物多样性的同时，他们将通过部门目标实现净零排放。他们正在逐个部门实现自己的《巴黎协定》目标。"

对印度来说，实现净零排放的最可靠途径是使电力部门实现转型，并实现运输车辆电动化。为了加速向零排放未来转型，总理纳伦德拉·莫迪宣布了一项突破性的国家计划——一项真正具有里程碑意义的努力，设定了到 2030 年可再生能源发电量达到 450 吉瓦的目标。[44] 不过，尽管在一些领域取得了进展，莫迪政府在引导国家转型和远离煤炭方面的作为并非无懈可击。

与此同时，印度不断指出，它在这个领域的进展远远超越了更发达国家那些乏善可陈的纪录。印度环境部长普拉卡什·贾瓦德卡尔在 2020 年曾表示："我们已经远远超越了其他国家。你为什么不要求那些训诫我们的国家改弦更张呢？没有一个发达国家遵守《巴黎协定》。"

印度气候政策专家阿努米塔·罗伊·乔杜里（Anumita Roy Chowdhury）说，当我们审视二氧化碳累计排放量时，"印度希望问一句，'应该如何切分碳饼并分担责任？'"。从历史总量上看，美国排放的二氧化碳占全世界的 25%，欧洲占 22%，中国占 13%，俄罗斯占 6%，日本占 4%，而印度只占了 3%。[45] 正如贾瓦德卡尔和罗伊·乔杜里指出的那样，全球向清洁能源的过渡必须是公平和公正的。它必须反映各国在当前的排放危机中应承担的历史责任。

与此同时，印度也面临着一个历史性的机遇，能够跨越像天然气这样肮脏的化石燃料。如果能够绕过对陈旧基础设施的投资，它可以降低与污染相关的死亡率，并在经济和环境方面确立全球领导地位。当然，这样做的代价并不低。光是实现印度的可再生能源目标就需要每年至少 200 亿美元的投资。[46]

尽管存在障碍，但如果我们要实现净零排放目标，印度需要采取更多行动。尽管印度的人均碳用量不到世界平均水平的一半，但它现在是全球第三大能源消费国和第四大排放国。它每年新增的城市人口相当于洛杉矶的总人口数。数以百万计的人将购买新的电器、空调机组，以及许许多多小汽车和卡车。随着建筑材料和电力需求的爆炸式增长，必须通过提供更多零排放能源和更加强调能源效率来满足这一需求。由于印度幅员辽阔，它今天采取的任何气候行动都将极大地影响到全球未来的几代人。如果印度扩大并加速其脱碳努力，它或许可以拯救世界。

突破性的国家计划：
印度设定了到 2030 年可再生能源发电达量到 450 吉瓦的目标

俄罗斯是否会迎接挑战？

作为全球第五大排放经济体，俄罗斯在 2019 年向大气中排放了

250亿吨二氧化碳。在过去20年中，这个数字每年都在上升。对于悲观主义者来说，俄罗斯是我们为什么无法解决气候危机的最佳例证。他们的担忧来自两个方面：一是俄罗斯没有任何关于实现净零排放目标的长期承诺；二是该国在巴黎气候大会设定的短期目标极其有限，并且这个目标后来又被调低。

菲格雷斯表示，普京时而公开质疑气候变化的科学依据，时而又似乎暗示气候变暖可能对俄罗斯有利。[47] 在一个日益变暖的世界里，大片不适宜居住的西伯利亚冻土带可能变得可以耕种，或者至少可以更多地开采石油和天然气。菲格雷斯补充道，不幸的是，"如果北极冰盖在夏季消失，它将为国际石油运输开辟一条新的海上航线，而这对俄罗斯有利"。

悲哀之处在于，俄罗斯大地变暖的速度是世界其他地区的两倍有余。[48] 西伯利亚永久冻土正在融化，释放出数千年来一直被冻结其中的二氧化碳和甲烷。总的来说，北极的永久冻土中储存了1.4万亿吨碳。[49] 其每释放一点碳都与我们的计划背道而驰。

==《俄罗斯2035年前能源战略》[50]是一大倒退。这个战略提倡提高石油和天然气产量，同时扩大石油出口。== 太阳能和风能在投资组合中没有一席之地。俄罗斯自己做出的2050年预测认为，温室气体排放量将比目前的水平还要高。[51]

如何才能使俄罗斯做出改变？最明显的杠杆是市场力量。一种策略是对俄罗斯的石油或天然气销售施加碳价格，使其核心出口处于竞争劣势，从而对俄罗斯施加压力。即使没有主动施压，俄罗斯也在逆可再生能源潮流而动。随着中国和欧洲走向脱碳，它们对俄罗斯化石燃料的进口可能成为过去。

俄罗斯幅员辽阔，领土面积几乎是美国或中国的两倍，在可再生能源和再生农业方面有着巨大的未开发潜力。它可以成为净零经济的主要参与者，前提是它愿意迎接挑战。

但就目前而言，前景是黯淡的。面对国际社会对气候行动落后者的惩罚，克里姆林宫正在奋力抗争。但正如大家都知道的，如果你已经被罚下场，那么你很难推翻处罚。如果俄罗斯继续选择退出净零经济而孤立自己，它将面临严峻的未来。

菲格雷斯认为，俄罗斯未来可以选择的一条道路是效仿阿拉伯联合酋长国，这个盛产石油的海湾国家正在将其经济多样化，转向可再生能源。石油巨头沙特阿拉伯也在这样做。菲格雷斯说，俄罗斯的问题是"没有计划"。

格拉斯哥面对的严峻现实

我们将从这里走向何方？由于各国的承诺参差不齐，在实现这些承诺方面的进展也不一致，我们很容易对世界各国团结起来采取有意义的气候行动失去希望。为了更好地了解人类应如何共同前进，我们求助于负责执行美国气候计划的那个人，即美国总统气候问题特使、前国务卿约翰·克里。克里提醒我，他也出席了1992年举行的首次地球峰会，以及此后几乎每一次重要的气候大会。

约翰·克里

在巴黎，各国做的是自己想做之事。格拉斯哥气候大会的不同之处在于，现在我们要做的是我们不得不做之事。这是非常不同的挑战，而且难度更大。

今天人类面对的现实是，如果在2020年到2030年之间不能充分减少排放量，我们就无法将地球的升温幅度控制在（高出工业革命前气温）1.5℃的水平。我们将代表子孙后代永远放弃这个目标，而这种放弃将带来严重的后果。

2021年早些时候，我们开始向各国明确表示，将努力推行并坚持1.5℃的目标。在气候问题领导人峰会上，美国宣布了其国家自主贡献，承诺从现在起到2030年将排放量减少50%~52%。

如果不能在2020年到2030年之间实现既定目标，我们就无法在2050年实现净零排放目标。我们不能简单地坐等新的发现。这将是不负责任和鲁莽的表现。

我们必须检视并充分利用现有的技术，并且在发现新技术方面也需要更加努力。人们口头上说这个问题生死攸关，但并没有将其视为真实存在的威胁。我们显然比不了二战时的先辈们，他们知道必须要掌握制海权和制空权，也知道如何摧毁希特勒建立的防线。

今天的不同之处在于，我们的任务越来越艰巨。尽管取得了一些相当显著的进展，但这还远远不够，我们必须更加积极地应对。

从经济总量衡量，目前占全球GDP总量55%的国家已经对1.5℃的气温升幅目标做出承诺。我们能否把剩下的45%的国家（或者至少是它们中达到临界量的国家）带到谈判桌上来呢？印度、巴西、中国、澳大利亚、南非和印度尼西亚都需要行动起来。

你不能在世界各地穿梭，对其他人指手画脚地提出要求，"你必须这样做，你必须那样做"，却不给他们提供任何资金上的帮助。我们必须允许发展中国家继续发展，但它们应该明智地发展，避免重复我们曾经犯过的错误。在大多数情况下，发达国家需要帮助发展中国家。到目前为止，还没有足够的计划来实现这一点。

给我以希望的是（我也确实充满了希望），只要专注地做好某事，我们就能把事情办好。人类过去并不知道如何登上月球，但我们成功地登上了月球。我们在创纪录的短时间之内发明出新冠病毒疫苗。仅在我的有生之年，生活在严重贫困中的人口占比就从50%下降到了10%。

当前问题的实质是我们如何进行自我组织。既然已经知道了必须做什么，现在就需要放手去做。格拉斯哥气候大会是让全世界团结起来，共同解决这场危机的最后机会。

既然已经知道了必须做什么，现在就需要放手去做。

我的第一场气候之战

我得承认,在 20 世纪 90 年代的大部分时间里,全球变暖并不是我关注的政治焦点。但在 2000 年,我开始积极支持戈尔竞选总统。气候危机即将成为头版新闻。那一年的 12 月,令人心碎的事情发生了:布什起诉戈尔,当时联邦最高法院以 5:4 的票数否决了佛罗里达州之前做出的重新计票的决定。乔治·布什的领先优势?只有区区 537 票。(不要听信任何人妄言你的投票无关紧要!)

这一裁决引发的严重后果怎么强调也不为过。我们在应对气候变化的斗争中损失了整整 20 年。如果当年戈尔当选总统,在气候危机演变成今天的严重危机之前,他会优先考虑这一问题。

到了 2006 年,在观看了《难以忽视的真相》以及参加了我们决定性的晚餐圆桌会议之后,我全身心地投入气候行动。俗话说:"今日之加州,明日之美国。"于是我将注意力转向了我的家乡。

2008 年,一些在全球气候政策领域最睿智的领导人携起手来,共同制定了"32 号议会法案"(更广为人知的名字为 AB 32 法案[①])这一在加州具有分水岭意义的排放总量限制和交易法案。这是美国最雄心勃勃的计划,通过向最大的排放者收取费用来为碳污染定价。尽管加州的商业大佬们在萨克拉门托全力施压,该法案最终还是成功通过,并由共和党人州长阿诺德·施瓦辛格签署成为法律。尽管化石燃料游说团体成功地将 32 号议会法案的管辖范围限制在石油和煤炭领域,并将天然气排除在外,它仍然成为一个从加拿大到中国都加以借鉴的国际范式。加州最终成功地将温室气体排放量削减到 1990 年的水平以下,比计划提前了 4 年。该计划还包含强有力的公平成分,将大约一半的碳排放费用于减少空气污染和资助贫困社区的住房改造。

---

① 32 号议会法案是指 2006 年美国加州签署的《全球变暖解决方案法案》,概述了美国为减少气候变化和温室气体排放采取的措施,旨在到 2020 年将温室气体排放量减少到 1990 年的水平,而到 2050 年则达到低于 1990 年的水平。——译者注

32号议会法案证明，化石燃料利益集团大力鼓吹的减排会导致惨淡经济前景的悲观预测是完全错误的。加州的经验证明，在减少排放的同时仍能促进经济繁荣。⁵²事实上，减排和经济繁荣相得益彰，推动加州经济增长速度超越全国水平。

就我个人而言，我从32号议会法案中学到了许多宝贵的经验，最主要的是在政治上取得成功需要什么，包括：广泛的两党联盟、强大的竞选领导、明确的信息传递、积极的媒体宣传以及坚定的盟友。到那时，我已经从硅谷的自由派变成了政府改革派。事实上，我日益将政府视为实现规模性目标的重要合作伙伴。

在这种情况下，我们进入了2009年，也就是我在美国参议院做证的那一年，同时也是《瓦克斯曼－马基气候变化法案》（Waxman-Markey climate change bill）出台的那一年，该法案本可以设定一个全国性的碳价格。我们差一点就取得了成功，差一点就拿到了向化石燃料公司征收逐渐升高的温室气体排放费的时间表。2009年6月，在众议院议长佩洛西的艰苦努力下，《瓦克斯曼－马基气候变化法案》以219票赞成对212票反对的微弱优势在民主党控制的众议院获得通过。参议院进行了漫长而艰苦的协商，多个法案相互竞争，充斥着利益冲突。最终，气候法案被特殊利益集团和领导者缺乏协调一致的立场扼杀。⁵³形势逐渐明朗，表明我们无法在参议院获得60票的支持，一切努力都白费了，法案甚至没有走到在参议院投票表决那一步即告夭折。

第二年，民主党失去了对国会的控制权，剩下的事大家都知道了。截至2021年年中，美国参议院尚未就任何一项重大气候法案进行过表决。

然而，加州继续前进。2015年，我们终于将天然气纳入了加州的总排放量控制和交易体系。总而言之，该计划将加州的温室气体排放量减少了15%。⁵⁴

在公共政策领域，政治上的考量一直在发生变化。即便如此，我仍然发现了四条具有一致价值的规则。

1. 聚焦 10 亿吨级减排：为了实现净零排放目标，我们需要重点关注五大排放经济体，并针对最重要的部门，即温室气体污染最严重的部门制订解决方案。需要对全部主要温室气体采取行动，包括二氧化碳、甲烷、一氧化二氮和含氟气体。

2. 了解政策制定的部门与流程：国家立法只是拼图的一部分。致力于进行变革的活动家需要了解制定各级政策的具体部门。例如，建筑法规是由市政部门制定的，可在公众会议上广泛听取意见。关于取暖和烹饪效率或电气化的决定将在未来几年产生影响。通常，普通公众懒得出席这些会议，但销售燃气灶具的公司代表将会出席会议，而他们的意见将在那里得到倾听。

类似地，在制定美国能源政策时，一个强大的平台常常被忽视，那就是各州的公用事业委员会。无论是经由选举产生还是（更常见的）被任命，这些委员都是政策把关人。他们制定了至关重要的可再生能源比例标准，从而确定了电网的未来目标。通常，每个州有 5 名委员。假设我们决定将重点放在排放量最高的 30 个州，并将力争在每个州简单地获得委员会多数人的支持，那么在美国，你只需要争取到 90 个人的支持，这些人控制了美国将近一半的排放量。所以，向一小撮州政府官员施加压力就可能会产生巨大的影响。

在开始施加压力之前，重要的是应了解决策是如何做出的。拥有紧迫感当然十分必要，但这还不够。正如哈尔所说，"如果我们对气候变化的担忧没有用对地方，就是白白浪费感情"。我们是否可以借势社会运动？一场大规模的公众集会能否带来成功？或者，是否可以借助有针对性的经济分析或选举出合适的人选来扭转乾坤？是否可以从法律角度切入？如何充分阐明公平、就业和健康问题？

本地公民的参与具有强大力量并更容易促成，其优点是任何其他手段都难以比拟的。在全美各地，人们正在成为社区活动家，要求他们的公共交通工具远离化石燃料。2021 年 6 月，在当地社区的持续倡导下，马里兰州蒙哥马利县的公立学区宣布在未来 10 年将其 1 400 辆校车转型为电动车。该学区的交通主管托德·沃特金斯说："我们感受到来自各方的巨大兴趣和压力。许多环保团体、当选领导人、董事会成员、学生团体都向我们发声，询问我们什么时候改用电动校车。"[55]

在亚利桑那州凤凰城，一群来自南山高中的越野跑步爱好者说服他们所在地区购买了有史以来第一辆电动校车。在备受该地区空气污浊的折磨后，他们决意采取行动，召集了他们的教练和当地一个名为 Chispa 的倡导组织共同努力，以推动变革。

清洁能源转型的具体做法和步伐会因地而异。但个体自发地主动行动，加之对如何以及在何处做出决策的深刻理解，将迸发出无与伦比的力量。这二者的结合对于带来一个更美好、更健康的未来至关重要。

3. 重点关注现实利益： 在为气候行动而努力时，我们需要弄清事实和科学依据。如果试图通过某项法律或选举某位候选人，我们需要努力以通俗易懂的方式阐明技术问题，从而说服他人。"人们不知道什么是千瓦时，"哈尔说，"但人们确实在意价格合理、可靠、安全和清洁的能源。"

他们还关心什么？就业和经济，他们的健康和孩子的福祉。高效领导者讲述的故事将这些关切与公共政策联系起来。阿尔·戈尔的气候现实项目（Climate Reality Project）已经培训了 5.5 万名气候行动领袖，让他们构建与共同价值观和现实利益相关的叙事。

4. 为公平而战： 公平很重要，既是道德上的需要，也是实践上的需要。从政治角度讲，我们需要建立起以前被边缘化群体的新选民、新领导人和新立法者的联盟。我们需要招募那些从未积极参与政治的人。

制定一项大胆而富有想象力的政策是一回事，要保证其实施的公平公正则有更高的要求。艾森豪威尔政府在 20 世纪 50 年代建立了长达 5 万英里的州际公路系统，这被广泛认为是大政府的成就。但很少有人承认，有多少贫穷的黑人社区因修路而被填平和遭到蓄意破坏，比如底特律的天堂谷或新奥尔良的特雷姆社区。[56] 在全球范围内，气候危机正在摧毁那些对此负有最小责任的人。我们实现净零碳排放的运动必须保护低收入社区和原住民的健康与生计。

模式至关重要

为了确保我们的气候政策产生预期的影响,仅仅怀有满腔善意是不够的。难道每项政策不都应该针对其气候影响来进行打分吗?能源创新公司勇敢的分析师们创建了一个动态能源建模工具,可以实时预测排放影响。该智库的政策设计专家梅根·马哈扬(Megan Mahajan)和罗比·奥维斯(Robbie Orvis)主张,在制订所有净零计划时均应使用这些模型,并就此提出了令人信服的理由。

梅根·玛哈扬和罗比·奥维斯

排放源于物质世界。减少排放意味着改变我们所用之物的效率、能耗和产出。如果对政策将如何影响这些因素以及它们随着时间的推移如何累积没有强烈的意识，你就无法设计出合理的政策。

那么，应该如何建模，预测不同政策可以实现的目标？2012年，中国决策者向我们提出了这个问题，当时中国正在制定在2030年实现碳达峰的国家政策。有一些严格的模型将技术选择作为输入项，但我们希望以政策为起点。我们的首席模型开发人员杰夫·里斯曼创建了一个可以做到这一点的模型，这就是能源政策模拟器的由来。

模拟器将政策作为输入，并估计所有建模情景如何影响排放、成本、就业和健康结果。它考虑了政策之间的相互作用，使我们能够确定哪些政策相互影响，并且最具成本效益。该模拟器定期更新，并会结合最新的技术成本进行建模，如不断下降的太阳能、风能和电池价格。

我们的模型是开源的，这意味着我们所有的数据都是公开的。任何人都可以下载该工具并深入了解我们的假设。这对于建立信任和获得认可至关重要，尤其是在美国以外的地方。

这项工作使各国和各州对具体政策将推动怎样的结果有了现实的理解，并使它们能够去伪存真。最终，该模型希望凸显少数将带来巨大影响的大政策。

政治背后的角力

政策和政治深深地交织在一起，其中一个领域的任何进展都取决于另一个领域。指令和决策之间有着天然的联系，但两者之间也总是存在张力。从最好的方面讲，政治是一种可能性的艺术；从最糟糕的方面讲，它是伟大想法消亡的地方。我的亲身经历证明，再好的政策也必须经历政治挑战才能获得通过。法案卡在委员会中，投票被阻止或否决，条令不被批准。在政策方面所做的最认真的努力可能会在数年甚至数十年内反复失败。你也许认为你有一个伟大的政策构想，但你得先成功过了"政治"关才行，否则你的"政策"什么都不是。有效气候政策的最大障碍不是糟糕的构想，甚至不是落后的政客，而是形形色色的"既得利益者"，他们的未来紧密地与温室气体捆绑在一起。从历史上看，美国根深蒂固的化石燃料利益集团在遏制气候变化政策方面有很高的成功率。他们将资金输送给两党的政客，以对抗进步政策，拖延其批准进程，或是让它们被忽视。他们资助刻意制造的误导性信息，混淆人们对化石燃料危害的理解，这些行为最近在脸书和推特上泛滥，已经毒化了全世界的公众舆论。

公共利益团体记录了埃克森美孚和科赫家族[①]等大肆开展的虚假信息宣传战。[57]更阴险的是不明来源的虚假标题或社交媒体上的误导性视频。包括《财富》500强企业在内的更多主流实体则招募顶级广告机构，制作否认气候变化的宣传内容。2019年，《华盛顿邮报》发现，这些既得利益者通过两种并行的策略破坏气候科学和公众共识："首先，他们瞄准媒体，让它们更多地报道气候科学中的'不确定性'……其次，他们瞄准保守派，传递气候变化是一个自由主义骗局的信息，并将所有认真对待这个问题的人描绘成'脱离现实'。"[58]

---

① 科赫家族（the Koch Family）又被称为科氏家族，其掌控的科赫商业公司是美国最大的私企之一，涉足能源生产、农业、家用零售产品制造等多个领域。该家族积极参与政治活动，包括反对气候变化立法，为自由主义、刑事司法改革和共和党事业捐款等。——译者注

这些努力没有白费。1992年地球峰会之后，80%的美国人认同必须采取措施应对气候变化。民主党和共和党的绝大多数人都同意这一观点。但到了2008年，盖洛普民意调查发现，在这个问题上存在着严重的两极分化和广泛的党派分歧。到2010年，近一半（48%）的美国公众认为气候变化的威胁被夸大了。[59]

我们希望这股潮流会随着下一代的成长而改变。根据皮尤研究中心在2020年进行的一项调查，近2/3的18~39岁的共和党人同意，气候变化是由人类活动推动的，而联邦政府在阻止气候变化方面做得不够。[60] 碳红利青年保守派组织（Young Conservatives for Carbon Dividend）的创始人基拉·奥布莱恩表示，年轻的共和党人"对这个问题的认识比年长的共和党人领先了几光年"。

根据国际能源署的数据，对于思想开放的人来说，向净零经济过渡的一个强有力的政治卖点是，这将创造数百万个高薪工作岗位——在全球范围内高达2 500万个。[61] 除了太阳能设备安装员和风电场技术员这两个增长最快的工种，还需要数百万工人进行建筑改造或电网升级。

最终，明智的政策能否通过将取决于我们战胜既得利益者的能力。他们资金雄厚，政治关系深厚，而且往往穷凶极恶，是一群可怕的敌人。我们不能用惯常的政治手段打败他们。要想获胜，我们需要更强大的力量。

比如社会运动的巨大力量。

第八章　**行动！**

对格蕾塔·通贝里而言，一切始于愤怒。而且，对气候危机了解得越多，这位瑞典少女就越愤怒。全球变暖状况每恶化一小步，风暴、洪水和野火就会对人类造成更大的打击。按照目前的速度，到 2030 年将有 1.2 亿人陷入极端贫困。到 21 世纪末，全球所有城市（包括通贝里的故乡斯德哥尔摩）都可能被淹没。

通贝里并不是唯一认真研读了这些严峻报告并理解了其含义的学生，她也不是唯一对气候问题感到极度焦虑的年轻人。但她没有气馁，而是变得充满斗志。15 岁时，她开始逃学。2018 年，她在瑞典议会前安营扎寨，举着一块白色标牌，上面用黑色粗体字写道：SKOLSTREJK FÖR KLIMATET，即"为气候罢课"。最初，她的抗议是孤军奋战。后来，另一位青少年加入了她，随后一个又一个青少年不断加入，不久就变成了一场运动。这一切都始于一个不太合群、淡泊名利的少女。

2019 年 1 月，通贝里应邀在瑞士达沃斯世界经济论坛上发表演讲。"我经常听到成年人说，'我们需要给下一代希望'，"她告诉与会的首席执行官和世界领导人，"但我不要你们的希望，我要你们惊慌失措，我要你们感受到我的恐惧，每一天。我要你们行动起来，我要你们表现得就像我们的家着火了一样，因为它确实着火了。"[1]

通贝里的言论经由社交媒体广泛传播，激励了全球各地成千上

万的年轻人开展了为气候罢课的行动。2019 年 9 月 20 日，全世界共 400 万人参加了有史以来规模最大的针对环境问题的示威活动。[2] 然后，通贝里再次面对一屋子的成年人发表演说，这次是在联合国："你们用你们的空话偷走了我的梦想和我的童年，而我还算是幸运儿之一。人们正在受苦，人们正在死亡，整个生态系统正在崩溃。我们正处于大规模灭绝的开端，你们却只会谈钱，或是讲述经济增长永无止境之类的童话故事。你们怎么敢这样！"[3]

格蕾塔·通贝里的"为气候罢课"运动一开始规模不大,但很快就引起了全球领导人的关注

然后,在通贝里向英国议会发表演讲后不久,英国通过了一项法律,承诺到2050年消除其碳足迹,成为第一个做出类似承诺的大国。⁴ 随着这位少女与包括教皇在内的更多世界领导人进行了交谈,她可以看到她的运动正在开始引发真正的变化。她自己也开始从愤怒转变为谨慎乐观。回到学校后,她告诉自己的同学:"我们不能继续活得好像明天不会到来一样,因为我们是拥有明天的。"⁵

由于成为"在地球面临的最重要问题上最具说服力的声音",

通贝里被《时代》杂志评为 2019 年度风云人物。她的组织"星期五为未来"（Fridays for the Future）的影响已经遍及全球每个角落。身居高位的领导人把她传递的信息铭记在心。法国总统埃马纽埃尔·马克龙告诉《时代》："如果你是一位领导人，当你每周都看到年轻人举着这样的信息示威，你根本无法保持中立。"他说："他们帮助我发生了改变。"领导者会对压力做出反应，而社会运动能够带来压力。社会运动有赖成千上万人的参与。

但有时候，它们在开始时只是一个人的运动。

是什么让运动变得重要？

当一个问题对人们很重要时（真的非常重要时），改变将会开始发生。新的法律将会出台，反立法的提案也将被提出。

人们将进行对话、辩论，引发媒体关注。最终，这个问题会起到催化作用，并将选民带到投票站。当一个问题上升到议事日程的首位时，它就获得了政治界所谓的"高显著性"（high saliency）。就气候危机而言，尽管已经取得了重大进展，但这个议题尚未在全球范围获得高显著性。总的来说，它还没有吸引人们前去投票或是在投票时左右他们的选择。

社会运动可以催生显著性。但要想成功，社会运动需要掌握两股力量。首先是人的力量，运动要有广泛的支持者基础，再加上一个人数较少的活动领袖和参与者群体。其次是政治力量，即吸引公职人员盟友，引入、支持和捍卫立法行动。[6] 一场运动的目标可能是推动政治重组，从根本上扭转公众情绪，选举新的领导人集体，或是以上所有。无论如何，这些运动为政策制定者提供了激励，让他们拥有政治勇气做出改变。

政治重组可以彻底改变游戏规则，尽管它们不会经常出现。以美国为例，富兰克林·罗斯福总统的新政在很大程度上植根于他与有组织的劳工运动的联系，这一运动在1932年支持了他的第一次总统竞选。在大萧条最严重的时候，人们呼吁建立社会安全网并提供工作保障。1935年，在罗斯福的敦促下，国会通过了《全国劳工关系法》，[7]为集体谈判制定了指导方针，劳工运动突然掌握了政治权力。政治开始重组。

促成新政的劳工运动借助了两种类型人群的力量：数量众多的选民和不太活跃的支持者，以及人数较少、参与度较高的活跃支持者群体，后者通过抗议、罢工、诉讼等行动提高了其他人的意识。哈佛大学的一项研究显示，1900年至2006年间，==每一场获得超过3.5%的人口积极持续参与的政治运动最终都取得了成功==。[8]按照今天美国的人口计算，这意味着我们只需要不到1 200万人！

在最好的情况下，社会运动会促使一种新的意识形成，从而产生清晰的行动和持久的变化。印度争取独立的非暴力不合作运动就是一个传奇的例子。20世纪50年代和60年代的美国民权运动是另一个例子。运动对政策和文化的影响怎么强调都不为过。

在我们努力推动气候问题成为一个显著政治问题的同时，我们还必须坚持公平。气候危机给贫困社区的人口健康造成了毁灭性的损失。它扩大了贫富差距，加剧了种族不平等。如果不解决这些不平等问题，危机就无法解决。

我们有关运动的OKR要仰仗三大关键群体的支持，即选民、政府代表和企业。

选民是否在乎？

关于选民的关键结果（KR 8.1） 衡量了气候议题对选民的重要性。虽然近年来已经取得了一些进展，但在多数排放量最大国家的选举或民意调查中，气候危机尚未被列为最重要的两大议题之一，它经常排在移民、税收和医疗保健等议题之后。为了推动我们需要的气候运动，我们必须激发更大的紧迫感。

目标 8
行动！

KR 8.1　选民
在 2025 年前使气候危机成为 20 个最大排放体中排在前两位的选举议题。

KR 8.2　政府
大多数政府官员（无论其是通过选举还是任命而就职）支持实现净零排放的行动。

KR 8.3　企业
全部《财富》世界 500 强企业立即承诺到 2040 年实现净零排放。

KR 8.3.1　透明度
到 2022 年，上述企业全部发布排放透明度报告。

KR 8.3.2　运营
到 2030 年，上述企业全部在运营方面（电力、车辆和建筑）实现净零排放。

KR 8.4　教育公平
到 2040 年，全球普及小学和中学教育。

KR 8.5　健康公平
到 2040 年，消除不同种族和社会经济群体间在温室气体相关死亡率方面的差距。

KR 8.6　经济公平
通过全球清洁能源转型创造 6 500 万个新工作岗位，这些岗位得到公平分配，并超过化石燃料行业岗位的流失。

以下数据反映了气候问题在前五大排放体议题清单上的优先级。在美国 2020 年总统选举前夕，根据盖洛普民意调查，只有 3% 的选民认为气候危机是美国面临的首要问题，落后于新冠肺炎疫情、经济、糟糕的领导层和种族关系等议题。[9] 即使在新冠肺炎疫情尚未肆虐的 2020 年之前，气候和环境问题也很少排在选民关心的十大议题当中。

在欧洲，公众情绪的转化更快。在 2018 年春季的"欧洲晴雨表"民意调查中，欧盟 28 个成员国的选民将气候与环境问题排在第 7 位，位列移民、恐怖主义、经济、公共财政、失业和欧盟在世界上的影响力之后。[10] 2019 年秋天，这个问题跃升至第 2 位，仅次于移民问题。[11]

对中国、印度和俄罗斯的公民来说，气候变化的重要性充其量也只能说仍未明朗。在中国，人们最关心的是空气污染问题。自 2000 年以来，一场城市公民运动日渐兴起，通过地方政治和全国法律体系提出了拥有更清洁空气的迫切诉求。[12] 2013 年，中央政府通过了《大气污染防治行动计划》，向污染宣战。[13] 在接下来的 5 年里，中国大城市的雾霾减少了 39%。[14] 在 2017 年进行的有关"公众气候变化认知度"的全国性调查中，90% 的人支持《巴黎协定》的实施。[15]

印度政府尚未做出整个经济范围内的净零排放承诺，而是将重点放在各个部门的承诺上。在选民中，2019 年选民最担忧的是政府对农民的支持不足、农村贫困、失业和水危机。[16] 不管人们是否将之与气候问题联系起来，所有这些问题都恰恰因为气候的冲击而加剧。尽管年轻人领导的抗议活动已在印度各地流行，但气候变化尚未成为最具显著性的问题。

在俄罗斯，公众对气候危机的关注正在从一个较低的基线缓慢增长。在 2019 年接受调查的人口中，10% 的人认为这是一个重大问题。即使那一年的西伯利亚山火导致数十人丧生，气候问题的重要性在选民调查中仍然只排在第 15 位，远远落后于腐败、高物价和贫困等议题。

俄罗斯的社会活动家经常受到公开批评，并且要承担被监禁乃至更大的风险。2019 年在莫斯科和其他几十个城市举行的为期一天的针对气候问题的罢工吸引了 700 名和平抗议者。然而，在很大程度上，草根气候运动的参与度和影响力均很有限。

选举出支持气候行动的官员

社会运动必须以实际结果为导向。如果说群众力量的关键是活动人士能够激发起公众的斗志，那么政治力量的核心则是民选和被任命官员的作用。有关政府的关键结果（KR 8.2）跟踪全球各级政治领袖的立场。为了确保制定积极的政策措施，我们需要这些政治领导人中起作用的多数人强烈支持气候行动。

许多人对社会运动的影响力持怀疑态度。我也一直因为如此多人都已遭遇失败而心存疑虑，尽管几十年来活动人士不断发出警报，但人类仍然一步步地走到了今天这样令人绝望的气候状况中。但事实是：如果组织得当，社会运动可以非常有效地塑造政策。那么接下来的问题是：一场社会运动需要哪些要素才能成功？

催生辩论和行动：日出运动的影响

瓦尔希尼·普拉卡什对气候行动主义的热情可以追溯到 2004 年，当时她还在读六年级。那一年，印度洋的海啸袭击了她祖母位于印度金奈的家。由于当地的电话线路中断，普拉卡什只能在马萨诸塞州阿克顿镇宁静的家中焦急地观看新闻，并为红十字会收集食品罐头。虽然最终得知祖母安然无恙，让她松了一口气，但这场危机给她留下了持久的印象。普拉卡什渴望了解更多关于自然灾害及其起源的信息，开始阅读有关世界各地气候变暖相关事件的报道。这些报道的日益增多，令她感到不知所措。于是她专注于从小事做起，比如废物回收。[17]

当普拉卡什成为马萨诸塞大学阿默斯特分校的一名新生时，她感到愤怒和沮丧。在参加了一场要求该大学放弃对化石燃料投资的运动后，她在一次气候行动集会上发表了讲话。她在接受《塞拉》(Sierra)杂志[①]采访时表示："我彻底爱上了这种从未想象过的组织方式。"

2015年12月，另一场大洪水袭击了印度，这次发生在普拉卡什父亲出生的邦。普拉卡什在电脑屏幕上滚动浏览着灾难的图像，认出了她和祖父母曾经一起走过或是骑车经过的街道，而现在街道上挤满了妇女和儿童，他们在齐胸深的水中寻找避难所。虽然她的祖父母当时已经逃离了城市，但那里已有数百人死亡，数千人无家可归。"这给我敲响了警钟，气候危机正在发生，"普拉卡什告诉《塞拉》，"我们没有时间可以浪费了。"[18]

几周后，普拉卡什和一位朋友与其他十几名年轻的活动人士共同创立了一个组织，这就是后来的"日出运动"(Sunrise Movement)。他们描绘出一幅由青年人领导广泛参与，借助草根运动阻止气候变化、促进经济正义的蓝图。2018年美国中期选举后不久，这个组织迎来了一个关键时刻。他们试图将民主党新近赢得的对众议院的控制权转变为对气候行动的授权。他们在国会办公室外扎营，并举行了一系列静坐示威活动。

到那时，日出运动已经深谙引起公众关注之道。这场羽翼未丰的运动以事实和令人信服的叙事为武器。亚历山德里娅·奥卡西奥·科尔特斯这位美国历史上最年轻的女性国会议员出现在他们面前，还带来了几位新当选的议员，这些人后来被称为"小分队"(the Squad)，他们认真倾听了这群年轻人的诉求。

普拉卡什在《塞拉》杂志的采访中回忆道："我们不只是提交了

[①] 《塞拉》是著名美国草根环保组织塞拉俱乐部(Sierra Club)出版的杂志。塞拉俱乐部又译作山峦俱乐部、山峦协会、山岳协会、高山协会和山脉社等，是美国历史最悠久、规模最庞大的一个草根环境组织，是著名的自然环境保存主义者约翰·缪尔于1892年在旧金山创办。塞拉俱乐部拥有百万会员，分会遍布美国。——译者注

2018年,"日出运动"成员占领国会大厦,敦促采取气候行动

一份罗列了一大堆有关排放量或是全球变暖2℃这些数字的请愿书。我们分享了许多故事,这些故事是有关人类因气候危机而失去的东西,或者担心会失去的东西。我们还讲述了对未来的希望。"

在那个激动人心的时刻之后,普拉卡什和其他日出活动参与者在全美各地举行了一系列更引人注目的抗议活动,推动气候政策成为民主党议程中的首要议题。他们帮助激发了人们对"绿色新政"(Green New Deal)的热情,这是奥卡西奥·科尔特斯在2019年提出的一项立法提案。[19] 他们投身民主党的初选,迫使候选人放弃化石燃料公司的政治捐款。他们最大的胜利是帮助坚定支持气候变化的埃德·马基赢得挑战,保住了他在马萨诸塞州参议院的席位。一些民主党人可能不同意他们高调的做法,但他们确实吸引了所有人的关注。

在2020年的总统初选中,日出运动获得了美国参议员伯尼·桑德斯的支持。随着这场运动在年轻人中的影响力日益增大,它也加剧了民主党内部少数支持绿色新政的狂热分子与对此持保留态度的多数派之间的冲突。这成为福克斯新闻频道①理想的报道切入点,以及一

---

① 福克斯新闻频道是美国著名保守派媒体,政治立场极端偏向共和党。——译者注

个有可能造成民主党分裂的话题。

对于普拉卡什和其他日出运动领袖来说，他们最不希望在辩论台上看到的，就是中间派民主党人攻击桑德斯对气候立法的支持。在竞选过程中，再没有什么比阻止民主党高层公开他们的分歧和削弱气候行动更重要的事了。

日出运动的联合创始人兼政治总监埃文·韦伯拿起了电话。他与几位总统候选人取得了联系，包括卡玛拉·哈里斯、皮特·布蒂吉格和乔·拜登。韦伯回忆道："我们告诉他们，'嘿，我们知道你们都有自己的计划，但大肆攻击绿色新政真对你们没有任何帮助'。"[20]

他的请求见效了。尽管其他民主党领袖并不支持绿色新政，但他们坚持强调了彼此间的共同立场：实现清洁电力占比达到100%。[21]

2020年3月，在拜登确定将赢得民主党提名后，韦伯敦促这位推定总统候选人的竞选团队将绿色新政称为提振经济、争取环境正义和应对气候危机的"有用框架"。8月，在民主党大会制定党的纲领时，绿色新政的关键条款遭到拒绝。由于拜登需要在大选中赢得宾夕法尼亚州的支持，因此他不会提议禁止水力压裂技术，尽管这是重要的甲烷排放源。这位候选人也不会提议限制乳制品排放，因为他也需要威斯康星州的支持。即便如此，拜登还是在他的"重建更好未来"（Build Back Better）计划中纳入了几项日出运动的提案，包括将40%的基础设施资金分配给弱势社区。

在整个秋天，日出运动和拜登的竞选团队都保持着沟通渠道的畅通。最终，他们的相互妥协成为明智的政治选择。到11月大选计票时，拜登以1.2%的优势赢得宾夕法尼亚州的选票，以0.7%的优势赢得威斯康星州的选票。其结果是民主党在2020年大选中获胜，预示着2021年的白宫已经准备好并愿意领导强有力的气候行动。

对日出运动来说，政治是一种不断寻求平衡的行为。正如CNN所指出的，该组织正努力将"一只脚踏进权力殿堂，另一只脚踏上街头"。[22]对于日出运动来说，这是值得骄傲之处。这一运动的年轻领袖已经认识到，除了基层草根之外，同样重要的是培养"草根精英",以便与决策者建立直接的联系。在政治上,这并不是什么新鲜事。作为一个多世纪以来一直处于社会运动前沿领域的重要环境组织,塞拉俱乐部对这种模式有着深刻的领悟。

"超越煤炭"的经验

2005年,就在卡特里娜飓风横扫墨西哥湾海岸,淹没新奥尔良几天后,塞拉俱乐部开始筹备其首次气候行动会议。[23]该组织由博物学家约翰·缪尔在1892年创立,旨在保护森林和其他荒地,"防守"成为这个组织与生俱来的一种策略。现在,它开始超越保护的范畴,主动出击,打击碳排放行为。全美5 000名气候活跃人士打造了该组织在其发源地旧金山召开的这次会议的议程。阿尔·戈尔也到场做了幻灯片演示,这个演示最终演变成了《难以忽视的真相》。

俱乐部的执行董事卡尔·波普(Carl Pope)回忆道:"我们很快就发现自己进入了一个全新的领域。"[24]那次会议带来了一个令人惊讶的新的首要目标:停止计划中的150座煤电厂的建设。据波普估计,如果不被终止,这些发电厂每年将向大气中多排放7.5亿吨碳,通过简单计算便可知道,这将导致人类不可能驯服全球变暖这个怪物。为了赢得胜利,塞拉俱乐部将使用所有必要的法律手段和它所能调动的所有公众压力。

由布鲁斯·尼尔斯(Bruce Nilles)和玛丽·安妮·希特(Mary Anne Hitt)领导的"超越煤炭"(Beyond Coal)运动并不寄希望于改变国家政策,而是试图做更具挑战性的事情:在基层动员数百个社区,组织本地抗议活动,并赢得法庭禁令。

布鲁斯·尼尔斯

　　1990 年，作为威斯康星大学地理和环境科学系的学生，我清楚地记得我上的关于气候变化的第一课。每次前往地球物理系大楼（在那里我越来越担心大气中不断上升的二氧化碳含量），我都会经过成堆的煤炭，这些煤将被运到极其老旧的锅炉里，以便为校园供电。这种脱节给我留下了深刻的印象。我写了一篇毕业论文，敦促学校逐步淘汰其煤电厂，并了解到要实现这样的改变需要做得更多。

　　在互联网泡沫破灭的低迷时期，我在旧金山短暂工作了一年，随后回到了威斯康星大学麦迪逊分校的法学院。我在那里学习了美国历史上许多伟大社会斗争的案例，并了解到律师作为更广泛社会运动的一分子，在催生社会变革中可以发挥的作用。我学习了法律权利和有关合同执行的知识，并开始在我过分热情的房东身上进行实战演练。

　　从法学院毕业后，我在克林顿政府的美国司法部环境和自然资源司工作了四年。不久后，我主动请缨，协助司法部履行克林顿有关环境正义和儿童健康的行政命令规定的义务。我调查并起诉了第一批案件，以执行保护儿童免受铅涂料危害的一项新的联邦法规。看到司法部长珍妮特·雷诺、住房与城市发展部长安德鲁·科莫和环保署署长卡罗尔·布朗纳共同出席新闻发布会，宣布了我谈判达成的三项和解方案，让我大受震撼。从那时起，这种对政府运作方式的洞察一直令我受益良多。

带着这段经历，我加入塞拉俱乐部，并发起了一场净化大芝加哥地区空气的运动，那个地区共有 900 万居民，经常面临空气污染。在塞拉俱乐部，我感受到了将草根民众组织起来所迸发出的强大力量，并学会了如何将他们组织起来，应对强大的利益集团。

最初，我一头扎进数据和监管问题中，以了解到底发生了什么。我看到，尽管 1970 年的《清洁空气法》承诺所有美国人都可享有健康的空气，但监管存在缺失之处。我发现，很多医院后院的医疗垃圾焚化炉经常违反许可非法使用，而这些医院就坐落在居民区里。我也遇到了一些居民，他们多年来屡次抱怨污染问题，但一心谋利的医院管理层视而不见，而胆小怕事的监管机构也对此充耳不闻。

在一小群坚持不懈的志愿者的帮助下，我们在伊利诺伊州埃文斯顿选择了一座特别令人震惊的焚化炉作为目标。随着身后的支持者越来越多，我们迫使市议会暂停手头工作，优先处理了这个问题，命令医院关闭其不断散发二噁英的焚化炉。医院尝试了所有肮脏的伎俩，包括以关门为要挟。最终，在一个深夜，市议会下令关闭焚化炉。当时尽管已经到了后半夜，我仍然看到 200 多名居民在现场欢呼。这个故事的锦上添花之处在于，我们的地方运动引起了当时的州长罗德·布拉戈耶维奇的注意。他出席了我们的一次集会，宣布他将支持立法，关闭伊利诺伊州的全部 10 个医疗垃圾焚化炉。这就是民众的力量！

与此同时，一场类似的公民主导的斗争正在煤炭之乡的中心地带这个更具挑战性的地方如火如荼地进行着。在布什总统改变了对二氧化碳管制的承诺后，美国最大的煤炭生产商皮博迪能源公司（Peabody Energy）决定进军煤电厂建设领域，以扩大其肮脏产品的市场。其中一座拟修建的发电厂位于肯塔基州的穆伦堡县，皮博迪本以为在那里修建这座发电力达 1 600 兆瓦的大型纯燃煤发电厂将会一帆风顺。他们错了。

在塞拉俱乐部当地分会的领导下，本地的活动人士通过糕点义卖筹集款项，在建设项目的每一步都不遗余力地进行了抗争。他们最惊人的成就是找到了专家和律师作证并提供证据，说明为什么州政府不应该授予皮博迪公司建筑许可证。经过创纪录的 63 天行政听证，他们大获全胜。

"超越煤炭"的活动人士采取行动，推翻在美国建造新煤电厂的计划

事实证明，皮博迪提议新建的煤电厂只是冰山一角，是他们计划兴建的 200 多座煤电厂中的 3 座。随着一个石油大亨入主白宫，该公司看到了使其计划迅速获得批准的机会，并计划将美国拖入另一个长达 50 年的燃煤时代。不过，在肯塔基州活动人士的启发下，我和一个小团体组织起来，反对该公司在伊利诺伊州兴建煤电厂，这是他们拟议建设总计 17 座煤电厂中的第一个。周边各州的环保活动人士很快开始主动接触，相互学习策略，并建立了一个由志愿者和少数工作人员组成的中西部网络，旨在"全面反对煤电厂的建设，不漏掉任何一家"。我们开始赢得胜利，随后是更多的胜利。我们的活动向南扩展到了得克萨斯州，并且在三年内发起了"超越煤炭"运动，这是一个由数十个组织参与的全国协调、地方领导的运动，这些组织通力合作，完成了大多数专家认为不可能完成的任务。

我亲眼见到了素未谋面的人们如何同仇敌忾，为了共同的目标奋斗。他们通过网络和电话会议保持联系，在保护社区免受煤炭污染的斗争中团结一致。当活动人士在佛罗里达州阻止了一座煤电厂的建设时，美国各地为阻止当地建设煤电厂而奋斗的人们纷纷举行了庆祝活动。

第八章　行动！

"超越煤炭"在阻止建设近 200 座拟建煤电厂的热潮中发挥了主导作用，这是一项惊人的成就。公平地说，这场运动占据了一定的天时地利：新的清洁能源政策推动了对风力发电的大规模投资，加上水力压裂法（简称压裂法）的采用带来了页岩气的大发展。随着越来越多的煤电厂建设计划被终止，风能和天然气成为主要的替代品——这对气候来说是一个喜忧参半的结果。

2008 年，巴拉克·奥巴马当选总统，塞拉俱乐部突然发现美国环保署站在了自己这一边。在"超越煤炭"运动初步成功的基础上，布鲁斯·尼尔斯构想了该运动的第二阶段：关闭美国所有现存煤电厂，这是一个包括 500 多个污染源的庞大团体，每年向大气排放 20 亿吨二氧化碳。[25] 他们希望能够用太阳能和风能取代这些煤电厂。这是一项需要大量政治影响力和资金的努力。

这场运动迎来了一位颇具影响力的盟友：纽约市市长迈克尔·布隆伯格。布隆伯格在"9·11"恐怖袭击后当选市长，赢得了气候斗士的声誉。他为这座城市制订的战略计划包括 100 多项旨在改善空气质量和生活质量的举措，尤其是征收"拥堵费"，以减少交通堵塞，

2007 年，加州州长阿诺德·施瓦辛格和纽约市市长迈克尔·布隆伯格召集了一个由大城市市长组成的国际联盟，以期在气候行动中发挥领导作用

降低污染和排放。2007年，布隆伯格与加州州长施瓦辛格联手成立了C40城市气候领导联盟（C40 Climate Leadership Group），汇聚了从伦敦到里约热内卢等几十个全球主要城市的市长。

现在，这位亿万富翁市长想了解一项专项投资能否让"超越煤炭"有所不同。在与卡尔·波普和布鲁斯·尼尔斯进行了会谈后，布隆伯格准备投入5 000万美元。目标是到2020年关闭1/3的现有煤电厂。这是一个有限但现实的目标，因此对布隆伯格很有吸引力。"我喜欢打必胜之仗。"他说。

布鲁斯·尼尔斯

这件事变成了一个展示投资如何转化为结果的问题。迈克尔·布隆伯格说："很好，我会给你们5 000万美元，我会从别人那里再筹集5 000万美元，你们自己筹集4 700万美元。"我们实现了95%的目标，共筹集了1.43亿美元。这使我们的行动能够从15个州扩展到45个州，并有资金用于开发质量更高的数据和进行更好的分析。

我们发起了数十起诉讼，迫使最老旧的工厂停产。我们通过自上而下的领导和自下而上的草根运动赢得了胜利。我们关闭了纳瓦霍保留地的一座煤电厂，并用可再生能源取而代之。

我们还起诉了我的母校，威斯康星大学麦迪逊分校，并成功赢了诉讼，最终迫使我作为学生时每天路过的那座煤电厂关闭，这令我激动万分。

在特朗普入主白宫期间，我们淘汰的煤电厂比奥巴马任内还要多。我们关停了现存530家煤电厂中的313家。当然，我们还需要继续努力，使它们全部关停。不过，煤炭占美国电力供应的比例已经从2005年的52%下降到2020年的17%。

清洁电力使一切变得可行。现在的重点是住宅、办公室和商店的建筑规范。我们需要把石油和天然气彻底清除出建筑物，这需要通过新建筑规范来阻止它们成为能源选择，使人们不再使用燃气器具，做到这点并不难。下面四类主要的电气设备都可以在家得宝（Home

Depot）买到，包括：电热水器、电取暖炉、洗衣机/烘干机和电炉。这些全部是电气设备。

如果我们实现了 2030 年的目标，即全球 75% 的电力实现零排放，我们将有机会消除整个电力行业的碳排放。

企业在行动

最近，企业被要求做出更强有力的脱碳承诺的压力越来越大。那些全球最大的企业肩负着减少排放和制订净零排放解决方案的重大责任。根据一份经常被引用的《卫报》报告，全球 71% 的温室气体来自区区 100 家企业的排放。[26] 虽然我们知道，市场更多是由消费而非生产驱动的，但领先企业的决策必然会产生影响。

截至目前，企业可持续发展运动已经兴起了很长一段时间。沃尔玛为零售业的能源效率制定了新的标准，为 12 个州的店面安装了太阳能设施。2016 年，奥巴马任内最后一年，沃尔玛成为 154 家签署《美国商企气候承诺行动》[27] 的公司之一，承诺维护《巴黎协定》。

科技行业在不断扩大运营和数据仓库中可再生能源的使用方面处于领先地位。谷歌已连续四年通过采购可再生能源而抵偿了其全部的全年电力消耗。[28] 自 2020 年 4 月以来，苹果已经在所有公司业务领域实现了碳中和。该公司的目标是到 2030 年消除其产品的碳足迹。[29]

2021 年，苹果公司首席执行官蒂姆·库克在宣布公司将于 2030 年实现碳中和后说："我们共同拥有的这个星球不能再等待，我们希望成为池塘里的涟漪，创造更大的变化。"

这种现象的美妙之处在于它的涟漪效应。当企业做出有利于气候变化的承诺时，供应商往往会紧紧跟上。变化的步伐不断加快。为了打造有净零影响的产品，苹果正在积极努力，动员供应商做出自己的计划承诺。我们正在看到从"碳中和"承诺到"净零排

速度与规模　　234

放"承诺的积极转变，[30] 也就是说，企业承诺在当年通过相应的清除行动抵消掉其所有残余温室气体排放，[31] 而不仅仅是二氧化碳排放。

有关企业的关键结果（KR 8.3） 跟踪全球商企业界对2040年实现净零排放目标的公开承诺。我们的关键成果目标是实现《财富》世界500强公司全部参与。我们要如何实现这个目标？在商业界，来自行业领导者的压力最为有效。例如，亚马逊创始人杰夫·贝佐斯就引入了一个新的标准。我与他的初次见面是在1996年，5年后，杰夫送给我一份难忘的礼物——一支木桨，上面刻着"逆流而上者总需带上一支备用桨"。最近，在我们正谈论气候危机的时候，我拿出了他的礼物。杰夫以他标志性的洪亮声音大笑着说："约翰，看来我们需要很多很多备用桨啊！"

我一直对杰夫钦佩不已的一点是，他总是能发现巨大的机会，制订行动方案，并坚持不懈地精准执行。（Amazon.com 最初的一个名字就是 Relentless.com①。）一旦杰夫决定做一件新的事情，他就会迅速且大规模地开始行动。

对杰夫来说，气候危机就是这样一个机会。过去，亚马逊只是针对服务客户不断精进。现在，它的任务进一步扩展，将气候行动也包括在内，这是一项带着紧迫感做出的决定。

亚马逊建立了一个可持续发展专家团队，成员来自同行公司、学术界和公司上下。[32] 在2016年的一次行动会议上，他们播下了净零排放目标的种子。这个可持续发展团队逐渐从50人增加到200人，获得了在整个企业层面大规模推行碳减排的能力，涵盖了从送货卡车到仓库的各个业务领域。有了这项研究作为基础，亚马逊得以制定并推行一个大胆的目标。2019年9月，杰夫提出了他的计划，承诺亚马逊到2040年将实现净零排放。[33] 得益于亚马逊公司庞大的网络和联系，他的声明激起巨大的涟漪，将造福整个地球。亚马逊不会仅仅满足于自己实现脱碳，还将积极招募其他人来做同样的事情。

---

① Relentless 意为不懈。——译者注

杰夫·贝佐斯

  亚马逊为气候行动树立了一个理想的榜样,因为所有人都知道,这个挑战对我们来说有多艰巨。我们移动的可不仅仅是数位和字节。虽然数据中心大量使用电力,但将已有的电力转换为可持续能源相对容易。2019 年,我们承诺到 2030 年将全部使用可再生能源为我们的运营提供电力。

  现在,我们预计将在 2025 年实现这一目标,比计划提前 5 年。可以说,我们的进展非常顺利。

  但对亚马逊来说,实现净零排放之所以特别困难,是因为我们移动的是实实在在的包裹。我们每年需要送出 100 亿件商品,航空运输和递送工具在我们的工作中扮演着重要的角色。这是纵深和体量都具有真正巨大规模的物理基础设施。

  实现整个运输车队的电动化极其困难,但我们在此方面已经有了一个良好的开端。我们投资了一家名为 Rivian 的公司,从他们那里购买了 10 万辆电动送货卡车,首批 1 万辆将于 2022 年底上路。我们已经开始推动这一部分的计划落地。

但杰夫并没有满足于此。为了扩大亚马逊2040年承诺的规模，他联合发起了一项名为"气候承诺"（The Climate Pledge）的活动。[34] 它呼吁所有签署协议的公司效仿亚马逊，到2040年实现净零排放，提前10年实现《巴黎协定》的目标。其影响之大，无论怎样形容都不为过。

高露洁-棕榄公司（Colgate-Palmolive）在签署承诺时进一步保证，到2025年使用完全可回收的牙膏管，并将遵守严格的塑料和水减排目标。[35] 百事可乐在签署承诺时则宣布了一系列清洁能源解决方案，涉及从风力驱动的纯果乐橙汁（Tropicana）生产厂到多力多滋（Doritos）的电动送货车。[36] 到2030年，该公司将要求其遍布于60个国家，涵盖700万英亩农田的食品供应商采用可再生农业实践。

杰夫的愿景是让整个供应链和价值链自主开展气候行动。现在，亚马逊及其供应商正全力以赴应对这一巨大挑战，杰夫强调了这项工作的难度和紧迫性。

杰夫·贝佐斯

这确实令人望而生畏。非常困难，而且它本来就应该很困难，如果你一开始并不以为它会很难，那么你会失望并放弃。但我们可以论证一点（我们正计划充满激情地这样做），如果亚马逊能做到，任何人都能做到。毫无疑问，这将是一个挑战，但我们知道我们能做到。更重要的是，我们知道我们必须这样做。

我们必须现在就采取行动，我相信现在已经有众多能量正在汇集，推动我们采取行动。我们正处在一个转折点，《财富》世界500强企业对气候危机越来越重视。各国政府也开始认真对待这一问题，那些负责掌舵的人每次都愿意把它作为优先事项。

在"气候承诺"的推动下，我们看到越来越多的组织承诺到2040年实现运营净零。大公司应该做出承诺已经成为众望所归的想法。

现在有超过100家公司签署了承诺书，它们的年收入总额高达1.4

万亿美元,全球员工超过 500 万人。你不可能仅凭一己之力实现净零排放,而是只能与其他大公司合作完成这个目标,因为我们都是彼此供应链的一部分。要实现我们所说的那种改变,必须让整个供应链一起行动。我们都相互依赖。

你不能仅凭一己之力做到这一点。

亚马逊可持续发展全球负责人卡拉·赫斯特(Kara Hurst)指出,为了确保企业的引领行动实际发挥作用,气候承诺要求企业定期自我报告温室气体排放情况。"我们并没有规定公司应该做什么,只不过这是它们应该做的,"卡拉表示,"这不是为了报告而报告,而是一种分享经验的机制,看看今后我们可以做些什么不一样的事情。"通过测量、追踪和分享它们实现净零排放的进展,签署气候承诺书的企业正在为其他企业也这么做铺平道路。

对于企业气候活动人士来说,变革的势头正在增强。2019 年 8 月,商业圆桌会议(Business Roundtable)这一美国商企界事实上的指导委员会发布了"关于公司宗旨的声明"(Statement on the Purpose of a Corporation),[37] 从而实现了历史性的转折。这家组织是 1972 年由总部设在美国的各大公司掌门人成立的。成立以来,圆桌会议一直明确表示,公司的首要目的自始至终都是寻求投资资本的最大回报率。该组织的章程宣称:"公司存在的主要目的就是服务股东。"尽管可持续发展十分重要,但它从未被视为公司治理原则的一部分。

但时代在变。随着越来越多的首席执行官扩大了他们的使命范畴,商业圆桌会议也做出了同样的回应。新的声明强调了下列方面的重要性：服务客户，建设一支多元化、包容和尊重的劳动力队伍，以及通过可持续的实践来保护环境。鉴于地球已经处于如此危急的境地，圆桌会议的新策略来得正是时候。

沃尔玛如何发挥领导作用

当时担任商业圆桌会议主席的沃尔玛公司首席执行官道格·麦克米伦（Doug McMillon）[①]领导了其开辟全新前进道路的行动。道格长期以来一直是客户和员工利益的坚定拥护者。他是从最基层一步步走上商业领袖地位的。道格十几岁起就在沃尔玛打零工，负责从卡车上卸货。此后，他一路晋升，先是担任公司仓储式会员店部门山姆俱乐部的首席执行官，然后是沃尔玛国际的首席执行官，最后在2014年被任命为整个公司的首席执行官。在与道格的谈话中，我被领导人在发起一项活动中的重要性深深震撼——事实上，真正的行动均始于领导人有意识地选择打破现状。道格坦率地讨论了沃尔玛如何以及为什么要拥抱可持续发展，并设定到2040年实现净零碳排放的目标。

[①] 据沃尔玛中国官网，其有中文名"董明伦"，但为免混淆，参考网络新闻报道译名。——译者注

道格·麦克米伦

山姆·沃尔顿在 1962 年创立了沃尔玛。[38] 和所有优秀的企业家一样，他从一开始就非常关注自己的客户和员工。他曾经说过，如果能服务好这两大利益相关者，我们的财务投资者也会获得丰厚收获。

快进到 21 世纪 90 年代和 21 世纪初，沃尔玛公司高速发展，规模扩大，并进军食品杂货行业。我们在各种问题上面临着很多来自社会的批评和压力，但没能像公司发展之初那样做出良好回应。我们并没有真正理解问题所在。

我们当时的首席执行官李·斯科特做出了一个重要的选择。他没有为公司辩护，也没有用公司对事实的解读来回应公众批评，而是带领员工倾听并向批评者学习。在聆听了彼得·塞利格曼、保罗·霍肯、老芭芭拉·艾利斯、阿莫里·洛文斯和吉布·埃里森等思想领袖的意见后，我们的心态发生了转变。大家开始意识到，我们可以做得更多，这对业务有好处。

2005 年，卡特里娜飓风来袭。堤坝决口，新奥尔良洪水泛滥。人们的生命面临威胁，很多人挤在屋顶上苦苦等待救援，而联邦政府反应迟缓。我们在本顿维尔的领导团队在那个漫长的周末召开了电话会议，努力帮助当地的同事和客户，并通过电视新闻艰难地追踪着事态发展情况。

人们需要帮助，但他们没有得到足够的回应。李告诉团队尽我们所能提供帮助。他表示，日后再去计算成本，如果因此而出现季度亏损，那就亏损好了。

我们最终送出了1 500卡车的食物和其他物资。从全美各地征召员工来帮忙，包括店面经理和市场经理。他们中的许多人在那里工作了几个星期，因为没有更安全的地方可以住人，他们晚上就睡在我们的商店和仓储式会员店里。当救援直升机使用我们的停车场时，员工帮忙提供引导。我们的一名管理人员在商店内为一名顾客施行了心肺复苏术。勇敢的同事们全力以赴，尽自己的一份力量，英雄事迹层出不穷。

全美各地的许多人看到了沃尔玛的所作所为，我们感到非常自豪。在卡特里娜飓风来临之前的学习之旅为那一刻做好了准备。李抓住这个机会发问说："我们要怎样才能成为一家每天都有这种感觉的公司？"在李的领导下，我们迅速制定了一些关于社会和环境可持续性的大目标，并设定了零浪费、转向可再生能源、销售可持续产品的目标。

现在我们转向系统性思考，努力设计整个业务架构，使所有利益相关方受益，并为社区和地球做出贡献。

沃尔玛新的可持续发展目标从总部延伸到全球6 000多家设施、店面和会员店，以及其当时遍及全球的160多万名员工。让这些新目标变得更加重要的是它们对供应商的影响，这些供应商本身就是服装服饰、食品和农业以及工业材料领域的重要公司。

道格·麦克米伦

初步计算，我们的碳足迹中有8%~10%是由我们的资产带来的，包括卡车、商店等我们拥有的东西。另外90%~92%则是由供应链带来的。因此，如果不直面这个问题并积极促使我们的供应链参与行动，根本无法实现减排目标。

于是，我们行动起来，不仅动员了大供应商和品牌，而且还动员了世界各地的工厂。我们销售的产品中，大约 2/3 是在美国制造、种植或组装的，另外 1/3 来自中国、印度、墨西哥和加拿大，还有来自世界各地的零部件。我们制订了一个计划，邀请所有供应商加入，组成了所谓的可持续价值网络。

供应商积极参与了与他们相关的议题，比如：如何减少运输车队的碳足迹？如何去除产品中非必要的化学物质？如何改进包装？我们邀请供应商来帮助沃尔玛思考这些问题并制定政策。我们还邀请了大学、非政府组织的人和其他思想领袖。这是一个基本上汇聚了比商界范畴更广泛的团体，帮助我们利用科学做出明智的政策选择，然后据此采取行动。

我们发现，沃尔玛的供应商与我们志同道合。我们并没有强迫任何人做任何事情，相反，这是一扇敞开的大门和一次教育经历，而他们是自愿前来的。

2020 年底，根据两个方面的最新情况，公司制定了新的系列目标。其中之一是我们自己的蜕变过程，在可再生能源、消除浪费、销售可持续产品以及尽我们所能促进环境和社会的可持续性方面均取得了进展。所以我们已经为下一阶段的目标做好了准备。

另一个进展则是，全世界的最新状况并不乐观，我们的紧迫感必须更强，目标必须更高。我们在 2019 年设定了一个目标，即到 2040 年，在不进行补偿的情况下，实现自身运营的零排放。

同时，我们不仅需要减缓危害、实现碳中和，而且要找到方法来增加补偿。一些专家估计，大自然本身可以提供多达 1/3 的气候变化解决方案。因此，在做出向可再生能源转型和消除浪费等努力的同时，我们还将保护至少 5 000 万英亩的土地和 100 万平方英里的海洋。沃尔玛将努力成为一家资源可再生型公司。

我们的可持续目标

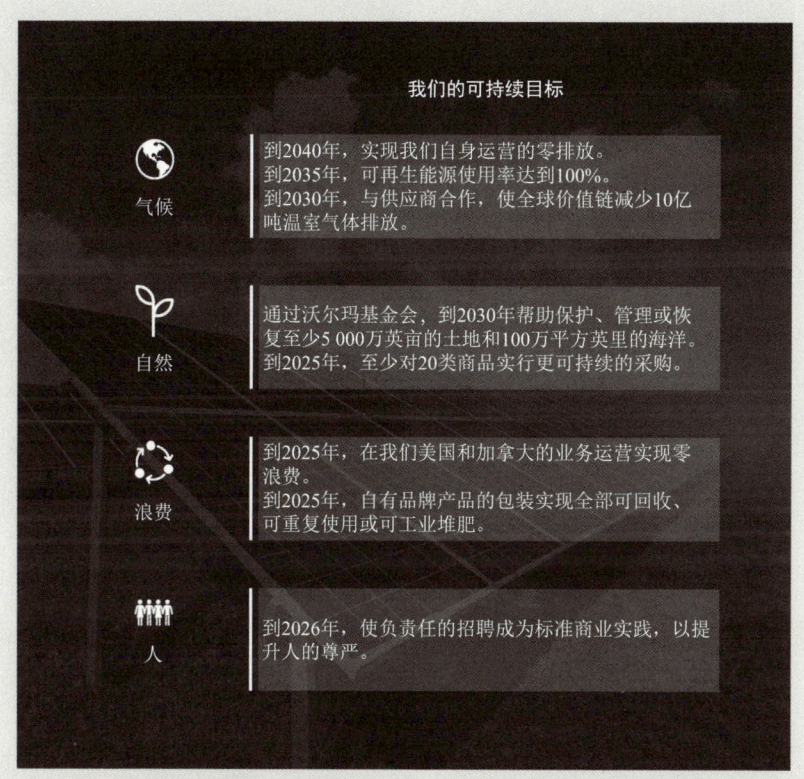

气候
- 到2040年，实现我们自身运营的零排放。
- 到2035年，可再生能源使用率达到100%。
- 到2030年，与供应商合作，使全球价值链减少10亿吨温室气体排放。

自然
- 通过沃尔玛基金会，到2030年帮助保护、管理或恢复至少5 000万英亩的土地和100万平方英里的海洋。
- 到2025年，至少对20类商品实行更可持续的采购。

浪费
- 到2025年，在我们美国和加拿大的业务运营实现零浪费。
- 到2025年，自有品牌产品的包装实现全部可回收、可重复使用或可工业堆肥。

人
- 到2026年，使负责任的招聘成为标准商业实践，以提升人的尊严。

沃尔玛实现净零排放的多方面努力吸引了广泛利益相关方的参与

支持员工、社区和地球的投资绝对符合客户和股东的最大利益。

沃尔玛现在已经成为气候行动中无可争议的领导者。该公司一直在积极寻找提高能源效率和可持续性的方法，并促使更多人认识到现在所面临的诸多问题的紧迫性。沃尔玛在气候领域的领导作用契合山姆·沃尔顿最早为公司设定的使命：帮助人们省钱，让人们生活得更好。例如，通过提高运货卡车车队的效率，沃尔玛避免了超过 8 万吨的碳排放，而其附带好处是，这种成本节约会传递给客户。

这从一个方面体现了该公司的核心信念，即支持员工、社区和地球的投资绝对符合客户和股东的最大利益。正如沃尔玛发现的那样，长期而言，兼顾多个利益相关方的方法是最佳方法，也许还是企业拥有者实现价值最大化的唯一方法。

不加入企业行动的风险

如果说亚马逊和沃尔玛已经成为气候行动的典范，那么其他人表现如何呢？对许多公司来说，在气候问题上主动采取行动的根源是风险。未能达到排放目标可能会带来令人不快的后果，从股东诉讼到市场价值低迷。对此敲响警钟的包括全球最大的投资管理公司贝莱德（BlackRock），该公司管理着 8.7 万亿美元的资产。[39] ==贝莱德表示："具备气候意识的投资组合"已不再是一个可选项，而是一个必选项。==

在 2021 年致其所投资企业负责人的公开信中，贝莱德的首席执行官拉里·芬克（Larry Fink）宣布，其所处的行业正处于"转型的最前沿"。[40] 芬克指出，随着越来越多的投资者将投资组合转向可持续发展，"我们看到的结构性转型正迅速加快"。芬克警告称，那些未能为向净零经济转型做好准备的公司，其业务和估值将受到影响。他雄辩地指出，我们正面临巨大的挑战，投资者和企业领导人应抓住这一双重机遇，在为世界开创一个更光明、更繁荣的未来的同时，为股东带来长期回报。

拉里·芬克

五年前,我开始写信倡导企业可持续发展运动。我 2020 年的公开信得到的大部分回复都很积极,但也有大约 40% 的回复非常负面,其中一半来自环保人士,他们说我们做得还不够。我承认投资界并不完美,我们未能关注到社会中获得服务不足的部分,这些部分经常被遗忘。

另一半批评来自极右翼。一些保守派的报纸甚至刊登了一幅我抱着一棵树的漫画。但别搞错了,虽然我自认是一个环保主义者,但在写这封信时我是一位资本家,是我们客户的受托人。

我坚信,贝莱德应该在可能影响客户资产价值的重要问题上发表意见。多年来,我写给首席执行官的公开信越来越关注公司解决气候危机所需承担的责任,而这些信产生了影响。当商业圆桌会议决定拓宽对企业角色的认识,使其能够包容所有利益相关者时,我相信这个决定在一定程度上是对我 2018 年公开信的反应,那封信的关注点正是企业应该负起责任。

在写下 2020 年的公开信之前的一年,我目睹了大堡礁日益严重的白化,目睹了南美洲的山火和博茨瓦纳的旱灾。这对气候和企业来说都是毁灭性的。无论走到哪里,可持续性都成为我每次谈话的主题。我更清楚地看到,气候风险就是投资风险。

人们的意识正在迅速提高。我相信我们正处在金融业进行根本性变革的前夜。有关气候风险的证据迫使投资者重新评估核心假设，他们会对投资那些遭受损失但拒绝改变的公司非常谨慎。

我们肩负着信托责任，要确保我们代表客户投资的公司正在着手解决这些重大问题，既对气候风险有效管理，也能抓住机遇发展业务。只有这样，他们才能带来我们的客户赖以实现长期投资目标的长期财务回报。

2020年，我们看到了气候意识投资的加速。2021年，资本流动继续加速。在我2021年的公开信中，我变得更充满希望。资本能塑造气候变化曲线吗？答案是肯定的。我相信可以。

但我们还有很多工作要做。

我们对风险和机遇了解得越多，就能越快在所有行业实现这种结构性转变。强生公司目前的市盈率之所以高于大多数同行，部分原因是其首席执行官亚历克斯·戈尔斯基专注于降低强生的碳足迹。

我们可以向加州公务员退休基金（California Public Employees' Retirement System）展示，如果一只投资基金的可持续发展得分高于标准普尔500指数，那么该基金的表现也将优于标准普尔500指数。如果标准普尔500指数包含了一些拖后腿的公司，那么我们会建议所有养老基金都选择不持有该指数基金。

多亏了特斯拉等公司的崛起，你已经可以看到股市正在发生的变化。清洁技术公司的市盈率为26~36倍，而碳氢化合物公司的市盈率只有6~10倍。

最大的危险是，公开交易的化石燃料公司将其碳氢化合物资产剥离给私人公司。去除碳氢化合物业务可能只是一种漂绿行为。例如，如果能源公司将其碳氢化合物资产出售给私人股本公司，一切都没有改变。事实上，它们让问题变得更糟，因为资产被转移到了不那么公开和透明的市场。

气候风险就是投资风险。

贝莱德和其他大型机构投资者正在通过胡萝卜加大棒的策略推动支持气候行动的认知。随着越来越多的投资者坚持可持续发展理念，那些对此反应迟缓的公司将面临更高的资本成本，那些投身这股潮流者将占据更有利的地位，提供更高的股东回报，而股东回报是衡量一位首席执行官业绩的主要指标。

美国最大的石油公司埃克森美孚就是一个戏剧性的例子，表明风险意识的提高已经在迫使它变革。随着全球石油价格在 2007 年达到峰值，该公司的市值突破 5 000 亿美元，成为全球市值最高、最赢利的公司。但当油价暴跌，需求疲软时，埃克森美孚的财富也随之缩水。到 2020 年底，该公司的市值已暴跌至 1 750 亿美元。在过去 10 年中，该公司的总体回报率下降了 20%，而同期标准普尔 500 指数则上涨了 277%。[41] 毫不奇怪，持有埃克森美孚股票的人并不高兴。一些人已经成为激进股东，积极寻求获得董事会席位。他们的目标是迫使该公司将其长期战略与向可再生能源转型结合起来。正如一个新闻标题所写，"绿色鲨鱼正在埃克森美孚四周盘旋"。

2020 年 12 月 7 日，作为"让埃克森美孚重新焕发活力"运动的一部分，激进股东发表了一封公开信[42]，宛如一石激起千层浪。这封信写道："在石油和天然气的历史上，没有一家公司比埃克森美孚更具影响力，然而很明显，整个行业及其业务所在的世界正在发生变化，因此埃克森美孚也必须做出改变。"正如激进股东指出的那样，目前的董事会中没有任何人具有可再生能源方面的背景。作为回应，埃克森美孚公布了有史以来第一份排放概况，以及公司为减少气候影响的破坏性所做努力的细节。

这些并未打动激进股东，他们继续努力推动埃克森美孚彻底转型，远离化石燃料。他们指出，欧洲的石油和天然气公司已经进行业务多元化，进军生物燃料、氢和海上风电场领域。2021 年 5 月，一家名为"一号引擎"（Engine No. 1）的小型对冲基金领导了一场股东起义，夺取了三个独立董事席位。[43] "这是埃克森美孚和整个行业的里程碑时刻"，非营利性投资者网络 Ceres 的安德鲁·洛根表示。[44] 同一天，激进股东还拒绝了雪佛龙董事会的决议，投票决定减少雪佛龙产品的温室气体排放。几乎同时，荷兰一家法院裁定，全球最大的私营石油公司荷兰皇家壳牌公司必须在 2030 年前将其排放量在 2019 年的水平上削减 45%。牛津大学经济学家凯特·罗沃斯（Kate Raworth）将之称为"一个无化石燃料未来的社会转折点"。[45]

如果连最强大的石油公司也需要被迫适应的话，那么显然整个行业中没有企业能幸免。像阿尔·戈尔这样的气候领导人早就预言了这一天。戈尔援引政府间气候变化专门委员会的数据指出，化石燃料公司的碳资产中有 28 万亿美元尚未被开发，其中 22 万亿美元的资产（超过 75%）可能会被永远封存在地下。"石油公司正在调低储量的价值，"戈尔说，"这些储量是有毒的次级资产，永远见不了天日。对这些公司来说，这是一场彻头彻尾的灾难。"

化石燃料公司的领导人必须接受新的现实，致力于加快向清洁能源转型。只扩大净零经济的规模远远不够，我们还需要关闭剩下的旧经济形式。

迈向环境正义

当我们努力维持一个宜居的世界时，我们还必须创造一个更公平的世界。"危机"（crisis）一词源自希腊语的"krisis"，即"选择"。在解决气候危机时，我们拥有无数选择，可以纠正社会和经济不公、健康差异和性别不平等。如果我们的净零雄心壮志以失败告终，这些问题肯定会变得更糟。但我想指出一个更积极的前景：当前的排放危机是一个解决代代相传的严重不平等现象的绝佳机会。更重要的是，加速实现净零增长取决于我们对公平和正义的承诺。如果做不到后者，我们也不能实现前者。

这场斗争的领导者之一，马戈特·布朗（Margat Brown）博士是美国环保协会环境正义与公平项目的负责人。2005 年 8 月，当她还在杜兰大学专注为博士论文进行研究时，警报来袭。在卡特里娜飓风破城前两天，马戈特把数据装进手提箱，离开了新奥尔良。她在远方眼睁睁地看着这座城市被洪水淹没。

马戈特·布朗

几十年来，盛行的环境运动和环境正义运动之间一直存在脱节。前者的重点是保护自然系统和野生动物，后者的重点则是保护处境不利的社区免受环境危害。根据我们已经学到的经验教训，我们必须两者并举，而且必须同步去做。它们都是一个更大系统的组成部分。

经常有人问我，应如何处理这种紧张关系，推动经常遭到忽视的有关公平和公正的解决办法。我使用系统的方法。这意味着将人类健康和福祉作为评估的关键部分，借此来协调以自然为中心的解决方案和环境正义。

通过推广保护有色人种和低收入人群的环境项目，我们可以确保这些人不再是首当其冲受到气候变化影响的人，也不再是最后一个得到服务的人。

2005年，卡特里娜飓风登陆前几天，我撤离了新奥尔良。我远远地看着气候危机惩罚弱势群体。对有色人种社区的破坏是如此严重，以至于他们的弱势地位成为全世界瞩目的焦点。

7个月后，我回到新奥尔良完成论文答辩。这座城市的大片地区仍处于封闭状态，整个社区仍一片狼藉，未获修缮。

然而，新奥尔良上城区的全食超市看起来和受飓风打击前完全一样。这是为什么？因为这家商店位于一个居民区的高地上，那里的人们有经济资源可以立即重建。

就在几英里之外的下九区，尽管卡特里娜飓风已经过去 16 年，许多房屋仍然空置，前门钉着褪色的黄色告示牌。那些曾经拥有自己房屋的人不能或不再回来，因为他们缺乏重建所需的资源。

这个低收入黑人社区被一条建于 20 世纪 50 年代的工业运河淹没。修建这条运河是为了缩短商业航线距离。运河的建设摧毁了保护性的自然屏障，使居民暴露在工业排放的有害废气中。由于缺乏自然保护，这个社区最终遭到了破坏。

遍布美国和全球各地的弱势群体都正在因为环境和社会经济因素而遭受苦难。我们需要关心这些社区的福祉，同时也要认识到，他们面临的问题会损害所有人的健康和安全。

我们需要了解是什么导致了卡特里娜飓风的毁灭性后果，并从中吸取教训。

普通工人，包括酒店里的女服务员、门卫，以及我所居住大楼里的保安和我所在教会的教友失去了他们引以为豪的房屋、他们所属的社区、他们曾经拥有的生活，也失去了很多朋友和家人。

弱势群体是最后被服务的人。

与任何其他因素相比，你居住的地方决定了你将接受多少教育以及其质量如何，也决定了你将获得的收入、你将拥有的健康，以及你的预期寿命。

当人们问我什么是环境不公带来的影响时，我的回答很简单，那就是死亡。这种影响不仅指失去家园，还指社区和生活方式，即整个文化都遭到破坏。2005 年卡特里娜飓风来临之后，我们看到了这一点，现在从新冠病毒对少数族裔社区不成比例的打击中，我们再次看到了这一点。

公平的转型需要一种全面的方法。我们需要经济转型、生活收入转型、教育程度转型和经济机会转型。我们必须解决每一个难题。

环境不公带来的影响就是死亡。

在马戈特和其他专家的指导下，我们将环境正义的核心要素分为可以测量和跟踪的类别：教育差距、健康差距和经济差距。

缩小教育差距

气候变化对不同性别的冲击也有所不同。由于深层次的不平等，妇女和女童更容易受到气候变化最恶劣的影响，她们也是缓解气候危机的宝贵盟友。应对气候变化的核心斗争之一便是争取女童获得公平的教育，尤其是在非洲、南亚和拉丁美洲的发展中国家。用"减少温室气体排放项目"的话来说，教育是"打破代际贫困循环，同时通过遏制人口增长来减少排放的最有力杠杆"。女性每多上一年中学，其未来的收入就会增长15%~25%。[46] 受过良好教育的女性结婚更晚，生的孩子更少，也更健康。[47] 她们会拥有更高产的农田和营养状况更好的家庭。不仅如此，她们还更有能力抵御气候变化的影响。马拉拉基金（Malala Fund）研究了气候影响与女童教育之间的关系，该基金由有史以来最年轻的诺贝尔和平奖得主马拉拉·优素福扎伊创立。2021年，至少有400万名中低收入国家的女童因气候相关因素而无法完成教育，具体包括旱灾、食物和水资源短缺以及流离失所。到2025年，受影响女童的数字预计将增长到1 250万。[48]

全球共有1.3亿女童被剥夺了上学的基本权利。[49] 原因很多，包括家庭资源有限、根深蒂固的文化偏见、学校内部和上学途中的安全问题等。一本关于女童教育问题的权威书，《女童教育的有效方法：全世界最佳投资的证据》（*What Works in Girls' Education: Evidence for the World's Best Investment*）着重介绍了一些有希望的解决方案，包括必须减轻上学的负担、提供家庭津贴，从而让家长即使在家庭遭遇不测或经济困难时也能供女儿继续上学，女童不必长途跋涉就能够进入优质学校学习。此外，她们还需要克服健康方面的障碍，如服用药物驱虫。

在吸引女童入学并留在学校方面的努力不乏成功例子。非营利机构"女童教育"（Educate Girls）的成功经验已经表明，强有力的领导和充足的资金可以吸引数千名当地志愿者，这些志愿者可以让数百万女童进入学校。该组织的创始人萨菲娜·侯赛因（Safeena Husain）讲述了她的个人经验。

<mark>关于教育的关键结果（KR 8.4）</mark>呼吁普及小学和中学教育，确保全世界所有女童和男童在学校学习到 18 岁，这应该是一项基本人权。[50] 实现这一目标的手段将因城市和农村环境以及发达国家和发展中国家而异。我们需要直面女童接受学校教育的障碍，并提供切合当地实际情况的解决方案来克服这些障碍。

这是一个巨大的挑战。但正如马拉拉·优素福扎伊提醒我们的那样，"在未来 15 年内让数百万女童入学看似是不可能完成的任务，但事实并非如此。世界既不缺乏资金，也不缺乏为每个女童和男童实现免费、安全、高质量中学教育的专门知识"。[51] 实现这一目标对解决气候问题有着强大的激励。根据减少温室气体排放项目，<mark>"自愿性生殖健康服务和男女童普遍获得同等质量的教育"[52] 将使全球二氧化碳排放量每年减少近 30 亿吨。</mark>这一计算清楚地表明：女童教育必须得到普遍保障。

萨菲娜·侯赛因

我在德里长大,断断续续地接受了教育,所幸最终成为家中第一个出国留学的人。我毕业于伦敦经济学院。

许多年后,当我再回到印度时,我深深地意识到,自己所获得的所有机会都源于教育。但我也知道,印度还有数百万其他女孩被剥夺了同样的权利和机会。尽管印度在扩大基础教育方面取得了巨大进步,但仍有400多万女孩失学。

我在2007年创办了女童教育组织。我们致力于改变印度偏远地区和边缘化社区居民的心态,使人们更积极地支持女童接受教育。我们依靠当地村落志愿者的帮助,并借用巴利卡,即印地语"女孩"一词,将这些志愿者命名为"巴利卡团队"(Team Balika)。他们充满激情,通常是所在村子里受教育程度最高的年轻人。他们挨家挨户地确认每个失学女童的身份。这就像人口普查,数据记录在我们自己的"女童教育"手机应用软件上。

利用这些数据,我们对每个村庄进行地理标记,以快速确定失学女孩的聚集地,并优先考虑最需要帮助的地区。当我们知道女孩们都在哪里后,我们就着手把她们带回学校。最初是社区动员过程,即召开村庄和社区会议,以及对父母和家庭提供咨询。这个过程可能需要几周到几个月的时间。

一旦我们将这些女孩纳入学校系统，我们就会与学校合作，确保她们能够留在学校，并确保较高的出勤率。我们会解决那些经常迫使女孩辍学的安全和卫生障碍，比如缺乏干净的饮用水或单独的女厕所。

但如果孩子们不学习，所有这些都将毫无意义，因此我们开展了一个补救性学习项目。我们救助的大多数孩子都是家中第一代接受教育者，在家里没有人能帮助她们完成家庭作业，她们的父母通常是文盲。这个项目有助于缩小这种学习差距。

女童教育有一个雄心勃勃的计划，即到 2024 年项目结束为止，在 5 年内可以帮助 150 万名失学女童回归校园。这将大大缩小教育领域的性别差距。该项目最初只覆盖了 50 所学校，后来发展到 500 所，然后覆盖了整个地区，我们覆盖的学校规模每 18 个月就会翻一番！

在南亚，让女孩上学的最大障碍是人们的心态和传统的歧视性社会习俗，改变这种立场是最困难的。我们试图借助志愿者克服这个困难，但最关键的是要在一个地区长期坚持下去，比如 6~8 年。做到这一点，你就创造了一个新常态。

不是仅仅开展一次宣传攻势，然后就人人都去上学，你的任务就大功告成，挑战在于长期保持这种状态。如果女童教育扎根一个地区 6~8 年，这个时间段将覆盖 10 个年级的学生群体，影响整整一代人。如果我们能让整整一代女孩接受学校教育，她们的孩子将拥有一个不同的人生开端。

这样做的目的是打破女童无法获得教育的恶性循环。数据显示，一旦你打破这个循环，它就不会再出现，因为如果母亲受过教育，她们的孩子接受教育的可能性将增加一倍有余。这就是我们的目标。

将女童与气候变化问题联系起来很重要。这不仅仅因为女童是使家庭规模缩小、健康水平提升，从而减少未来排放的关键，还因为贫穷和脆弱的妇女及女童会为气候变化付出最高的代价。

对我来说，教育是这一切的核心。

缩小健康差距

开创清洁经济和净零排放世界的方法不止一种。但并不是所有方法都能确保转型过程公正和公平。速度与规模计划试图抓住这一契机，从健康和财富这两个关键方面弥合种族和社会经济群体之间的差距。

许多证据表明，有色人种在气候危机中实际受到的伤害大于他们本来应该承受的份额。下面我们希望深入探讨与温室气体排放有关的健康问题。最危险的污染物被称为"细颗粒物"，或"PM2.5"，这是一种能够深入人体肺部、直径不超过 2.5 微米的微小固体或液体颗粒。它们主要由天然气或柴油动力汽车或化石燃料发电厂产生，危害程度惊人，全球每五例过早死亡病例中，就有一例是由它造成的。[53] 2019 年，仅在印度，有毒空气就导致 160 多万人死亡。[54] 在美国，它每年导致 35 万人过早死亡。黑人和西班牙裔社区受到的影响尤为严重，特别是黑人社区，其 PM2.5 的暴露水平比总人口的平均水平高了 50% 以上。[55]

有关健康的关键结果（KR 8.5）旨在消除不同种族和经济地位的群体在气候污染相关死亡率方面的差距。为了衡量我们在公平转型至净零排放上所取得的成功，对健康结果的衡量至关重要。我们的部门关键结果（关闭煤电厂，实现小客车和卡车电动化，实现家用炉灶和取暖设施电气化）正是为了应对这一挑战。

不可否认，这一关键结果的范围相当激进。消除死亡率的差距是一个棘手的问题。尽管如此，我们必须对自己雄心勃勃的计划抱有坚定的信心。我们需要放宽眼界，致力于在世界每个角落实现健康结果的公平。在深度方面，任何微小的死亡率差异都可视作失败。有时候，我会心存疑虑，不知人类到底能否可能达成这样的成就。有时候我则更加乐观，意识到就我们能做到什么或是不能做到什么开展辩论于事无补，为更美好的未来而奋斗才是更振奋人心和更值得的事情。这就是社会运动的作用以及承诺。

不断扩大的机会

在追求净零未来给我们带来的所有潜在好处中,创造就业机会可能是政界最关注的部分,这也很正常。向清洁能源经济转型带来的经济机会估计可达到 26 万亿美元。[56] 到 2030 年,随着全球范围内对城市中心进行改造、扩大可再生能源规模、发展电网规模的储能以及改造整个经济部门,我们将创造大约 6 500 万个新工作岗位[57]和数不清的财富。

有关经济公平的关键结果(KR 8.6)要求实现经济的公平转型,并且将以高薪清洁经济岗位的分配作为衡量标准。清洁能源带来的额外财富必须惠及服务不足的人群,必须优先考虑弱势社区的培训项目和清洁经济工作。我们不能丢下任何人,包括原来的煤矿工人、石油工人和天然气业工人。高薪工作尤其必须得到广泛和更具包容性的分配。

正如气候正义联盟(Climate Justice Alliance)所写,"转型不可避免,但正义不能缺席"。在提出这一关键结果的过程中,我们明确了目标,即实现公平转型,使所有人广泛、公平地获得新的机会。当然,这只是开始。真正的经济正义需要解决长期存在、根深蒂固的财富不平等问题,这些问题困扰着历史上处于不利地位的社区,并将发达国家与发展中国家分隔开来。

考虑到本章中关键结果的规模和力度,一些读者可能不相信或不屑一顾。但也许相较于任何其他催化剂,转型运动更需要大胆、富有想象力和不受阻碍的思考。顾名思义,它们需要打破现状。最重要的是,它们是我们迅速、持久改变政策的最大希望。它们带来了以前无法想象的全新未来。

行动的放大器

20 世纪 60 年代,我还是个十几岁的少年。当时,社会运动凝聚为无数个带给人鲜明记忆的难忘时刻和地点——向华盛顿进军，或是亚拉巴马州塞尔马市埃德蒙·佩图斯大桥的血腥星期天。作为位于休斯敦的莱斯大学 KTRU 广播电台的新闻总监，我目睹了如火如荼的校园运动和反越战运动。在那个时代，抗议活动的生死存亡取决于参加现场活动的人数以及它们引起的媒体关注度。

当今的世界已经不同。有了推特和 YouTube 等平台，运动不再需要现场集会。变革的呼声能够以网络速度传播，倡导者和支持者能够以前所未有的方式和数量参与运动。

在社交媒体出现之前的 1984 年，一场成为行动放大器的活动横空出世。这是一项一次性活动，领导者可以在技术（technology）、娱乐（entertainment）和设计（design）的结合点上分享想法，因此缩写为 TED。1990 年，在经历了一段时断时续期之后，TED 成了一个年度盛会，并将其范围扩展到了创新和知识的所有领域。2006 年，首批六场 TED 对话在网上发布。剩下的，就像他们自己所说的，已成传奇。

长期以来，可持续发展一直是这个前瞻性组织的中心主题。2006 年，在阿尔·戈尔为他即将上映的《难以忽视的真相》做了预告后，TED 的克里斯·安德森（Chris Anderson）震惊地发现，观众中有许多人"从那一刻起改变了他们的人生目标"。

在其社区主要成员的敦促下，TED 领导层开始采取大胆的新方法来应对人类历史上最大的全球挑战。TED 创建了一个"倒计时"（Countdown）平台，旨在倡导和加速气候危机的解决方案。它将众多团体聚集在一起，放大他们最好的想法，并试图将这些想法转化为行动。"倒计时"项目由克里斯·安德森与林赛·莱文（Lindsay Levin）领导的"未来守护者"（Future Stewards）团队合作发起，为这场重要对话带来了多样化的想法和声音。

2020 年 10 月，首届倒计时活动在 YouTube 上进行了全球直播。1 700 万人观看了直播，聆听了一系列领导人和明星的演讲，包括联合国前气候事务高级官员克里斯蒂安娜·菲格雷斯和教皇方济各。在接下来的几个月里，随着大量演讲视频在全球传播，其听众增加到

6 700 万。[58]

随后几周内，从苏丹到萨尔瓦多再到印度尼西亚，600 多个地方团体举行了他们自己的虚拟 TEDx 倒计时活动，将"主舞台"演讲与本地领导人和社区的对话穿插在一起。TED 从来没有与普通人如此息息相关，如此个人化，如此平易近人。它开始脚踏实地地取得成果。

哲学家兼记者罗曼·克兹纳里奇（Roman Krznaric）在题为"如何成为一位好祖先"（How to Be a Good Ancestor）的演讲中谈到了我们今天所做的决定将如何影响到未来好几代人。[59]6 个月后，巴基斯坦最高法院以对环境产生不利影响为由，裁定不扩建一座水泥制造厂。法官们引用了罗曼的 TED 演讲，并链接到了相应的视频，此外还引用了另外两个关于绿色水泥的"倒计时"的演讲。[60]

正如你所见，"倒计时"的影响广泛而深刻。当地领导人和专家可以接触到来自四面八方的听众，可以收集经验教训和解决方案，并将其传播到世界各地。凭借大胆的想法并辅以翔实且结构完备的故事讲述，"倒计时"等社会运动正在推动更快的变革，吸引更多的人，触及更多的地方，拓展更多的层次。林赛说，由于拥有了传播思想的能力，"人们有了身为主人翁的责任感。他们觉得自己是未来的守护者"。

每当我停下来思考许许多多这样的行动所带来的改变时，我就会再度对我们事业的未来感到乐观。我决心加倍努力采取行动，这种感觉可能在美国青年桂冠诗人阿曼达·戈尔曼的《地出》（Earthrise）①一诗中得到最好的诠释[61]：

> 没有彩排。就是现在，
>
> 现在，
>
> 现在，
>
> 现在，
>
> 逆转伤害，

---

① 地出指从月球上看地球，地球从月球的地平线上升起。——译者注

保护我们共同的未来,
是无可争议的辩白。
所以,地球,这苍蓝小点①,
我们定不负于你,
敬请期待。

---

① 苍蓝小点(pale blue dot),又译为"淡蓝色小圆点""暗淡蓝点",出自1990年2月14日,由旅行者1号拍摄的著名地球照片之一,显示了地球悬浮在太阳系漆黑的背景中,只是在粒状照片里一个渺小的"淡蓝色的小圆点"。——译者注

第九章 创新！

1957年10月4日，苏联发射了第一颗人造卫星斯普特尼克（Sputnik），引发美国对可能在太空竞赛中被苏联超越的担心。作为回应，艾森豪威尔总统创建了高级研究计划局（Advanced Research Projects Agency，以下简称ARPA），负责研发国防用途的高新科技。[1] 国会为它提供了高达5.2亿美元的资金，相当于今天的50亿美元。后来，ARPA的太空工作被移交给美国国家航空航天局（NASA），那里的科学家和工程师将研究重心转向电子设备小型化，以及寻找新的通信方式，以应对电话线路突然中断的情况（例如在核战争中可能发生的情况）。最终，他们在20世纪60年代发明了ARPANET，即互联网的前身。[2] ARPA或许是最著名的一个例子，显示政府支持的研究可以激发创新并带来巨大、有时出人意料的回报，但它绝不是唯一一个，这样的例子不胜枚举。

再后来，ARPA被移交给美国国防部，并改名为DARPA，但其工作仍然对美国的太空计划助力颇多。如果没有DARPA在晶体管电子技术方面的突破，阿波罗任务本不可能完成。DARPA还为全球定位系统奠定了基础。[3] 该系统最初是为了军事应用而开发，但后来成为智能手机和汽车卫星导航的基础。

在接下来的几十年里，联邦政府资助的研发继续推动着新产业的发展。今天科技界的领袖都清楚道格拉斯·恩格尔巴特的传奇故事，他开发出第一个计算机图形界面，带有一个辅助导航的小设备——

鼠标，而他是接受 ARPA 资助的研究人员。如果没有纳税人对创新的支持，我们可能永远不会有苹果电脑或微软操作系统（Microsoft Windows）。这些早期突破性技术催生了全球科技行业，该行业目前占全球 GDP 的 15% 左右。[4]

2007 年，美国能源独立的愿望促成了能源部的 ARPA-E 项目，该项目旨在推动开发清洁能源解决方案。[5] 但乔治·布什政府拒绝为其提供资金。到 2008 年，按通货膨胀调整后的美元计算，美国在能源研发上的总开支甚至低于 20 世纪 80 年代，就是罗纳德·里根拆除白宫屋顶上吉米·卡特安装的太阳能热水板的那个时代。[6]

然后是华尔街的金融风暴、经济大衰退和巴拉克·奥巴马的当选。2009 年 2 月，奥巴马签署了《美国复苏与再投资法案》，确保将 250 亿美元实际投入能源研发、效率项目和贷款担保，这些资金中的一小部分（4 亿美元）流向了 ARPA-E。[7]

几乎一夜之间，美国能源部收到了大量不请自来的 ARPA-E 项目提案。但实际上，能源部根本没有人打开那些邮件，更不用说启动项目了。就在那时，杜克大学的教授埃里克·图恩接到了一个电话。那时候，他对自己将在制定美国国家能源研发议程中所扮演的角色还一无所知。

埃里克并不是唯一呼吁国会给予更多支持的人。2010 年，比尔·盖茨在 TED 上发表了一场关于气候和能源的演讲，[8] 这出乎许多人的意料，因为他以前从未谈论过这个话题。在辞去微软的职务后，比尔将重心转向慈善事业，专注于为全球 20 亿最贫困的人口提供公共卫生服务。他逐渐意识到，降低能源价格是使人们摆脱贫困的最有力武器之一。但是，我们怎样才能在让能源变得更实惠的同时减少二氧化碳排放呢？比尔总结道，只有一种方法可以做到这一点：大幅增加研发支出。

2015 年，在对气候危机进行深入研究后，比尔提出了一项名为"突破能源"的行动计划，[9] 这基本上是私营部门版的 ARPA-E，致力于对早期清洁技术进行投资。该计划旨在资助最关键、最复杂、尚未实现规模化的技术。这种投资风险很高，但当比尔要求我加入董事会时，我欣然同意。我们一致认为，要想实现净零排放，人类需要更多的创新。

埃里克·图恩

大多数人并不知道，我来自加拿大。在多伦多大学获得了有机化学博士学位，于 1990 年加入杜克大学任教。到现在，我已经感觉自己好像是土生土长的北卡罗来纳人了。

我在杜克大学工作时，克里斯蒂娜·约翰逊（Kristina Johnson）担任工程学院院长。后来，她被奥巴马总统任命为能源部副部长。克里斯蒂娜打电话给我说："你能到华盛顿来帮我们几个月吗？"

我同意了，并很快进入了朱棣文领导下的神奇世界。朱棣文是一位曾荣获诺贝尔奖的杰出科学家，当时担任美国第十二任能源部长。他选择伯克利国家实验室的阿伦·马宗达（Arun Majumdar）担任 ARPA-E 项目的主任。

我们首先要做的是阅读那些发来的邮件。我简直爱上了见识人们的各种奇思妙想的机会，比如用瓶子捕捉闪电的宏大想法和计划。我当时的感觉有点像传声头像乐队（Talking Heads）那首歌中唱到的：我是怎么来到这儿的？

我们竭尽全力地应对蜂拥而来的邮件大潮。我们一共收到了 3 700 份资助申请，并阅读了所有申请。我们的目标是从中选出 1% 的最好的项目。于是，我们最终投入资金支持了 37 个项目，涵盖可再生能源、建筑效率、生物工程等各个领域。

例如，我们资助的项目包括液态金属网格电池，用于 LED 照明的低成本晶体，可吸收阳光并吐出碳氢化合物生物燃料的细菌等。当然，也包括各式各样的二氧化碳捕获技术，从使用巨型机器到需要使用显微镜才能看到的人工酶。

这些项目中包括斯坦福大学的两名研究人员提出的一个项目，名叫量子景观（QuantumScape）。这是一个看上去潜力巨大的想法，关于供电动汽车使用的更便宜的电池。我们为他们提供了 100 万美元的资金，用于进一步研发。

起初，我们的工作重心是帮助创新成果尽快推向市场。我们通过跟踪这些技术的许可协议来衡量结果。但我们很快就意识到，最重要的是这些创新能否被大规模推广，并在能源大局中发挥作用。

规模是最让人头疼的部分。请想想埃克森美孚公司，当它开发一个油田时，其雇用的工人可能会在那里生活 30 年。这些人可能会在同一组油井中度过他们的整个职业生涯。然而，在这段时间里，一个油田的石油产量仅能供全球使用一周。想象一下，你的整个职业生涯相当于一周的汽油消耗量。

能源技术是有质量的，这意味着它不能像谷歌或脸书那样扩大规模，扩张产能可能需要几十年的时间。这是一项宏大的使命，远远超越了我们微薄预算的支持能力。在 ARPA-E 工作 4 年后，我回到杜克大学，担任其新的创新和创业项目负责人。

规模是最让人头疼的部分。

这就是突破能源基金（Breakthrough Energy Ventures）的由来。比尔召集了一群对解决气候危机有着持久兴趣的全球商界领袖。截至目前，加入者包括杰夫·贝佐斯、阿比盖尔·约翰逊[①]、迈克尔·布隆伯格、理查德·布兰森[②]、约翰·阿诺德[③]、维诺德·科斯拉[④]、中国阿里巴巴集团的马云、印度信实工业（Reliance Industries）的穆克什·安巴尼和日本软银集团首席执行官孙正义。迄今为止，我们已投资了20亿美元，是ARPA-E最高年度预算的4倍有余。比尔也许比其他任何人都更有助于塑造气候技术创新的进程。

突破能源基金的执行董事罗迪·吉德罗与董事会合作，招聘了我们技术和业务的负责人埃里克·图恩和卡迈克尔·罗伯茨（Carmichael Roberts）。埃里克组建了技术团队，使突破能源基金拥有了坚实的科学后盾。卡迈克尔帮助建立了投资团队，同时将突破能源基金与学术机构、企业和风险合作伙伴联系起来。从一开始，我们的目标就是让众多投资者参与其中，并显著增加对创新气候技术的总体资金投入。在我们的第一只基金中，突破能源基金将与200多个合作伙伴共同投资。

那么，突破能源基金是如何选择投资对象的？我们的团队着眼于排放量最高的行业，审查支撑公司创新的科学和技术。我们的门槛很高。要进入投资入围名单，企业必须展示每年至少减少0.5亿吨温室气体排放（即大约每年全球排放量的1%）的潜力。

无论是在突破能源基金还是在凯鹏，我们的清洁技术投资战略都是以一系列公开和积极的目标为指导。尽管我们欢迎提案，但并

[①] 阿比盖尔·约翰逊（Abigail Johnson）是一位美国女性亿万富翁。自2014年起，约翰逊一直担任美国投资公司富达投资（FMR）的总裁兼首席执行官，并担任其姊妹公司富达国际（FIL）的董事长，是世界上最富有的女性之一。——译者注
[②] 理查德·布兰森（Richard Branson）是英国维珍集团的董事长，英国最具有传奇色彩的亿万富翁。——译者注
[③] 约翰·阿诺德（John Arnold）是一位对冲基金管理人，被誉为天才交易人，曾在《福布斯》美国400富豪榜中位列最年轻的富豪第二名。——译者注
[④] 维诺德·科斯拉（Vinod Khosla）是全球"技术领域"投资之王、太阳微系统公司（Sun Microsystems）的创始人，被誉为风险投资四大巨头之一。——译者注

不是坐等提案。我们会科学地判断哪些是可能实现的技术，并以此为指导，寻找那些我们需要的方案。无论在哪里，只要发现了可能带来巨大影响的机会，尤其是在那些尚未看到突破性技术的困难领域，我们就会卷起袖子大干一场。我们和各个实验室和大学广泛联系，发起挑战，疯狂地建立网络。最后，我们还努力寻找有想法的杰出企业家，他们能够将基础科学成果转化为商业成功，甚至实现全球性的规模。

在这些努力中，成本几乎总是最重要的。这就是为什么我们有关"创新！"的OKR设定了一系列价格目标，这些目标所针对的新技术可以帮助我们加速向净零排放转型。我们简单将其设定为五个领先指标，以衡量我们是否在正确的轨道上前进。

有关电池的关键结果（KR 9.1）要求扩大电池生产规模，同时将电池成本从每千瓦时139美元降至80美元。如果所有售出的新车（每年6 000万辆）均为电动汽车，将需要10 000吉瓦时（GWh）的电池。[10] 我们今天的电池产量只能满足其中一小部分需求，同时我们还需要另外10 000吉瓦时以上的储存电量。世界将对电池极度饥渴，而所需的规模很难达到。为了将产量提高几个数量级，我们需要在材料和制造方面进行创新。

有关电力的关键结果（KR 9.2）专注于向电网输送能源的成本。要取代煤炭和天然气，零排放能源必须稳定可靠。清洁能源可以来自太阳能、风能或水力，大至地球，小至原子。当前面临的挑战是在正常情况下提供稳定的电力，同时提高产量以满足冬季风暴或夏季热浪期间的需求高峰。任何新技术要想在竞争中脱颖而出，都必须拥有比化石燃料更低廉的成本。

有关氢的关键结果（KR 9.3）要求加速广泛采用无排放绿色氢。要实现这一目标，将需要大量清洁能源以及更高效地将水转化为氢燃料。低成本的绿色氢气可以使需要极高热量的能源密集型行业脱碳，包括钢铁、水泥、化工行业。

目标 9

创新！

KR 9.1　**电池**
到 2035 年，每年生产 10 000 吉瓦时的电池，同时成本低于 80 美元/千瓦时。

KR 9.2　**电力**
到 2030 年，零排放基荷电力的成本降至每千瓦时 0.02 美元，峰值需求电力成本降至每千瓦时 0.08 美元。

KR 9.3　**绿色氢气**
到 2030 年，零排放源生产氢气的成本降至每千克 2.0 美元；到 2040 年，成本降至每千克 1.0 美元。

KR 9.4　**碳清除**
到 2030 年，以工程方法清除二氧化碳的成本降至每吨 100 美元；到 2040 年，成本降至每吨 50 美元。

KR 9.5　**碳中和燃料**
到 2035 年，合成燃料的成本下降至每加仑航空燃料 2.50 美元，每加仑汽油 3.50 美元。

有关碳清除的关键结果（KR 9.4）旨在提高直接从空气中捕获二氧化碳并将其封存的经济性，这项技术尚未实现规模化。我们还需要找到一个地方来储存所有的二氧化碳，这真的很难。扩大碳清除行动的规模是我们到2050年实现净零排放的基石。正如比尔·盖茨所指出的，我们还未能将直接从空气中捕获二氧化碳的成本控制在每吨100美元以下。比尔说："如果有人能以每吨50美元的价格做到这一点，那将是非常了不起的成就。如果能把价格降到25美元，则将是有史以来对解决气候变化问题的最大贡献之一。"

有关碳中和燃料的关键结果（KR 9.5）为那些可能无法彻底实现电动化的行业，如航空和货运业，提供了一条脱碳的途径。不能使用电池或氢气驱动的运输工具可以由碳中和的燃料来驱动。这种方案面临的挑战是找到成本与今天的化石燃料相当且即时可用的替代燃料。

要实现上面五个关键结果，我们仍然任重道远。

规划创新的新领域

在试图解决一个新的问题时，遵循过去的模式自有合理之处。正如比尔·盖茨曾经对我说过的："你和我有幸成长在一个有神奇科技的时代。"我们这些从微芯片和软件起步的人往往会怀念摩尔定律，以及半个多世纪以来我们所见证的指数级进步——不仅在微芯片方面，而且在光纤和硬盘存储方面。看上去没有什么能阻挡技术的快速进步，但作为个人电脑业的两位老兵，我和比尔现在面临着一个完全不同的挑战，我们发现不能再以同样的方式定义进步了。

技术进步率仍然是创新的核心，但正如比尔所指出的，在清洁技术领域实现这些目标要困难得多。在阅读了所有关于气候的书籍（包括第三章提到的捷克裔加拿大科学家和政策分析师瓦茨拉夫·斯米尔所著的14本书）之后，比尔开发出一种复杂而多面的方法，以实现关键突破，迎接这一重大挑战。

比尔·盖茨

要思考能源问题,就不能不思考文明。如果我们现在不正视这个问题,随着时间的推移,损害只会越来越严重。到22世纪之初,地球上的大片地区将不再宜居。我们人类作为一个物种可能迎来灭顶之灾。

正如斯米尔喜欢告诉我们的那样,推动实体经济发生改变真的很难。更换世界上所有的水泥厂和钢铁厂需要几十年的时间。尽管人们对电动汽车非常感兴趣,但汽车行业规模如此之大,电动乘用车的购买者仅占4%,另外96%的人还没有采取行动。

但你必须从发展中国家的角度来看待它。在制造碳这一历史性问题上,生活在热带地区的人们几乎没有任何责任,他们在提出创新性解决方案方面的科学创新能力也最低。然而,如果我们现在不采取紧急行动,遭受灾难、营养不良和被迫大规模迁移的恶果将主要由他们来承担。所以为他们做到这一点是我们义不容辞的责任。

如果没有巨大的创新,发展中国家就无法在其有形基础设施、电力、交通和农业方面做出世界所需要的改变。考虑到困难的经济状况,以及提供住房和营养等基本设施的必要性,我很清楚我们需要采取行动。改变的进程实在太慢,让我急不可耐。我希望能有更高的改善率。

因为任何净排放都会导致温度的净升高，而我们的目标是净零排放，所以必须消除所有部门的排放。这就是为什么绿色溢价如此重要。绿色溢价向人们展示了在任何行业保持绿色运营的额外成本。所以，如果你打电话给印度说："嘿，让你们的水泥业实现绿色转型吧。"印度会回答："什么？那要花两倍的钱。"让你们的钢铁实现绿色转型？不会那么快，因为那样成本将提高50%。

因此，如果你想让中等收入国家（如印度和尼日利亚）走上绿色道路，所有行业的绿色溢价总和必须降低90%以上。削减绿色溢价也可以作为一个指标，衡量我们的进展程度以及可以达到多大的改善率。

我们必须将重点放在那些需要降低绿色溢价的领域，如可持续航空燃料、清洁氢气、直接空气碳捕获、储能和下一代核燃料。

这场斗争的成败将取决于发展中国家。为了2050年实现净零排放的目标，印度需要所有领域的绿色溢价都非常低。所以要优先考虑那些有助于降低这些溢价的科技进步。

美国拥有全球约一半的创新能力，我们有责任利用这种力量，降低绿色溢价，可以让印度这样的国家对气候解决方案说"是"。

这场斗争的成败将取决于发展中国家。

在2016年的公开发布会上，突破能源基金绘制了一份"技术探索"的初步草案，我们需要这些创新来帮助我们实现净零排放目标。每项探索都瞄准一条科学路径，在这条路径上，突破性技术可以大幅削减温室气体排放。

突破能源联盟

技术探索

电力
- 下一代核裂变
- 增强型地热系统（EGS）
- 超低成本风力发电
- 超低成本太阳能
- 核聚变
- 超低成本电力存储
- 超低成本热存储
- 超低成本传输
- 低成本海洋能源
- 下一代超灵活电网管理
- 快速变负荷、低温室气体排放发电厂
- 低温室气体排放、可靠的分布式电源解决方案
- 二氧化碳捕获
- 二氧化碳封存和使用

交通运输
- 燃油车等效电动汽车用电池
- 轻质材料和结构
- 低温室气体排放的液体燃料生产——非生物质
- 低温室气体排放的气体燃料生产——氢气、甲烷
- 高能量密度气体燃料储存
- 高效热力发动机
- 高效、低成本的电化学发动机
- 低温室气体排放的液体燃料生产——生物质
- 运输系统效率解决方案
- 消除差旅需要的技术解决方案
- 科技赋能的城市规划与设计
- 低温室气体排放的航空运输
- 低温室气体排放的货物水运

农业
- 减少农业产生的甲烷和一氧化二氮排放
- 零温室气体排放的氨生产
- 减少反刍动物的甲烷排放
- 开发低成本、低温室气体排放的新蛋白质来源
- 消除食品供应链中的腐败/损失
- 减少温室气体和二氧化碳储存的土壤管理解决方案
- 肥料
- 与农业有关的森林砍伐

制造业
- 低温室气体排放化学品制造
- 低温室气体排放钢铁制造
- 低/负温室气体排放水泥制造
- 废热收集/转换
- 低温室气体排放工业热处理
- 低温室气体排放纸张生产
- IT/数据中心的极高效率
- 工业产生的无组织甲烷排放
- 能源密集型产品和材料的极端耐用性
- 能源密集型产品和材料的变革性回收解决方案
- 提高二氧化碳的生物质吸收率
- 从环境中提取二氧化碳

建筑
- 高效、非氢氟碳化物冷却和制冷
- 高效空间/水加热
- 建筑级电力和蓄热
- 高效围护结构：窗户和隔热层
- 高效照明
- 高效电器和插头负载
- 新一代楼宇管理
- 基于技术的高效建筑和社区设计

突破能源联盟绘制了气候挑战的全景图，以确定最有前途的研发项目

突破能源基金不可能被人为地安排或支配，新的创意在本质上是不可预测的。==但是，即使无法预测下一步将出现哪些创新，我们仍可以通过资助基础科学和应用科学播下创新的种子。==每项技术探索都涉及化学、物理、生物学、材料科学或工程学。随着新的经验教训不断积累，我们可以让它们走出实验室，并尝试推动它们实现全球性的规模。

正如比尔所说，我们只是站在将这些重要但昂贵的技术推向市场的起点。这是一个"鸡和蛋"的问题。要降低成本，你需要规模；但要实现规模化，你需要降低成本和价格。

我们的速度与规模计划中有几个高优先级技术探索领域。我们的目标是强调未来的障碍和机遇，涵盖更好的电池、碳中和的燃料等各个方面。我们还倡导不能过分依赖于让社会做出新的选择。

追求电池领域的突破

几十年来，科学家和工程师一直坚持不懈地努力在储能方面取得进展。自 1800 年亚历山德罗·伏特制造出第一块电池[11]以来，人们一直致力于造出更好的电池。伏特的第一块电池是一组纸杯，里面装满了带电的液体，通过电线连接，这个装置的存储容量并不大，但这足以引起拿破仑的注意，他主动提议资助实验。随后，我们看到了电池业的发展，从体积庞大、价格高昂的铅酸电池到效率更高的镍氢电池，再到现在为电脑、手机和电动汽车提供动力的锂离子电池。在过去的 20 年里，能量密度，即电池所含能量与其重量之比，增加了两倍，但这还不够。[12]

2008 年，一位名叫贾格迪普·辛格（Jagdeep Singh）的工程师开始着手为电动汽车制造一种更好的电池。贾格迪普出生于新德里，青少年时期移居美国。在斯坦福大学和伯克利大学获得研究生学位后，他先加入惠普工作，后又与人合作创立了自己的第一家公司。他随后卖掉了公司，又创立了另外三家，并卖掉了其中两家，剩下的一家公司成功上市。直到那时，他才买了自己梦寐以求的电动汽车——一辆特斯拉跑车。

贾格迪普·辛格

我每天开着我的特斯拉去上班。我想，一定有比这个电池更好的东西。我那辆 2008 年版特斯拉的电池只有相当于大约 8 加仑汽油的续航能力，而且其成本占了 10 万美元车款的大部分。这真是糟糕透了。

很明显，让更多人体验电动汽车的唯一方法是大幅降低电池成本，同时大幅提高电池的能量密度或续航里程。

我的一位同学把我介绍给了斯坦福大学的教授弗里茨·普林茨（Fritz Prinz）和他的博士后学生蒂姆·霍尔姆（Tim Holme）。尽管普林茨担任机械工程系主任，但他更像是一名材料科学家。我们最初的想法是用量子点制造更好的电池。量子点是纳米粒子，我们认为其可以产生更高的介电常数，从而提高超级电容器储存势能的能力。

事实证明，量子点很难掌控。这就是为什么我们将这个项目命名为量子景观。大约 6 个月后，我们得出结论，将其商业化所需的时间比想象的要长。

因此，我们改变想法，认为要获得性能有颠覆性提升的电池，最佳方法是制造一个锂金属阳极，它需要在阳极和阴极之间使用固态电解液，而不是锂离子电池中的液态电解液。这是一个风险极高、赌上整个公司命运的决定，也是我们做过的最好决定。

当ARPA-E给辛格和普林茨提供150万美元资助的时候，他们正全力以赴地在斯坦福大学研发他们的第一块电池。[13]尽管他们选择将这笔资金留在斯坦福大学，但ARPA-E的支持令其他投资者对量子景观更有信心。凯鹏和我的朋友维诺德·科斯拉一起成为这家初创公司最早的投资者。

公司的创始人给我们留下了深刻印象，他们计划用固态锂金属电池将能量密度提高一倍。他们的工程团队用定制的陶瓷分离器（量子景观的秘密武器）取代了传统的液体电解质。这种电池以更低的成本将更多的能量装入更小的封装中。因为陶瓷是防火的，所以电池安全性也有所提高。不过，在实验室实现这一点是一回事，商业化和规模化则将是另一回事。

贾格迪普·辛格

如果量子景观是我的第一家创业公司，那它一定无法成功。它的规模太大，面临的挑战也太艰巨。我需要创办前四家公司的经验来为这次冒险做准备。

在脱手了上一家公司之后，我思考下一步该做什么，想不出有什么能比推出更好的电池更重要的项目。这使我们得以建立起一个任务驱动的团队。硅谷工程师的流动性很强，但如果你不只是为了赚钱，而是为了某一个使命，为了一项倾心投入的事业而奋斗，那么你就可以留住员工。

我们的工作引起了各大汽车公司的注意。大众汽车很早就与我们签约，并在整个过程中发挥了重要作用。2015年柴油门事件发生后，大众汽车在电动化方面的投入翻了一番。在接下来的6年里，他们向我们投资了超过3亿美元，成为我们最大的股东和极好的合作伙伴。

对此类创新的需求几乎是无限的。全球每年售出的汽车数量接近1亿辆。就算我们只把一个性能更佳的电池组的成本降低到5 000美元——远远低于现在的电池组成本，那也将意味着一个价值5 000亿美元的巨大市场。我们的目标是有朝一日能满足这个市场的20%或更多的需求。

2018年，量子景观和大众创建了一家合资企业，旨在实现电池量产。[14] 一家小型初创公司的远大抱负与这家全球最大汽车制造商的雄心和实力完美地结合在一起。2020年，大众承诺再投资2亿美元，[15] 5个月后，量子景观通过特殊目的收购公司（SPAC）的形式借壳上市。当初的研究项目现在已经拥有超过110亿美元的价值。

为了促进发展中国家向电动汽车转型，我们需要密度更高、成本更低的电池。量子景观正在建设一条生产线，以生产足够的固态电池并在汽车上进行实地测试。如果该公司达到其成本和密度目标（并击败市场竞争对手），它可能会在印度或非洲等地消除电动汽车的绿色溢价，那些地方全新汽油车的成本还不到美国的一半。

除了提高能源密度，我们还需要扩大电池行业从业人员、制造工厂和使用材料的规模，使其远远超出当前的水平。**有关电池的关键结果（KR 9.1）**对价格和容量均予以追踪。为了实现所有新车电动化的目标，我们每年需要生产价值10 000吉瓦时的电池，接近行业当前容量的20倍。[16]

这项事业的规模惊人：特斯拉在内华达州的超级工厂[17]建成后将成为全球最大的建筑群，占地面积足有100多个足球场。工厂将拥有近万名员工，每年仅生产35吉瓦时的电池。[18] 正如埃隆·马斯克所承认的那样，为了满足全球电动汽车的需求，我们至少要建100个类似规模的工厂。[19] 埃隆认为，如果中国、美国和欧洲的领先企业共同"加速向可持续能源的转型"[20]，我们就能实现这一目标。

就算做到全员出动，电池行业仍将面临材料短缺和矿石开采等固有的棘手问题。锂的开采相当安全，供应也应该能够满足需求，但在锂离子阴极材料中占比高达20%的钴则面临更大的问题。全世界60%的钴原料来自动荡的刚果民主共和国。[21] 那个国家遍布地雷，十分危险，还有强迫童工劳动的劣迹。

随着世界对电池电力的需求持续增长，我们需要加强对供应链的审查，确保以负责任的方式开采材料。新版本的阴极化学材料将使钴的含量减少一半。新的电池技术还可能完全去除钴，这将解决一个难题。但考虑到锂离子电池有限的使用寿命（通常为 10~15 年）[22]，我们将面临积累大量废弃电池的风险。幸运的是，回收电池比扔掉电池更有经济意义。

2017 年，特斯拉联合创始人 J. B. 斯特劳贝尔开始通过他新成立的初创公司红木材料（Redwood Materials）回收旧电池。目标是通过闭环供应链减少镍、铜和钴的开采。从长远来看，通过回收电动汽车和电网中使用过的废旧电池，一个大规模的电池产业可以在几乎或完全不需新开采矿石的情况下维持运营。

我们需要电池制造商（和回收商）实现更多突破，以满足世界对更便宜、更环保能源储存的需求。这一领域有充足的空间供许多公司大显身手。

冬季更长的储能时间

2021 年的情人节，得克萨斯州被厚厚的冰雪覆盖，温度也骤降到一位数，全州各地的居民都拼命调高自家空调的温度。得克萨斯州 60% 的家庭用电取暖，几乎是全国平均水平的两倍。[23] 由于大多数住宅建于 1989 年《国家能源法》颁布之前，这些住宅通常四面漏风，保温性差。[24] 暴风雪期间，电力需求激增。异常寒冷的天气还使天然气基础设施和风力涡轮机叶片被冻住而被迫停止发电。数以百万计的房屋陷入一片寒冷黑暗之中，许多房屋还同时断水。这场大停电导致超过 150 人死亡。[25]

得克萨斯州大停电暴露了电网应对极端天气事件时的脆弱性，而极端天气事件正在变得越来越普遍。这次事件还凸显了对强大储能系统和更可靠电力系统的需求——尤其是在用电需求激增的暴风雪期间。正如我们在得克萨斯州看到的那样，这可能是一个生死攸关的问题。

如何才能使太阳能和风能等可变能源更加可靠？如何在紧要关头依赖这些零排放解决方案？==答案有赖于发明可更长时间储存能量的新方法。==

直到 2015 年，我们的电网存储容量才从兆瓦级扩大到 1 吉瓦。截至 2021 年，已安装近 10 吉瓦储能容量的电网，另有 10 吉瓦的电网正在建设中或已经宣布立项。[26] 如果没有电动汽车的兴起及其带来的电池成本降低，这一切都不会发生。

储能技术由其充电和放电周期来定义。用于手机、笔记本电脑、汽车和房屋的短期储能通常以日计算。而电网则是在发电量过剩期间捕获能量，并将其存储起来，然后在需求高峰期进行分配。对于短周期储能需求，目前流行且比较经济的选择是锂离子电池。

电网所需的长周期能源必须能够经济地储存数周或数月，这使得借助电池会过于昂贵。对于长期储能，我们需要更高效的替代品，比如依赖于水重力作用的抽水蓄能发电。巴斯县抽水蓄能电站位于弗吉尼亚州阿巴拉契亚温泉镇，如今已有 30 年历史。它被称为"全世界最大的电池"，[27] 为 13 个州的 75 万户家庭提供可靠的电力。在夜间，当需求较低时，该电站从一座核电站获取廉价电力，用以将水从较低的水库泵送到较高的水库。当需要电力时，水从较高的蓄水池向下流动，推动水轮机转动。这项技术的启动速度远远快于天然气峰值发电厂，后者曾一度是用电需求激增时的标准应急措施。

> 为建造抽水蓄能电站而浇筑的混凝土足以铺设 200 英里的州际公路。

虽然抽水蓄能电站非常适合长时间储能，但它的建造成本很高，而且无法在平地上运行。一家名为 Energy Vault 的初创公司利用重力的另一种方式，将 35 吨重的复合材料块提起、放下和堆叠起来，以储存和释放能量。[28] 一家名为马耳他的公司将能量作为热量储存在装有超高温熔盐的大罐中。储能厂商 Highview Power 和 Hydrostor 使用多余的能量储存压缩空气，然后释放压缩空气发电。能源公司 Bloom Energy 使用现场生产和储存的绿色氢气为燃料电池供电。²⁹ 此外，Form Energy 和其他公司还借助新型化学反应储能。

下一代核裂变方案

　　核能是我们今天和未来电力结构中不可或缺的一部分。它的缺点众所周知，如果一座核电站发生故障，后果可能是毁灭性的。在 36 个国家累计 18 500 个反应堆年的核电站运行历史中，我们经历了三次重大的反应堆事故：1979 年的三里岛核泄漏事故、1986 年的切尔诺贝利核电站事故和 2011 年的福岛核电站事故。³⁰ 这些事故提醒着我们核能的风险以及设计更安全反应堆的必要性。

　　我们能通过技术突破生产更安全、更廉价的核能吗？答案是肯定的，但前提是各国政府加大资金投入，改善现有的裂变技术。

　　如今，大多数核反应堆都是用普通水冷却的。为了防止放射性物质的释放，它们配备了自动关闭的主动安全系统。但正如福岛事故所揭示的，这些系统并不能避免事故。日本太平洋沿岸发生 9.0 级地震后，核电站的 6 个反应堆按照设计自动关闭。³¹ 但它们的设计并不能抵御 46 英尺高的海啸，海啸冲破了 19 英尺高的海堤，淹没了相对高度较低的地方，切断了反应堆备用柴油发电机的供电，循环泵断电引发了三次核反应堆熔毁和氢爆炸。10 年后，用来冷却核电站的水仍然具有放射性。日本政府正计划将其倾倒入海中，一些环保组织担心此举可能会损害附近居民和该地区的渔业。³²

　　虽然为福岛式反应堆添加一些安全附件可以阻止熔毁，但几乎没有反应堆安装了这些安全附件。³³ 未来的发展方向是设计一种新型的先进反应堆，这在业内被称为第四代反应堆。目前全球有 50 多家实验室或初创公司正在沿着这条道路前进，以推进核电在安全性、可持续性、效率和成本等各个方面的进步。³⁴

　　核能伴随着沉重的包袱。人们对其安全性和保险性的担忧是合理的，因而在选择核电站的厂址时，穷人的利益会被牺牲。一旦出现问题，政府出于安全考虑理所当然地会采取更多监管措施，从而使本已成本高昂的核电站运营成本更高。但是，尽管存在所有障碍，要证明核能的重要性也并不难，甚至不用考虑如果没有核能，实现净零排放将非常困难这一事实。正如比尔·盖茨所指出的，"这是唯一可以夜以继日可靠地提供电力的无碳能源，它在所有季节、几乎在地球上任何地方都已被证明能够大规模地运行"。

比尔相信，对于我们需要开发的巨大电网，核能是不可或缺的组成部分，因此他成为一家名叫 TerraPower 的钠冷快堆初创公司的早期投资者。[35] 该公司的长期目标是建造一座能够为 100 万户家庭提供全天候基本负荷电力的零排放发电厂。不幸的是，TerraPower 一直囿于美国失控的核建设成本而无法破土动工。在该公司与中国的中核集团达成协议，有望在北京以南建造一座实验性反应堆后，美中两国间的紧张局势阻碍了该协议的达成。2021 年 2 月，比尔告诉《60 分钟》（*60 Minutes*）①，说服民众应该建造核反应堆一点都不比真正建造它简单。[36] 核电要继续在电网脱碳中发挥作用，就需要私营和公共部门的积极支持和投资。

2021 年 6 月，TerraPower 宣布了首个示范堆的建设计划，该反应堆将在怀俄明州一个计划关闭的煤电厂旧址建造。[37] 我请比尔评估了这家公司的未来。

---

① 《60 分钟》又被译为《60 分钟时事杂志》，是美国哥伦比亚广播公司（CBS）制作并播出的一档新闻杂志节目。自 1968 年开始，迄今已播出逾 50 年。——译者注

比尔·盖茨

TerraPower 有潜力为未来规模巨大的电网做出有意义的贡献。它需要达到一个非常高的标准，并克服四大挑战：核电站安全，可用于核武器的材料不扩散，核废料处理，成本。

TerraPower 在 2018 年差点倒闭。如果他们没能获得资金支持以建造其先进反应堆的示范堆，我可能已经放弃了。美国政府将为示范堆的建设提供一半资金，我正在协调私人部门筹措另一半资金。

五年后，我们可能会对世界说："嘿，看，从安全和经济角度来看，第四代核能无疑应该成为解决方案的一部分。"事实上，我非常激动，因为我们有机会建设一个示范核电站，并证明这项技术是可行的。

第四代核能无疑应该成为解决方案的一部分。

突破性的核聚变方案

长期以来，科学家们一直梦想着造出能真正工作的可控的核聚变反应堆。与传统通过分裂原子产生能量的核裂变反应堆不同，核聚变通过原子聚合释放能量（太阳与其他恒星就是通过相同的反应产生能量的）。只有在极高的温度和压力下，不同原子的原子核才能发生聚合反应。[38] 从实用角度出发，核聚变反应堆产生的能量必须超过运行它们所需的能量。如果哪位科学家能够率先证明，大规模核聚变可以带来持续的净能量增益，那么他一定能成为诺贝尔奖的有力竞争者。

这项雄心勃勃的探索希望推动世界各地的研究人员展开竞争，以建造一个能够产生足够热量，从而引发核聚变反应的反应堆。在与一个国际财团的良性竞争中，从麻省理工学院聚变科学实验室分离出来的初创公司 Commonwealth Fusion Systems（CFS）[39] 正在开发超导电磁铁，以产生等离子体（一种超高温电离气体）。==如果他们能够成功，他们将拥有撒手锏——一个产出能量高于消耗能量的系统。==

聚变反应堆将以氢为燃料，氢是一种大量存在的元素。理论上，从 1 加仑海水中过滤出的氢气可产生相当于 300 加仑汽油提供的能量，[40] 但这项技术尚未得到证实。虽然零部件已经过研究和测试，但我们仍在等待一个产品原型。

有些人会说，在太阳能和风能如此便宜的情况下，我们在研究聚变等高度不确定的新技术上花费了太多资金。但我认为，==资助这些技术极其重要，哪怕最终只确定了它们是否能大规模地发挥作用。==当贝尔实验室在 20 世纪 50 年代首次展示太阳能电池[41]时，人们普遍认为它在技术上非常卓越，但从财务角度来看则完全不切实际。当时，使用太阳能电池为一座房子供电会耗资 150 万美元。从本质上讲，所有创新在最初都看似不可能实现，甚至包括那些最终改变世界的创新。

碳中和燃料

到 2040 年，道路上可能会行驶着 5 亿辆电动汽车，每年行驶里程高达 10 万亿英里。假设届时电网已经实现碳中和，那么这些车辆将完全是零排放的。但在全世界逐步淘汰汽油车和柴油车之前，传统的燃油型汽车将会继续贡献 10 万亿英里的行驶里程，并继续向大气中源源不断地排放二氧化碳。抛开燃油小汽车和卡车不谈，几乎可以肯定的是，在未来一段时间内，长途运输货轮和飞机将继续燃烧液体燃料。

我们可以通过使用生物燃料来减少交通运输部门的排放，生物燃料可以用植物、农作物、藻类、植物油、油脂和脂肪来制造。我们可以借助工业过程将这些生物质资源转化为乙醇、柴油和航空燃料。这些生物燃料燃烧时产生的排放可以被生物质吸收的大气二氧化碳抵消。当然，排放并非百分之百被抵消，根据工艺及其所需的化石燃料能源的不同，减排幅度将为30%~80%。[42]

作为几家生物燃料公司的投资者，我可以负责任地告诉你们，在这一领域实现规模化相当困难，而在人们决定是否采用一种燃料时，成本将起到决定性的作用。在原油价格较低时，任何替代燃料的经济性都面临巨大挑战。

然而，一个不容忽视的复杂因素是对生物质的需求。在一个完美的世界里，所有的生物燃料都将来自废物流，比如多余的甘蔗、玉米秸秆或使用过的食用油。但随着需求增加，生物燃料与粮食作物或森林保护相竞争的风险也随之增加。[43] 在扩大这个行业的规模时，我们必须牢记土地使用问题。

正如世界资源研究所的蒂莫西·夏辛格所指出的："在一个需要更多粮食和更多森林，并且正在砍伐森林以生产粮食的世界，怎么会有人本能地认为农田的最佳用途是生产能源？"

这种困境的症结在巴西表现得格外突出。阳光充满了能量，但巴西的甘蔗田在将这种能量转化为可供我们使用的能源方面面临极大的困境。因为1英亩太阳能电池板产生的能量就相当于100英亩甘蔗田所能转化的太阳能。

通往净零排放的道路需要一种来自完全无排放能源的合成燃料，而且这种能源不会与土地或粮食竞争。一个很有希望的方法是利用太阳能或风能将水中的氢气与从大气中提取的二氧化碳结合。由于这些燃料的排放量不会比生产它们时捕获的二氧化碳更多，所以它们将是碳中和的。

人们有理由质疑这一切听起来似乎太完美，令人难以置信。碳中和型燃料目前在经济上还不可行。要实现经济性，用来制造燃料的零排放能源必须非常便宜，或是带有碳价格的化石燃料的成本需要大幅提高。好消息是什么？这两种发展方向都大有希望。如果研制合成燃料的企业家能够获得资金支持，他们成功的条件可能很快就会成熟。

能效的突破

尽管在过去 50 年中，我们在能源效率方面已经取得了巨大的进步，但继续进步的潜力依然很大。在美国，超过 2/3 的化石燃料产生的能源被浪费，部分是因为其产生方式，部分是因为其使用方式。[44]

所有形式的能源，甚至太阳能和风能，都会消耗资源。为了获得更高的效率，我们需要更轻的材料来制造移动的物体，需要更高效的电机来制造机械、热泵、水泵和风扇。我们需要更智能的建筑，在照明、供暖和制冷方面使用更少的能源或根本不使用能源。供应链必须重新定位，以尽量减少包装和材料使用，并转向可持续和可回收的材料。总之，这些进步可以从根本上减少我们建设出的世界的碳足迹。

例如，宝马的 i3 电动车采用掀背式设计，由碳纤维制成，车身较轻，因而只需要较小的电池组，并可实现更大续航里程。[45] 虽然这种超轻、超坚固的材料每磅的价格比钢材更高，但由于需要的电池组数量较少，制造简单，这一价格差距得到弥补。由于较轻的汽车行驶能耗较低，即使是简单地从钢铁转向铝，也能带来效率的飞跃。福特广受欢迎的 F-150 皮卡改用铝合金后重量减轻了 700 磅，燃油效率提高了 30%。[46] 一辆粗犷的全尺寸卡车一下子实现了在高速公路上每加仑行驶 26 英里的油耗。

全球一半以上的电力是由电机所消耗的，包括汽车及电器、供暖及制冷系统、工业机械中的电机。即使电机本身是高效的，控制不当也会浪费多达一半的能源。在这个方面的最新进步包括一种更轻型的电机，即"开关磁阻电机"。这种电机可以调速，也可以向前或向后运行。在特斯拉的 Model 3 和 Model Y 车型中，开关磁阻电机扩大了驱动范围，同时降低了成本。初创公司 Turntide 利用它们来提高供暖、通风和冷却系统的效率。

LED 灯泡的广泛使用显示，消费者习惯的大规模改变帮助人们在减排的同时还能省钱。到 2018 年，LED 占美国所有照明应用的 30%，[47] 据估计节省了 150 亿美元的能源和 5% 的建筑用电。一旦创新产品可以简单地插入、拧入或置入，其采用率就会飙升。

在能源效率领域，看似微不足道的改变可能会产生巨大的影响。苹果不断改进其产品，以最大限度地减少能源消耗，最大限度地回收利用，并在从生产到运输的各个环节降低成本。最新的 iPhone 没有配备电源适配器，节省了塑料、锌和材料。[48] 更小、更轻的包装使该公司能够在一个托盘上多装 70% 的箱子。苹果不断通过其新的微处理器和软件来提高其产品的能效。这是一种双赢的结果，既实现了更长的电池寿命，也实现了更少的碳足迹。

设计我们的气候

出于讨论目的，假设未能以足够快的速度减少排放，并且远远落后于净零排放目标，我们可能会被迫做出一个高风险选择。最可能的情况是，我们将生活在一个全球变暖形势彻底失控，并因此给所有人带来苦难的世界中，这无疑是一个噩梦。

或者……我们也可以尝试去改造自然。

人类在有记录的历史之前就已经开始通过工程设计来适应气候。已知最早的人造海堤建于 7000 年前的石器时代，是一个部落在现在以色列北部海岸附近修建的。[49]

但地球工程又是另一回事了。这与适应气候变化无关，而是对自然本身的大规模操纵。

一个备受争议的概念是通过向大气中发射二氧化硫粒子来偏转

太阳光线。如果成功，它可以减缓地球变暖，减缓甚至阻止极地冰盖的融化。二氧化硫的实证案例是什么？1815年，位于现在印度尼西亚境内的坦博拉火山发生了人类历史上有记录以来最强烈的一次爆发。[50] 火山喷发的爆炸声传到了1 600英里之外。一股充满二氧化硫的炎热火山灰柱喷向了70多英里外的高层大气，并从喷发地点扩散了800多英里。[51] 更微小的颗粒物在天空中经久不散，长达数年，阻挡了大量的太阳辐射。

这次喷发造成的后果极其惊人。除了有异常灿烂的日落，1816年还被称为"无夏之年"。[52] 这是至少400年来北半球第二寒冷的年份。在纽约州的奥尔巴尼，6月飘起了雪花。坦博拉火山喷出的二氧化硫引发酸雨，[53] 摧毁了粮食供应，并导致数万人死于饥饿和疾病，这个数字与火山爆发造成的直接死亡人数大体相当。

两个世纪后，戴维·基思（David Keith）创立了哈佛大学太阳能地球工程研究项目（Solar Geoengineering Research Program）。[54] 这项工作并不适合胆小的人，因为基思已经接到了多个死亡威胁。但是他并未被吓退，他坚信地球工程研究至关重要，只要能做到避免意外后果，尽可能降低这一极端选择的潜在风险就行。

也许世界上存在比二氧化硫石灰颗粒更安全的工具？没人可以知悉一切。普利策奖得主伊丽莎白·科尔伯特写下了《在白色的天空下》（*Under a White Sky*）一书，描述了基思和其他科学家预计会出现的一种令人不安的影响。如果我们向大气中发射石灰岩粉尘，它可能会使天空变白。我们将面对另一种阴云密布的情形——在生命的每一天、每一刻。[55]

阿尔·戈尔认为，一旦地球工程超越了碳清除的范围，它在道德上就是一种错误的选择，因为它的影响不可预知，而更安全、更可靠的选择还有待尝试。阿尔应该会指出，地球工程与其说是一项雄心勃勃的计划，不如说是与自然达成的一笔浮士德式交易。

尽管如此，一些全球顶级专家仍然认为，我们可能需要这种"万福玛利亚传球"（Hail Mary pass）①，不是以它来替代减排，而是在其他一切努力都失败的情况下作为最后的手段。《在白色的天空下》一书中，丹尼尔·施拉格和艾莉森·麦克法兰这两位地球科学家进行了一场颇具启发性的对话。施拉格认为，地球工程可能是必要的，"因为现实世界给了我们一手大烂牌"。[56]

对此，麦克法兰回应说："这是我们自找的。"

建设和重建城市

我们的气候首当其冲地承受着地球上最强大的社会趋势：城市化。2000年，全世界共有371个城市的人口超过100万。[57] 今天，人口超百万的城市已经达到540个。到2030年，这个数字将增至700个。现在，中国在两年内浇筑的水泥比美国在整个20世纪使用的水泥还要多。[58]（与此同时，中国已经宣布将在2050年前建设50个"近零"碳排放示范区的宏伟计划。[59]）

在世界各地的城市规划其未来发展方向时，有三方面的选择决定了城市发展的排放轨迹：

1. 我们将如何设计和建造我们的建筑？
2. 人们将如何出行？
3. 多少绿化覆盖能得以保留？

一段时间以来，对上述三个问题最普遍的回答是：用混凝土和钢材；乘坐汽车；远远不够。为了实现和维持一个净零排放的世界，我

---

① 出自美国职业橄榄球联合会，指在比赛的最后关头，某一方在落后情况下不顾一切地传球，希望博得反败为胜的机会。这种传球的距离往往很远，因此成功概率很小。该术语后也转用到商界和政界，指铤而走险的最后手段或者背水一战的最后机会。——译者注

们需要一系列新的答案。

我们将如何设计和建造我们的建筑？

在建设一座新城市时，城市规划者可以提前做出零排放的选择。至关重要的第一步是在规划的所有方面都实现最大效率。一个可信的未来城市规划正在印度兴起，印度的城市人口预计将在 2010 年至 2030 年间翻一番，达到 6 亿。沿海城市孟买的内陆郊区，目前正在建设一座名为帕拉瓦市（Palava City）的城市，预计它将成为 200 万人的家园。[60]

印度最大的房地产开发商珞达集团（Lodha Group）正在与落基山研究所合作，以实现帕拉瓦市的净零排放目标。[61] 该市屋顶空间将被太阳能电池板覆盖，为建筑物供电并为车辆充电。窗户和建筑设计最大限度增加通过公寓的自然气流，以减少供暖和制冷的能源需求。以"深度效率"为指导，帕拉瓦市建筑的能耗将比国家标准低 60%。

商店、工作场所和公寓的距离将足够近，使人们可以步行往返。公园和树木将有助于吸收二氧化碳。雨水将被收集利用，废水将被回收利用。帕拉瓦的设计效率将比现有基础设施提高 2/3。

这些效率都不需要来自遥远的未来和未经证实的技术。几十年来，我们已经开发出所有这些解决方案，创新之处在于将它们整合到一个统一的规划中。但要进一步减少城市的碳足迹，我们需要在效率、制造方法和材料方面取得更多突破，比如生产低碳水泥和钢材。

人们将如何出行？

我们需要建设可以安全骑行的城市和社区，提供充足的公共交通工具，减少对汽车的依赖。哥本哈根已经通过成为世界领先的自行车通勤城市减少了排放。[62] 丹麦首都建成了长达 237 英里的宽阔的自行车专用道。为了保证乘客的安全，大部分专用道都被垫高并安装了路缘石，以与汽车道进行物理隔离。2019 年，该市 60% 以上的通勤者和学生每天骑自行车往返，大大高于 2012 年 36% 的比例。[63]

调查显示，自行车骑行在有些城市之所以不受欢迎，是由于缺乏安全的自行车专用道。[64] ==在与汽车共用的道路上画线隔离是不够的。==在新冠肺炎流行期间，美国许多城市增加了有物理隔离保护的自行车道。由于安全感提升，骑自行车上街的人大量增加。

西班牙的巴塞罗那以车辆禁行区而闻名。[65] 这座城市天马行空的设计促进了当地旅游业和经济的发展。它的"超级街区"模式已被世界各地效仿。2020 年，巴塞罗那市长阿达·科劳宣布，将斥资 4 500 万美元扩建超级街区，建设 21 个步行广场，新建 16 英亩绿荫覆盖的公园。正如科劳所言："想想新的城市吧，既为现在，也为未来——污染更少，行动更便利，公共空间更广阔。"

此外，巴塞罗那还禁止所有 2000 年之前购买的汽油车和 2006 年之前购买的柴油车上路，赢得了净零排放运动的另一场胜利。摄像头监控到的违规者将被处以最高 500 欧元的罚款。同时，巴塞罗那还计划加大对其出色公共交通系统的投入，借此到 2024 年使道路上行驶的汽车再减少 12.5 万辆。[66]

哥本哈根和巴塞罗那，还有麦德林、巴黎和奥斯陆，这些城市均在应对城市排放挑战方面成为令人信服的榜样。这些城市的计划全都不依赖于国家强力推行或是激进的技术。它们展示了智慧和创造性的设计可以发挥巨大的作用。

多少绿化覆盖能得以保留？

新加坡要求在建筑物周围种植大量乔木、灌木和草地，以帮助炎热的城市降温。这个岛国首创了绿色容积率，一种衡量城市地表

绿化比例的指标。[67] 高层公寓开发项目可以通过空中露台、公共种植箱和公共地面花园满足这一要求。[68] 地面绿化可以使峰值地表温度降低 2~9 ℃。[69] 屋顶和墙壁绿化的作用更大，可以使表面温度降低 17 ℃。它们还可以作为建筑物本身的隔热材料。

在过去的 20 年里，纽约市已经应用了上述三个城市建设核心原则：设计、出行和绿化覆盖。2006 年，纽约市将一条废弃的高架工

纽约市将一条废弃的铁路改建成高架行人绿色步道，这成为向清洁能源转型的象征

业铁路改建为首个高架行人绿色步道和公共公园。[70] 这一发展具有丰富的象征意义。一个废弃的场地现在正在吸收二氧化碳，为净零排放的未来贡献了自己的一份力量。

5 年后，在市长迈克尔·布隆伯格领导的另一项计划中，纽约启动了一个为期 6 年的项目，将其著名的时代广场变成无车步行区。布隆伯格政府在全市修建了 400 英里的自行车专用道。[71] 后来，在新市长白思豪任内,车辆被禁止驶入十四街这条东西向的主干道。[72] 不到一年,随着城区公交车速度的提高,乘客人数上升了 17%。2005 年至 2016 年间,尽管纽约市人口增加,其二氧化碳排放量却减少了 15%。[73] 减排总量为每年 1 000 万吨,这是纽约市到 2050 年将城市排放量减少 80% 这一计划的初步成果。[74] 纽约现在是绿色城市运动的典范。套用弗兰克·辛纳特拉①的著名歌词:"如果你能在那里成功,你就能在任何地方成功。"[75]

扩大研发规模

为了加速向净零排放转型,人类必须在开发下一代突破性技术的同时扩大现有技术的规模。与此同时,必须避免采取会使转型复杂化或推迟转型的渐进措施。例如,不能仅仅因为煤炭的污染程度是天然气的两倍,就满足于安装天然气设施。只要存在温室气体排放,就是不可接受的。

我想到创新时总会记起苹果公司第一任首席科学家艾伦·凯的警句:"预测未来的最佳方式是发明它。"对此我想补充一点:次优方式是为发明提供资金支持。这让我回到了我气候之旅的起点,即当我开始投资于清洁能源的未来时。

---

① 弗兰克·辛纳特拉(Frank Sinatra,1915—1998),美国著名男歌手和奥斯卡金像奖获奖演员,被公认为 20 世纪最优秀的美国流行男歌手之一。此句改自弗兰克·辛纳特拉的名曲《纽约,纽约》歌词:If I can make it there, I'll make it anywhere.(如果我能在那里成功,我就能在任何地方成功。)——译者注

第十章 投资！

2006 年，凯鹏绿色团队开始了清洁技术投资之旅。我们最初投下了 3.5 亿美元。6 年之后，情况看起来并不乐观，因而批评之声渐起。《连线》杂志发表了一篇文章《清洁技术繁荣为何幻灭》（Why the Clean Tech Boom to Burst），其中点到了我在 TED 上所做的一篇关于气候危机的动情演讲。文章详细列举了凯鹏在太阳能、电动汽车和生物柴油领域的失败投资案例。为了确保所有人都不会漏掉重点，这篇文章还配了一张图，上面是一罐熊熊燃烧的生物柴油。文章的结尾写道："换句话说，约翰·杜尔可能又有充足的理由潸然泪下了。"[1]

但与《财富》几年后的说法相比，上面的揶揄简直不值一提。《财富》的文章标题宣称凯鹏已经"垮台"，在文中哀叹公司"曾经是硅谷风险投资界的杰出代表"，但却"误入可再生能源这条灾难性的歧途"。[2]

这些报道确实让人十分不爽，对此我不想否认。但是，如果你从事的是创新融资业务，那么难免会经历曲折。风险投资者很容易一会儿错误地感到胜券在握，一会儿又充满疑虑。前进的道路常常荆棘丛生，甚至遍布危险。大多数初创公司都会失败，像埃隆·马斯克、林恩·朱里奇和伊森·布朗这样的创始人都有一个共同点，那就是熬过这些起起落落所必需的果敢坚毅。

多年以来，我发现伟大的企业因为几个因素而与众不同，包括一流的技术、杰出的团队、合理的融资，以及专注于一个巨大的现有市场或是一个快速增长的新市场。最后，一家杰出的企业需要具备坚持不懈、耐心和紧迫感等看似矛盾的特质。很少有年轻的公司能具备所有这些品质，尤其是在刚起步的时候。胜利者会随着时间的推移不断发展。

我是这样看待投资的风险/回报动态的：你最多只会损失1倍的钱。但回报则可能是你投入金额的很多倍，有时甚至高达1000倍以上。**风投资本家把赌注押在企业家身上，这些杰出之士以比常人更少的资源，成就比常人更大的功绩，且其速度之快亦为常人所不及。** 我们往往会想到互联网、生物技术或清洁技术等高新技术领域的创业企业家，但他们绝不是企业家的全部。并不是所有企业家都自己创办公司，他们的队伍包括积极孵化新业务的企业领导者，即内部创业者，还包括社会行动企业家和政策企业家，以及非营利气候企业家，气候企业家的激情和目标是阻止全球变暖。

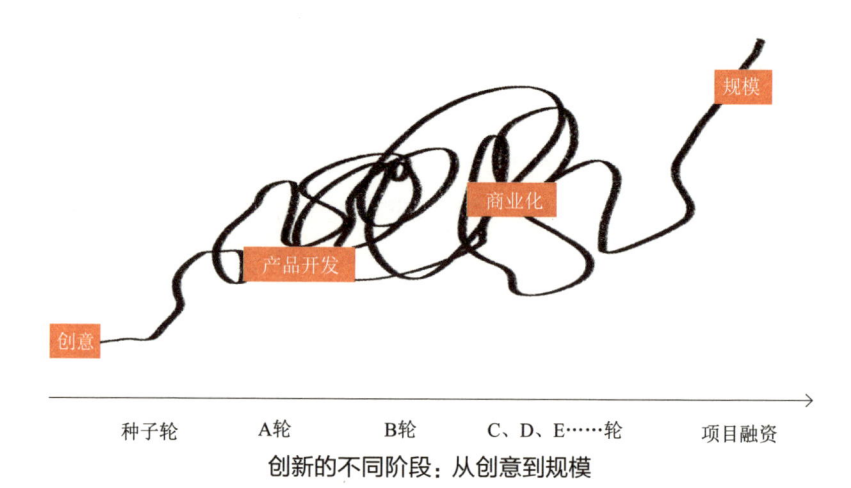

规模

商业化

产品开发

创意

种子轮　　A轮　　B轮　　C、D、E……轮　　项目融资

创新的不同阶段：从创意到规模

史蒂夫·乔布斯曾向所有这些人致敬："那些不合群的人、反抗权威的人、惹是生非的人……那些以不同的眼光看待事物的人……他们推动人类向前发展，有些人可能认为他们是疯子，而我们则认为他们是天才，因为只有那些疯狂到认为自己可以改变世界的人，才是真正改变了世界的人。"[3]

颠覆一个巨大的传统市场（比如能源市场）是一项艰巨的任务。

在清洁技术投资的棒球比赛中，外野护栏又高又远，我们很难将球击出其外。劲风迎面吹来。要做到本垒打，你就不能只满足于给股东带来回报，尽管这是商业世界运转的基础。在清洁技术领域，本垒打应该是让人类更接近我们的气候目标。无论凯鹏或突破能源基金是否对这些目标做了投资，它们的实现都将是地球的胜利。

我丝毫没有不尊重《财富》的意思，不过它有关凯鹏公司在清洁技术领域投资失败的报道为时过早。就在《财富》杂志发表我们的"讣告"一周后，别样肉客首次公开募股，公司的价值从15亿美元飙升至38亿美元，宣告一个新的市场类别出现。在接下来的几个月里，该公司的股价翻了两番。⁴ 凯鹏投资的另一家公司——向房主出售太阳能设备的 Enphase Energy 实现了稳定的盈利，市值也飙升至200亿美元。此外，我们也很早就投资了美国电动大客车市场的领导者普罗特拉和出身于斯坦福大学的量子景观，后者正在孵化电池领域的里程碑式突破。

<u>截至2021年6月30日，别样肉客的估值已经高达98亿美元。</u>

说起气候挑战项目投资，必须要强调一个冰冷而严酷的事实：我们需要在速度和规模上都实现巨大的飞跃，在一个非常紧迫的期限内筹集到前所未有规模的资金。对创新进行投资的机制是美国资本主义最值得夸耀的特点之一，但却没有投入足够的资金来实现我们的目标。我们需要更多的技术突破，也需要更多企业家来领导实现这些突破，或者用维诺德·科斯拉的话说，"射中球门的次数要更多"。我们需要下列五种不同类型的资金来填补资金缺口：政府研发投入和财政激励，外加风险投资、慈善投资和项目融资。虽然风险投资通常是创业融资的起点，但创业公司的资金需求绝不止于此，规模更大的注资来自增长性资本和项目融资（资金来自银行、公司或公共部门）。

根据我们的计算，==要在全球范围内实现净零排放，每年的资金需求高达1.7万亿美元，而且我们需要在20年甚至更长时间里全力以赴地提供资金支持==。这是我们为这一非凡努力提出的基本要求。我们的计划包含五个关键结果，每个关键结果对应上述五类资金中的一类。

第十章 投资！

目标 10

投资！

KR 10.1 财政激励
将全球政府对清洁能源的补贴和资金支持从 1 280 亿美元增加到 6 000 亿美元。

KR 10.2 政府研发投入
在美国，将公共部门对能源研发的资金投入从每年 78 亿美元增加到 400 亿美元；其他国家的目标则是达到当前资金投入的 3 倍。

KR 10.3 风险投资
将对私营企业的资本投资从每年 136 亿美元增加到 500 亿美元。

KR 10.4 项目融资
将零排放项目融资的规模从每年 3 000 亿美元增加到 1 万亿美元。

KR 10.5 慈善投资
将慈善投资规模从每年 100 亿美元增加到 300 亿美元。

有关财政激励的关键结果（KR 10.1）涵盖可被政府用于加快变革速度的项目，包括贷款担保、税收抵免和零排放技术补贴。在全球范围内，这些财政激励措施需要从目前每年 1 280 亿美元的较小规模扩大到 6 000 亿美元。这一关键结果所需的资金来源显而易见，尽管要拿到它们在政治上并不容易，那就是取消对化石燃料行业的财政补贴，只要做到这一点，就可以确保拿到这个关键结果所需的全部资金。[5]

有关政府研发的关键结果（KR 10.2）追踪公共部门为创造净零排放未来提供资金支持的情况。美国联邦层面投入基础和应用能源研究的资金需要增加到现有规模的 5 倍。换句话说，我们建议美国政府将相应的研发资金提高到与目前国家卫生研究院所获资金相当的水平，即大约每年 400 亿美元。[6] 其他国家的目标则是在当前支出基础上增加 2 倍。

有关风险投资的关键结果（KR 10.3）要求投资于创办新公司和寻找可以更快扩展的创新解决方案的资金规模达到当前水平的近 4 倍。这些资金通常来自机构投资者（大学捐赠基金、养老基金、政府）和高净值个人。这些资金将投资于私人公司，每笔投资可以低至 25 万美元，高至 2.5 亿美元。

有关项目融资的关键结果（KR 10.4）是金额最大的一类投资，涉及为成熟技术提供资金。公共和私人银行需要提供更多贷款，以推动可再生能源、储能和碳减排项目的部署。

有关慈善投资的关键结果（KR 10.5）将慈善投资规模增加至当前水平的 3 倍，这些投资的对象，如气候正义或保护土地、森林和海洋的行动，通常不会带来直接财务回报。在这些领域工作的非营利组织需要基金会提供更多的支持，这些基金会在全球范围内控制着近 1.5 万亿美元的资金，仅在美国掌管的资金规模就高达 8 900 亿美元。[7]

改变政府激励政策的方向

世界各国政府利用优惠税率、税收减免和军费支出来补贴和保护化石燃料行业。与此同时，石油、煤炭和天然气公司则得到优待，被允许忽略其造成污染的破坏性影响。总而言之，我们对化石能源行业的直接补贴高达 4 470 亿美元。[8] 我们的计划呼吁取消对化石燃料业的税收优惠待遇，并将这笔巨额资金用于加速无排放替代能源的开发。

税收制度给得到优惠的行业带来了明显的优势。==化石燃料行业从人为压低的价格中受益，因为它在从开采到消费的每一个环节都可以随意破坏我们的环境和集体健康==，却不会受到任何惩罚。瓦茨拉夫·斯米尔直言不讳地说："没有任何一家化石燃料公司承担了二氧化碳所导致的全球变暖的最终代价。"[9] 如果将气候变化、死亡率和空气污染导致的疾病等所有成本考虑在内，该行业将每年欠下超过 3 万亿美元的债务。[10]

我们的政府拥有各种工具来加快清洁技术的使用：为特定项目提供补贴；直接贷款（日后可以收回本息）；私人贷款担保（政府承担借款人违约的所有风险）；提供补贴，作为降低购买价格的激励；税收抵免。

多年来，美国能源部贷款项目办公室一直是气候行动反对者首选的出气筒。这些人的主要目标是 Solyndra，这是一家太阳能领域的初创公司，在奥巴马执政早期获得了能源部 5.35 亿美元的贷款担保。两年后，Solyndra 受到价格低廉的中国产太阳能电池板的冲击而破产。（郑重声明：凯鹏并没有投资 Solyndra，但我们投资了其他 7 家太阳能光伏板初创公司，其中 4 家几乎同时倒闭。）

Solyndra 是歪曲事实的经典案例。没错，这家公司确实倒闭了，政府为此损失了 5 亿美元。但所有头条新闻都忽略了一点，即 Solyndra 的贷款担保只是一个大战略的一小部分，这个战略是为了保证美国能够在清洁技术方面与中国和世界其他国家竞争，战略的总体目标是加速太阳能和风能技术发展，并在此过程中创造清洁能源领域的就业机会。这一战略的成功毋庸置疑。2010 年至 2019 年间，美国太阳能行业的就业岗位增加了 167%，从约 9.3 万个增至近 25 万个。[11]

事实上，贷款计划办公室使用纳税人的钱获得了巨大的回报。在投资一个创业投资组合时（无论是通过贷款还是补贴），你心里很清楚，其中一些项目注定会失败。自成立以来，贷款计划办公室已经提供了超过 350 亿美元的贷款或担保，[12] 只有不到 3% 的贷款违约，当前和未来的利息支付已经足以弥补这些损失。

正如在奥巴马执政期间担任该办公室执行主任的乔纳森·西尔弗（Jonathan Silver）所解释的那样，"联邦贷款计划的作用是支持那些很可能既重要又具有商业可行性的解决方案，但由于创新固有的金融风险，这些方案尚未被广泛采用"。政府担保起到了支撑作用，使私人投资者和贷款人在为这些项目提供融资时更加放心。他补充说，理想情况下，联邦政府的支持可以帮助一家公司开发出新的实用技术，在市场上形成规模，并开始自给自足。

西尔弗表示，联邦清洁技术贷款的设计初衷并不是为了获得最大化的回报。为了吸引申请人，贷款利率与政府利率挂钩，以实现收支平衡。西尔弗指出，如果以正常的商业银行利率发放贷款，那么这些创新、公用事业规模的可再生能源项目组合 3% 的违约率将意味着"巨大的利润"。

举例来说：2010 年，美国能源部向一家处于创业初期的公司提供了一笔 4.65 亿美元的贷款，帮助这家公司活了下来。[13] 这家公司就是当时身陷危机的特斯拉汽车公司。在大萧条以来最严重的经济暴跌中，该公司正致力于制造耗资巨大的电动跑车。贷款项目办公室的雪中送炭使得该公司起死回生。==2013 年，埃隆·马斯克宣布，特斯拉将提前 10 年偿还贷款，并支付利息——这是一个皆大欢喜的结局。==但我想提醒大家不要忘记：没有贷款，就没有特斯拉。

2010 财年，奥巴马政府在清洁技术研发上投入了 4 亿美元，并发放了 700 亿美元的贷款担保。这听起来是一个很庞大的数字，但中国正在击败我们。从 2012 年到 2020 年，中国政府平均每年向生产太阳能电池板、电动汽车和其他清洁技术解决方案的国有或国家支持的公司提供 770 亿美元的政府资助。[14] 这是一个壮观的就业促进计划，各个省份一夜之间都有了自己的太阳能制造公司。如果一家公司开始出问题,政府通常会出手相救。

简言之,正是因为这个原因,太阳能电池板变得如此便宜,并如此迅速地得到推广,这是中国送给世界的礼物。这也解释了为什么凯鹏支持的 5 家太阳能公司在随后的价格战中被压垮。这并不是因为美国不计后果地过度投资。相反,这是因为我们长期以来投资过少。其后果便是,中国现在拥有 70% 的国际太阳能制造市场。[15]

风险投资的力量

想出一个好主意与大规模实施之间还有很长的距离。仅仅发现世界需要什么还不够,一家新公司要想成功,就必须有世界愿意使用的产品。接下来的每个关键步骤,包括建立团队、销售、制造和支持产品,都需要资金投入,这就是风险投资介入的领域。通过以部分公司股票换取必要的资金,创始人可以将他们的想法从实验室推向市场。这就是像凯鹏这样的公司所扮演的角色:寻找、资助和加速企业家迈向成功。

在过去 5 年中,已经有超过 520 亿美元的全球风险资本被引入清洁技术领域。[16] 第一轮融资,也就是所谓的"种子轮"融资风险最大,因为刚成立的公司更有可能失败并亏损掉投资者的资金。为了降低我们的风险,凯鹏在进行清洁技术投资时采用以科学为基础的系统方法。正如我已经指出的那样,我们努力寻找气候领域一小部分迫切需要解决的"重大挑战"。

2006 年,就在《难以忽视的真相》将我唤醒后不久,我们的团队开始全力投入,四处发掘机会,约见企业家。我们审查了 3 000 多份来自太阳能、生物燃料、钢铁和水泥公司的提案,并引领了借助风险投资寻求气候解决方案的浪潮。截至 2001 年,风投行业仅投资了 80 笔气候领域的交易,总投资额不足 4 亿美元。[17] 7 年后,气候相关的风险投资额已达到近 70 亿美元，分布在 400 笔交易中。[18]

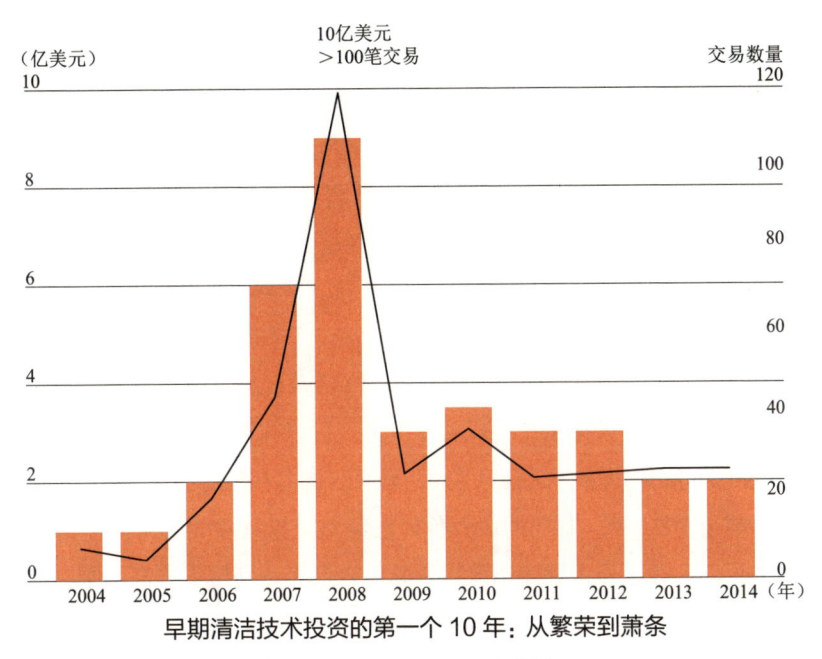

```
(亿美元)              10亿美元                           交易数量
                     >100笔交易
10                                                       120

 8                                                       100

                                                          80
 6
                                                          60
 4
                                                          40
 2
                                                          20

 0                                                        0
   2004 2005 2006 2007 2008 2009 2010 2011 2012 2013 2014 (年)
```
早期清洁技术投资的第一个 10 年：从繁荣到萧条

改编自麻省理工学院能源倡议（MIT Energy Initiative）数据。

　　事实证明，资本激增的时机并不理想。随着 2008 年金融危机的爆发，尚处于萌芽状态的清洁技术部门分崩离析。石油和天然气价格下跌、由此引发的信贷紧缩，再加上美国公司无法跟上中国补贴竞争的步伐，导致了这场内爆。一些技术在从实验室走向商业市场的跃进中失败，还有一些被证明根本行不通。

　　2009 年，清洁能源投资大幅下降，早期融资受到了尤为严重的打击。与此同时，数十亿美元流入了软件和生物技术等行业。到 2012 年，也就是凯鹏被《连线》宣称惨败的那一年，我们的大部分清洁技术投资都已经宣告破产。看起来我们的全部投资可能会损失殆尽。

　　但后来，我们投资的一些公司逐渐出人意料地，甚至是奇迹般地，从废墟中爬了出来。普罗特拉及其电动大客车业务存活了下来。ChargePoint 也是如此，它运营着美国最大的公共电动汽车充电站网络

第十章　投资！

（已有112 000个充电站点，并且还在不断增加），目前已经在纽约证券交易所公开交易。凯鹏投资的其他一些公司被大公司收购。2014年，数字恒温器初创公司Nest以32亿美元的价格被谷歌收购。为公用事业公司提供软件的Opower在两年后被甲骨文收购。越来越多的机会感促使我们的清洁技术投资团队成立了一个新基金G2 Venture Partners。

重振清洁技术投资组合的最大因素是2019年5月别样肉客的首次公开发行。凯鹏通过多轮投资向该公司投入了1 000万美元。现在它的股票在纳斯达克上市。到了2021年1月，伊森·布朗和公司筹集到2.4亿美元以扩大其植物基肉类替代品市场，这使凯鹏的股票价值增长到14亿美元，是我们原来投资额的140倍。在风险投资中，只要成功两三次，有时候甚至只要成功一次，就可以弥补许多次的失误。

自2006年以来，凯鹏已向66家清洁技术初创企业投资10亿美元。截至2021年，我们的股权价值已经增至投资额的3倍，达到32亿美元，针对这一领域的风险投资总额也已经达到历史最高水平。在经历了这场过山车之后，我们还就如何建立成功的前瞻性气候业务获得了一些来之不易的经验教训。

坚决果断地提前发现并及时消除关键风险。创始人和投资者必须面对技术风险（行不通）、市场风险（无法脱颖而出）、消费者风险（销售欠佳）和监管风险（得不到批准）。因此问题变成了：主要的风险是什么？早期资本可以被用来消除它们吗？如果不能，筹集后期资本几乎是不可能的。

筹款常态化。给创始人的信息很简单：要做好筹款工作，要好上加好。通过各轮融资招募到一系列投资者，尤其是那些能够开出大额支票的投资者。寻找企业合作伙伴，它们可能是无价之宝。

成本至上，性能为王。当你在电力、钢铁或燃料等大宗商品市场进行竞争时，单位成本将起到决定性作用。消费者不会为了一个环保徽章而花更多钱购买性能较差的产品，他们希望得到品质更好，或者至少是同等质量的产品。特斯拉、别样肉客和Nest就是三个典型例子。

夯实与客户的关系。 在经济大衰退中表现最好的公司总是与其产品的最终买家保持着直接关系。

市场主导者将会抵抗。 一些公司会适应新形势，其他则会消亡。但几乎所有人都会竭尽全力地抵抗，毕竟，他们的生意就是建立在无须付出代价的碳污染基础之上。

在吸取这些教训的过程中，马特·罗杰斯（Matt Rogers）是一个擅长快速学习的人，并经历过重重挑战。马特还不到40岁，就已经拥有过三段成功的职业生涯：他担任过早期版本的iPhone软件的工程师；还是一位气候企业家，共同创办了节能的智能恒温器公司Nest；现在，他成为一名风险投资家。2017年，马特创立了投资基金Incite，专门投资于受到使命驱动，不怕挑战现有企业的清洁技术创始人。

2021年1月这一个月内，针对清洁技术的投资就已经超过了2015全年的投资总额。[19] 经过10年的卧薪尝胆，对于清洁技术的风险投资再次蓬勃发展。突破能源风险投资基金的业务主管卡迈克尔·罗伯茨（Carmichael Roberts）已经对50余家初创公司发展过程的各阶段进行了投资监督。我问卡迈克尔，成为这个领域的一名成功企业家的秘诀是什么。

不是泡沫，而是繁荣

自19世纪初工业规模资本主义出现以来，所谓的投资泡沫为新产业提供了资金，从铁路、汽车到电信和互联网。每一项颠覆性技术都会吸引大量资金进入，其中大部分以亏损告终，但社会得到了进步。

在清洁技术领域，我们需要打开资本的闸门。有一个趋势值得关注，那就是特殊目的收购公司的激增。创建这些公司的目的是收购尚未准备好上市的初创公司，通常是因为这些初创公司尚未盈利。虽然特殊目的收购公司是高风险投资，但它们将是为我们迫切需要的技术提供资金的重要手段。没有它们，创新步伐将会放缓。

马特·罗杰斯

2009年离开苹果时，我年方26岁，开始思考人类面临的巨大挑战，而气候无疑是我们面临的最巨大的挑战之一。在那时，我们将如此多的脑力、马力、财力和人力投入像《愤怒的小鸟》这样的应用程序中，但我们在气候方面投入了什么呢？

我和联合创始人托尼·法德尔（Tony Fadell）一起，采用分析的方法对市场进行了深入研究。我俩因为有共同开发iPod和iPhone的经验而对客户空间有所了解。我们查看了能源部的流程图，寻找那些重要且没人在做的领域。按年度计算，最重要的领域是供暖和制冷，它消耗了一个家庭的一半能源。

当时我住在硅谷一套建于1973年的共管公寓里。我们安装了新的地板和台面，但控制暖气和空调的仍然是一个米色的塑料恒温器。那时我们刚刚推出了iPhone 4，它是有史以来最光滑的产品，全部由闪亮的玻璃和铝制成。但在我们的共管公寓里，设计和技术依然停留在20世纪70年代。那个米色的破烂塑料装置控制着我们每年花掉上千美元乃至更多资金来升高或降低室温的全过程。

在20世纪80年代，人类发明了一种技术，可以对恒温器进行编程，从而在夜间调低暖气温度，节约能源。但是它的用户界面实在太差，没人愿意用。这便是建立Nest的根本原因。我们要制造出一个漂亮的恒温器产品，同时这个产品还要便于使用，并能自动节能。

我们的核心洞见是，这既是一个能源效率问题，也是一个用户界面问题。Nest 是一家使命为先的公司，与此同时，它也是一家产品为先的公司。

我们并没有这个领域的专业知识。所以做了很多研究，和很多专家进行了交谈。我们需要了解暖通空调系统是如何工作的，以及环保署的诉求是什么。当时在环境研究方面有很多行动还没有进入消费市场。

创造新市场极其困难，所以我喜欢追逐成熟的市场。人们已经在使用恒温器，它不是我们发明的。但当你进入一个成熟的市场时，你必须观察市场主导企业如何应对变化。有时它们会收购公司，要么压制变革，要么整合变革，发展业务。有时它们会提起诉讼来吓退新入者，仅仅因为它们有市场力量。有时它们会忽视你。

在 Nest 的案例中，已经占据了市场主导地位的公司起诉了我们。例如，霍尼韦尔公司（Honeywell）声称，我们的圆形旋钮侵犯了专利权。四年后，这项诉讼无疾而终。

新入者拥有主导企业所没有的东西，那就是敏捷性。一旦拥有层级众多的臃肿管理层，你就真的很难做出决定。在决策者和优先事项如此众多时，新想法很难脱颖而出。

我们在 Nest 的首要目标就是一个"快"字。快速做出决定，以超乎所有人想象的速度快速进化。最初，我们的目标是发布一款非常酷的突破性产品，但我们不会就此止步。三个月后，将发布新的软件更新。每年都会推出新的硬件更新，我们尽可能快地持续前进。当竞争对手复制我们的第一个版本时，我们已经推出第三个版本了。

我们从一个想法起步，那就是：我们可以怎样帮助人们在家中节约能源？但我们的目标始终是使这个想法规模化，现在人们家中安装有数千万个恒温器，每年可以节省数千万兆瓦时的能源。

Nest 之所以能取得成功，是因为我们是一个团队，在正确的时间、正确的地点，推出了正确的产品。

卡迈克尔·罗伯茨

成功的创始人会在看到大浪到来之前就登上他们的冲浪板划出浪区。直觉告诉他们,海面将迎来最美丽的大浪,而其他人看不到这一点。他们非常努力地为自己做好准备,这样当海浪来临时,他们就可以站直身子乘风破浪了。

突破能源风险投资基金拥有 30 名全职实地工作的科学家、企业家和公司建设者,基金内部没有人会自称为纯粹的投资者。我们寻找突破性的气候技术,并尽我们所能帮助塑造它们,使其最终能够获得成功。有时这意味着和创始人同舟共济,有时则意味着扔给他们一个救生筏。

要想成功,创业者需要自信,但他们也需要一点脆弱和偏执。一位创始人最近来找我说:"卡迈克尔,我应该为 x、y 和 z 感到紧张吗?"我说:"是的,你应该。"然后我说:"现在既然已经发现了问题,让我们一起来解决它们吧。"

人们想知道我们投资的公司情况如何。突破能源风险投资基金成立仅四年,我们的旅程才刚刚开始。不过没人知道的一点是,每做一个投资决定后,我都会紧张得冒汗。我的搭档也会冒汗,整个团队都会紧张得冒汗。我们不断问自己:我们是不是做了一个疯狂的决定?

你知道我们会怎么做吗？在接下来的几个月里，我们会努力工作，确保这不是一个疯狂的决定。我们深入挖掘自己的资源网络。我们在各地寻找合作伙伴，并为这个投资尽可能多地寻找同路人。

我们提供自己所拥有的每一点技术专长。我们的工作是支持创业者，那些真正努力工作的人。如果他们成功，我们的世界将减少10亿吨的温室气体排放。每一个10亿吨的减排都很重要。

如果我们的投资取得了成功，那么将对150家气候行动领域的公司负责，这些公司的业务将带来最关键的气候行动结果。除此之外，我们与其他风险资本家和公司的合作将对1 000家公司负责，从而使我们能够在2050年达到净零排放目标。

不可否认，我们在气候变化领域的行动已经迟到了。但我相信，纯粹的人类精神——我们的想象力和承诺——可以让我们力挽狂澜。我们以前在历史上曾经做到过，现在我们又看到了曙光。毋庸置疑，我们必须面对现实，但同时我们也必须竭尽全力。

我们的工作是支持创业者，那些真正努力工作的人。

ChargePoint、QuantumScape 和 Proterra 均被特殊目的收购公司收购，并转换为在证券交易所上市的公司。投资者的热情正在飙升，特殊目的收购公司交易已经从 2018 年的 46 宗增加到 2020 年的 248 宗。[20] 这些投资 20% 与能源或气候有关。[21] 这种情况已经使一些人发出警告，警惕投机性过度融资泡沫。

但我认为，这不是泡沫，而是繁荣。毫无疑问，许多特殊目的收购公司支持的企业将遭到失败，但是它们自己会留下来。==繁荣是一件好事。它们会带来更多投资、充分就业和良性竞争。==它们刺激了安于现状的主流公司，并通过"创造性破坏"[22] 改变了市场。

太阳能发电领域的转机

在凯鹏支持的所有清洁技术公司中，带给我们最多经验教训的当数 Enphase Energy。我的合伙人本·科特朗（Ben Kortlang）堪称世界上最有经验的太阳能投资者。2010 年，当本带领我们进入 Enphase 时，这家太阳能科技初创公司正努力扩大其逆变器业务的规模。逆变器是连接太阳能住宅屋顶电池板和电气系统的电路盒。我们相信逆变器市场即将爆发，Enphase 将在其中占据相当大的份额。但该公司的收入一直在 2 000 万美元左右徘徊，同时已经有数十家其他初创公司进入了同一领域。有一段时间，Enphase 看上去会遭遇与我们其他失败的太阳能技术投资一样的可怕命运。

我们向赛普拉斯半导体公司（Cypress Semiconductors）充满传奇色彩的创始首席执行官 T. J. 罗杰斯（T.J.Rodgers）寻求建议，他是我们第一笔大型能源投资 Bloom Energy 的董事会成员。T. J. 罗杰斯看到了 Enphase 尚未开发的潜力，后者刚刚发布了第 100 万台逆变器。该公司缺少的，是充满活力的领导层，能够以全新眼光应对公司挑战。于是，T. J. 罗杰斯推荐了赛普拉斯一位冉冉升起的新星担任 Enphase 的首席执行官。

就这样，我们认识了巴德里·科坦达拉曼（Badri Kothandaraman）。

巴德里出生并成长于印度金奈，在加州大学伯克利分校获得材料科学硕士学位后，他进入赛普拉斯，在那里工作了21年。他对Enphase灵活熟练的驾驭，反映了卓越运营在开拓新的清洁技术领域细分市场中的重要性。

正如你能猜到的那样，巴德里的指标管理法是我所乐见的。Enphase在有效解决了温室气体排放危机的同时，也证明了它能够不辜负支持者的厚望。2020年，在凯鹏首度对其投资10年后，它已经成长为世界上最有价值的太阳能技术公司，市值超过200亿美元。2021年1月，Enphase因为其足够大的市值规模和稳定的股价表现而入选标准普尔500指数成分股。

发挥项目融资的作用

在过去17年中，用于新建和改造设施的清洁能源项目融资额从330亿美元飙升至5 240亿美元。[23]其中大部分被用于太阳能和风力发电厂，也有越来越多的融资用于供暖和交通运输领域的电动化。虽然这一趋势看起来很有希望，但如果这些资金被用于更新急需的技术，可能会产生更大的影响。

我们有关项目融资的关键结果（KR 10.4）要求项目融资金额达到每年1万亿美元，并更快地发放。除了资助成熟的技术，公共和私营银行还需要为新能源、新型储能和新的碳清除项目发放更多贷款。

突破能源的催化剂项目（Catalyst program）创建于2021年，这是一个激进的想法，致力于通过更大规模的项目融资减少绿色溢价。催化剂项目的创始人乔纳·戈德曼（Jonah Goldman）直言不讳地说："向太阳能和风能投入的5 000多亿美元不是慈善事业。它在经济上是有利可图的，这要归功于创新者、气候界和政府50年来的行动。"乔纳呼吁更多"英勇无畏的资本"，为无排放航空燃料、绿色水泥和碳清除等风险更高的新技术创造市场。

巴德里·科坦达拉曼

其他所有投资者都离开了这个领域。他们担心逆变器市场会演变成一种零利润、无休止大打价格战的大宗商品业务。他们的担忧并非毫无根据。Enphase 正在赔钱，并且即将耗尽资金。

我是 2017 年进入 Enphase 开始工作的。加入 Enphase 的前两年，我作为首席执行官的工作重点是卓越运营。我们开始精密测算所有指标。我们设立了一个作战室，以日为单位来管理现金、应收账款和应付账款。我们成立了一个定价团队，根据产品产生的价值，与次优替代品进行比较，对产品进行定价。我们告别了价格战，拒绝了无利可图的销售单。

我们花了很多时间研究产品成本。我们创建了仪表盘（dashboard）来衡量进展，并针对所有员工设定了季度目标系统，根据公司和员工个人的目标相关绩效来支付奖金。不完成目标，就没有奖金！

我们面对投资者时的策略没有太大不同。2017 年 6 月，在分析师日，我们放出豪言壮语，告诉投资者要在 6 个季度内实现 30-20-10 的财务模式。这个简单易记的说法阐明了公司的目标，即 30% 的毛利率，20% 的营业费用，10% 的营业收入。

我们的策略开始奏效。2018 年底，我们实现了 30-20-10 的财务模式。从那以后，公司的收入开始加速增长。

我们是如何成长的？在控制住运营后，我们把更多的时间花在了创造收入上。我们专注于产品创新、质量控制和客户服务。我们不是在屋顶上铺设高压直流线路，然后让我们的客户在车库里安装大型逆变器，而是制造了基于半导体的微逆变器，其体积足够小，可以安装在屋顶上每个太阳能电池板的下方。

如果你有20个面板，你需要20个微型逆变器而不是一个，但你获得了一个显著的优势：安全的交流电压。我们体积更小的逆变器系列产品是世界级的产品，它们时尚、功率高、效率高，易于安装并可连接到云端。

我们毫不放松地关注质量，以客户退货或缺陷作为衡量标准。我们对客户服务给予了同等的重视，除了安装工人，我们还开始接听房主的电话。我们在美国、法国、澳大利亚和印度设立了服务中心。每周的员工会议总是从回顾我们的服务仪表盘开始，包括我们的净推广分数、平均客户等待时间和首次通话解决率。

我们的净推广分数从2017年的个位数提高到2020年的60分以上，但我们并未满足。在2021年，我们为客户推出了每天24小时、每周7天的全天候服务，并创建了一个现场服务团队来帮助安装工人更高效地完成工作。我们还在产品线中增加了电池存储系列，同时现在正在开发消费者可以信赖的最先进的家庭能源管理系统。与我们所做的其他事情一样，我们也在衡量客户的节能情况。这是我们确保良好客户体验的唯一途径。

不完成目标，就没有奖金！

项目融资有四个不可或缺的投资方,即政府、企业、银行和慈善家。 如果这四方都承诺支付绿色溢价,提供足够的资金来建设这些公司,将启动莱特定律。随着设施的扩大和需求的增加,新技术可以更快地降低成本。正如乔纳提醒我们的那样,"太阳能成本曲线下降花了50年时间,但我们已经不再有50年的时间可等"。他说,为了加快速度,我们需要投入大量资金来建设某一项新技术的首批示范工厂,以证明这项技术是可行的。

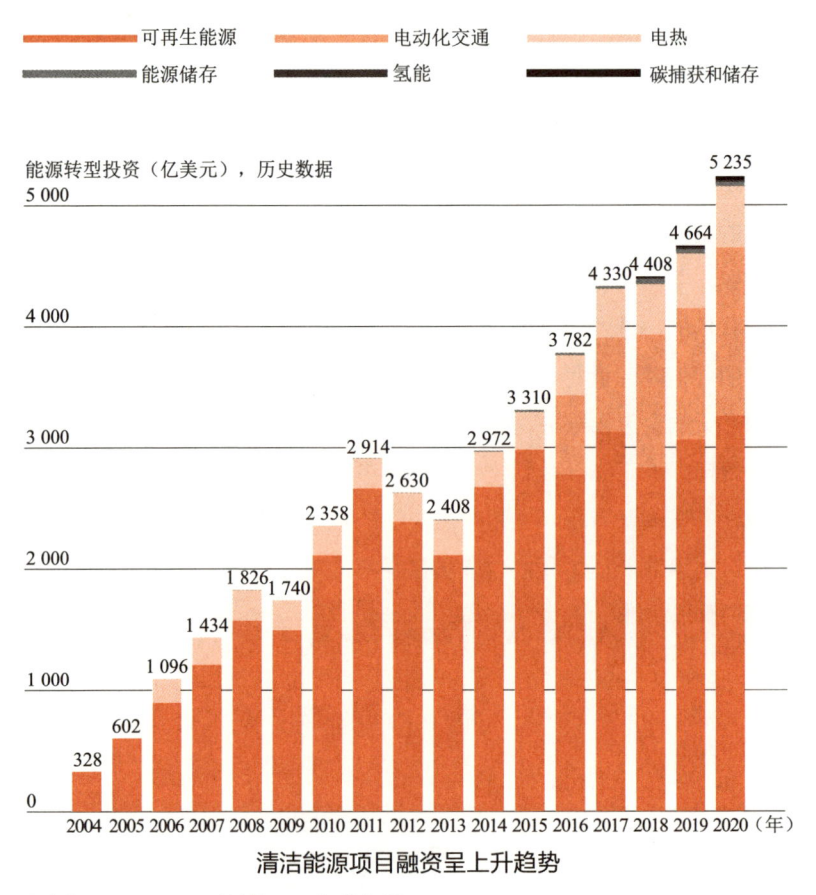

■ 可再生能源　■ 电动化交通　■ 电热
■ 能源储存　■ 氢能　■ 碳捕获和储存

能源转型投资(亿美元),历史数据

年份	2004	2005	2006	2007	2008	2009	2010	2011	2012	2013	2014	2015	2016	2017	2018	2019	2020
投资	328	602	1 096	1 434	1 826	1 740	2 358	2 914	2 630	2 408	2 972	3 310	3 782	4 330	4 408	4 664	5 235

清洁能源项目融资呈上升趋势

改编自 BloombergNEF 的数据和可视化资料。

项目融资会自然地倾向于成熟的技术,如太阳能部署和能效改造。这是一件好事，我们需要更多的资金来持续降低这些领域的成本。但同时，我们也需要大胆行动来购买更新的技术。一旦像谷歌这样的公司承诺从 Fervo 这样的下一代地热公司购买能源，它们的行动会刺激整个市场发展。正如 Stripe 通过支付绿色溢价创造了碳清除技术市场一样，项目融资资金可以通过创造大规模需求来降低成本。

召唤新型资本

1998 年，凯鹏以 1 200 万美元的价格收购了一家网络初创公司 12% 的股份，这家公司是由两名从斯坦福研究生院辍学的学生所创办的。谢尔盖·布林和拉里·佩奇进入搜索引擎行业时其公司的市场份额排名第六。一年后，我希望安迪·格鲁夫简捷的管理系统对他们有所帮助，于是来到当时谷歌的总部就 OKR 进行了一次宣讲。"我们决定试一试。"拉里说。从那时起，成千上万名谷歌员工拥抱了 OKR 工作法，激励他们志存高远，脚踏实地。

在追求净零排放的过程中，几乎没有其他大公司行动更快。2007 年，在成为可再生能源的早期买家，并为其剩余碳排放购买了优质碳补偿之后，谷歌的整体运营实现了碳中和。2012 年，该公司制定了一个更加雄心勃勃的目标：到 2020 年，其运营所需电力全部来自太阳能和风能等可再生能源。2017 年，该公司提前三年实现了这一目标。[24]

如今，谷歌及其母公司 Alphabet 的使命是大规模投资，以解决世界所面临的最严峻的挑战。谷歌和 Alphabet 目前都是由桑达尔·皮查伊（Sundar Pichai）领导，他于 2004 年加入谷歌担任产品经理，当时年仅 32 岁。2015 年，桑达尔被任命为该公司历史上第三位首席执行官。

同一年，谷歌聘请凯特·布兰特（Kate Brandt）担任首席可持续发展官，这与她在奥巴马政府担任的职位相同。自那以后，凯特帮助谷歌公司将目光超越了其自身的碳足迹，利用谷歌的技术平台加速全球减排行动。

桑达尔·皮查伊

以跨代际的时间框架进行前瞻性地思考可以让你大胆地做出雄心勃勃的构想。当年，我们把赌注押在风能和太阳能上时，有些人认为它们成本过高，大多数人都怀疑它们能否大规模运行。Alphabet 现在是世界上最大的可再生能源购买者之一，我们的早期投资在帮助降低成本方面获得了回报。

展望 2030 年，我们的目标是实现全天候无碳运行。这意味着你在谷歌上所做的每个搜索，发送的每一封邮件，以及谷歌云上的每一笔交易都将在无排放的情况下完成。

但我们并不完全知道如何实现目标，我们需要更多的创新，还需要更多的项目融资。这就是为什么我们发行了公司历史上最大的可持续发展债券，一项 57.5 亿美元的绿色项目融资债券。[25]

其中一个项目聚焦于下一代地热能。由于风能和太阳能的间歇性，在许多地方光靠它们无法运行整个电网。为了使清洁能源价格合理且可靠，人们正在利用地热蒸汽的热能来驱动涡轮机。蒸汽是由从地下两英里深的井中抽取的热水产生的。从明年开始，我们将把内华达州的新地热资源连接到电网，为运行谷歌云的数据中心供电。我们将使用人工智能实时响应需求，实现 24×7 的全天候供电。凭借我们的平台和规模，可以使用云在运营中实现减排。

凯特·布兰特

我们深入考虑了可以如何发挥作用，帮助建立这一资产类别，并展示可持续发展债券的价值。

我们提出了一个框架，阐明将如何分配资金。这个框架围绕我们开展的不同类别的环境工作，包括可再生能源采购、节能数据中心和循环材料。由于认识到环境问题和社会问题紧密地交织在一起，我们还引入了社会层面的项目，例如种族平等。

这个项目让我们发自内心地引以为豪。我们的目标是证明这一资产类别能够为可持续发展带来更多资本。

我们很高兴地看到其他公司纷纷跟进，投资对环境和社会负责的项目，形成一股日渐强大的势头。

我们充满热情，相信人工智能将推动能源效率大幅提升。我们已经在自己的数据中心中应用了人工智能，并取得了巨大的效果，现在我们正试图将其向外推广，以便其他数据中心运营商和大型建筑运营商也能够实现更高的能效收益。

通过 Nest，我们还针对住宅市场推出一个可以自我学习的恒温器，帮助优化家庭能源使用。

上述两方面结合在一起，让我们看到，在商业建筑和住宅建筑中使用人工智能并实现实质性脱碳的机会日渐丰富，这项事业大有可为。

桑达尔·皮查伊

在全球实现净零排放目标最让我兴奋的一点是，我们需要端到端的改变，既包括勇敢的大变革，也包括微小但有意义的改变。

为了在其他方面最大限度地发挥谷歌的影响力，我们正在敦促用户减少碳足迹。例如，谷歌地图现在会将最环保的路线作为默认路线。

放眼全球，我们设定了一个目标，到2030年，帮助全球最大的500个城市进一步减排10亿吨。这些城市居住着世界50%的人口，排放量占全球的70%。我们正在借助人工智能、数据和传感器来实现这一目标。城市往往不知道碳排放来自哪里。在哥本哈根和伦敦等地，我们正在与当地领导人合作，安装空气质量传感器，即时检测排放物。有了这些信息，城市政策制定者就可以为他们的减排计划绘制一份持久的蓝图。为了实现减排10亿吨的目标，我们正在多个城市系统地扩展这一项目。

我在印度金奈长大。在我童年时期，那里年复一年地遭受着严重的干旱。缺水意味着我们只能依靠几桶水来满足日常需求。

2015年，金奈遭遇了百年一遇的洪水。这座城市从未经历过如此强度的降雨，而这种极端干旱与洪涝并存的状态充分说明了气候变化的影响。

2020年，我们在加州又经历了严重的森林大火。一天早上，我的孩子们叫醒了我，指着橙色的天空，看起来非常担心。我发自内心地深深感受到对下一代的责任感。

作为一名企业领导者，我掌管着一家通过科技进行创新的公司，我有一种强烈的责任感，希望运用这种方法在应对气候危机方面取得进展。这是我们最大的创新机遇之一。

我们的创始人拉里和谢尔盖走在了时代的前列。谷歌在2007年成为一家碳中和企业。在大多数公司还没有意识到可持续发展之前，他们就已经开始谈论可持续性这一话题。这对公司来说是一个持久的价值。

然而，每家公司都可以将可持续发展作为其最根本的企业价值观之一。对它们来说，这样做很重要，因为使用它们产品的人会要求这样做。最优秀的人才也将有如此期待。

作为领导者,你越早拥抱可持续发展的理念,就越有可能获得成功。这是你的客户和员工的要求,但其重要意义远甚于此。这将造福你的人民、你的国家和整个世界。

气候危机是**最大**的创新机遇之一。

资金如何流动

2003年,戴维·布拉德(David Blood)从高盛退休,开始致力于社会责任投资,力求证明有朝一日此类投资将超越所有其他资产类别。当时,"绿色投资"在金融圈只占据了微不足道的位置。低于标准的回报被视作正常现象,甚至是不可避免的。但在戴维与阿尔·戈尔联手成立了总部位于伦敦的世代投资管理公司(Generation Investment Management)后,一切都发生了变化。他们在清洁技术领域创造了一种新的投资模式。

我们意识到**贫困和气候变化**其实是一回事,只是同一枚硬币的两面而已。

戴维·布拉德

因为父亲被调到巴西任职，我是在巴西长大的，亲眼见到的贫穷深深震撼了我。从高盛资产管理负责人的位置上退休后，我希望利用资本市场来帮助应对可持续发展的挑战。

2003年10月，我在波士顿与阿尔·戈尔会面，讨论可持续投资问题。我的兴趣在于贫困和社会正义，阿尔的兴趣自然在于气候变化。在第一次会面中，我们意识到贫困和气候变化其实是一回事，只是同一枚硬币的两面而已。

我们成立的世代投资肩负着双重使命，其一是为客户提供强有力的风险调整后投资成果，其二是帮助可持续投资成为主流。当时的投资界并不重视可持续发展和ESG[①]，所以我们专注于打造成功的商业案例。

我们认为，长期投资是最佳实践，可持续发展是全球经济应有的组织构造。所以使用ESG因素作为工具来评估企业和管理团队的质量。我们认为，这种方法揭示了可能未被其他投资框架发现的重要洞见，这些洞见最终会带来更好的风险调整后投资成果。需要明确的

[①] ESG是environmental、social和governance缩写，即环境、社会和公司治理。——译者注

是，我们不会为了价值观而牺牲价值。

最重要的是，我们的客户非常满意。自2004年从零起步以来，今天客户委托我们管理的资产规模已经超过了330亿美元。

我们对可持续发展和ESG投资的显著增长非常高兴。资产所有者、资产管理人、银行和保险公司纷纷宣布对净零排放的重要承诺也让我们深受鼓舞。在过去10年中，公司确实取得了非凡的进展。然而，这还远远不够。为了实现将全球气温升高幅度限制在1.5℃之内的目标，需要进行转型式变革。

毫无疑问，只有解决了气候变化对发展中国家以及发达国家的人民和社区的影响，我们才有可能成功应对气候变化带来的挑战。

对于世代投资而言，我们相信，下一个10年将是我们职业生涯最重要的10年。世界需要并理应得到金融部门的率先垂范。我们需要更具雄心壮志，需要离开舒适区，需要改变人们认为可能的方式。但最重要的是，我们需要坚持不懈地采取行动。

我们认为，可持续发展是全球经济应有的组织构造。

所有市场之母

在撰写本书的过程中，我又想起了曾激励我们推出绿色成长基金（Green Growth Fund）的一句话，它出自汤姆·弗里德曼2008年的力作《世界又热又平又挤》（*Hot, Flat, and Crowded*）中的一位投资银行家。这本书是一份颇具预言性的宣言，呼吁全球采取行动应对全球变暖。书中，Piper Jaffray①的洛伊丝·夸姆（Lois Quam）表示，"绿色经济势必成为所有市场之母"26，这是"千载难逢的经济投资机会"。

如今，夸姆的论断终于得到证实。但请记住，任何新技术市场都必然会面对巨大的冲击，清洁技术同样难以幸免。正如弗里德曼所指出的："在真正的革命中，总是既有赢家也有输家。"

在清洁技术领域处于领先地位的国家将获得巨大的回报，包括制造业扩张、就业增长以及最终更高的生活水平。与互联网不同，清洁能源转型将在地方层面展开。它将为我们的社区带来安静的新公交车，为我们的屋顶带来太阳能电池板，并为我们的海岸带来巨大的风电场。我们已经找到了在扩张全球经济与解决气候危机之间达到平衡的方法。显然，我们可以在不牺牲地球利益的情况下获得利润。

日益增长的"给予"需求

许多有价值的气候解决方案不会带来10倍的投资回报，它们的目的不仅仅是为股东群体带来财富。尽管如此，致力于实现气候正义来保护地球仍然需要真金白银。对于那些关心这一议题并且有经济能

---

① Piper Jaffray 是一家美国中小型投资银行，总部在美国中部的明尼阿波利斯。2019年与 Sandler O'Neill 合并并更名为 Piper Sandler。——译者注

力的人，我们呼吁他们慷慨捐出金钱，并贡献更宝贵的东西：他们在战略捐赠方面的时间和技能。一些著名的个人和公司已经开始响应号召。

气候行动获得的资金严重不足。从宏观角度审视，2019年的慈善捐赠总额达到了7 300亿美元，[27] 但用于气候危机的比例不到2%。各家基金会将大部分捐款用于医疗和教育。这是为什么？根据气候领导倡议组织（Climate Leadership Initiative）主席詹妮弗·基特（Jennifer Kitt）的说法，尽管气候解决方案看上去似乎不那么"以人为本"，但实际情况恰恰相反。詹妮弗说："许多捐赠者之所以避开气候变化项目，是因为他们认为政府或市场会解决这个问题。"但她补充说，新一代的捐赠者"清醒而恐惧，已经准备采取切实行动"。詹妮弗相信慈善事业的力量，它是一种灵活的工具，可以为雄心勃勃的项目带来真正的改变。两年来，该组织已经为气候慈善事业筹集了超过12亿美元的新资金。

在资助气候行动方面，宜家基金会（IKEA Foundation）[28] 是领跑的机构捐赠者之一，该基金会与瑞典著名连锁零售企业宜家同属一家母公司，专门负责集团的慈善事业。基金会掌管着20亿美元的可用资金，据其首席执行官佩尔·海根斯（Per Heggenes）表示，他们的重点是加速南半球可再生能源对肮脏能源的替代进程。与此同时，宜家已承诺其零售业务到2030年实现碳负排放，即减排量超过其排放量（包括供应链的排放）。

2020年2月，杰夫·贝佐斯承诺出资100亿美元设立贝佐斯地球基金（Bezos Earth Fund），成为个人气候慈善事业的新旗手。许多人希望他效仿比尔·盖茨的突破能源风险投资基金，成为另一家早期风险投资公司。亚马逊已经支持了Rivian等清洁技术初创公司，后者正致力于为这家全球最大的在线零售商制造10万辆电动送货车。这是该公司到2040年实现净零排放目标的重要环节。

基金会捐赠

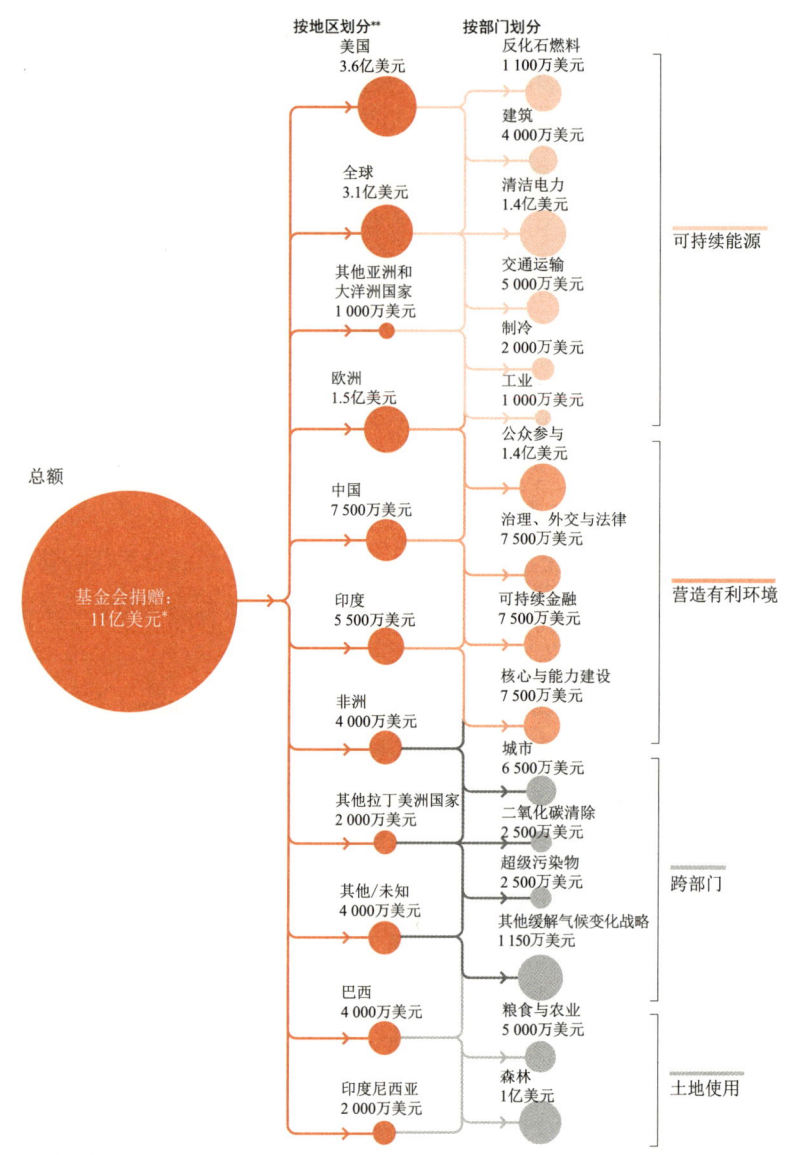

总额
基金会捐赠：11亿美元*

按地区划分**
- 美国 3.6亿美元
- 全球 3.1亿美元
- 其他亚洲和大洋洲国家 1 000万美元
- 欧洲 1.5亿美元
- 中国 7 500万美元
- 印度 5 500万美元
- 非洲 4 000万美元
- 其他拉丁美洲国家 2 000万美元
- 其他/未知 4 000万美元
- 巴西 4 000万美元
- 印度尼西亚 2 000万美元

按部门划分

可持续能源
- 反化石燃料 1 100万美元
- 建筑 4 000万美元
- 清洁电力 1.4亿美元
- 交通运输 5 000万美元
- 制冷 2 000万美元
- 工业 1 000万美元

营造有利环境
- 公众参与 1.4亿美元
- 治理、外交与法律 7 500万美元
- 可持续金融 7 500万美元
- 核心与能力建设 7 500万美元

跨部门
- 城市 6 500万美元
- 二氧化碳清除 2 500万美元
- 超级污染物 2 500万美元
- 其他缓解气候变化战略 1 150万美元

土地使用
- 粮食与农业 5 000万美元
- 森林 1亿美元

* 所有已知基金会针对缓解气候变化的捐赠已经从2015年的不足9亿美元上升到2019年的至少16亿美元。图中数字为2015—2019年的年度平均捐赠额。

** 按地区划分的捐赠额是基于资金所使用的地理位置，而非捐资者或赞助者的地理位置。例如，一家总部位于美国的受赠方从一家总部位于美国的捐助方那里得到一笔捐赠，用于在巴西的行动，则该笔金额将计入巴西。

基金会正在崛起以抗击气候变化

改编自气候领导倡议组织的可视化资料。

速度与规模

但贝佐斯对地球基金有着不同的构想。在宣布首轮接受资金的 16 名对象时，他显露出一种更类似于高度聚焦的慈善事业风格。受赠者名单中包括世界自然基金会、大自然保护协会（the Nature Conservatory）、落基山研究所、忧思科学家联盟（The Union of Concerned Scientists，UCS）①、美国环保协会以及气候和性别正义蜂巢基金（Hive Fund for Climate and Gender Justice）。29 这些受赠方均没有赢利、发行股票或上市的打算。然而，在保护重要的生态系统和清除大气中数以 10 亿吨计的排放物的努力中，这些非营利组织可以像任何营利性公司一样自律和坚定。

保护海洋和水道、保护雨林和促进再生农业将带来巨大的环境和经济效益。正如贝佐斯所说："在过去的几个月里，我一直在向一群非常聪明的人学习，他们把应对气候变化及其对世界各地社区的影响作为自己毕生的事业。他们的所作所为让我深受鼓舞，我很高兴能帮助他们扩大规模。"杰夫聘请时任世界资源研究所首席执行官的安德鲁·斯蒂尔（Andrew Steer）帮助他运营这家新的非营利企业。在与杰夫和安德鲁交谈时，我可以看到他们正在将气候慈善事业提升到一个全新的高度。

---

① 忧思科学家联盟成立于 1969 年，是一个非营利性非政府组织，由全球 10 万多名科学家组成。——译者注

杰夫·贝佐斯

这是具有决定性的10年。如果我们不能在2030年取得足够大的进展，那么一切将让我们悔之晚矣。我相信这是可行的，我们有理由保持乐观。

尽管如此，摆在我们的面前的并不是一项任务，而是一大堆任务，同时由于规模巨大，这的确是一个令人望而生畏的问题。100年来，人类一直随意向大气中排放碳，仿佛这样做没有代价。在经典的经济学术语中，这使其成为一种没有定价的外部性。这意味着我们已经建立了数万亿美元的资本基础设施，而它们每天都在做出错误的假设。时至今日，人类仍然在不断建设着基于错误假设的基础设施。我们需要停止这种做法，并照顾好地球。

正在讨论的这个问题规模惊人，迫使我们必须采取集体行动，而慈善事业可以在促进这一点上发挥非常重要的作用。慈善家可以承担政府和公司无法承担或难以承担的风险。慈善事业可以开启行动，证明可行的解决方案。然后政府和市场便可以进一步扩大规模。

贝佐斯地球基金完全是慈善性质的，它不会资助任何营利性活动。我相信为绿色创业公司提供资金，帮助他们研发零碳排放的新技术十分重要，但这不是地球基金的努力方向。

得知下面这个事实令我极其震惊，那就是：针对气候变化的慈善捐助实际上非常少，而且每年只增长一两个百分点。对于对抗气候变化的努力而言，这实在只是杯水车薪。

这是具有决定性的10年。

安德鲁·斯蒂尔

贝佐斯地球基金的出发点是判断未来10年所需要的系统变革，并确定慈善基金可以在哪里解锁和推动变革的发生。能源、交通运输、工业、粮食和农业、金融体系等每一个必须发生重大变革的领域，都包含着多个"小型"变革，尽管这些变革本身的规模也已经相当巨大。例如，在交通运输领域，需要告别内燃机，但还需要为航运和航空公司开发氢技术，同时也需要彻底改革公共交通，重新思考城市规划。在粮食体系中，需要新的气候智能型农业技术，但也需要改革供应链，调整饮食结构，转向植物性食品，并在这个10年内将粮食损失和浪费减少一半。

大家现在知道，这些变革完全可行，并在经济、财务和社会层面带来好处。但我们也面临着各种各样的障碍、认知差距、厌恶风险和路径依赖，阻止变革按照所需的速度发生。这就是贝佐斯地球基金可以发挥作用之处。

不同领域的转型处于不同的阶段，有些已经走得很远，接近临界点，还有一些只是刚刚起步。因此，我们的角色需要做出相应调整。在某些情况下，我们将支持基础研究；在另一些情况下，我们将帮助创造新技术的市场；或者我们将进行去风险化投资。在某些情况下，可能需要推动政策变革，建立信息系统和增加透明度，因此我们将支持倡导团体和监测系统，或促进领导人结盟，共同努力为行动造势。在所有这些情况下，我们都会将社会问题纳入考量范畴，强调环境正义是亟待解决的紧迫问题。

如果审视贝佐斯地球基金的首轮拨款，你会发现其涵盖了上述所有类型的干预措施。我们所做的每一件事，都是为了寻求推动变革加速发生，使之不可抗拒、势不可挡。

杰夫·贝佐斯

我们需要以非常谨慎的方式注资，这样如果你把各个部分拼在一起，就能够进行系统合作。

我们努力寻找可以参与的合适领域，从而使投入的每一分钱都能带来最大的影响。

这不是万能的变革理论，你不可能运用一种策略来解决这个巨大问题所涵盖的全部50多个领域。这正是让人望而生畏之处。它做起来很困难，但困难是正常现象，如果你在开始时没有预料到这一点，你会很快变得失望并放弃。

这项事业的规模越来越大。那些加入我们，共同投身这项事业的人知道，这些慈善资金将有助于实现规模巨大的目标。

让我这么说吧：我们比祖父母生活得更好，而他们也比他们的祖父母生活得更好。我们不能成为打破这种循环的一代人。尽管这样说，但这件事并不关乎我们未来的遗产，而是我们今天就要完成的使命。

慈善使命

日益增长的资金需求催生了"慈善资本"的兴起，这是一种混合投资类别，世界上最深思熟虑和最富活力的一群捐赠者正在完善这一类别。1989年，一位名叫劳伦·鲍威尔（Laurene Powell）的创业者在斯坦福商学院攻读硕士学位时，遇到了前来校园演讲的史蒂夫·乔布斯。两年后，他们结婚了。2004年，劳伦·鲍威尔·乔布斯创立了艾默生集团（Emerson Collective），承诺为加州东帕洛阿尔托等社区的教育和经济正义提供12亿美元。东帕洛阿尔托是一座低收入城市，位于拥挤的高速公路和富裕的小镇帕洛阿尔托之间，后者因为是斯坦福大学所在地而闻名于世。

艾默生集团并不是作为非营利组织成立的。相反，它使用自己的税后资金，投资于那些可能产生回报的企业，你可以称它不排除追求利润。（有时，营利性的生意是完成某件事的最佳方式。）随着该组织更多的工作转向气候正义事业，劳伦加深了参与。2009年，她发起了一项名为艾默生元素（Emerson Elemental）的慈善投资项目。她计划未来15年内将大部分资金投入气候行动，这是该计划的组成部分。

当我和劳伦交谈时，她解释说，艾默生元素旨在"冒险、证明新概念和建立示范项目"。当我问及她的个人经历，以及是什么让她做出如此富有远见的努力时，我了解到，她的整个人生经历让她做好了承担这项重要工作的准备。

劳伦·鲍威尔·乔布斯

我来自新泽西州西北部的一个山地小镇，周围都是滑雪胜地。我们家的房子背靠一片山脊，前面正对着一个小湖。我母亲笃信新鲜空气的益处，从小便一直参加夏令营。当她有了自己的家之后，她像管理夏令营一样管理自己的房子。我和我的兄弟们夏天在湖面上游泳和划船，到了冬天便滑冰和滑雪。我对世界的认识是由四季更迭，以及创造与毁灭、重生与更新的韵律所塑造的。

我父亲去世时年仅 35 岁。他是一名海军陆战队飞行员，在一次飞机失事中丧生。当时我只有 3 岁。我和我的兄弟们都明白，生命可能会提前终止。这可能就是我很小就想学习阅读的原因。记得我上一年级时，一位老师给了我一张借书证，尽管通常只有上了三年级才能借书。因为我们不常出门旅行，我的世界观很大程度上是通过书籍形成的。我成了一名集邮爱好者，把来自各个国家的邮票塞满集邮册，它帮助我想象出我希望在世界上所见和所做之事。

随着我不断长大，越来越接近父亲去世时的年纪，我对自己的人生充满了紧迫感。我知道，我们在世上的时间是有限的，生命不可预测，这给了我一种本来可能不会拥有的目标感和激情。

随着我深爱的丈夫辞世，我再次深切地感受到这一点。史蒂夫英年早逝，年仅 56 岁就离开了我们。即使是在 10 年之后，看到他留给这个世界的东西，仍然如此令人振奋。与我父亲不同的是，史蒂夫有时间考虑他的遗产和他可能带来的涟漪效应，即如何让一个生命拥有持久的意义。这同样也回响在我的内心深处，让我思考：人生在世，我能做些什么对自己和其他人都有意义的事？

史蒂夫曾经说过：你的工作将占据你生活的一大部分，获得真正满足的唯一途径就是做你认为伟大的工作，并且热爱你所做的事情。我们俩在成年以后共同成长。我从他身上学到了很多东西，包括如何与团队一起出色地执行任务，如何让个体展示出他们有时自己都看不到的最棒的自己。

30年前，当我在斯坦福商学院获得MBA（工商管理硕士）学位时，我发现在东帕洛阿尔托市几英里外，便是硅谷的一个垃圾处理中心。那里倾倒了大量半导体碎片，还有生物医学垃圾。这座城市为此得到了经济补偿，但并未妥善处理此事。

这种情况发生在世界各地的低收入地区。地下水中满是各种各样的有毒物质，砷和氡的含量很高。这些毒素被传递到种植在当地的食物中、花园中、饮用水中。由于当地教育资金来自物业税，没有强大税基的东帕洛阿尔托的学校远逊于西帕洛阿尔托的学校。这里的人负担不起好的道路和污水处理系统，没有杂货店，没有银行，也没有能够创造一个健康社区的基础设施。

2004年，我创办艾默生集团，因为我相信我们努力解决的所有问题，以及与我们在地球上的生活息息相关的所有系统，都是相互关联的。

我们开始在东帕洛阿尔托赞助教育事业。我们支持学生完成大学学业。但是学生们学成之后不想回到家乡工作，因为那里没有工作。

我们由此得到了一个重要的教训：==你必须同时解决所有问题==。环境不公表现为儿童哮喘的发病率是全国的5倍。东帕洛阿尔托的社区属于交通要道，每天有5个多小时车辆川流不息，汽车的废气弥漫在社区里。居民们并没有从汽车通行中获得收入，但这给他们的健康造成了严重的问题。当一个孩子患有哮喘时，会发生两件事：他们经常缺课；他们的健康终生受到负面影响。

在艾默生，我们致力于从构想到设计，再到行动等各个领域的工作。我们知道，系统的重新设计通常需要当地政策的重新设计，因此我们也同样在这个方面积极努力。但我希望能把我们的新兴模式带到其他社区。

我们认识了道恩·利珀特（Dawn Lippert），她创建了第一个旨在加速部署气候技术的组织，这是一家非营利组织，即现在Elemental Excellator的前身。道恩此前曾领导过夏威夷的清洁能源计划（Clean Energy Initiative），这份工作让她看到了创新在帮助社区摆脱化石燃料的过程中需要发挥什么作用。Elemental由政府和慈善资本共同出资。这是一次尝试，旨在找到新的方法，将突破性气候创新与社区在气候解决方案中的真正声音和领导力相结合。

Elemental的理念是，最好的气候解决方案也应该是最公平的。我被道恩的工作折服，并迅速问道："我们可以如何给这个模型注入更强劲的动力？"这就是Elemental Excelerator创立的缘起。

夏威夷岛为劳伦、道恩·利珀特和Elemental Excellator的团队提供了一个得天独厚的机会。直到2008年左右，该州90%的电力仍来自燃油，[30]这是最容易通过船只运输的化石燃料。但这种便利的后果是，最无力负担的人群需要承担昂贵的电价，更不用说糟糕的空气质量和大量温室气体排放了。

不过，高昂的油价恰好让夏威夷向可再生能源的转型之路较为轻松，那里的老百姓比其他地区的人早了好几年便体会到使用太阳能电池板和热水器带来的经济收益。夏威夷无疑是一个理想的地区，可以用来测试与清洁能源、水、食品及交通解决方案有关的创新和公平的技术，这些解决方案同时也致力于解决气候公平和正义问题。

道恩·利珀特

在夏威夷的所见所闻令我非常震惊，因为我看到如此多与能源相关的挑战，并目睹了气候危机如何加剧了许多相互交织在一起，已经令当地社区疲于解决的问题。例如，只要说起能源问题，你在五分钟内就会谈到水、交通、教育或劳动力等问题。这就是在一个岛屿上开展工作的美妙之处。由于它面积有限，我们可以看到整个系统是如何连接的。

我们在全球各地开展了一系列加速气候解决方案和创造社会公平的工作，而这一切的源头，是2009年我们在夏威夷开展的资助清洁技术公司的工作。我们发现了一个关键的缺口，虽然已经拥有了技术成果，但并没有看到它们被大规模地应用，因为它们缺少商业和社区环境的支持。

社区是部署气候解决方案的地方，而Elemental的工作是帮助设计出一套方法，使技术和人员可以在地方应用层面顺利交互。就算拥有世界上最好的技术，除非人们愿意接受它，否则它也难以规模化推广。我们已经看到，技术充其量只是一半的解决方案，另一半解决方案在社区。

我们用来帮助公司弥合与社区之间的缺口、更广泛实现商业化的工具是资助示范项目。我们已经在世界各地部署了70多个示范项目。

例如，SOURCE Global公司生产的"水板"（hydropanel）完全独立于基础设施，可以利用阳光和空气生产饮用水。"水板"通常安装在独立的住宅或学校，但该公司希望探索一种新的商业模式，将数百个甚至数千个"水板"连接起来，并创建一个社区规模的解决方案。我们利用项目资金与澳大利亚的一个原住民社区合作伙伴签订了第一份购水协议。这个示范项目成功地展示了这种新的商业模式在社区规模上的有效性，提供了真实世界的数据，帮助SOURCE获得了项目融资，从而在全球50多个国家实现了部署。

总体而言，在过去的12年里，我们评估了来自66个国家的5 000多家初创公司，并投资了其中100多家公司。这个欣欣向荣的公司社群现在共雇用了2 000多名员工，并将Elemental投资的美元实现80倍的杠杆化，共筹集了超过40亿美元的后续资金。

通过与这些初创公司的合作，我们发现了气候技术商业化的艺术和科学，并开发出新的方法来加速其进程。我们喜欢与企业家一起工作，因为他们天生就有快速改变和挑战现状的能力。有了正确的工具和支持后，他们便处于一个独特的地位，可以利用技术在公司内部和更广阔的社区促进社会公平。

Elemental的工作展示了气候解决方案可以怎样满足一个社区的需求，以及企业家和投资者可以怎样将气候正义作为优先考虑因素，并将其融入实际、可扩展的工作中。该组织曾资助了一家初创公司，其软件可以使公共交通系统更加公平。它还赞助了另一家初创公司，完成在示范社区所做的能效改造工程。

此外，Elemental还提供资金，支持年轻人在其投资的公司和其他气候相关项目中实习。在接下来的5年里，该公司将推出500个新的气候相关工作岗位，主要面向在传统意义上被排斥的群体和有色人种。

总而言之，目前夏威夷大约有1万人从事着清洁能源相关工作。[31]该州在住宅能源效率和清洁电力方面都处于全国领先地位，而清洁电力很快将成为该州电力的主体。2020年，夏威夷超额完成了原计划清洁能源使用率达到30%的目标，[32] 正在朝着2030年达到70%和2045年达到100%的目标迈进。

正如劳伦所说，我们需要立即着手在整个系统开展工作。能源、食品、水和交通运输系统与教育、住房、刑事司法和政治体系密不可分。企业家将在打造未来的大公司的过程中发挥核心作用。

劳伦·鲍威尔·乔布斯

那么，慈善资本能做些什么呢？那就是冒险，证明概念，建立示范。但慈善资本不应该取代政府资金。我们需要证明一个概念，然后把它变成一个企业来扩展它，或者把它交给另一个企业来扩展它。慈善资本不应越俎代庖，代替大规模资本。慈善资本属于风险资本。即使我们的投资组合中有30%失败了，但只要我们快速失败，快速学习，快速行动，失败就没有关系。

还有30%的资金将以公平、慷慨和可执行的方式长期投入已经成型的公司。最后30%将用于做有意义的善事，这也可能无法带来良好的财务回报，不过同样没有关系。我们对成功的期待是三成。如果我们告诉自己必须确保百分之百成功，那么就会错失很多机会。

这是一个巨大的机会。现在有很多聪明的想法和聪明的人没有得到资助。但问题是，我们能通过这些行为实现净零排放目标吗？我们能避免气候灾难吗？

我将自己的大部分资源投入应对气候危机的努力。我们将在未来15年内逐渐用掉这些资源。我们在正确的方向上前进得还不够快。接下来的10~15年真的十分重要。

我最担心的是，当我们审视所有"速度与规模"的OKR时，这一切需要改变的程度令人望而生畏。它需要我们所有人的共同努力。它需要跨部门、跨行业的全面变革。它与我们以前做过的任何事情都不一样。

但是看看吧，我们在不到一年的时间里研发、试验、制造和部署了一种新型冠状病毒疫苗。应对气候危机是可能的，它需要同样程度的关注和紧迫感。现在我们必须对抗一些无法触摸和感觉到的东西，而我们还没有感受到它的全部影响。作为人类，我们天生就是一个被动而非主动的物种。

见过这么多企业家后，我非常乐观。创新、创造和部署的能力是我们这个物种最擅长的。我们需要在气候这个议题上激发这种独创性，并为之呐喊助威。

最棒的是，努力解决气候危机将使我们重新与自然世界和谐相处，顺应自然的节奏。最终，这将是一件健康而美好的事情。

气候危机应该被视为人类有史以来最大的机遇之一。

结语

在本书的开头,我承诺会向你们阐述一项行动计划,用以消除590亿吨温室气体排放,避免气候灾难。我已经尽最大努力说明了做到这一点所需的目标和手段。但是,要在如此巨大的规模之上实现这些目标,需要比有史以来任何时候都多的人行动起来,需要发展更多的技术,还需要发明更多的新技术。如果我们要拯救地球,使其继续适宜人类居住,我们就需要更多的资金、更强的领导力,并且更加团结。我们还有很长的路要走。

老实说,我女儿并不是唯一感到害怕的人。有些清晨,我也会在恐惧中醒来,担心我们最终无法成功。想到未来的空气中饱含高浓度的碳,实在无法不心惊。(有些时候,恐慌确实是恰当的反应。)如果这本书也吓到了你,并让你采取行动,如果它让你变得像我一样恐惧,那么我的目的就达到了。但是,为了让我们的恐惧为我们所用,它要能激发我们的斗志,而不是彻底击溃我们。为了激励我们前进,恐惧必须与希望紧密相连。

所以你可能会想:是什么给了我希望,让我相信人类能够及时实现净零排放目标?是什么阻止我挥舞白旗投降?为什么不在不可避免的命运面前低头,紧紧抱住我们的孩子,无助地等待即将到来的风暴呢?

我的答案始于人类的创造性天赋——还有我们合作的本领。人类共有的传奇故事是一个无穷无尽的探索新疆界的过程，从火的发现到汽车，再到互联网和智能手机。虽然美国可以被无愧地称为创新之都，但它事实上一直从地球的每个角落招募人才和吸收灵感。现在我们需要的，是横贯北美大陆铁路的规模外加推出新冠病毒疫苗的速度，甚至更大的规模、更快的速度。这是一项前无古人的努力，而美国并非孤军奋战，我们不可能以一己之力解决全球性的问题。

你还记得本书开头罗斯福总统的餐巾纸计划吗？曾经有一段时间，轴心国对同盟国步步紧逼。希特勒的军队征服了丹麦、荷兰、比利时、挪威和法国，日本帝国则横扫东南亚。在纳粹的闪电战中，英国举步维艰。毫不夸张地说，自由世界面临着关乎生死存亡的威胁。

当时，全球各国团结起来，以前所未有的规模共同努力（这正是我们今天需要再次看到的），最终扭转了战局。这种努力要求一系列新的技术，包括双向无线电、雷达、声纳、更强大的计算机，还有首创的语音加密系统，以确保罗斯福总统和英国首相温斯顿·丘吉尔能够安全地越洋通话。[1] 美国、英国及其盟友停止制造汽车和电器，转而进行了历史性的战时制造动员：1.4 万艘舰船、8.6 万辆坦克、28.6 万架飞机、250 万辆卡车、4.34 亿吨钢铁和 410 亿发弹药。[2]

战胜当前的气候危机需要所有这些关注和承诺，甚至更多。与德国空军相比，温室气体排放不那么一目了然，也更难确定目标。然而，就像面临第二次世界大战一样，人类的未来岌岌可危。像罗斯福和丘吉尔一样，我们没有时间可供挥霍。我们不能坐等化石燃料公司自我重塑，加入我们的行列。我们不能坐等尚未想象出来的突破性技术。我们需要借助手头的工具持续前行。==我们必须像探索全新未来那样，以同样的热忱来布局现在。==

根本性的改变不会仅仅因为它们对人类有益就会自然发生。它们之所以发生，是因为具有经济意义。我们必须使正确的结果成为有利可图的结果，这样它们才会成为人们所期望的结果。

为了实现普及，清洁能源必须具备竞争优势。企业家和风险投资家无法仅凭自己的力量就把人类带到终点。再辉煌的突破，如果得不

速度与规模

到支持也会凋零。为了让强大的市场之风助我们一臂之力，我们需要大胆的国家政策。如果希望在 2050 年达到净零排放的目标，我们还需要更多东西：气候公平和正义。==如果贪婪、自私、市场失灵或无能的政府阻碍了人们获取清洁技术，我们将惨遭失败。==

　　眼前的新冠肺炎疫情就是一个让我们警醒的例子。不久前，我们中的许多人还对全球性群体免疫的前景感到乐观。如今，这一未来似乎已遥不可及，而这要归咎于领导层的良莠不齐、人类行为的反复无常，以及最主要的，疫苗供应和医疗支持系统的极端不平等。

　　在气候方面，富裕国家——首先是美国这个全球历史第一大污染国——必须采取更多行动。我们需要一个令拜登政府的最新国际承诺相形见绌的气候方面的"马歇尔计划"。北美、欧洲和亚洲的富裕国家必须为尚不能自主实现绿色能源转型的国家提供资金和补贴。当可再生能源日益广泛可靠且价格合理时，即使在低收入国家，远离化石燃料的转型也将开始。到那时，它们的转型将势不可挡。清洁技术将成为 21 世纪最大的商机。

　　我们的净零排放计划严格遵循 OKR。各位读者和我们一路走来，已经了解了 10 项高级别目标和 55 项关键结果——在我们看来，它们是最有助于解决当前危机的目标。我相信我们的 OKR 会获得其精神之父安迪·格鲁夫的认可。它们组合在一起，涵盖了拯救宜居地球最终方案的内容和手段。当充满激情的人们以历经时间考验的方法为武器，去实现雄心勃勃的目标时，他们所取得的成果可能会超越所有人的预期。

　　OKR 方法拥有多种优势，包括聚焦、一致、承诺和雄心。但最重要的优势可能是所谓追踪，即持续测量。由于这个原因，它在所有相关的因素中排在首位：==倘若无法测量重要的指标，就没有确定的方法去往我们需要到达的地方。==

　　退一步讲，温室气体是一个难以捉摸的痼疾。为了及时达到净零排放，我们必须实时准确地测量地球排放了多少碳，这些排放发生在哪里，以及谁应该对此负责。这需要一套精密工具，从数学模型到人工智能，再到最新的卫星。我们需要可信的数据来要求国家和公司承担责任，并将时间和资源集中在最重要的地方。

测量是贯穿本书每一章的主线。它赋予我们的每一个目标以意义，它是通用的促进剂。通过追踪我们为实现看似不可能的目标所做的努力，我们最终将有可能实现这些目标。

但是，尽管内心深处那个作为工程师的我非常喜欢我们提出的精确测量指标，比如二氧化碳当量、甲烷浓度、温度和10亿吨排放量等等，但我们也需要对知识的局限性保持谦虚。有人说，爱因斯坦曾在黑板上写过一句话：并非所有重要的东西都是可以被计算出来的。世界上没有测量人类创造力和灵感的标尺，更不用说预测未来的水晶球了。从现在到2050年将是科技发展历程中的一个里程碑。任何跨越30年的预测都会存在巨大的不确定性，但我们必须尽最大努力向前看。

我们面临的一个重大阻碍是全球不断增长的人口。**我们减排590亿吨的挑战在变小之前会先变得更大。**"新常态"很快会变得更糟。数十亿人口将需要更多的土地、建筑、材料、交通运输工具和食品，当然还需要更多能源（也包括肮脏的能源），除非我们能为他们提供更便宜的、更清洁的替代品。

对人类有利的因素包括：成熟和可扩展的清洁技术的威力，以及激进创新的潜力。我们不知道合成燃料、海藻林、工程碳清除、绿色氢气或核聚变反应堆的潜力上限。今天看起来像科幻小说的东西，后天可能会成为标准做法。这些解决方案中的一个（或多个）可以拯救我们仍想称之为家园的地球。这里面饱含着沉甸甸的希望。

有些人可能会将这称为信仰的飞跃（leap of faith）[①]。我认为这是

[①] 信仰的飞跃据传出自19世纪丹麦神学家、哲学家及作家克尔凯郭尔（Soren Aabye Kierkegaard），现主要指人类在面临恐惧、焦虑、绝望等重大挑战时，选择从理性到信仰纵身一跃，相信能够跃向彼岸。——译者注

人类面对致命威胁时有益的生理反应：到底是战斗，还是逃跑？只是这一次，逃跑不再是一种选择。我们无法逃离全球变暖的恶果。我们必须与之战斗到底，用我们所能调动的一切武器。

在这场战斗中，不乏耀眼的希望之光。我们有30多年来一直战斗不息的气候战士，我们有年轻人勇敢发声，也有以全新视角引领潮流的企业家。我们应该向他们提供所需帮助，支持他们做得更多，走得更快。

2021年4月，德国最高法院对现在表现出应有的尊重。作为对年轻环保人士投诉的回应，法院命令联邦政府施行"更紧急、更短期的措施"，以实现2030年的减排目标。法官们宣布，如果全球升温幅度超过1.5℃，年青一代"作为人类未来的基本权利"[3]将受到损害。

格拉斯哥会议以及其他国际气候会议也必须做出同样的表态。我们将不再满足于自愿的承诺和保证。各国必须制定目标并加以执行。它们必须承担自己应尽的责任，用绿色替代品取代化石燃料，以及清除我们无法避免的排放。人们对一个由太阳能、风能和其他新兴清洁能源驱动的世界的愿景正在升起，而我们早就该将其变成现实了。

这些文字是战斗的号角，也是对你们发出的邀请，请加入我们，共同拯救地球。我们一直重点关注世界主要推动者的义务，他们包括：政府、社会运动、非营利组织、企业、投资者。但每一个人都应该做出自己的贡献。（除了改用LED灯泡，你可能还需要换掉不称职的立法者。）

你要如何成为气候方面的领导者？第一，你需要通过学习、对话和辩论知道自己必须做什么。第二，你需要让其他人也想这么做。第三，你需要以自己的方式、用自己的声音感动他人。

本书描绘的蓝图是为解决摆在我们面前的任务所做的一次认真尝试。现在是一个不折不扣的起点，在我们的努力关注和协力贡献之下，情况将得到改善。它需要你的参与，我们期待着你的讨论、辩论以及批评。虽然我们中没有人知道所有的答案，但集思广益，我们也许可以共同找到解决方案。

作为父亲、投资者、倡导者和慈善家，我将气候意识带到了生活的方方面面。当然，也包括你手中拿着的这本书。这是我一生中最有回报、最有启发性、最令人筋疲力尽的努力之一——诚然，这是一场心甘情愿的努力，但它的确非常艰苦。有时我会怀疑，自己是否承担了超出自己能力范围的事情。（一些批评人士也是这么说的。）但是，如果确实有某个时刻需要我们不计后果，做出全心全意的承诺，那么现在就是那个时刻。因为没有人能说"气候变化与我无关"。

因为在这个问题上，我们休戚与共。

和其他婴儿潮一代一样，到了2050年，我不太可能还在人世。我们这一代人是在战后的繁荣中长大的，而推动这一繁荣的，是3亿年前的化石（当然还有温室气体不会带来不良后果的幻觉）。我成长于二战之后，那时美好生活的一个体现便是后院烧烤。朋友们会开着高油耗的汽车从几英里外赶来，大家聚在一个混凝土露台上，围绕着一个神圣的钢制烤架，喷射一种从石油中提炼的打火机液点燃木炭，然后让牛排嗞嗞作响。富含碳的烟雾刺痛了眼睛，但我们都玩得很开心。那时几乎没有关于全球变暖的数据。我们中没有一个人会花一秒钟反思我们这场排放狂欢的影响。

在通往净零排放目标的所有障碍中，我正在描绘的怀旧画面可能是最难克服的。固守我们已知的生活方式是人类的天性，放弃不是一件容易的事。但同样，我们别无选择。人类已经浪费了太多时间，无法再用无碳的新方式重现过去那样的美好生活了。

今天我会对玛丽说些什么？我会对我们所有的子孙后代传递怎样的信息？首先，我要承认，问题的产生是由于我们这一代人的失误。我保证将继续尽自己的一份力量来解决这一严重的危机。然后，我想

把玛丽的问题——你们打算做什么来解决它?——抛回给她。因为如果我们要拯救这个星球,我们将需要她这一代人,拿出他们所有的热忱和冲动,去接管控制权。

今天,生长在气候危机世界中的年青一代已经长大成人。他们有权在 2050 年及以后拥有一个公正和宜居的世界,这是他们与生俱来的权利。在勇敢的领导者和活动家、有远见的投资者、充满激情的公司、开明的慈善家以及——最重要的是——杰出的创新者的帮助下,我们可能会实现净零排放目标。如果我们集中全部精力、聪明才智和影响力,其所产生的乘数效应可以创造奇迹,或者至少可以拯救我们的海洋和森林。

面对如此棘手的难题,这些充满激情的年轻人克服一切困难,超越所有预期。正是他们给了我希望,以及更重要的,鼓舞了我的斗志。

虽然我们这代中没有人知道所有的答案,但集思广益,我们也许可以一起找到解决方案。

致谢

温斯顿·丘吉尔曾经写道:"写书就像一场冒险。一开始它是玩具和娱乐,然后她成了你的情妇,然后是你的主人,然后变成一个暴君。最后到你快要认命的时候,你杀死了这个怪物,并把它拖到外面游街示众。"

亲爱的读者,当我把这本怪物一样的书拖进你的生活时,我的感激之情简直无以言表。首先,我很幸运能够将安迪·格鲁夫的OKR系统发扬光大,用来解决重大问题,激发人类的潜能。其次,我要感谢我的国家,以及全世界所有奖励和表彰冒险精神的机构。因为我们现在比以往任何时候都更需要敢于冒险的闯将。

我向我的妻子安,我的女儿玛丽和爱丝特表示衷心的感谢,她们的耐心、鼓励和爱助我完成了这个漫长而具有挑战性的项目。

我的读者们,我还要提前感谢你们对气候危机的反馈、参与和个人领导力。我相信你们的坚定不移和睿智机巧会迫使其他人"做必须做的事"。

我也希望你们能够通过 john@speedandscale.com 这个邮箱,把这方面的故事告诉我。

团队：瑞恩、艾利克斯、安加利、埃文、杰弗里、贾斯汀、奎因

《速度与规模》的诞生验证了我的一句口头禅：赢在团队。我的合伙人瑞恩·潘查萨兰是这本书的共同创作者。从最初的概念到OKR的基本要素，如果没有瑞恩的编排、推动和出色的判断力，我们的速度与规模计划，以及受其启发而出版的书籍和建立的网站，都不会存在。

这本书和身为作者的我有幸得到了众多协作者的鼎力佑助，他们才华横溢，帮助良多。杰弗里·库普伦和安加利·格罗弗都是参与过我的处女作《这就是OKR》一书撰写的老伙伴。作为一个工程师，我有时不太讲究遣词造句。杰弗里巧妙地抚平了我的棱角，同时又不会模糊我的观点和主张，两者得兼，绝非易事。接下来再由逻辑大师安加利详加润色，让严密的说理和严谨的知识贯穿始终。对于本书清晰而有说服力的表述，安加利·格罗弗当居首功。

埃文·施瓦茨是一位富有想象力、经验丰富的环境故事讲述者和纪录片撰稿人。（他也是一位海带爱好者。）艾利克斯·伯恩斯在所有政策和政治事务上都是一位睿智、热情、强大的合作伙伴。贾斯汀·吉利斯则是我们的镇山之宝。作为《纽约时报》前首席科学和气候作家，他性格坚强，才华横溢。他以外科手术般的精准将思维模糊之处彻底根除，对言之有据、条理清晰拥有极致追求，将所有语焉不详的首字母缩写词消灭殆尽！

无所不能而又一丝不苟的奎因·马文领导着我们的研究和数据团队（包括海克·麦迪纳和朱利安·坎纳），把近1 000项数据转换成500多条旁征博引、论据充分的尾注。

请叫我阿尔[1]，请叫我哈尔

对于那位给我以启迪的开创性思想家和活动家，我该用怎样的方式向他致以最崇高的礼敬？2007年，诺贝尔委员会特别提到了他

（以及政府间气候变化专门委员会）做出的贡献："他们努力积累和传播更多关于人为导致的气候变化的知识，以及……采取必要措施应对这种变化。"在长达15年的时间里，阿尔·戈尔一直每周和我保持着电话联系，面对这一他毕生为之奋斗的生存危机，阿尔一直表现出乐观、坚定而无私的态度。阿尔的气候现实项目拥有一个表现卓异的团队，人员包括丽莎·伯格、布拉德·霍尔、贝思·普里查德·吉尔和布兰登·史密斯。我强烈建议你们也来参加阿尔的气候现实领袖训练营（Climate Reality Leadership Corps），与我以及其他5万名接受过培训的志愿者并肩作战。我很自豪能成为他的伙伴和朋友。

哈尔·哈维是毕业于斯坦福大学的工程师，也是一位谦逊低调的气候斗士。由哈尔筹划的政策已经落实为200多项直接减排的法律和标准，而他却一如既往，始终没有停止对更高目标的追求。从华盛顿到布鲁塞尔再到北京，哈尔赢得了全世界的信任。他是一位高效、专注、用数据说话的气候议程倡导者。哈尔在能源创新方面的团队人员包括布鲁斯·尼尔斯、邓敏姝、罗比·奥维斯和梅根·马哈扬，他们对我们的网络、故事和气候建模都做出了巨大贡献。

创始人：杰夫·贝佐斯、比尔·盖茨、劳伦·鲍威尔·乔布斯

对于我们在多条战线上展开的气候战役，杰夫·贝佐斯和他顽强的亚马逊团队一直倾力参与，也是备受欢迎的领袖。亚马逊"迅速做大"的本能在他们的全球运营、物流、供应链、数十万辆里维埃电动送货车以及AWS"净零云"中显露无遗。除了自营业务，亚马逊正在号召其他企业履行气候承诺。此外，贝佐斯还出资100亿美元设立了地球基金。感谢杰夫、卡拉·赫斯特、安德鲁·斯蒂尔、杰伊·卡尼、德鲁·赫德纳、艾丽森·里德尔、路易斯·达维拉和菲奥娜·麦克瑞思，感谢你们让我们的故事成形。

比尔·盖茨和我初次相识时，我们还都在微处理器、摩尔定律和

软件的魔法世界里劳作不休，这次会面为我们日后在教育、全球贫困、慈善事业和气候危机方面的积极合作奠定了基础。感谢比尔，感谢您和您的专家团队，包括拉里·科恩、乔纳·戈德曼、罗迪·吉德罗、埃里克·图恩、卡迈克尔·罗伯茨、埃里克·特鲁西维奇，以及盖茨风险投资基金（Gates Ventures）和突破能源风险投资基金的所有智士英才。

劳伦·鲍威尔·乔布斯是艾默生集团富有远见的创始人。我们还要感谢道恩·利珀特，她就职于艾默生气候行动项目之一 Elemental Excelerator。艾默生团队，包括罗斯·詹森在内，均非常出色。劳伦，感谢您为本书精彩作结："气候危机应该被视为人类有史以来最大的机遇之一。"

全球气候政策制定者：克里斯蒂安娜·菲格雷斯、约翰·克里

任何文字都无法形容克里斯蒂安娜·菲格雷斯和约翰·克里在发挥全球领导力方面展现出来的那种高度专注、不知疲倦和坚定执着的作风。克里斯蒂安娜是《巴黎协定》的主要缔造者，促成该协定成为首个获得一致通过并具有法律约束力的气候条约。正如杰夫·贝佐斯所说："克里斯蒂安娜非同凡响，蕴藏着一股自然之力。"

约翰·克里是美国前国务卿，也是美国参与《巴黎协定》谈判的首席代表。拜登总统任命他担任气候问题特使是一个明智的选择。约翰的任务是让世界到2030年减少50%的碳排放（到2050年实现净零排放）。他是一位雄辩、优雅的街头斗士，为解决气候危机（以及我们著成此书）做出了巨大贡献。

跨国公司首席执行官：玛丽·巴拉、道格·麦克米伦、桑达尔·皮查伊、亨里克·鲍尔森

在写作本书之前的调研过程中，我对全球企业的力量、进步和承

诺感到兴奋。通用汽车、沃尔玛、Alphabet/谷歌和奥斯特是交通运输、商业、科技和可再生能源领域堪称典范的世界领导者。

通用汽车首席执行官玛丽·巴拉大胆承诺到 2035 年结束公司的燃油汽车生产，本书的精彩篇章即肇始于此。玛丽为通用汽车带来一股融合了创新、执行、以客户为中心和紧迫感的清流。

道格·麦克米伦是沃尔玛的首席执行官，也是强大的商业圆桌会议的主席。道格直率而诚恳地讨论了沃尔玛为什么要在 2040 年实现净零（不计抵消）排放，以及将如何实现这一目标，并成为一家保护 5 000 万英亩土地和 100 万平方英里海洋的"可再生公司"。沃尔玛已经开始利用其庞大的供应链来创造可持续的价值网络。

桑达尔·皮查伊现任谷歌母公司 Alphabet 的首席执行官，这家公司同时也是最大的可再生能源私营买家之一。桑达尔将公司在投资、行业标准、采购、人工智能和宣传方面的大胆计划归功于联合创始人拉里·佩奇和谢尔盖·布林，以及凯特·布兰特、露丝·波拉特、埃里克·施密特、苏珊·沃西基和尼克·扎克拉塞克。还要感谢汤姆·奥利维里、贝丝·多德和 Alphabet 出色的团队。

感谢奥斯特前首席执行官（以及创新的乐高公司前掌门人）亨里克·鲍尔森，感谢他分享了将丹麦国有化石燃料公司转变为世界领先的海上风电开发商的故事。

思想领袖：吉姆·柯林斯、汤姆·弗里德曼、比尔·乔伊

虽然我口出狂言，称"有想法很容易"，但实际上我对思想的圣坛顶礼膜拜。这些思想领袖的天纵之才令我无比敬畏。

首先是作家、研究员、斯坦福商学院前教授吉姆·柯林斯。几十年来，含义丰富但定义模糊的"领导力"一词，一直令我无从辨析。吉姆在其最近修订的《超越创业 2.0》（*BE 2.0*）一书中，引用德怀特·艾森豪威尔的一句名言对这个问题一锤定音："领导力是一种艺术，它让他人心甘情愿为必须完成之事而奋斗。"作为擅长发出苏格拉底式

提问的绝地武士般的大师，吉姆要求本书的写作必须严谨而清晰。他提出了一系列恰如其分的问题，不仅包括"是什么""怎么办"，还包括更重要的"为什么"，同时他还在我们回答这些问题时提供了帮助。

《纽约时报》专栏作家汤姆·弗里德曼在他的力作《世界又热又平又挤》和《谢谢你迟到》(Thank You for Being Late)中，出色地将市场（全球化）、摩尔定律（互联网）和大自然母亲之间日益增长的构造应力综合在一起。（提示：大自然总是赢家。）汤姆，谢谢你把这些点串起来，指明方向，而不是人云亦云。

比尔·乔伊是互联网世界的爱迪生，也是一名杰出的工程师。他是一位真正的未来主义者，比我们更早地预见了未来。比尔一直倾力指导凯鹏，以科学为基础构建应对这一重大挑战的框架，寻找和开发人类需要的清洁技术。

创业家

套用玛格丽特·米德（Margaret Mead）的话："永远不要低估一小群创业家改变世界的力量。这是唯一曾经改变过世界的力量。"无论是本书，还是我所在的投资界，都从创业家的故事、奋斗和成功中受益匪浅。速度与规模计划的主要贡献者包括伊森·布朗（别样肉客）、阿莫尔·德什潘德（农民商业网络）、泰勒·弗兰西斯、克里斯蒂安·安德森和阿维·伊茨科维奇（Watershed）、林恩·朱里奇（Sunrun）、巴德里·科坦达拉曼（Enphase）、南·兰索霍夫（Stripe）、彼得·莱因哈特（Charm Industrial）、贾格迪普·辛格（Quantum Scape）、KR. 斯里达尔（Bloom Energy）和 J. B. 斯特劳贝尔（Redwood Materials）。感谢你们！感谢你们的团队和世界各地的创新者！

投资者

戴维·布拉德与阿尔·戈尔共同创立了可持续发展基金家族世代

投资管理公司，并担任其首席执行官。衷心感谢你，戴维。也衷心感谢你，拉里·芬克，全球最大投资管理公司贝莱德的首席执行官和备受赞誉的资本市场掌门人。

艾拉·艾伦普利司、维诺德·科斯拉、马特·罗杰斯和扬·范多库姆既是好朋友，也都是杰出的风险投资家。艾拉对埃隆·马斯克的特斯拉和 SpaceX 的支持堪称惊艳，并对新一代"马斯克"们满怀期待。维诺德是一位大胆无畏的投资者，不停地推动风险投资以更加进取的精神"射门得分"。马特建立的软件团队主导了十代 iPod 的发展，然后又是五代 iPhone。他还是 Nest 的联合创始人，现在又领导着早期投资公司 Incite Ventures。扬·范多库姆则是 Imperative Ventures 才华横溢的运营主管和投资者。

当然，不能忘记乔纳森·西尔弗，在他领导奥巴马能源部贷款项目办公室时，他发放的气候贷款和担保肯定比其他任何人都要多。

感谢你们，以及其他许多人，感谢你们的勇气和洞察力，以及你们做出的投资。我们需要更多！

科学家和气候活动人士

我要衷心感谢气候科学家和气候活动人士，这两大群体各尽所长、互取其益，共同做出了巨大的贡献。克里斯·安德森和令人惊叹的林赛·莱文为全体新生代的气候观点搭建了 TED 倒计时平台。萨菲娜·侯赛因领导的"女童教育"项目可能是最具影响力的气候项目。

世界资源研究所是一个全球性的非营利研究组织，在气候系统方面拥有丰富的数据和经验，对精确和严谨的追求更是无人可比。感谢代总裁马尼什·巴普纳，并特别向凯利·莱文和该组织出色的团队致敬，感谢他们贡献智慧，答疑解惑以及始终如一地合作。

布赖恩·冯·赫尔岑是伍兹霍尔研究所气候基金会的负责人，也是海藻养殖专家。罗伯特·杰克逊是斯坦福大学碳排放方面的权威。

弗雷德·克劳伯自1984年以来一直担任备受尊敬的美国环保协会总裁。弗雷德和他的团队，包括史蒂夫·汉伯格、阿曼达·利兰、纳特·基奥汉和马戈特·布朗，在甲烷紧急情况处理、卫星监测以及气候正义方面做出了巨大贡献。

艾莫里·洛文斯是落基山研究所的主席/首席科学家，也是提高能源系统效率的倡导者。滕西·惠仑造就了雨林联盟的辉煌，现在担任着纽约大学斯特恩商学院可持续商业中心的负责人。

帕特里克·格雷琴是德国卓越能源智库 Agora Energiewende 的执行董事。阿努米塔·罗伊·乔杜里是印度科学与环境中心的执行主任。鲍勃·爱泼斯坦（E2）和比尔·威尔（气候之声）是来自科技界的卓有成效的活动家。

詹姆斯·瓦基比亚是肯尼亚摄影师和环境活动家。奈杰尔·托普和亚历克斯·乔斯是杰出的联合国气候行动倡导者，他们参加了在格拉斯哥举行的联合国气候变化大会（第26次缔约方会议，COP26），世界资源研究所的凯利·莱文也积极支持和参与了他们的工作。

倡导者、慈善家和合作伙伴

我的工作得到了许多慈善事业变革者的激励。除了前面已经感谢过的人，在此还希望感谢约翰·阿诺德、乔希、安妮塔·贝肯斯坦、迈克·布隆伯格、理查德·布兰森、谢尔盖·布林、马特·科勒、马克·海辛、莉兹·西蒙斯、克里斯·霍恩、拉里·克雷默、纳特·西蒙斯、劳拉·巴克斯特−西蒙斯、汤姆·斯泰尔和萨姆·沃尔顿。

詹妮弗·基特是活跃的气候领导倡议组织的主席，该组织培养了许多新的气候慈善家。

在凯鹏，我的各位合伙人对我们的气候以及对企业家的承诺每天都令我振奋不已。我真诚地感谢你们和我共同踏上这段难忘的旅程：苏·比格利里、布鲁克·拜尔斯、安妮·凯斯、乔希·科因、莫妮卡·德赛·韦斯、埃里克·冯、伊利亚·福斯曼、宾·戈登、马蒙·哈米德、谢文和黄浩淼，还有诺亚·克纳夫、兰迪·科米萨、雷·莱恩、玛丽·米克、布基·摩尔、穆德·罗加尼、泰德·施莱因和戴维·威尔斯。

本·科特兰、布鲁克·波特、戴维·蒙特、丹·奥罗斯、瑞安·波普尔和扎克·巴拉兹都是曾在凯鹏清洁技术团队一起战斗过的杰出同事，他们成立了G2VP，并筹集了两笔资金专注于可持续投资。

手稿

对于那些参与手稿审阅工作的朋友和合作伙伴，我深表感谢。祝大家马上就能摆脱OKR，能够有一个可以略作喘息休整的周末！瑞·尼尔·罗德兹、艾利·塞法罗、辛迪·张、索菲娅·程、吉妮·金、格拉费拉·马尔贡、丽萨、舒夫罗、伊戈尔·考夫曼、戴比·赖莱斯丽·施罗克、桑杰·西万尼桑和约翰·斯特拉克豪斯，谢谢你们！

从项目启动到最终成书，企鹅兰登及Portfolio的出版团队付出了大量努力，在此对他们深表感谢：我的出版人阿德里安·扎克海姆预见到了本书的潜力，我最优秀的编辑翠什·戴利虽然在整个编辑过程中历经曲折，但仍然不失积极乐观，还有杰西卡·瑞吉恩、梅根·格里蒂、凯蒂·赫尔利、简·卡沃琳娜、梅根·麦科马克、詹·休尔、汤姆·杜塞尔、塔拉·吉尔布莱德和阿曼达·朗。我还要感谢我的经纪人迈尔西尼·斯蒂芬尼德斯和我的律师彼得·莫尔戴夫。

Order公司使得这本包含了大量数字、事实和图表的大部头成为一件赏心悦目的精品。在此衷心感谢杰茜·里德、梅根·纳迪尼和艾米莉·克莱比，感谢他们一贯高水平的合作和出色的工作。感谢罗德里戈·科拉尔设计公司（Rodrigo Corral Design）精心手绘了我们合作者的美丽肖像。

正如上述致谢所表明的，我与各方专家和领导人进行了广泛的接触。他们每个人都为地球迫切需要的解决方案带来了新的曙光，这本书的每一页也都饱含他们的真知灼见。如果存在任何谬误，则概由本人承担。

本书汇集了与下列人士的交流心得：

Chris Anderson，TED
Mary Barra，General Motors
Jeff Bezos，
Amazon & Bezos Earth Fund
David Blood，Generation
Investment Management
Kate Brandt，Alphabet
Ethan Brown，Beyond Meat
Margot Brown，Environmental Defense Fund
Amol Deshpande，
Farmers Business Network
Christiana Figueres，Global Optimism
Larry Fink，Blackrock
Taylor Francis，Watershed
Bill Gates，Breakthrough Energy
Jonah Goldman，Breakthrough Energy
Al Gore，The Climate Reality Project
Patrick Graichen，
Agora Energiewende
Steve Hamburg，
Environmental Defense Fund
Hal Harvey，Energy Innovation
Per Heggenes，IKEA Foundation
Kara Hurst，Amazon
Safeena Husain，Educate Girls
Lynn Jurich，Sunrun
Nat Keohane，Environmental Defense Fund
John Kerry，U.S. State Department
Jennifer Kitt，
Climate Leadership Initiative
Badri Kothandaraman，Enphase

Fred Krupp，
Environmental Defense Fund
Kelly Levin，World Resources Institute
Lindsay Levin，Future Stewards
Dawn Lippert，Elemental Excelerator
Amory Lovins，RMI
Megan Mahajan，Energy Innovation
Doug McMillon，Walmart
Bruce Nilles，Climate Imperative
Robbie Orvis，Energy Innovation
Sundar Pichai，Alphabet
Ryan Popple，Proterra
Henrik Poulsen，Ørsted
Laurene Powell Jobs，Emerson Collective
Nan Ransohoff，Stripe
Carmichael Roberts，
Breakthrough Energy
Matt Rogers，Incite
Anumita Roy Chowdhury，
Centre for Science and Environment
Jonathan Silver，Guggenheim Partners
Jagdeep Singh，Quantumscape
Andrew Steer，Bezos Earth Fund
Eric Toone，Breakthrough Energy
Eric Trusiewicz，Breakthrough Energy
Jan Van Dokkum，
Imperative Science Ventures
Brian Von Herzen，Climate Foundation
James Wakibia，The Flipflopi Project
Tensie Whelan，Rainforest Alliance

附录一　计划如何加总

我们的排放基准

本书使用联合国的温室气体排放数据。具体来说,联合国环境规划署《2020年排放差距报告》详细介绍了2019年各行业的排放量。根据该报告:

> 全球温室气体排放量在2019年连续第三年持续增长,再创历史新高。在不计算土地利用变化(LUC)排放的情况下达到524(±5.2)亿吨二氧化碳当量,如果计算土地利用变化,则达到591(±5.9)亿吨二氧化碳当量。
> 我们以590亿吨二氧化碳当量作为我们目前的排放量。

各部门指标的计算

联合国报告定义了1990年至2019年的总体排放趋势以及每个部门的百分比贡献。

我们将这些数据合并汇总为五大部门:交通运输、能源、农业、自然和工业。由于数据均为近似值,我们四舍五入为最接近的整数。

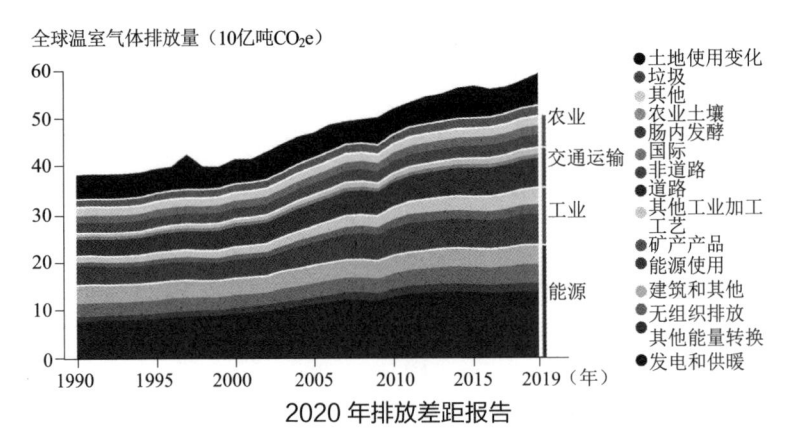

全球温室气体排放量（10亿吨CO₂e）

- 土地使用变化
- 垃圾
- 其他
- 农业土壤
- 肠内发酵
- 国际
- 非道路
- 道路
- 其他工业加工工艺
- 矿产产品
- 能源使用
- 建筑和其他
- 无组织排放
- 其他能量转换
- 发电和供暖

2020年排放差距报告

资料来源：Crippa等（2020）。

各部门2019年温室气体排放量

部门名称	排放量占比（%）	排放量（10亿吨CO₂e）
交通运输	14	8
能源	41	24
农业	15	9
自然	10	6
工业	20	12
合计	100	59

这五大部门表明了人为排放程度，在本书前五章分别做了介绍。

2050年排放预测

虽然本书关注的重点是当前的排放量，但一定要记住，如果一切照旧，世界人口按预期增长，世界以目前的速度继续进行工业化扩张，2050年的排放量会是什么样子。

2050 年各部门温室气体排放量预测

部门名称	排放量占比（%）	排放量（10 亿吨 CO_2e）
交通运输	17	12
能源	38	28
农业	14	10
自然	11	8
工业	20	14
合计	100	72

我们对 2050 年的排放量估计为 720 亿吨。这个数字是对多方（彭博新能源财经、政府间气候变化专门委员会、国际能源署、美国能源信息署、美国环保署、世界资源研究所、气候行动追踪）气候报告的汇总，这些报告对"一切照旧"情景的假设极其广泛，采纳的数据和政策假设各有不同。

速度与规模计划的关键结果设定很激进，有意在 2050 年之前减少全球排放量，直至达到净零。但鉴于 2050 年排放量估算的可变性和不确定性，我们选择界定的是我们的计划对 2019 年排放量（590 亿吨）的影响，毕竟这个数字能够被大家很好地理解和接受。

速度与规模计划是如何加总的

我们的计划设定了六大目标。前五个对应五大部门（交通运输、能源、农业、自然和工业）需要采取哪些措施来减少排放。尽管规定的行动要求很高，但仍然不足以达到净零排放目标。为此，我们增加了第六个目标来解决我们的剩余排放量。

交通运输 → 交通运输电动化

根据联合国报告，交通运输部门的温室气体排放占总量的 14%，即 80 亿吨。在具体信息方面，我们采信了国际能源署的 2018 年交通运输报告。航空方面，我们采信 Our World in Data 的交通运输排放报告，该报告使用来自国际能源署和国际清洁运输理事会的数据。

为了减少交通运输部门的排放，我们必须实现交通运输的电动化。这项目标有六个关键结果。前三个是侧重该领域进步发展情况的早期指标：KR 1.1（价格）、KR 1.2（小汽车）和 KR 1.3（大客车和卡车）。

交通运输

部门	当前排放量（10亿吨CO_2e）	减排量（10亿吨CO_2e）
公路运输	6.0	1.0
客运	3.6	0.2
→乘用车	3.2	0.2
→轻型商务车	0.1	0.0
→大客和中巴	0.2	0.0
→两轮/三轮车	0.1	0.0
货运（重型和中型卡车）	2.4	0.8
航空	0.9	0.6
客运	0.7	0.5
→国际	0.4	0.3
→国内	0.2	0.1
货运	0.2	0.1
海运	0.9	0.3
铁路	0.1	0.0
其他（管道等）	0.4	0.1
交通运输部门合计	8.3	2.0

减排量来自 KR 1.4（里程）、KR 1.5（航运）和 KR 1.6（海运）的进步。

KR 1.4　里程：到 2040 年，全球道路 50% 的行驶里程（包括两轮车、三轮车、小汽车、公共汽车和卡车）为电动里程；到 2050 年，这一比例达到 95%。→将实现 50 亿吨减排。

KR 1.5　航运：到 2025 年，20% 的飞行里程使用低碳燃料；到 2040 年，40% 的飞行里程将实现碳中和。→将实现 3 亿吨减排。

KR 1.6　海运：到 2030 年，所有新建船舶将转为"零排放就绪"船舶。→将实现 6 亿吨减排。

假设到 2050 年，几乎所有的公路客运都实现了电动化，减排 95%。这需要加速车辆的汰旧换新。对于货运、航运和海运等减排难度较大的领域，我们更为保守。货运和海运最终都将脱碳，但速度会比公路客运慢得多，而且由于缺乏可以大规模推广的替代办法，可能要到 2050 年之后才能实现我们设定的脱碳目标。因此，我们假设可以减排 65%。航空业将是最难脱碳的子部门。虽然我们希望通过创新的解决方案解决燃料的碳中和问题，但我们的计划只假设减排 20%。

这些关键结果加在一起，使减排总量达到近 60 亿吨。

能源 → 电网脱碳

根据联合国报告，能源部门约占温室气体总排放量的 41%，即 240 亿吨。我们以国际能源署报告的 2018 年燃料燃烧产生的二氧化碳排放量为依据，进行详细分类。

能源

部门	当前排放量（10 亿吨 CO_2e）	减排量（10 亿吨 CO_2e）
电力（电力和热力生产商）	14.0	1.9
煤炭	10.1	0.5
石油	0.6	0.2
天然气	3.1	1.1
其他	0.2	0.1
其他能源行业	1.6	0.4
建筑（住宅＋商业和公共服务）	2.9	0.9
煤炭	0.4	0.0
石油	0.8	0.3
天然气	1.6	0.6
其他	0.1	0.0
其他和无组织排放	5.9	0.3
能源部门合计	24.4	3.5

为了减少这一部门的排放，我们必须对电网进行脱碳。这项目标有六个关键结果。其中四个指标是跟踪我们在减少电网排放、减少供暖和烹饪用化石燃料方面取得进展的具体指标。KR 2.2 为太阳能和风能，KR 2.3 为储能，KR 2.4 为煤炭和天然气，KR2.7 为清洁经济。

减排量来自 KR 2.1（零排放）、KR 2.5（甲烷排放）和 KR 2.6（取暖和烹饪）：

KR 2.1　零排放：到 2025 年，全球 50% 的电力来自零排放源，到 2035 年，零排放源发电比例达到 90%（2020 年该比例为 38%）。→ 将带来 165 亿吨的减排。

KR 2.5 甲烷排放： 到 2025 年，消除煤炭、石油和天然气发电厂的泄漏、放空和大部分燃烧。→将减排 30 亿吨。

KR 2.6 取暖和烹饪： 到 2040 年，将用于取暖和烹饪的燃气和燃油使用量减半。→将带来 15 亿吨减排。

我们的模型假设，到 2050 年，几乎所有煤炭都将停止使用，排放量将减少 95%。天然气由于其丰富、可靠和低成本的特点，将更难被可再生能源取代；因此，我们假设到 2050 年的最佳情况是减排 65%。最后再来看石油。虽然绝大部分石油使用量都集中在交通运输部门，但电力和建筑子部门的用油量仍略高于 10 亿吨，我们假设这些子部门，即 KR 2.1 和 KR 2.6 的排放量将减少 70%。我们已经在 KR 2.1 中考虑了这额外的减排量。对于甲烷泄漏，利用我们现有的技术，我们假设可以减排 80%。

这些关键结果加在一起，可使总减排量达到 210 亿吨。

农业 → 重塑食物体系

根据联合国报告，农业部门的排放量约占温室气体总排放量的 15%，即 90 亿吨。我们以世界资源研究所的可持续发展报告为依据，进行详细分类。

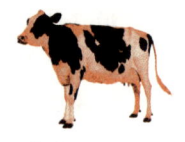

农业

部门	当前排放量（10亿吨 CO_2e）	减排量（10亿吨 CO_2e）
农业生产	6.9	2.8
反刍动物肠内发酵	2.3	1.4
能源（农场）	1.5	0.1
大米（甲烷）	1.1	0.5
土壤施肥	0.9	0.4
粪便管理	0.6	0.2
牧场上的反刍动物垃圾	0.5	0.2
农田土壤	0.0	−2.0
能源（农业能源来源）	0.4	0.0
垃圾	1.6	0.9
农业部门合计	8.9	1.7

为了减少该部门的排放，我们必须实现食物的低碳化，包括进行农业系统的变革和消费习惯的转变。这项目标由五个关键结果推动，并且都与减排量直接挂钩。

KR 3.1　农田土壤：将表层土壤中的碳含量至少增加到3%，借此来改善土壤健康。→将实现20亿吨的碳吸收量。

KR 3.2　肥料：到2050年停止过度使用氮基化肥，将一氧化二氮排放量减少一半。→将减排5亿吨。

KR 3.3　消费：推广低排放蛋白质，到2030年将牛肉和奶制品的年消费量减少25%，到2050年减少50%。→将减排30亿吨。

KR 3.4　水稻：到2050年将水稻种植产生的甲烷和一氧化二氮减少一半。→将减排5亿吨。

KR 3.5　食物浪费：将食物浪费率从33%降低到10%。→将减排10亿吨。

我们的模型假设人们不会停止食用肉类和奶制品，但我们确实鼓励转向低排放蛋白质，从而将排放量减少60%。改进农业实践至关重要。通过增加土壤中的碳含量，我们额外吸收了20亿吨的碳。一些关于土壤碳吸收潜力的研究相当乐观，而我们则比较保守。通过精确施肥和改用"绿色肥料"，我们可以将化肥的排放量减少50%。1/3的食物被浪费了，减少这种浪费需要改变农场、储存、运输以及在家中或餐厅准备食物等各个环节的做法。我们计划到2050年将浪费占比减少一半以上，降到产出总量的10%，从而实现10亿吨减排。其他报告，包括联合国粮农组织的一份报告，认为消除食物浪费的减排潜力更大。但他们的计算包括能源网络转型和土地利用方式变化带来的减排量，而我们则将这部分减排计入其他目标。

这些关键结果加在一起，总计可以减排70亿吨，其中50亿吨来自避免排放，20亿吨来自碳吸收。

自然 → 保护自然

根据联合国报告，土地使用情况变化带来的排放量约占温室气体排放总量的10%，即60亿吨。这一部门"涵盖了人类直接使用的土地、土地利用情况变化和林业活动引起的温室气体排放和清除"。

自然

部门	当前排放量（10亿吨 CO_2e）	减排量（10亿吨 CO_2e）
土地利用变化	5.9	−5.9
自然部门合计	5.9	−5.9

为了减少本部门的排放，我们必须保护自然。有两个关键结果推动了碳排量的减少和吸收。

> KR 4.1　**森林**：到 2030 年停止所有森林砍伐。→将消除 60 亿吨的排放量。
>
> KR 4.2　**海洋**：到 2030 年彻底废除深海底拖网捕捞并保护至少 30% 的海洋，到 2050 年保护至少 50% 的海洋。→将减少 10 亿吨的排放量。

通过保护更多的土地（50%）和我们的海洋（50%）并结束森林砍伐，我们的目标是消除土地利用变化产生的排放，并将大自然恢复为碳汇。这些关键结果总计可以减排 70 亿吨。

工业 → 净化工业

根据联合国报告，工业部门的排放量约占温室气体总排放量的 20%，即 120 亿吨。我们以 2019 年的联合国环境署的排放差距报告为依据，对这部分排放做进一步细分。

工业

部门	当前排放量（10 亿吨 CO_2e）	减排量（10 亿吨 CO_2e）
钢铁	3.8	0.9
水泥	3.0	1.2
其他材料	5.0	1.7
化学品（塑料和橡胶）	1.4	0.4
其他材料	1.1	0.4
木制品	0.9	0.3
铝	0.7	0.3
其他金属	0.5	0.2
玻璃	0.4	0.1
工业部门合计	11.8	3.8

为了减少本部门的排放，我们必须净化工业。这项目标的三个关键结果推动了本部门的减排。

KR 5.1 钢铁： 到 2030 年，将钢铁生产的总碳强度降低 50%，到 2040 年将其降低 90%。→减排 30 亿吨。

KR 5.2 水泥： 到 2030 年，将水泥生产的总碳强度降低 25%，到 2040 年，降低 90%。→减排 20 亿吨。

KR 5.3 其他行业： 到 2050 年，将其他工业来源（即塑料、化学品、纸张、铝、玻璃、服装）的排放量减少 80%。→减排 30 亿吨。

上述排放很难脱碳，大规模部署需要许多新的创新。但如果成功，我们假设实现这些关键成果将使工业排放量到 2050 年减少 2/3。

这些关键结果加在一起，总计减排 80 亿吨。

剩余排放 → 清除碳

速度和规模计划既充满希望，也脚踏实地。在努力消除所有排放的同时，我们必须承认存在难以减排的行业。发展中国家在短期内也需要依赖化石燃料来帮助其增长。

除碳

部门	当前排放量（10 亿吨 CO_2e）	减排量（10 亿吨 CO_2e）
基于自然的碳清除	0.0	−5.0
借助工程方式的碳清除	0.0	−5.0
碳清除量合计	0.0	−10.0

为了弥补这个减排缺口，我们必须清除碳。我们 10 亿吨级的减排将得到两大关键结果的推动。

> KR 6.1　基于自然的碳清除：到 2025 年每年清除 10 亿吨碳，到 2030 年每年清除 30 亿吨碳，到 2040 年每年清除 50 亿碳吨。→将带来 50 亿吨的减排。
>
> KR 6.2　借助工程方式的碳清除：到 2030 年每年至少清除 10 亿吨碳，到 2040 年每年清除 30 亿吨，到 2050 年每年清除 50 亿吨。→将带来 50 亿吨的减排。

我们的模型假设世界将优先考虑消除排放和创造更高效的能源利用，但这还不够。为了达到减排 100 亿吨的目标，地球需要一系列清除碳的解决方案——一些是基于自然的，一些是基于工程方式的，还有一些是两者相结合的。

减排总量的汇总

速度与规模计划——减排量

目标	减排量（10 亿吨 CO_2e）
交通运输电动化	6
电网除碳	21
重塑食物体系	7
保护自然	7
净化工业	8
清除碳	10
合计	59

附录二 美国需要的政策

本书提出了各国及其政府要在 2050 年前加速实现净零排放所需的至关重要的政策目标和关键结果。

KR 7.1　承诺：每个国家都做出到 2050 年实现净零排放的承诺，到 2030 年至少实现一半。

KR 7.1.1　电力：制定电力行业要求，到 2025 年减排 50%，到 2030 年减排 80%，到 2035 年减排 90%，到 2040 年减排 100%。

KR 7.1.2　交通运输：到 2035 年，所有新的小客车、大客车和轻型卡车实现脱碳；到 2030 年，货运船舶实现脱碳；到 2045 年，半挂卡车实现脱碳；到 2040 年，40% 的航班实现碳中和。

KR 7.1.3　建筑：到 2025 年，针对新建住宅执行零排放建筑标准；到 2030 年，针对新建商业建筑执行零排放标准，同时禁止销售非电气设备。

KR 7.1.4　工业：到 2040 年，工业生产中使用的化石燃料至少减少一半；到 2050 年，完全淘汰工业生产中使用的化石燃料。

KR 7.1.5　碳标签：要求给所有商品贴上排放足迹标签。

KR 7.1.6　泄漏：控制燃烧，禁止放空，并强制要求立即防止甲烷泄漏。

KR 7.2 补贴： 停止对化石燃料公司和有害农业作业行为的直接和间接补贴。

KR 7.3 碳价格： 各国的温室气体价格至少达到每吨 55 美元，并且每年上涨 5%。

KR 7.4 全球禁令： 禁止将氢氟碳化物（HFC）用作制冷剂，禁止将一次性塑料用于所有非医疗用途。

KR 7.5 政府研发： 将用于研发的公共投资（至少）增加 1 倍；在美国，将这一投资增加为现有投资额的 5 倍。

如果不按照上述目标制定相应的落实政策，一个国家很可能会在净零目标达标工作上弄巧成拙。

在制定这些 OKR 时，我们使用了许多工具，其中最突出的是能源创新公司开发的能源政策模拟器。

模拟器对每项政策可以完成的任务及其如何与其他政策相互作用进行建模。模型显示了每项政策与一切照旧、不做改变相比，可如何减少碳排放。

整个模型是开源的，可以在网页浏览器上运行，即时产生结果，并且有完整的文档记录。它已经由 3 个国家实验室和 6 所大学的研究人员进行了同行评议。

以下是该模型反映出来事实。

技术方面存在利好因素： 包括节能电器和设备在内的许多零碳技术的成本，在过去 10 年中大幅下降，并将继续下降，从而使这种转型成为可能而且我们可以负担。

向清洁能源的转型不会自然发生： 显然，如果没有额外的政策，这种转型不会按照政府间气候变化专门委员会概述的时间表实现。只有精心设计的政策才能推动这一技术变革按所需的速度实现。

它需要一系列政策： 每个部门都需要自己的一揽子政策。在碳减排行动中没有灵丹妙药，我们需要让经济的所有部分都实现转型。

能源政策模拟器已在 8 个国家投入使用,帮助政策领导人确定最具影响力的气候和能源政策,以及它们如何为气候目标做出贡献。

将本书设定的 OKR 输入能源政策模拟器

为了测试我们的 OKR,我们模拟了为达成我们每一项关键结果而在美国实施相关政策的效果。以下是我们的发现。

下图的黑色横线代表美国在一切照旧的情况下的排放,我们每年的排放量约为 60 亿吨。每一块楔形阴影代表着特定政策对排放的影响。这些雄心勃勃但绝对必要的政策将美国的排放量减少到 5 亿吨。我们的预期是,剩余的排放量将通过基于自然或工程方式的碳清除来抵消。

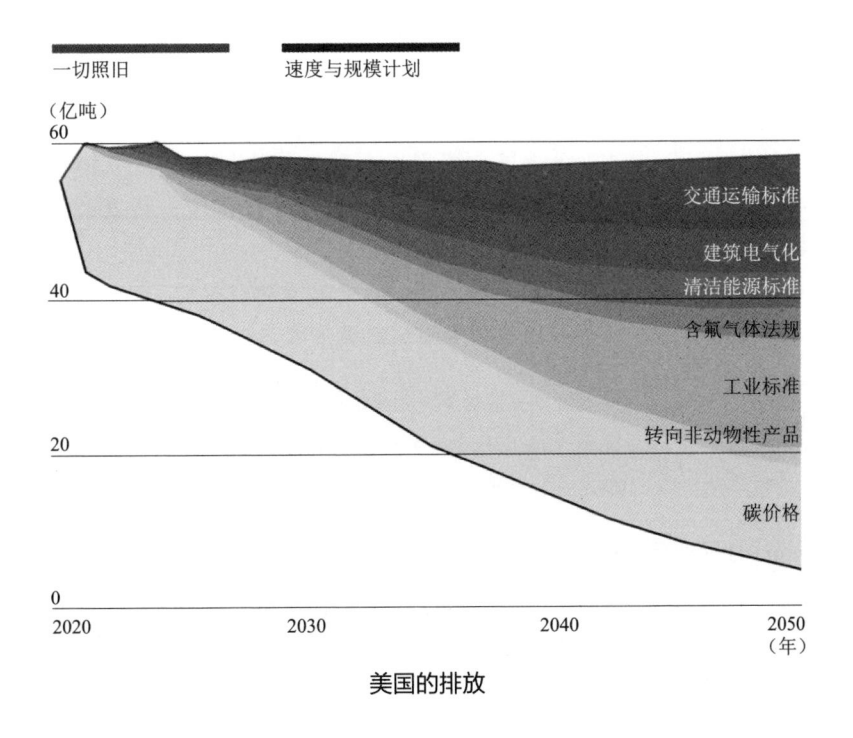

一切照旧　　速度与规模计划

（亿吨）

交通运输标准
建筑电气化
清洁能源标准
含氟气体法规
工业标准
转向非动物性产品
碳价格

美国的排放

关键减排政策

电力

清洁电力标准   落实清洁电力标准，到2025年、2030年、2035年和2040年分别实现至少减排50%、80%、90%和100%的目标。

通过构建输电系统和部署灵活资源（如电网电池存储和需求响应）的政策来支持目标的实现。

建模假设：该情景设定到2040年完全实现零碳排放电力的标准，包括使用可再生能源、核能和少量天然气（辅以碳捕获和储存）。它还包括到2050年将输电系统在一切照旧的情景下翻一番、达到510吉瓦储能容量和450吉瓦的需求响应。

交通运输

交通工具标准   实施零排放车辆标准，要求到2035年销售的轻型车、大客车和轻型卡车全部为零排放汽车（ZEV），到2045年销售的重型卡车全部为ZEV，到2030年销售的船舶完全实现净零排放。

通过加快车辆周转的政策来支持目标的实现，比如为购买者提供补贴或鼓励报废。

建模假设：该情景对销售的轻型车辆和大客车（2035年）、重型卡车（2045年）和船舶（2030年）完全实现净零排放这一目标进行了建模。

促进可持续航空   制定标准，要求在航空中尽量使用碳中和的燃料。

建模假设：该情景包括到2040年使碳中和的航空燃料占到40%。

建筑

建筑构件标准   制定建筑规范和电器标准，要求所有新的建筑设备在2030年之前实现电气化。通过鼓励建筑改造来补充这些标准。

> 建模假设：该情景模拟了到2030年所有新出售的建筑构件都必须电气化的标准。

工业

工业燃料转型   发布标准和激励措施，到2050年将所有工业燃料消耗转变为零碳排放源，包括生产氢等零碳燃料。

> 建模假设：到2050年，该情景将所有的工业化石燃料使用转变为电和氢混合使用，这取决于模型中跟踪的每个行业类别的电动化潜力。所有的氢都是通过电解产生的，电解是用电将水分解成氢和氧的过程。

防止甲烷泄漏   制定标准，要求消除甲烷泄漏和排放，并控制燃烧排放。

> 建模假设：该情景模拟了国际能源署确定的到2030年全部甲烷减排潜力。

禁用氢氟碳化物   根据《〈蒙特利尔议定书〉基加利修正案》的要求，对氢氟碳化物的消费和生产实施限制。

> 建模假设：该情景模拟了对《〈蒙特利尔议定书〉基加利修正案》的遵守情况。

农业

减少肉类和奶制品的需求	要求食品行业在包装上标示产品的碳足迹，为消费者提供选择低排放食品所需的信息。 建模假设：营养标签改变了人们的饮食习惯。没有足够的研究表明碳标记的效果。我们希望这将导致消费者行为发生有意义的变化。这一情景模拟了动物产品消费量减少 50% 的情况。

交叉部门

碳价格	在全经济范围实施碳价格，从每吨 55 美元开始，每年上涨 5%。 建模假设：该情景模拟碳价格从 2021 年开始每吨按 55 美元计算，每年增长 5%。这个价格适用于所有温室气体。

附录三　　补充阅读资料

了解气候危机

Thank You for Being Late, Thomas Friedman
(New York: Farrar, Straus and Giroux, 2016)
Hot, Flat, and Crowded, Thomas Friedman
(New York: Farrar, Straus and Giroux, 2008)
An Inconvenient Sequel, Al Gore
(Emmaus, PA: Rodale, 2017)
An Inconvenient Truth, Al Gore
(Emmaus, PA: Rodale, 2006)
Under a White Sky, Elizabeth Kolbert
(New York: Crown, 2021)

The Physics of Climate Change, Lawrence Krauss
(New York: Post Hill Press, 2021)
How to Prepare for Climate Change, David Pogue
(New York: Simon & Schuster, 2021)
Climate Change, Joseph Romm
(New York: Oxford University Press, 2018)
Energy & Civilization, Vaclav Smil
(Cambridge, MA: MIT Press, 2018)

净零排放计划

How to Avoid a Climate Disaster, Bill Gates
(New York: Knopf, 2021)
The 100% Solution, Salomon Goldstein-Rose
(Melville House, 2020)
The Big Fix, Hal Harvey and Justin Gillis

(New York: Simon & Schuster, forthcoming, 2022)
Drawdown, Paul Hawken et al.
(New York: Penguin Books, 2017)

基于自然的解决方案

Sunlight and Seaweed, Tim Flannery
(Washington, DC: Swann House, 2017)

Growing a Revolution, David Montgomery
(New York: W. W. Norton, 2017)

The Nature of Nature, Enric Sala
(Washington, DC: National Geographic, 2020)
Lo-TEK: Design by Radical Indigenism, Julia Watson
(Cologne, Germany: Taschen, 2020)
Half-Earth, Edward O. Wilson
(New York: Liveright, 2016)

政策和行动

Designing Climate Solutions, Hal Harvey
(Washington, DC: Island Press, 2018)
All We Can Save, Ayana Elizabeth Johnson et al.
(London: One World, 2020)
The New Climate War, Michael Mann
(New York: PublicAffairs, 2021)
Falter, Bill McKibben
(New York: Henry Holt, 2019)
Winning the Green New Deal, Varshini Prakash et al.
(New York: Simon & Schuster, 2020)
Short Circuiting Policy, Leah Stokes
(New York: Oxford University Press, 2020)

领导力

Invent & Wander, Jeff Bezos with Walter Isaacson
(Cambridge, MA: Harvard Business Review Press, 2021)
BE 2.0, Jim Collins et al.
(New York: Penguin/Portfolio, 2020)
Good to Great, Jim Collins et al.
(New York: Penguin/Portfolio, 2001)
Freedom's Forge, Arthur Herman
(New York: Random House, 2012)
No One Is Too Small to Make a Difference, Greta Thunberg
(New York: Penguin, 2018)
Made in America, Sam Walton
(New York: Doubleday, 1992)

网络资源

Speed & Scale—Tracking the OKRs, speedandscale.com
AAAS, whatweknow.aaas.org
Bloomberg New Energy Finance, bnef.com
Breakthrough Energy innovation, breakthroughenergy.org
Carbon Dioxide Removal Primer, cdrprimer.org
CarbonPlan, carbonplan.org
Carbon Tracker, carbontracker.org
COP26 U.N. Climate Change Conference, unfccc.int
International Energy Agency Report, iea.org/reports/net-zero-by-2050
IPCC Report from the Intergovernmental Panel on Climate Change, ipcc.ch
Measure What Matters—Resource on OKRs, whatmatters.com
NASA, climate.nasa.gov/evidence/
National Geographic Climate Coverage, natgeo.com/climate

Our World in Data, ourworldindata.org
Paris Agreement, unfccc.int/sites/default/files/english_paris_agreement.pdf

TED Countdown—Videos and Event, countdown.ted.com

倡导团体

350.org
Agora Energiewende (Germany)
C40 Cities
Center for Biological Diversity
Climate Power
Climate Reality Project
Coalition for Rainforest Nations
Conservation International
EarthJustice
Energy Foundation
Environmental Defense Fund
European Climate Foundation
Institute of Public & Environmental Affairs (China)
National Resources Defense Council
Nature Conservancy
Rainforest Action Network
Rainforest Alliance
Renewable Energy Institute (Japan)
RMI
Sierra Club
Sunrise Movement
U.S. Climate Action Network
World Resources Institute
World Wildlife Fund

气候基金会

Bezos Earth Fund
The Campaign for Nature
Children's Investment Fund Foundation
Hewlett Foundation
IKEA Foundation
MacArthur Foundation
McKnight Foundation
Michael Bloomberg
Packard Foundation
Quadrature
Sequoia Foundation

聚焦气候行动的投资者

Breakthrough Energy Ventures
Climate and Nature Fund (Unilever)
Climate Innovation Fund (Microsoft)
Climate Pledge Fund (Amazon.com)
Congruent Ventures
DBL (Double Bottom Line) Partners
Earthshot Ventures
Elemental Excelerator
The Engine (built by MIT)
Generation Investment Management
G2 Venture Partners
Green Climate Fund
Greenhouse Capital Partners
Khosla Ventures
Kleiner Perkins
Imperative Science Ventures

Incite
Lower Carbon Capital
OGCI Climate Investments
Pale Blue Dot
Prime Impact Fund
Prelude Ventures

S2G Ventures
Sequoia Capital
Union Square Ventures
Y Combinator

（请参见 Climate 50, climate50.com 了解更多资讯。）

附录四　**披露和投资**

在本书提及的企业中，凯鹏、突破能源基金和约翰·杜尔曾经投资过的企业如下：

Alphabet / Google
Amazon
Beyond Meat
Bloom Energy
Chargepoint
Charm Industrial
Commonwealth Fusion
Cypress Semiconductor
Enphase
Farmer's Business Network
Fisker
G2 Venture Partners
Generation Investment
Nest (acquired by Google)
OPower (acquired by Oracle)
Proterra
Quantumscape
Redwood Materials
Solidia
Stripe
Tradesy
Watershed

注释

序

1 Apple. "Apple launches iPhone SDK." 6 March 2008, www.speedandscale.com/ifund.
2 "Salvation (and Profit) in Greentech." Ted, uploaded by TEDxTalks, 1 March 2007, www.ted.com/talks/john_doerr_salvation_and_profit_in_greentech/transcript.
3 Alberts, Elizabeth. " 'Off the Chart': CO_2 from California Fires Dwarf State's Fossil Fuel Emissions." Mongabay.com, 18 September 2020, news.mongabay.com/2020/09/ off-the-chart-co2-from-california-fires-dwarf-states-fossil-fuel- emissions.

引言

1 "Climate and Earth's Energy Budget." NASA Earth Observatory, earthobservatory.nasa.gov/features/ EnergyBalance/page6.php. Accessed 14 June 2021.
2 European Environment Agency. "Atmospheric Greenhouse Gas Concentrations." European Environment Agency, 4 October 2020, www.eea.europa.eu/data-and-maps/indicators/atmospheric-greenhouse-gas-concentrations-7/assessment.
3 "NOAA Global Monitoring Laboratory—The NOAA Annual Greenhouse Gas Index (AGGI)." NOAA Annual Greenhouse Gas Index (AGGI), 2021, gml.noaa.gov/aggi/aggi.html.
4 Conlen, Matt. "Visualizing the Quantities of Climate Change." Global Climate Change: Vital Signs of the Planet, 12 March 2020, climate.nasa.gov/news/2933/visualizing- the-quantities-of-climate-change.
5 CO_2e is typically weighed by the gigaton, or one billion tons: "Greenhouse Gas Equivalencies Calculator." U.S. Environmental Protection Agency, 26 May 2021, www.epa.gov/energy/ greenhouse-gas-equivalencies-calculator.
6 "World of Change: Global Temperatures." NASA Earth Observatory, earthobservatory.nasa.gov/ world-of-change/global-temperatures. Accessed 13 June 2021.
7 Stainforth, Thorfinn. "More Than Half of All CO_2 Emissions Since 1751 Emitted in the Last 30 Years." Institute for European Environmental Policy, 29 April 2020, ieep.eu/news/more-than-half-of-all-co2-emissions-since-1751-emitted- in-the-last-30-years.

8 Roston, Eric. "Economists Warn That a Hotter World Will Be Poorer and More Unequal." *Bloomberg Green*, 7 July 2020, www.bloomberg.com/news/articles/2020-07-07/ global-gdp-could-fall-20-as-climate-change-heats-up.
9 Beatles. "Revolution 1." Recorded 1968. By John Lennon and Paul McCartney. Apple Records, 1968.
10 "Salvation (and Profit) in Green- tech." Doerr, John. TEDxTalk, 1 March 2007, www.ted.com/talks/ john_doerr_salvation_and_profit_in_greentech/transcript.
11 "Temperatures." Climate Action Tracker, 4 May 2021, climateactiontracker.org/global/temperatures.
12 UNEP and UNEP DTU Partner-ship. "UNEP Report—The Emissions Gap Report 2020." *Management of Environmental Quality: An International Journal*, 2020, https://www.unep. org/emissions-gap-report-2020.
13 UNEP and UNEP DTU Partnership. "UNEP Report—The Emissions Gap Report 2020."
14 The Energy & Climate Intelligence Unit and Oxford Net Zero. "Taking Stock: A Global Assessment of Net Zero Targets." The Energy & Climate Intelligence Unit, 2021, ca1-eci. edcdn.com/reports/ECIU-Oxford_Taking_Stock.pdf.
15 Tollefson, Jeff. "COVID Curbed Carbon Emissions in 2020—but Not by Much." *Nature* 589, no. 7842, 2021, 343, doi:10.1038/d41586-021-00090-3.

第一章

1 Tesla. "All Our Patent Are Belong to You." Tesla, 27 July 2019, www.tesla.com/blog/all-our-patent-are- belong-you.
2 "EV Sales." BloombergNEF, www.bnef.com/interactive-datasets/2d5d59acd9000014?data-hub=11. Accessed 13 June 2021.
3 "Q4 and FY2020 Update." Tesla, 2020, tesla-cdn.thron.com/static/1LRLZK_2020_Q4_Quarterly_Update_Deck_-_Searchable_LVA2GL.pdf?xseo=&response-content-disposition=inline%3Bfilename%3D%22TSLA-Q4-2020-Update.pdf%22.
4 TSLA Stock Price, Tesla Inc. Stock Quote (U.S.: Nasdaq). MarketWatch, 20 June 2021, www.marketwatch. com/investing/stock/tsla.
5 Degen, Matt. "2012 Fisker Karma Review." Kelly Blue Book, 23 December 2019, www.kbb.com/fisker/ karma.
6 Lavrinc, Damon. "At Least 16 Fisker Karmas Drown, Catch Fire at New Jersey Port." *Wired*, 30 October 2012, www.wired.com/2012/10/fisker-fire-new-jersey.
7 "Fisker Says $30 Million in Luxury Cars Destroyed by Sandy in NJ Port." Reuters, 7 November 2012, www.reuters.com/article/us-fisker-sandy/fisker-says-30-million- in-luxury-cars-destroyed-by-sandy-in-nj-port- idUSBRE8A603820121107.
8 Frangoul, Anmar. "Global Electric Vehicle Numbers Set to Hit 145 Million by End of the Decade, IEA Says." CNBC, 29 April 2021, www.cnbc.com/2021/04/29/global-electric-vehicle-numbers-set-to-hit-145-million-by-2030-iea-.html.
9 "New Energy Outlook 2020." BloombergNEF, 20 April 2021, about.bnef.com/new-energy- outlook.
10 Budd, Ken. "How Today's Cars Are Built to Last." AARP, 1 November 2018, www.aarp.org/auto/trends-lifestyle/ info-2018/how-long-do-cars-last.html.

11 Harvard University et al. "Fossil Fuel Air Pollution Responsible for 1 in 5 Deaths Worldwide." C-CHANGE, Harvard T. H. Chan School of Public Health, 9 February 2021, www.hsph.harvard.edu/c-change/news/fossil-fuel-air-pollution- responsible-for-1-in-5-deaths-worldwide.

12 Integrated Science Assessment (ISA) for Particulate Matter (Final Report, December 2019). U.S. Environmental Protection Agency, Washington, DC, EPA/600/R-19/188, 2019.

13 "Who Is Willing to Pay More for Renewable Energy?" Yale Program on Climate Change Communication, 16 July 2019, climatecommunication.yale.edu/publications/who-is-willing-to- pay-more-for-renewable-energy; Walton, Robert. "Americans Could Pay More for Clean Energy. But Will They Really?" Utility Dive, 9 March 2015, www. utilitydive.com/news/americans-could-pay-more- for-clean-energy-but-will-they-really/372381.

14 "Electric Power Monthly—U.S. Energy Information Administration (EIA)." U.S. Energy Information Administration, www. eia.gov/electricity/monthly/epm_table_grapher.php. Accessed 13 June 2021; Matasci, Sara. "Understanding Your Sunrun Solar Lease, PPA and Solar Contract Agreement." Solar News, 15 July 2020, https:// news.energysage. com/sunrun-solar-lease-ppa-solar-contract- agreement/.

15 "Google." Google Search—2021 Chevy Bolt MSRP, www.google.com. Accessed 23 June 2021; "Google." Google Search—2021 Toyota Camry MSRP, www.google.com. Accessed 23 June 2021.

16 "Alternative Fuel Price Report." U.S. Department of Energy, January 2021, https://afdc. energy.gov/fuels/prices.html.

17 "IBISWorld—Industry Market Research, Reports, and Statistics." IBISWorld, www. ibisworld.com/us/bed/price-of- cement/190. Accessed 22 June 2021; "Jet Fuel Price Monitor." IATA, www.iata.org/en/publications/economics/fuel-monitor. Accessed 14 June 2021.

18 "Jet Fuel Price Monitor." IATA, www.iata.org/en/ publications/economics/fuel-monitor. Accessed 14 June 2021; Robinson, Daisy. "Sustainable Aviation Fuel (Part 1): Pathways to Production." BloombergNEF, 29 March 2021, www.bnef.com/insights/ 25925?query=eyJ xdWVyeSI6IlNBRiIsInBhZ2UiOjEsIm9yZGVyIjoicm VsZXZhbmNlIn0%3D.

19 "Google." Travel, www.google. com/travel/unsupported?ucpp=CiVodHRwczovL3d3dy5 nb29nbGUuY 29tL3RyYXZlbC9mbGlnaHRz. Accessed 4 May 2021.

20 "Average Retail Food and Energy Prices, U.S. and Midwest Region: Mid-Atlantic Information Office: U.S. Bureau of Labor Statistics." U.S. Bureau of Labor Statistics, www.bls. gov/regions/mid-atlantic/data/averageretailfoodandenergyprices_usandmidwest_table.htm. Accessed 20 June 2021.

21 See the table on page 7, and also Breakthrough Energy. "The Green Premium." Breakthrough Energy, 2020, www.breakthroughenergy.org/our-challenge/the-green-premium.

22 "Trends and Developments in Electric Vehicle Markets—Global EV Outlook 2021—Analysis." International Energy Agency, 2021, www.iea.org/reports/global-ev-outlook-2021/ trends-and-developments-in-electric-vehicle-markets.

23 "Transportation: In China's Biggest Cities, 1 in 5 Cars Sold Is Electric." E&E News, 11 May 2021, www.eenews.net/energywire/2021/05/11/stories/1063732167.
24 Rauwald, Christoph. "VW Boosts Tech Spending Within $177 Billion Investment Plan." *Bloomberg Green*, 13 November 2020, www.bloomberg.com/news/articles/2020-11-13/vw-boosts-tech-spending-in-177-billion-budget-amid-virus-hit.
25 "Electric Vehicle Outlook." BloombergNEF, www.bnef.com/interactive-datasets/2d5d59acd900003d?data-hub=11&tab=Buses. Accessed 13 June 2021.
26 "Transport Sector CO_2 Emissions by Mode in the Sustainable Development Scenario, 2000–2030—Charts—Data & Statistics." IEA, www.iea.org/data-and-statistics/charts/transport-sector-co2-emissions-by-mode-in-the-sustainable-development-scenario-2000-2030. Accessed 13 June 2021.
27 "Electric Vehicle Outlook."
28 Gallucci, Maria. "At Last, the Shipping Industry Begins Cleaning Up Its Dirty Fuels." Yale E360, Yale Environment 260, 28 June 2018, e360.yale.edu/features/at-last-the-shipping-industry-begins-cleaning-up-its-dirty-fuels.
29 "Review of Maritime Transport 2011, Chapter 2." United Nations Conference on Trade and Development, 2011, unctad.org/system/files/official-document/rmt2011ch2_en.pdf.
30 Gallucci, Maria. "At Last, the Shipping Industry Begins Cleaning Up Its Dirty Fuels."
31 Strohl, Daniel. "Fact Check: Did a GM President Really Tell Congress 'What's Good for GM Is Good for America?'" Hemmings, 5 September 2019, www.hemmings.com/stories/2019/09/05/fact-check-did-a-gm-president-really-tell-congress-whats-good-for-gm-is-good-for-america.
32 "Twelve U.S. States Urge Biden to Back Phasing Out Gas-Powered Vehicle Sales by 2035." Reuters, 21 April 2021, www.reuters.com/business/twelve-us-states-urge-biden-back-phasing-out-gas-powered-vehicle-sales-by-2035-2021-04-21.
33 Huang, Echo. "How Much Financial Help Does China Give EV Maker BYD?" Quartz, 27 March 2019, qz.com/1579568/how-much-financial-help-does-china-give-ev-maker-byd.
34 Vincent, Danny. "The Uncertain Future for China's Electric Car Makers." BBC News, 27 March 2020, www.bbc.com/news/business-51711019.
35 Quarles, Neil, et al. "Costs and Benefits of Electrifying and Automating Bus Transit Fleets." Multidisciplinary Digital Publishing Institute, 2020, www.caee.utexas.edu/prof/kockelman/public_html/TRB18AeBus.pdf.
36 Gilpin, Lyndsey. "These City Bus Routes Are Going Electric—and Saving Money." Inside Climate News, 23 October 2017, insideclimatenews.org/news/23102017/these-city-bus-routes-are-going-all-electric.
37 "Revolutionizing Commercial Vehicle Electrification." Proterra, April 2021, www.proterra.com/wp-content/uploads/2021/04/PTRA-ACTC-Analyst-Day-Presentation-4.8.21-FINAL-1.pdf.
38 "Long-Term Electric Vehicle Outlook 2021." BloombergNEF, 9 June 2021, www.bnef.com/insights/26533/view.
39 Bui, Quan, et al. "Statistical Basis for Predicting Technological Progress." Santa Fe Institute, 5 July 2012, www.santafe.edu/research/results/working-papers/statistical-basis-

for-predicting-technological-pro.

40　"Evolution of Li-Ion Battery Price, 1995–2019—Charts—Data & Statistics." IEA, 30 June 2020, www.iea. org/data-and-statistics/charts/evolution-of-li-ion-battery-price-1995-2019. Accessed 13 June 2021.

41　Gold, Russell, and Ben Foldy. "The Battery Is Ready to Power the World." *Wall Street Journal*, 5 February 2021, www.wsj.com/articles/the-battery-is-ready-to-power-the-world-11612551578.

42　Boudette, Neal. "Ford's Electric F-150 Pickup Aims to Be the Model T of E.V.s." *New York Times*, 19 May 2021, www.nytimes.com/2021/05/19/business/ford-electric-vehicle-f-150.html.

43　Watson, Kathryn. "Biden Drives Electric Vehicle and Touts It as the 'Future of the Auto Industry.'" CBS News, 18 May 2021, www.cbsnews.com/news/biden- ford-electric-car-plant-michigan-watch-live-stream-today-05-18-2021.

44　"The Ford Electric F-150 Lightning's Astonishing Price." *Atlantic*, 19 May 2021, www.theatlantic.com/ technology/archive/2021/05/f-150-lightning-fords-first-electric-truck/618932.

45　"Car Prices in India—Latest Models & Features 23 Jun 2021." BankBazaar, www.bankbazaar.com/ car-loan/car-prices-in-india.html. Accessed 22 June 2021; Mehra, Jaiveer. "Best Selling Cars in November 2020: Maruti Swift Remains Top Seller." Autocar India, 5 December 2020, www.autocarindia.com/ car-news/best-selling-cars-in-november-2020-maruti-swift-remains- top-seller-419341.

46　"2020 Global Automotive Consumer Study." Deloitte, 2020, www2.deloitte.com/content/dam/Deloitte/us/ Documents/manufacturing/us-2020-global-automotive-consumer-study-global-focus-countries.pdf.

第二章

1　Newton, James D. *Uncommon Friends: Life with Thomas Edison, Henry Ford, Harvey Firestone, Alexis Carrel, & Charles Lindbergh*. New York: Mariner Books, 1989.

2　Schwartz, Evan. "The German Experiment." *MIT Technology Review*, 2 April 2020, www.technology review.com/2010/06/22/26637/the-german-experiment; "Feed-in Tariffs in Germany." Wikipedia, 21 March 2021, en.wikipedia.org/ wiki/Feed-in_tariffs_in_Germany.

3　Schwartz, Evan. "The German Experiment." *MIT Technology Review*, 22 June 2010, www. technologyreview.com/2010/06/22/26637/the-german-experiment.

4　*Nova*. PBS, 24 April 2007, www.pbs. org/wgbh/nova/video/saved-by-the-sun.

5　Schwartz, Evan. "The German Experiment."

6　Buchholz, Katharina. "China Dominates All Steps of Solar Panel Production." Statista Infographics, 21 April 2021, www.statista.com/chart/24687/solar- panel-global-market-shares-by-production-steps.

7　Sun, Xiaojing. "Solar Technology Got Cheaper and Better in the 2010s. Now What?" Wood Mackenzie, 18 December 2019, www.woodmac.com/news/opinion/solar-technology- got-cheaper-and-better-in-the-2010s.-now-what.

8　"Renewables Meet 46.3% of Germany's 2020 Power Consumption, up 3.8 Pts." Reuters, 14

December 2020, www.reuters.com/article/germany-power-renewables- idUKKBN28O1AH.
9. Randowitz, Bernd. "Germany's Renewable Power Share Surges to 56% amid Covid-19 Impact." Recharge, July 2020, www.rechargenews.com/transition/germany-s-renewable-power-share-surges-to-56-amid-covid- 19-impact/2-1-837212.
10. "U.S. Nuclear Industry—U.S. Energy Information Administration (EIA)." U.S. Energy Information Administration, 6 April 2021, www.eia.gov/energyexplained/nuclear/us-nuclear-industry.php.
11. "World Energy Outlook 2020—Analysis." IEA, October 2020, www.iea.org/ reports/world-energy-outlook-2020.0.
12. "Renewable Energy Market Update 2021," World Energy Outlook 2020—Analysis, International Energy Agency, https://www.iea.org/reports/renewable-energy- market-update-2021/renewable-electricity; "New Global Solar PV Installations to Increase 27% to Record 181 GW This Year," IHS Markit, 29 March 2021, https://www.reuters.com/business/energy/new-global- solar-pv-installations-increase-27-record-181-gw-this-year-ihs-markit- 2021-03-29.
13. Brandily, Tifenn, and Amar Vasdev. "2H 2020 LCOE Update." BloombergNEF, 10 December 2020, www.bnef.com/login?r=%2Finsights%2F24999%2Fview.
14. "Net Zero by 2050—Analysis." International Energy Agency, May 2021, www.iea. org/reports/net-zero-by-2050.
15. "Net Zero by 2050—Analysis."
16. Piper, Elizabeth, and Markus Wacket. "In Climate Push, G7 Agrees to Stop International Funding for Coal." Reuters, 21 May 2021, www.reuters.com/business/energy/g7-countries-agree-stop-funding-coal-fired-power-2021-05-21.
17. "Net Zero by 2050—Analysis."
18. "Methane Emissions from Oil and Gas—Analysis." International Energy Agency, www.iea.org/ reports/methane-emissions-from-oil-and-gas. Accessed 18 June 2021.
19. McKenna, Claire, et al. "It's Time to Incentivize Residential Heat Pumps." RMI, 22 July 2020, rmi.org/its-time-to-incentivize-residential-heat-pumps.
20. "Solar Energy Basics." National Renewable Energy Laboratory, 2021, www.nrel.gov/research/re-solar. html.
21. "Renewable Energy Market Update 2021." IEA, 2021, www.iea.org/reports/renewable-energy-market-update-2021/renewable-electricity.
22. "Net Metering." Solar Energy Industries Association, May 2017, www.seia.org/initiatives/net-metering.
23. "U.S. Solar Market Insight." Solar Energy Industries Association, 2021, www.seia.org/us-solar-market-insight. Updated 16 March 2021.
24. "India Exceeding Paris Targets; to Achieve 450 GW Renewable Energy by 2030: PM Modi at G20 Summit." *Business Today*, 22 November 2020, www.businesstoday.in/current/economy- politics/india-exceeding-paris-targets-to-achieve-450-gw-renewable-energy-by-2030-pm-modi-at-g20-summit/story/422691.html.
25. Russi, Sofia. "Global Wind Report 2021." Global Wind Energy Council, 30 April 2021, gwec.net/global-wind- report-2021.
26. Besta, Shankar. "Profiling Ten of the Biggest Onshore Wind Farms in the World." NS

Energy, 9 December 2019, www.nsenergybusiness.com/features/worlds-biggest-onshore-wind-farms.

27 Gross, Samantha. "Renewables, Land Use, and Local Opposition in the United States." Brookings Institution, January 2020, www.brookings.edu/wp-content/uploads/2020/01/FP_20200113_renewables_land_use_local_opposition_gross.pdf.

28 "Natural Gas Prices—Historical Chart." MacroTrends, 2021, www.macrotrends.net/2478/natural-gas-prices-historical-chart.

29 Vestas focused on wind power in 1987. "Vestas History." Vestas, 2021, www.vestas.com/en/about/profile#!from-1987-1998.

30 "Our Green Business Transformation: What We Did and Lessons Learned." Ørsted, April 2021, https://orsted.com/en/about-us/whitepapers/green-transformation-lessons-learned.

31 Scott, Mike. "Top Company Profile: Denmark's Ørsted Is 2020's Most Sustainable Corporation." Corporate Knights, 21 January 2020, www.corporateknights.com/reports/2020-global-100/top-company-profile-orsted-sustainability-15795648.

32 "Satellite Data Reveals Extreme Methane Emissions from Permian Oil & Gas Operations; Shows Highest Emissions Ever Measured from a Major U.S. Oil and Gas Basin." Environmental Defense Fund, 22 April 2020, www.edf.org/media/satellite-data-reveals-extreme-methane-emissions-permian-oil-gas-operations-shows-highest.

33 Chung, Tiy. "Global Assessment: Urgent Steps Must Be Taken to Reduce Methane Emissions This Decade." United Nations Environment Programme (UNEP), 6 May 2021, www.unep.org/news-and-stories/press-release/global-assessment-urgent-steps-must-be-taken-reduce-methane.

34 Plant, Genevieve. "Large Fugitive Methane Emissions from Urban Centers Along the U.S. East Coast." *AGU Journals*, 28 July 2019, agupubs.onlinelibrary.wiley.com/doi/full/10.1029/2019GL082635; Lebel, Eric D., et al. "Quantifying Methane Emissions from Natural Gas Water Heaters." ACS Publications, 6 April 2020, pubs.acs.org/doi/10.1021/acs.est.9b07189; "Major U.S. Cities Are Leaking Methane at Twice the Rate Previously." *Science*| AAAS, 19 July 2019, www.sciencemag.org/news/2019/07/major-us-cities-are-leaking-methane-twice-rate-previously-believed.

35 "Gas Leak Detection & Repair." MBS Engineering, 2021, www.mbs.engineering/gas-leak-detection-repair.html; "Perform Valve Leak Repair During Pipeline Replacement." U.S. Environmental Protection Agency, 31 August 2016, www.epa.gov/sites/production/files/2016-06/documents/performleakrepairduringpipelinereplacement.pdf.

36 Lipton, Eric, and Hiroko Tabuchi. "Driven by Trump Policy Changes, Fracking Booms on Public Lands." *New York Times*, 27 October 2018, www.nytimes.com/2018/10/27/climate/trump-fracking-drilling-oil-gas.html; Davenport, Coral. "Trump Eliminates Major Methane Rule, Evenas Leaks Are Worsening," updated 18 April 2021, https://www.nytimes.com/2020/08/13/climate/trump-methane.html.

37 "Natural Gas Flaring and Venting: State and Federal Regulatory Overview, Trends and Impacts." Office of Fossil Energy (FE) of the U.S. Department of Energy, June 2019, www.energy.gov/sites/prod/files/2019/08/f65/Ntural%20Gas%20Flaring%20and%20Venting%20Report.pdf.

38 Jacobs, Nicole. "New Poll: Natural Gas Still the Top Choice for Cooking." Energy in

Depth, 16 February 2021, www.energyindepth.org/new-poll-natural- gas-still-the-top-choice-for-cooking.

39　National Renewable Energy Laboratory, 2020, www.nrel.gov/state-local-tribal/basics-net-metering. html.

40　"Net Zero by 2050—Analysis." **59 LED lighting, for one example, uses 75 percent less:** Popovich, Nadja. "America's Light Bulb Revolution." *New York Times*, 8 March 2019, www.nytimes.com/interactive/2019/03/08/climate/light-bulb- efficiency.html.

41　Lovins, Amory B. "How Big Is the Energy Efficiency Resource?" IOP Science, IOP Publishing Ltd, 18 September 2018, iopscience.iop.org/article/ 10.1088/1748-9326/aad965/pdf.

42　Carmichael, Cara, and Eric Harrington. "Project Case Study: Empire State Building." Rocky Mountain Institute, 2009, rmi.org/wp-content/ uploads/2017/04/Buildings_Retrofit_EmpireStateBuilding_ CaseStudy_2009.pdf.

43　"Quadrennial Technology Review," Chapter 5: Increasing Efficiency of Building Systems and Technologies." United States Department of Energy, September 2015, www.energy.gov/sites/prod/files/2017/03/f34/qtr-2015-chapter5.pdf.

44　"How Much Does an Electric Furnace Cost to Install?" Modernize Home Services, 2021, modernize. com/hvac/heating-repair-installation/furnace/electric.

45　"ENERGY STAR Impacts." ENERGY STAR, 2019, www.energystar.gov/about/origins_mission/impacts.

46　Castro-Alvarez, Fernando, et al. "The 2018 International Energy Efficiency Scorecard."©American Council for an Energy-Efficient Economy, June 2018, www.aceee.org/sites/default/files/publications/researchreports/i1801.pdf.

47　Komanoff, Charles, et al. "California Stars Lighting the Way to a Clean Energy Future." Natural Resources Defense Council, May 2019, www.nrdc.org/sites/ default/files/california-stars-clean-energy-future-report.pdf.

第三章

1　Ontl, Todd A., and Lisa A. Schulte. "Soil Carbon Storage." Knowledge Project, Nature Education, 2012, www.nature.com/scitable/knowledge/library/soil-carbon-storage-84223790/.

2　"Global Plans of Action Endorsed to Halt the Escalating Degradation of Soils." Food and Agriculture Organization of the United States, 24 July 2014, www.fao. org/news/story/en/item/239341/icode.

3　Tian, Hanqin, et al. "A Comprehensive Quantification of Global Nitrous Oxide Sources and Sinks." *Nature*, 7 October 2020, www.nature.com/articles/s41586-020-2780-0.

4　UNEP and UNEP DTU Partnership. "UNEP Report—The Emissions Gap Report 2020." *Management of Environmental Quality: An International Journal*, 2020, https://www.unep.org/emissions-gap-report-2020.

5　Ranganathan, Janet, et al. "How to Sustainably Feed 10 Billion People by 2050, in 21 Charts." World Resources Institute, 5 December 2018, www.wri.org/insights/how-sustainably-feed-10-billion-people-2050-21-charts.

6　Zomer, Robert. "Global Sequestration Potential of Increased Organic Carbon in

Cropland Soils." *Scientific Reports*, 14 November 2017, www.nature.com/articles/s41598-017- 15794-8?error=cookies_not_supported&code=4f2be93e-fd6c-4958-814b-d7ea0649ee8e.

7. "Worldwide Food Waste." UN Environment Programme, 2010, www.unep.org/thinkeatsave/get-informed/worldwide-food-waste.

8. Ott, Giffen. "We're a Climate Fund—Why Start with Waste?" FullCycle, www.fullcycle.com/insights/were-a-climate-fund-why-start-with-waste. Accessed 13 June 2021.

9. Funderburg, Eddie. "What Does Organic Matter Do in Soil?" North Noble Research Institute, 31 July 2001, www.noble.org/news/publications/ag-news-and-views/2001/august/ what-does-organic-matter-do-in-soil.

10. Kautz, Timo. "Research on Subsoil Biopores and Their Functions in Organically Managed Soils: A Review," *Renewable Agriculture and Food Systems*, Cambridge University Press, 15 January 2014, www.cambridge.org/core/journals/renew- able-agriculture-and-food-systems/article/research-on-subsoil-bio- pores-and-their-functions-in-organicallymanaged-soils-a-review/ A72F0E0E7B86FE904A5EC5EE37F6D6C9.

11. Plumer, Brad. "No-Till Farming Is on the Rise. That's Actually a Big Deal." *Washington Post*, 9 November 2013, www.washingtonpost.com/news/wonk/wp/2013/11/09/no-till-farming-is-on-the-rise-thats-actually-a-big-deal; "USDA ERS—No-Till and Strip-Till Are Widely Adopted but Often Used in Rotation with Other Tillage Practices." Economic Research Service, U.S. Department of Agriculture, www.ers.usda.gov/amber-waves/2019/march/no-till- and-strip-till-are-widely-adopted-but-often-used-in-rotation-with- other-tillage-practices. Accessed 13 June 2021.

12. Creech, Elizabeth. "Saving Money, Time and Soil: The Economics of No-Till Farming." U.S. Department of Agriculture, 30 November 2017, www.usda.gov/media/blog/2017/11/30/saving-money-time-and-soil-economics-no-till-farming.

13. Gianessi, Leonard. "Impor- tance of Herbicides for No-Till Agriculture in South America." CropLife International, 16 November 2014, croplife.org/case-study/importance-of-herbicides-for-no-till-agriculture-in-south-america.

14. Smil, Vaclav. *Energy and Civilization: A History.* Boston: The MIT Press, 2018.

15. Poeplau, Christopher, and Axel Don. "Carbon Sequestration in Agricultural Soils via Cultivation of Cover Crops—A Meta-Analysis." *Agriculture, Ecosystems & Environment* 200, 2015, 33–41, doi:10.1016/j.agee.2014.10.024.

16. Ahmed, Amal. "Last Year's Historic Floods Ruined 20 Million Acres of Farmland." *Popular Science*, 26 April 2021, www.popsci.com/story/environment/2019- record-floods-midwest.

17. UNEP and UNEP DTU Partnership. "UNEP Report—The Emissions Gap Report 2020." *Management of Environmen-tal Quality: An International Journal*, 2020, https://www.unep.org/ emissions-gap-report-2020.

18. Waite, Richard, and Alex Rudee. "6 Ways the US Can Curb Climate Change and Grow More Food." World Resources Institute, 20 August 2020, www.wri.org/ insights/6-ways-us-can-curb-climate-change-and-grow-more-food.

19. Boerner, Leigh Krietsch. "Industrial Ammonia Production Emits More CO_2 than Any Other Chemical- Making Reaction. Chemists Want to Change That." *Chemical & Engi-*

neering News, 15 June 2019, cen.acs.org/environment/green-chemistry/ Industrial-ammonia-production-emits-CO2/97/i24.

20 Tullo, Alexander H. "Is Ammonia the Fuel of the Future?" *Chemical & Engineering News*, 8 March 2021, cen.acs.org/ business/petrochemicals/ammonia-fuel-future/99/i8.

21 "Agricultural Output—Meat Consumption—OECD Data." OECD.org, 2020, data.oecd.org/agroutput/ meat-consumption.htm.

22 Durisin, Megan, and Shruti Singh. "Americans Will Eat a Record Amount of Meat in 2018." *Bloomberg*, 2 February 2018, www.bloomberg.com/news/articles/2018- 01-02/have-a-meaty-new-year-americans-will-eat-record-amount-in-2018.

23 Wood, Laura. "Fast Food Industry Analysis and Forecast 2020–2027." Business Wire, 16 July 2020, www.businesswire.com/news/home/20200716005498/en/ Fast-Food-Industry-Analysis-and-Forecast-2020-2027---ResearchAndMarkets.com.

24 "Key Facts and Findings." Food and Agriculture Organization of the United States, 2020, www.fao.org/ news/story/en/item/197623/icode.

25 "Tackling Climate Change Through Livestock." Food and Agriculture Organization of the United Nations, 2013, http://www.fao.org/3/i3437e/i3437e.pdf.

26 "Which Is a Bigger Methane Source: Cow Belching or Cow Flatulence?" Climate Change: Vital Signs of the Planet, 2021, climate.nasa.gov/faq/33/which-is-a-bigger-methane- source-cow-belching-or-cow-flatulence.

27 "Animal Manure Management." U.S. Department of Agriculture, December 1995, www.nrcs.usda.gov/wps/ portal/nrcs/detail/null/?cid=nrcs143_014211.

28 "How Much of the World's Land Would We Need in Order to Feed the Global Population with the Average Diet of a Given Country?" Our World in Data, 3 October 2017, ourworldindata.org/agricultural-land-by-global-diets.

29 "How Much of the World's Land Would We Need in Order to Feed the Global Population with the Average Diet of a Given Country?"

30 Nelson, Diane. "Feeding Cattle Seaweed Reduces Their Greenhouse Gas Emissions 82 Percent." University of California, Davis, 17 March 2021, www.ucdavis.edu/ news/feeding-cattle-seaweed-reduces-their-greenhouse-gas-emissions- 82-percent.

31 Shangguan, Siyi, et al. "A Meta-Analysis of Food Labeling Effects on Consumer Diet Behaviors and Industry Practices." *American Journal of Preventive Medicine* 56, no. 2, 2019, 300–314, doi:10.1016/j.amepre.2018.09.024.

32 Camilleri, Adrian, et al. "Consumers Underestimate the Emissions Associated with Food but Are Aided by Labels." *Nature Climate Change* 9, 17 December 2018, www. nature.com/articles/s41558-018-0354-z.

33 Donnellan, Douglas. "Climate Labels on Food to Become a Reality in Denmark." Food Tank, 11 April 2019, foodtank.com/news/2019/04/climate-labels-on-food-to-become-a-reality-in-denmark.

34 "RELEASE: New 'Cool Food Meals' Badge Hits Restaurant Menus Nationwide, Helping Consumers Act on Climate Change." World Resources Institute, 14 October 2020, www.wri.org/ news/release-new-cool-food-meals-badge-hits-restaurant-menus- nationwide-helping-consumers-act.

35 "How Much Would Giving Up Meat Help the Environment?" *Economist*, 18 November

2019, www.economist.com/graphic-detail/2019/11/15/how-much-would-giving-up-meat-help-the-environment; Kim, Brent F., et al. "Country-Specific Dietary Shifts to Mitigate Climate and Water Crises." ScienceDirect, 1 May 2020, www.sciencedirect.com/science/article/pii/S0959378018306101.

36 O'Connor, Anahad. "Fake Meat vs. Real Meat." *New York Times*, 2 December 2020, www.nytimes.com/2019/12/03/well/eat/fake-meat- vs-real-meat.html.

37 Mount, Daniel. "Retail Sales Data: Plant-Based Meat, Eggs, Dairy." Good Food Institute, 9 June 2021, gfi.org/marketresearch/#:%7E:text.

38 Poinski, Megani. "Plant-Based Food Sales Outpace Growth in Other Categories during Pandemic." Food Dive, 27 May 2020, www.fooddive.com/news/plant-based-food-sales-outpace- growth-in-other-categories-during-pandemic/578653.

39 Lucas, Amelia. "Beyond Meat Unveils New Version of Its Meat-Free Burgers for Grocery Stores." CNBC, 27 April 2021, www.cnbc.com/2021/04/27/beyond-meat-unveils-new-version-of-its-meat-free-burgers-in-stores.html.

40 Card, Jon. "Lab-Grown Food: 'The Goal Is to Remove the Animal from Meat Production.'" *Guardian*, 9 August 2018, www.theguardian.com/small-business-network/2017/ jul/24/lab-grown-food-indiebio-artificial-intelligence-walmart- vegetarian.

41 Mount, Daniel. "U.S. Retail Market Data for Plant-Based Industry."

42 Ritchie, Hannah. "You Want to Reduce the Carbon Footprint of Your Food? Focus on What You Eat, Not Whether Your Food Is Local." Our World in Data, 24 January 2020, ourworldindata.org/food-choice-vs-eating-local.

43 University of Adelaide. "Potential for Reduced Methane from Cows." ScienceDaily, 8 July 2019, www.sciencedaily.com/releases/ 2019/07/190708112514.htm.

44 "System of Rice Intensification." Project Drawdown, 7 August 2020, drawdown.org/solutions/system-of- rice-intensification.

45 Proville, Jeremy, and K. Kritee. "Global Risk Assessment of High Nitrous Oxide Emissions from Rice Production." Environmental Defense Fund, 2018, www.edf.org/sites/default/files/documents/EDF_White_Paper_Global_ Risk_Analysis.pdf.

46 "Overview of Greenhouse Gases." U.S. Environmental Protection Agency, 20 April 2021, www. epa.gov/ghgemissions/overview-greenhouse-gases#nitrous-oxide.

47 "Nitrous Oxide Emissions from Rice Farms Are a Cause for Concern for Global Climate." Environmental Defense Fund, 10 September 2018, www.edf.org/media/nitrous-oxide-emissions-rice- farms-are-cause-concern-global-climate.

48 Dawson, Fiona. "Mars Food Works to Deliver Better Food Today." Mars, 2020, www. mars. com/news-and-stories/articles/how-mars-food-works-to-deliver- better-food-today-for-a-better-world-tomorrow.

49 "Cattle Population Worldwide 2012–2021." Statista, 20 April 2021, www.statista.com/statistics/ 263979/global-cattle-population-since-1990.

50 Nepveux, Michael. "USDA Report: U.S. Dairy Farm Numbers Continue to Decline." American Farm Bureau Federation, 26 February 2021, fb.org/market-intel/usda-report-u.s.-dairy-farm-numbers-continue-to-decline.

51 Calder, Alice. "Agricultural Subsidies: Everyone's Doing It." Hinrich Foundation, 15 October 2020, www.hinrichfoundation.com/research/article/protectionism/ agricultural-

subsidies/#:%7E:text.
52 "Food Loss and Food Waste." Food and Agriculture Organization of the United Nations, 2021, http://www.fao. org/food-loss-and-food-waste/flw-data.
53 "World Hunger Is Still Not Going Down After Three Years and Obesity Is Still Growing—UN Report." World Health Organization, 15 July 2019, www.who.int/news/item/15- 07-2019-world-hunger-is-still-not-going-down-after-three-years-and-ob esity-is-still-growing-un-report.
54 Center for Food Safety and Applied Nutrition. "Food Loss and Waste." U.S. Food and Drug Administration, 23 February 2021, www.fda.gov/food/consumers/ food-loss-and-waste.
55 Yu, Yang, and Edward C. Jaenicke. "Estimating Food Waste as Household Production Inefficiency." *American Journal of Agricultural Economics* 102, no. 2, 2020, 525–47, doi:10.1002/ajae.12036; Bandoim, Lana. "The Shocking Amount of Food U.S. Households Waste Every Year." *Forbes*, 27 January 2020, www.forbes.com/sites/lanabandoim/2020/01/26/the-shocking- amount-of-food-us-households-waste-every-year.
56 "Is France's Ground- breaking Food-Waste Law Working?" PBS *NewsHour*, 31 August 2019, www.pbs.org/newshour/show/is-frances-groundbreaking-food-waste- law-working.
57 "United States Summary and State Data." U.S. Department of Agriculture, April 2019, www.nass.usda.gov/Publications/AgCensus/2017/Full_Report/ Volume_1,_Chapter_1_US/usv1.pdf.
58 Capper, J. L. "The Environmental Impact of Beef Production in the United States: 1977 Compared with 2007." *Journal of Animal Science* 89, no. 12, 2011, 4249–61, doi:10.2527/jas.2010-3784.
59 Ranganathan, Janet. "How to Sustainably Feed 10 Billion People by 2050, in 21 Charts." World Resources Institute, www.wri.org/insights/how-sustainably-feed-10-billion-people-2050-21-charts. Accessed 18 June 2021.

第四章

1 Schädel, Christina. "Guest Post: The Irreversible Emissions of a Permafrost 'Tipping Point.' " Carbon Brief, 12 February 2020, www.carbonbrief.org/guest-post-the-irreversible-emissions-of-a-permafrost-tipping-point.
2 Prentice, L. C. "The Carbon Cycle and Atmospheric Carbon Dioxide." IPCC, www.ipcc.ch/ site/assets/uploads/2018/02/TAR-03.pdf.
3 Betts, Richard. "Met Office: Atmospheric CO2 Now Hitting 50% Higher than Pre-Industrial Levels." Carbon Brief, 16 March 2021, www.carbonbrief.org/met- office-atmospheric-co2-now-hitting-50-higher-than-pre-industrial- levels.
4 Wilson, Edward O. *Half-Earth*. New York: Liveright, 2017.
5 Mark, Jason. "A Conversation with E. O. Wilson." *Sierra*, 13 May 2021, www. sierraclub.org/sierra/conversation-eo-wilson.
6 Roddy, Mike. "We Lost a Football Pitch of Primary Rainforest Every 6 Seconds in 2019." *Global Forest Watch* (Blog), 2 June 2020, www.globalforestwatch.org/blog/data-and-

research/global-tree-cover-loss-data-2019/.

7 Gibbs, David, et al. "By the Numbers: The Value of Tropical Forests in the Climate Change Equation." World Resources Institute, 4 October 2018, www.wri.org/insights/numbers-value-tropical-forests-climate-change-equation; Mooney, Chris, et al. "Global Forest Losses Accelerated Despite the Pandemic, Threatening World's Climate Goals." *Washington Post*, 31 March 2021, www.washing tonpost.com/climate-environment/2021/03/31/climate-change- deforestation.

8 Helmholtz Centre for Environmental Research. "The Forests of the Amazon Are an Important Carbon Sink." ScienceDaily, 18 November 2019, www.sciencedaily.com/releases/2019/11/191118100834.htm.

9 "By the Numbers: The Value of Tropical Forests in the Climate Change Equation." World Resources Institute, 4 October 2018, www.wri.org/insights/numbers- value-tropical-forests-climate-change-equation.

10 Cullenward, Danny, and David Victor. *Making Climate Policy Work*. Polity, 2020.

11 Ritchie, Hannah. "Deforestation and Forest Loss." Our World in Data, 2020, ourworldin data.org/deforestation.

12 "Kraft's Annual Report 2001." Kraft, 2001, www.annual reports.com/HostedData/AnnualReportArchive/m/NASDAQ_ mdlz_2001.pdf.

13 Kraft Foods, "Kraft Foods Maps Its Total Environmental Footprint." PR Newswire, 14 December 2011, www.prnewswire.com/news-releases/kraft-foods- maps-its-total-environmental-footprint-135585188.html.

14 "Carbon Emissions from Forests down by 25% Between 2001–2015." Food and Agriculture Organization of the United Nations, 20 March 2015, www.fao.org/news/story/en/item/281182/icode.

15 "Return on Sustainability Investment (ROSITM)." New York University Stern School of Business, 2021, www.stern.nyu.edu/experience-stern/about/departments- centers-initiatives/centers-of-research/center-sustainable-business/ research/return-sustainability-investment-rosi.

16 "Paris Agreement." United Nations Framework Convention on Climate Change, 12 December 2015, unfccc. int/sites/default/files/english_paris_agreement.pdf.

17 "Where We Focus: Global." Climate and Land Use Alliance, 16 November 2018, www.climateand landusealliance.org/initiatives/global.

18 "Indigenous Peoples." World Bank, 2020, www.worldbank.org/en/topic/indigenouspeoples.

19 "Indigenous Peoples' Forest Tenure." Project Drawdown, 30 June 2020, www.drawdown.org/solutions/ indigenous-peoples-forest-tenure.

20 Blackman, Allen. "Titled Amazon Indigenous Communities Cut Forest Carbon Emissions." ScienceDirect, 1 November 2018, www.sciencedirect.com/science/article/abs/pii/ S0921800917309746.

21 Veit, Peter, and Katie Reytar. "By the Numbers: Indigenous and Community Land Rights." World Resources Institute, 20 March 2017, www.wri.org/insights/numbers-indigenous-and-community-land-rights.

22 "New Study Finds 55% of Carbon in Amazon Is in Indigenous Territories and Protected

23   "How Much Oxygen Comes from the Ocean?" National Oceanic and Atmospheric Administration, 26 February 2021, oceanservice.noaa.gov/facts/ocean-oxygen.html.

24   Sabine, Chris. "Ocean-Atmosphere CO_2 Exchange Dataset, Science on a Sphere." National Oceanic and Atmospheric Administration, 2020, sos.noaa. gov/datasets/ocean-atmosphere-co2-exchange.

Lands, Much of It at Risk." Environmental Defense Fund, www.edf.org/ media/new-study-finds-55-carbon-amazon-indigenous-territories-and- protected-lands-much-it-risk. Accessed 18 June 2021.

25   Thomas, Ryan. *Marine Biology: An Ecological Approach*. Waltham Abbey, U.K.: ED-TECH Press, 2019.

26   "The Ocean as a Solution to Climate Change." World Resources Institute: Ocean Panel Secretariat, 2019, live-oceanpanel.pantheonsite.io/sites/default/ files/2019-10/19_4PAGER_HLP_web.pdf.

27   Diaz, Cristobal. "Open Ocean." National Oceanic and Atmospheric Administration, 26 February 2021, oceana.aorg/ marine-life/marine-science-and-ecosystems/open-ocean.

28   "The Carbon Cycle." NASA Earth Observatory, earthobservatory.nasa.gov/features/ CarbonCycle. Accessed 22 June 2021.

29   Sala, Enric, et al. "Protecting the Global Ocean for Biodiversity, Food and Climate." *Nature* 592, no. 7854, 2021, 397–402, doi:10.1038/s41586-021-03371-z.

30   Sala, Enric, et al. "Protecting the Global Ocean for Biodiversity, Food and Climate."

31   Cave, Damien, and Justin Gillis. "Large Sections of Australia's Great Reef Are Now Dead, Scientists Find." *New York Times*, 22 August 2020, www.nytimes.com/2017/03/15/science/great-barrier-reef-coral-climate-change-dieoff.html.

32   Sala, Enric. "Let's Turn the High Seas into the World's Largest Nature Reserve." TED Talks, 28 June 2018, https://www.ted.com/talks/enric_sala_let_s_turn_the_high_seas_ into_ the_world_s_largest_nature_reserve.

33   Bland, Alastair. "Could a Ban on Fishing in International Waters Become a Reality?" NPR, 14 September 2018, www.npr.org/sections/thesalt/2018/09/14/647441547/could-a-ban-on- fishing-in-international-waters-become-a-reality.

34   "The Economics of Fishing the High Seas." *Science Advances* 4, no. 6, 6 June 2018, advances.sciencemag.org/content/4/6/eaat2504.

35   Bland, Alastair. "Could a Ban on Fishing in International Waters Become A Reality?"

36   Hurlimann, Sylvia. "How Kelp Naturally Combats Global Climate Change." Science in the News, 4 July 2019, sitn.hms.harvard.edu/flash/2019/how-kelp-naturally-combats-global- climate-change. https://sitn.hms.harvard.edu/flash/2019/how-kelp- naturally-combats-global-climate-change/.

37   Hawken, Paul. *Drawdown: The Most Comprehensive Plan Ever Proposed to Reverse Global Warming*. New York: Penguin Books, 2017.

38   Bryce, Emma. "Can the Forests of the World's Oceans Contribute to Alleviating the Climate Crisis?" GreenBiz, 16 July 2020, www.greenbiz.com/article/ can-forests-worlds-oceans-contribute-alleviating-climate-crisis.

39   "Peatland Protection and Rewetting." Project Drawdown, 1 March 2020, www.drawdown.org/solutions/peatland-protection-and-rewetting.

40 Günther, Anke. "Prompt Rewetting of Drained Peatlands Reduces Climate Warming despite Methane Emissions." Nature Communications, 2 April 2020, www. nature.com/articles/s41467-020-15499-z?error=cookies_not_ supported&code=3a9e399b-ff81-4cb7-a65a-2cdc90c77af1.

41 Zimmer, Carl. "How Many Species? A Study Says 8.7 Million, but It's Tricky." *New York Times*, 29 August 2011, www.nytimes.com/2011/08/30/science/ 30species.html.

42 "UN Report: Nature's Dangerous Decline 'Unprecedented'; Species Extinction Rates 'Accelerating.' " United Nations Sustainable Development Group, 6 May 2019, www.un.org/sustainabledevelopment/blog/2019/05/nature-decline- unprecedented-report.

43 "50 Countries Announce Bold Commitment to Protect at Least 30% of the World's Land and Ocean by 2030." Campaign for Nature, 10 June 2021, www.campaign fornature.org.

第五章

1 "King Kibe Meets the Guy behind #BANPLASTICKE, James Wakibia." YouTube, 13 September 2017, www.youtube.com/watch?v=a0MSp-IssHU.

2 "Meet James Wakibia, the Campaigner Behind Kenya's Plastic Bag Ban." United Nations Environment Programme, 4 May 2018, www.unep.org/news-and-stories/story/ meet-james-wakibia-campaigner-behind-kenyas-plastic-bag-ban.

3 Reality Check Team. "Has Kenya's Plastic Bag Ban Worked?" BBC News, 28 August 2019, www.bbc.com/news/world-africa-49421885.

4 Reality Check Team. "Has Kenya's Plastic Bag Ban Worked?"

5 "Meet James Wakibia, the Campaigner behind Kenya's Plastic Bag Ban." United Nations Environment Programme, 4 May 2018, www.unep.org/news-and-stories/story/ meet-james-wakibia-campaigner-behind-kenyas-plastic-bag-ban.

6 Nichols, Mike. *The Graduate*. Los Angeles: Embassy Pictures, 1967.

7 Parker, Laura. "The World's Plastic Pollution Crisis Explained." *National Geographic*, 7 June 2019, www.nationalgeographic.com/environment/article/plastic-pollution.

8 "Emissions Gap Report 2019." United Nations Environment Programme, 2019, www.unep.org/ resources/emissions-gap-report-2019.

9 "Emissions Gap Report 2019."

10 Leahy, Meredith. "Aluminum Recycling in the Circular Economy." Rubicon, 11 September 2019, www.rubicon.com/blog/aluminum-recycling.

11 Joyce, Christopher. "Where Will Your Plastic Trash Go Now That China Doesn't Want It?" NPR, 13 March 2019, https://www.npr.org/sections/goatsandsoda/209/ 03/13/702501726/where-will-your-plastic-trash-go-now-that-china- doesnt-want-it.

12 Joyce, Christopher. "Where Will Your Plastic Trash Go Now That China Doesn't Want It?"

13 Sullivan, Laura. "How Big Oil Misled the Public into Believing Plastic Would Be Recycled." NPR, 11 September 2020, www.npr.org/2020/09/11/897692090/how-big-oil-misled-the-public-into-believing-plastic-would-be-recycled.

14 Hocevar, John. "Circular Claims Fall Flat: Comprehensive U.S. Survey of Plastics Recyclability." Greenpeace Inc., 18 February 2020, www.greenpeace.org/usa/research/ report- circular-claims-fall-flat.

15 Katz, Cheryl. "Piling Up: How China's Ban on Importing Waste Has Stalled Global Recycling." Yale Environment 360, 7 March 2019, e360.yale.edu/features/piling-up-how-chinas-ban-on-importing-waste-has-stalled-global-recycling.

16 Herring, Chris. "Coke's New Bottle Is Part Plant." *Wall Street Journal*, 24 January 2010, www. wsj.com/articles/SB10001424052748703672104574654212774510476.

17 Cho, Renee. "The Truth About Bioplastics." Columbia Climate School, 13 December 2017, news. climate.columbia.edu/2017/12/13/the-truth-about-bioplastics.

18 Oakes, Kelly. "Why Biodegradables Won't Solve the Plastic Crisis." BBC Future, 5 November 2019, www. bbc.com/future/article/20191030-why-biodegradables-wont-solve-the- plastic-crisis.

19 Oakes, Kelly. "Why Biodegrad- ables Won't Solve the Plastic Crisis." BBC Future, 5 November 2019, www.bbc.com/future/article/20191030-why-biodegradables-wont-solve-the-plastic-crisis.

20 Geyer, Roland, et al. "Production, Use, and Fate of All Plastics Ever Made." *Science Advances* 3, no. 7, 2017, p. e1700782, doi:10.1126/sciadv.1700782.

21 "Plastic Pollution Affects Sea Life Throughout the Ocean." Pew Charitable Trusts, 24 September 2018, www.pewtrusts.org/en/research-and-analysis/articles/2018/09/24/plastic-pollution-affects-sea-life-throughout-the-ocean; "New UN Report Finds Marine Debris Harming More Than 800 Species, Costing Countries Millions." 5 December 2016, https://news.un.org/en/ story/2016/12/547032-new-un-report-finds-marine-debris-harming- more-00-species-costing-countries.

22 Leung, Hillary. "E.U. Sets Standard with Ban on Single-Use Plastics by 2021." *Time*, 28 March 2019, time.com/5560105/european-union-plastic-ban.

23 Excell, Carole. "127 Countries Now Regulate Plastic Bags. Why Aren't We Seeing Less Pollution?" World Resources Institute, 11 March 2019, www.wri.org/ insights/127-countries-now-regulate-plastic-bags-why-arent-we-seeing- less-pollution.

24 Thomas, Dana. "The High Price of Fast Fashion." *Wall Street Journal*, 29 August 2019, www.wsj.com/articles/ the-high-price-of-fast-fashion-11567096637.

25 Webb, Bella. "Fashion and Carbon Emissions: Crunch Time." Vogue Business, 26 August 2020, www. voguebusiness.com/sustainability/fashion-and-carbon-emissions-crunch-time.

26 Schwartz, Evan. "Anchoring OKRs to Your Mission." What Matters, 26 June 2020, www.whatmatters.com/ articles/okrs-mission-statement-allbirds-sustainability.

27 Verry, Peter. "Allbirds Is Making Its Carbon Footprint Calculator Open-Source Ahead of Earth Day." Footwear News, 18 April 2021, footwearnews.com/2021/ business/sustainability/allbirds-carbon-footprint-calculator-open- source-earth-day-1203132233; "Carbon Footprint Calculator & Tools." Allbirds, 2021, www.allbirds.com/pages/carbon-footprint-calculator.

28 Bellevrat, Elie, and Kira West. "Clean and Efficient Heat for Industry." International Energy Agency, 23 January 2018, www.iea.org/commentaries/clean-and-efficient-heat-for-industry.

29 Roelofsen, Occo, et al. "Plugging in: What Electrification Can Do for Industry." McKinsey & Company, 28 May 2020, www.mckinsey.com/industries/electric- power-

and-natural-gas/our-insights/plugging-in-what-electrification- can-do-for-industry#.
30 "1H 2021 Hydrogen Levelized Cost Update." BloombergNEF, www.bnef.com/insights/26011. Accessed 14 June 2021.
31 "Available and Emerging Technologies for Reducing Greenhouse Gas Emissions from the Portland Cement Industry." U.S. Environmental Protection Agency, October 2010, www.epa.gov/sites/production/files/2015-12/ documents/cement.pdf.
32 "Investors Call on Cement Companies to Address Business-Critical Contribution to Climate Change." Institutional Investors Group on Climate Change, 22 July 2019, www.iigcc.org/news/investors-call-on-cement- companies-to-address-business-critical-contribution-to-climate- change.
33 Frangoul, Anmar. " 'We Have to Improve Our Operations to Be More Sustainable,' LafargeHolcim CEO Says." CNBC, 31 July 2020, www.cnbc.com/2020/07/31/lafargeholcim-ceo-stresses-importance-of-sustainability.html.
34 "LafargeHolcim Signs Net Zero Pledge with Science-Based Targets." BusinessWire, 21 September 2020, www.businesswire.com/news/ home/20200921005750/en/LafargeHolcim-Signs-Net-Zero-Pledge- with-Science-Based-Targets.
35 "Steel Production." American Iron and Steel Institute, 2 November 2020, www.steel.org/steel-technology/steel-production; Hites, Becky. "The Growth of EAF Steelmaking." Recycling Today, 30 April 2020, www. recyclingtoday.com/article/the-growth-of-eaf-steelmaking.
36 "Steel Statistical Yearbook 2020 Concise Version." WorldSteel Association, www.worldsteel.org/ en/dam/jcr:5001dac8-0083-46f3-aadd-35aa357acbcc/Steel%2520 Statistical%2520Yearbook%25202020%2520%2528concise%2520 version%2529.pdf. Accessed 21 June 2021.
37 "First in the World to Heat Steel Using Hydrogen." Ovako, 2021, www.ovako. com/en/newsevents/stories/first-in-the-world-to-heat-steel-using- hydrogen.
38 Collins, Leigh. "'Ridiculous to Suggest Green Hydrogen Alone Can Meet World's H2 Needs.'" Recharge, 27 April 2020, www.rechargenews.com/ transition/-ridiculous-to-suggest-green-hydrogen-alone-can-meet- world-s-h2-needs-/2-1-797831.
39 "Speech by Prime Minister Stefan Löfven at Inauguration of New HYBRIT Pilot Plant." Government Offices of Sweden, 31 August 2020, www.government.se/speeches/2020/08/speech-by-prime-minister-stefan-lofven-at-inauguration-of-new-hybrit- pilot-plant.
40 "HYBRIT: SSAB, LKAB and Vattenfall to Start up the World's First Pilot Plant for Fossil-Free Steel." SSAB, 21 August 2020, www.ssab.com/news/2020/08/hybrit- ssab-lkab-and-vattenfall-to-start-up-the-worlds-first-pilot-plant-for- fossilfree-steel.

第六章

1 Wilcox, J., et al. "CDR Primer." CDR, 2021, cdrprimer.org/read/concepts.
2 Cembalest, Michael. "Eye on the Market: 11th Annual Energy Paper." J.P. Morgan Assset Management, 2021, am.jpmorgan.com/us/en/asset-management/institutional/ insights/market-insights/eye-on-the-market/annual-energy-outlook.
3 Wilcox, J., et al. "CDR Primer." CDR, 2021, cdrprimer.org/read/chapter-1.
4 Sönnichsen, N. "Distribution of Primary Energy Consumption in 2019, by Country."

Statista, 2021, www.statista.com/statistics/274200/countries-with-the-largest-share- of-primary-energy-consumption.

5   Lebling, Katie. "Direct Air Capture: Resource Considerations and Costs for Carbon Removal." World Resources Institute, 6 January 2021, www.wri.org/insights/ direct-air-capture-resource-considerations-and-costs-carbon-removal.

6   Masson-Delmotte, Valérie. "Global Warming of 1.5°C." Intergovern- mental Panel on Climate Change, 2018, www.ipcc.ch/site/assets/ uploads/sites/2/2019/06/SR15_Full_Report_Low_Res.pdf.

7   Wilcox, J., et al. "CDR Primer." CDR, 2021, cdrprimer.org/read/glossary.

8   Badgley, Grayson, et al. "Systematic Over-Crediting in California's Forest Carbon Offsets Program." BioRxiv, doi.org/10.1101/2021.04.28.441870.

9   Gates, Bill. *How to Avoid a Climate Disaster: The Solutions We Have and the Breakthroughs We Need*. New York: Knopf, 2021.

10 Welz, Adam. "Are Huge Tree Planting Projects More Hype than Solution?" Yale E360, 8 April 2021, e360.yale.edu/features/are-huge-tree-planting- projects-more-hype-than-solution. https://e360.yale.edu/features/ are-huge-tree-planting-projects-more-hype-than-solution.

11 Gertner, Jon. "The Tiny Swiss Company That Thinks It Can Help Stop Climate Change." *New York Times*, 14 February 2019, www.nytimes.com/2019/02/12/magazine/climeworks-business-climate-change.html.

12 Doyle, Alister. "Scared by Global Warming? In Iceland, One Solution Is Petrifying." Reuters, 4 February 2021, https://www.reuters.com/article/us-climate-change-technology- emissions-f/scared-by-global-warming-in-iceland-one-solution-is-petrifying-idUSKBN2A415R.

13 Carbon Engineering Ltd. "Carbon Engineering Breaks Ground at Direct Air Capture Innovation Centre." Oceanfront Squamish, 11 June 2021, oceanfrontsquamish.com/stories/carbon-engineering-breaking- ground-on-their-innovation-centre.

14 Gertner, Jon. "The Tiny Swiss Company That Thinks It Can Help Stop Climate Change." *New York Times*, 14 February 2019, www.nytimes.com/2019/02/12/ magazine/climeworks-business-climate-change.html.

15 "Stripe Commits $8M to Six New Carbon Removal Companies." Stripe, 26 May 2021, stripe.com/newsroom/news/spring-21-carbon-removal- purchases.

16 Smith, Brad. "Microsoft Will Be Carbon Negative by 2030." *Official Microsoft Blog*, 16 January 2020, blogs.microsoft.com/blog/2020/01/16/microsoft-will-be-carbon- negative-by-2030.

17 "Microsoft Carbon Removal: Lessons from an Early Corporate Purchase." Microsoft, 2021, query.prod.cms.rt.microsoft.com/cms/api/am/binary/RE4MDlc.

第七章

1   "Investing in Green Technolo- gy as a Strategy for Economic Recovery." U.S. Senate Committee on Environment and Public Works, 2009, www.epw.senate.gov/public/index.cfm/2009/1/full-committee-briefing-entitled-investing-in-green- technology-as-a-strategy-for-economic-recovery.

2   Editors of Encyclopaedia Britannica, "United Nations Conference on Environment and Development | History & Facts." Britannica.com, 27 May 2021, www.britannica.com/event/ United-Nations-Conference-on-Environment-and-Development.
3   Palmer, Geoffrey. "The Earth Summit: What Went Wrong at Rio?" *Washington University Law Review* 70, no. 4, 1992, openscholarship.wustl.edu/cgi/viewcon- tent.cgi?article=1867&context=law_lawreview; UNCED Secretary General Maurice Strong, https://openscholarship.wustl.edu/cgi/ viewcontent.cgi?article=1867&context=law_lawreview.
4   Palmer, Geoffrey. "The Earth Summit: What Went Wrong at Rio?"
5   Plumer, Brad. "The 1992 Earth Summit Failed. Will This Year's Edition Be Different?" *Washington Post*, 7 June 2012, www.washingtonpost.com/blogs/ezra-klein/post/the-1992-earth-summit-failed-will-this-years-edition-be- different/2012/06/07/gJQAARikLV_blog.html.
6   Dewar, Helen, and Kevin Sullivan. "Senate Republicans Call Kyoto Pact Dead." *Washington Post*, 1997, www.washingtonpost.com/wp-srv/inatl/longterm/climate/ stories/clim121197b.htm.
7   "Paris Agreement." United Nations Framework Convention on Climate Change (UNFCCC), December 2015, cop23.unfccc.int/sites/default/files/english_paris_agreement.pdf.
8   Lustgarten, Abraham. "John Kerry, Biden's Climate Czar, Talks About Saving the Planet." *ProPublica*, 18 December 2020, www.propublica.org/article/john-kerry-biden-climate-czar.
9   "Achieving Energy Efficiency," California Energy Commission, https://www.energy.ca.gov/about/core-responsibility-fact-sheets/achieving-energy-efficiency. Accessed 22 June 2021.
10 "California's Energy Efficiency Success Story: Saving Billions of Dollars and Curbing Tons of Pollution." Natural Resources Defense Council, July 2013, www. nrdc.org/sites/default/files/ca-success-story-FS.pdf.
11 "Methane Emissions from Oil and Gas—Analysis." International Energy Agency. www.iea. org/reports/methane-emissions-from-oil-and-gas. Accessed 21 June 2021.
12 Coady, David, et al. "Global Fossil Fuel Subsidies Remain Large: An Update Based on Country- Level Estimates." International Monetary Fund, 2 May 2019, www.imf. org/en/Publications/WP/Issues/2019/05/02/Global-Fossil-Fuel- Subsidies-Remain-Large-An-Update-Based-on-Country-Level- Estimates-4650.
13 Coady, David, et al. "Global Fossil Fuel Subsidies Remain Large: An Update Based on Country- Level Estimates." International Monetary Fund, 2 May 2019, www.imf. org/en/Publications/WP/Issues/2019/05/02/Global-Fossil-Fuel- Subsidies-Remain-Large-An-Update-Based-on-Country-Level- Estimates-4650.
14 DiChristopher, Tom. "US Spends $81 Billion a Year to Protect Global Oil Supplies, Report Estimates." CNBC, 21 September 2018, www.cnbc.com/2018/09/21/us-spends-81-billion-a-year-to-protect-oil-supplies-report-estimates. html.
15 UNEP and UNEP DTU Partnership. "UNEP Report—The Emissions Gap Report 2020." *Management of Environmental Quality: An International Journal*, 2020, https://www.

unep.org/emissions-gap-report-2020.

16 "Summary of GHG Emissions for Russian Federation." United Nations Framework Convention on Climate Change, 2018, di.unfccc.int/ghg_profiles/annexOne/RUS/RUS_ghg_ profile.pdf.

17 "Average Car Emissions Kept Increasing in 2019, Final Data Show." European Environment Agency, 1 June 2021, www.eea. europa.eu/highlights/average-car-emissions-kept-increasing.

18 Frangoul, Anmar. "President Xi Tells UN That China Will Be 'Carbon Neutral' within Four Decades." CNBC, 23 September 2020, www.cnbc.com/2020/09/23/china-claims-it-will-be-carbon-neutral-by- the-year-2060.html; "FACT SHEET: President Biden Sets 2030 Green- house Gas Pollution Reduction Target Aimed at Creating Good-Paying Union Jobs and Securing U.S. Leadership on Clean Energy Technolo- gies." White House, 22 April 2021, www.whitehouse.gov/briefing- room/statements-releases/2021/04/22/fact-sheet-president-biden-sets-2030-greenhouse-gas-pollution-reduction-target-aimed-at-creating- good-paying-union-jobs-and-securing-u-s-leadership-on-clean-energy- technologies; "2050 Long-Term Strategy." European Commission, 23 November 2016, ec.europa.eu/clima/policies/strategies/2050_en.

19 "China's Xi Targets Steeper Cut in Carbon Intensity by 2030." Reuters, 12 December 2020, www.reuters.com/world/china/chi- nas-xi-targets-steeper-cut-carbon-intensity-by-2030-2020-12-12; Shields, Laura. "State Renewable Portfolio Standards and Goals."National Conference of State Legislatures, 7 April 2021, www.ncsl.org/ research/energy/renewable-portfolio-standards.aspx; "2030 Climate & Energy Framework." European Commission, 16 February 2017, ec. europa.eu/clima/policies/strategies/2030_en; "India Targeting 40% of Power Generation from Non-Fossil Fuel by 2030: PM Modi." Economic Times, 2 October 2018, economictimes.indiatimes.com/industry/energy/power/india-targeting-40-of-power-generation-from-non-fossil- fuel-by-2030-pm-modi/articleshow/66043374.cms?from=mdr.

20 "Electric Vehicles." Guide to Chinese Climate Policy, 2021, chineseclimatepolicy. energypolicy.columbia.edu/en/electric-vehicles; Tabeta, Shunsuke. "China Plans to Phase Out Conventional Gas-Burning Cars by 2035." Nikkei Asia, 27 October 2020, asia. nikkei. com/Business/Automobiles/China-plans-to-phase-out-conventional- gas-burning-cars-by-2035; "Overview—Electric Vehicles: Tax Benefits & Purchase Incentives in the European Union." ACEA—European Automobile Manufacturers' Association, 9 July 2020, www.acea.auto/ fact/overview-electric-vehicles-tax-benefits-purchase-incentives-in-the-european-union; "Faster Adoption and Manufacturing of Hybrid and EV (FAME) II." International Energy Agency, 30 June 2020, www.iea.org/policies/7450-faster-adoption-and-manufacturing- of-hybrid-and-ev-fame-ii; Kireeva, Anna. "Russia Cancels Import Tax for Electric Cars in Hopes of Enticing Drivers." Bellona.org, 16 April 2020, bellona.org/news/transport/2020-04-russia-cancels-import-tax- for-electric-cars-in-hopes-of-enticing-drivers.

21 "A New Industrial Strategy for Europe." European Commission, 10 March 2020, ec.europa.eu/info/sites/default/files/communication- eu-industrial-strategy-march-2020_en.pdf.

22 "Zero Net Energy." California State Portal, 2021, www.cpuc.ca. gov/zne; Energy Efficiency Division. "High Performance Buildings." Mass.gov, 2021, www.mass. gov/high-performance-buildings; "Nzeb." European Commission, 17 October 2016, ec.europa.eu/energy/content/ nzeb-24_en.

23 University of Copenhagen Faculty of Science. "Carbon Labeling Reduces Our CO_2 Footprint—Even for Those Who Try to Remain Uninformed." ScienceDaily, 29 March 2021, www.sciencedaily.com/ releases/2021/03/210329122841.htm.

24 Adler, Kevin. "US Considers Stepping up Methane Emissions Reductions." IHS Markit, 7 April 2021, ihsmarkit.com/research- analysis/us-considers-stepping-up-methane-emissions-reductions. html; "Press Corner." European Commission, 14 October 2020, ec.europa.eu/commission/presscorner/detail/en/QANDA_20_1834.

25 Coady, David, et al. "Global Fossil Fuel Subsidies Remain Large: An Update Based on Country-Level Estimates." IMF Working Papers 19, no. 89, 2019, 1, doi:10.5089/9781484393178.001.

26 Buckley, Chris. "China's New Carbon Market, the World's Largest: What to Know." *New York Times*, 26 July 2021, www.nytimes.com/ 2021/07/16/business/energy-environment/ china-carbon-market.html.

27 "EU Legislation to Control F-Gases." Climate Action—European Commission, 16 February 2017, ec.europa.eu/clima/policies/f-gas/ legislation_en.

28 "R&D and Technology Innovation—World Energy Investment 2020." World Energy Investment, 2020, www.iea.org/reports/world-energy-investment-2020/ rd-and-technology-innovation; "India 2020: Energy Policy Review." International Energy Agency, 2020, iea. blob.core.windows.net/assets/2571ae38-c895-430e-8b62-bc19019c6807/India_2020_Energy_Policy_Review.pdf.

29 "The Secret Origins of China's 40-Year Plan to End Carbon Emissions." *Bloomberg Green*, 22 November 2020, www.bloomberg.com/news/features/2020- 11-2/china-s-2060-climate-pledge-inside-xi-jinping-s-secret-plan-to- end-emissions.

30 Feng, Hao. "2.3 Million Chinese Coal Miners Will Need New Jobs by 2020." China Dialogue, 7 August 2017, chinadialogue.net/en/energy/9967-2-3- million-chinese-coal-miners-will-need-new-jobs-by-2-2.

31 "International—U.S. Energy Information Administration (EIA)." China, www.eia.gov/ international/analysis/country/CHN. Accessed 18 June 2021.

32 "The Secret Origins of China's 40-Year Plan to End Carbon Emissions."

33 Statista. "Global Cumulative CO_2 Emissions by Country 1750–2019." Statista, 29 March 2021, www. statista.com/statistics/1007454/cumulative-co2-emissions-worldwide- by-country.

34 Goldenberg, Suzanne. "The Worst of Times: Bush's Environmental Legacy Examined." *Guardian*, 16 January 2009, www.theguardian.com/politics/2009/jan/16/ greenpolitics-georgebush.

35 Clark, Corrie E. "Renewable Energy R&D Funding History: A Comparison with Funding for Nuclear Energy, Fossil Energy, Energy Efficiency, and Electric Systems R&D." Congressional Research Service Report, 2018, fas.org/sgp/crs/misc/RS22858.pdf.

36 "Use of Gasoline—U.S. Energy Information Administration (EIA)." U.S. Energy

Information Association, 26 May 2021, www.eia.gov/energyexplained/gasoline/ use-of-gasoline.php.

37 "Salty Snacks: U.S. Market Trends and Opportunities: Market Research Report." Packaged Facts, 21 June 2018, www.packagedfacts.com/Salty-Snacks- Trends-Opportunities-11724010.

38 "National Institutes of Health (NIH) Funding: FY1995- FY2021." Congressional Research Service, 2021, fas.org/sgp/crs/misc/ R43341.pdf.

39 Frangoul, Anmar. "EU Leaders Agree on 55% Emissions Reduction Target, but Activist Groups Warn It Is Not Enough." CNBC, 11 December 2020, www.cnbc.com/2020/12/11/eu-leaders-agree-on-55percent-greenhouse-gas- emissions-reduction-target.html.

40 "EU." Climate Action Tracker, 2020, climateactiontracker.org/countries/eu.

41 Jordans, Frank. "Germany Maps Path to Reaching 'Net Zero' Emissions by 2045." AP News, 12 May 2021, apnews.com/article/europe-germany- climate-business-environment-and-nature-6437e64891d8117a9c0 bff7cabb200eb.

42 Amelang, Sören. "Europe's 55% Emissions Cut by 2030: Proposed Target Means Even Faster Coal Exit." Energy Post, 5 October 2020, energypost.eu/europes- 55-emissions-cut-by-2030-proposed-target-means-even-faster-coal-exit.

43 Manish, Sai. "Coronavirus Impact: Over 100 Million Indians Could Fall Below Poverty Line." *Business Standard*, 2020, www.business-standard.com/article/economy-policy/coronavirus-impact-over-100-million-indians-could-fall-below- poverty-line-120041700906_1.html.

44 "India Exceeding Paris Targets; to Achieve 450 GW Renewable Energy by 2030: PM Modi at G20 Summit." *Business Today*, 22 November 2020, www.businesstoday. in/current/economy-politics/india-exceeding-paris-targets-to-achieve- 450-gw-renewable-energy-by-2030-pm-modi-at-g20-summit/story/422691.html.

45 Ritchie, Hannah. "Who Has Contributed Most to Global CO_2 Emissions?" Our World in Data, 1 October 2019, ourworldindata.org/contributed-most- global-co2.

46 Jaiswal, Anjali. "Climate Action: All Eyes on India." Natural Resources Defense Council, 12 December 2020, www.nrdc.org/experts/anjali-jaiswal/climate-action-all-eyes-india.

47 "Russia's Putin Says Climate Change in Arctic Good for Economy." CBC, 30 March 2017, www.cbc.ca/news/science/russia-putin-climate-change-beneficial-economy-1.4048430.

48 Agence France-Presse. "Russia Is 'Warming 2.5 Times Quicker' Than the Rest of the World." The World, 25 December 2015, www.pri.org/stories/2015-12-25/russia-warming- 25-times-quicker-rest-world.

49 Struzik, Ed. "How Thawing Permafrost Is Beginning to Transform the Arctic." Yale Environment 360, 21 January 2020, e360.yale.edu/features/how- melting-permafrost-is-beginning-to-transform-the-arctic.

50 Alekseev, Alexander N., et al. "A Critical Review of Russia's Energy Strategy in the Period Until 2035." *International Journal of Energy Economics and Policy* 9, no. 6, 2019, 95–102, doi:10.32479/ijeep.8263.

51 Ross, Katie. "Russia's Proposed Climate Plan Means Higher Emissions Through 2050."

World Resources Institute, 13 April 2020, www.wri.org/insights/russias- proposed-climate-plan-means-higher-emissions-through-2050.
52. "California Leads Fight to Curb Climate Change." Environmental Defense Fund, 2021, www.edf.org/climate/california-leads-fight-curb-climate-change.
53. Weiss, Daniel. "Anatomy of a Senate Climate Bill Death." Center for American Progress, 12 October 2010, www.americanprogress.org/issues/green/news/2010/10/12/ 8569/anatomy-of-a-senate-climate-bill-death.
54. Song, Lisa. "Cap and Trade Is Supposed to Solve Climate Change, but Oil and Gas Company Emissions Are Up." *ProPublica*, 15 November 2019, www. propublica.org/article/cap-and-trade-is-supposed-to-solve-climate- change-but-oil-and-gas-company-emissions-are-up.
55. Descant, Skip. "In a Maryland County, the Yellow School Bus Is Going Green." GovTech, 17 June 2021, www.govtech.com/fs/in-a-maryland-county-the-yellow-school-bus-is- going-green.
56. Beyer, Scott. "How the U.S. Government Destroyed Black Neighborhoods." Catalyst, 2 April 2020, catalyst.independent.org/2020/04/02/how-the-u-s-government- destroyed-black-neighborhoods.
57. "Exxon's Climate Denial History: A Timeline." Green- peace USA, 16 April 2020, www.greenpeace.org/usa/ending-the- climate-crisis/exxon-and-the-oil-industry-knew-about-climate-change/ exxons-climate-denial-history-a-timeline; Mayer, Jane. " 'Kochland' Examines the Koch Brothers' Early, Crucial Role in Climate-Change Denial." *New Yorker*, 13 August 2019, www.newyorker.com/news/daily-comment/kochland-examines-how-the-koch-brothers-made- their-fortune-and-the-influence-it-bought.
58. Westervelt, Amy. "How the Fossil Fuel Industry Got the Media to Think Climate Change Was Debatable." *Washington Post*, 10 January 2019, www.washingtonpost.com/outlook/2019/01/10/how-fossil-fuel-industry-got-media-think-climate- change-was-debatable.
59. Newport, Frank. "Americans' Global Warming Concerns Continue to Drop." Gallup, 11 March 2010, news.gallup.com/poll/126560/americans-global-warming-concerns-continue-drop.aspx.
60. Funk, Cary, and Meg Hefferon. "U.S. Public Views on Climate and Energy." Pew Research Center Science & Society, 25 November 2019, www.pewresearch.org/science/2019/11/25/u-s-public-views-on-climate-and-energy.
61. "Net Zero by 2050—Analysis." International Energy Agency, May 2021, www.iea. org/reports/net-zero-by-2050.

第八章

1. Workman, James. " 'Our House Is on Fire.' 16-Year-Old Greta Thunberg Wants Action." World Economic Forum, 25 January 2019, www.weforum.org/agenda/2019/01/our-house-is-on-fire-16-year-old-greta-thunberg-speaks-truth-to-power.
2. Sengupta, Somini. "Protesting Climate Change, Young People Take to Streets in a Global Strike." *New York Times*, 20 September 2019, www.nytimes.com/2019/09/20/ climate/global-climate-strike.html.

3   "Transcript: Greta Thunberg's Speech at the U.N. Climate Action Summit." NPR, 23 September 2019, https://www.npr.org/2019/09/23/763452863/transcript-greta- thunbergs-speech-at-the-u-n-climate-action-summit.

4   Department for Business, Energy & Industrial Strategy, and Chris Skidmore. "UK Becomes First Major Economy to Pass Net Zero Emissions Law." GOV.UK, 27 June 2019, www.gov.uk/ government/news/uk-becomes-first-major-economy-to-pass-net- zero- emissions-law.

5   Alter, Charlotte, et al. "Greta Thun- berg: TIME's Person of the Year 2019." *Time*, 11 December 2019, time. com/person-of-the-year-2019-greta-thunberg.

6   Prakash, Varshini, and Guido Girgenti, eds. *Winning the Green New Deal: Why We Must, How We Can*. New York: Simon & Schuster, 2020.

7   Glass, Andrew. "FDR Signs National Labor Relations Act, July 5, 1935." *Politico*, 5 July 2018, www. politico.com/story/2018/07/05/fdr-signs-national-labor-relations-act- july-5-1935-693625.

8   Nicholasen, Michelle. "Why Nonviolent Resistance Beats Violent Force in Effecting Social, Political Change." *Harvard Gazette*, 4 February 2019, news.harvard. edu/gazette/story/2019/02/why-nonviolent-resistance-beats-violent- force-in-effecting-social-political-change.

9   Saad, Lydia. "Gallup Election 2020 Coverage." Gallup, 29 October 2020, news.gallup.com/opinion/ gallup/321650/gallup-election-2020-coverage.aspx.

10   "Europeans and the EU Budget." Standard Eurobarometer 89, 2018, publications.europa.eu/resource/cellar/9cacfd6b-9b7d-11e8-a408- 01aa75ed71a1.0002.01/DOC_1.

11   "Autumn 2019 Standard Euroba- rometer: Immigration and Climate Change Remain Main Concerns at EU Level." European Commission, 20 December 2019, https://ec.europa.eu/commission/presscorner/detail/en/IP_19_6839.

12   Rooij, Benjamin van. "The People vs. Pollution: Understanding Citizen Action against Pollution in China." Taylor & Francis, 27 January 2010, www.tandfonline.com/doi/full/10.1080/10670560903335777.

13   "China: National Air Quality Action Plan (2013)." Air Quality Life Index, 10 July 2020, aqli. epic.uchicago.edu/policy-impacts/china-national-air-quality-action- plan-2014.

14   Greenstone, Michael. "Four Years After Declaring War on Pollution, China Is Winning." *New York Times*, 12 March 2018, www.nytimes.com/2018/03/12/upshot/china- pollution-environment-longer-lives.html.

15   Climate Change in the Chinese Mind Survey Report 2017." Energy Foundation China, 2017, www.efchina.org/Attachments/Report/report-comms-20171108/ Climate_Change_in_the_Chinese_Mind_2017.pdf.

16   Crawford, Alan. "Here's How Climate Change Is Viewed Around the World." *Bloomberg*, 25 June 2019, www. bloomberg.com/news/features/2019-06-26/here-s-how-climate- change-is-viewed-around-the-world.

17   First-Arai, Leanna. "Varshini Prakash Has a Blueprint for Change." *Sierra*, 4 November 2019, www.sierraclub.org/sierra/2019-4-july-august/act/varshini- prakash-has-blueprint-for-change.

18   Prakash, Varshini. "Varshini Prakash on Redefining What's Possible." *Sierra*, 22

December 2020, www.sierraclub.org/sierra/2021-1-january-february/feature/varshini-prakash-redefining-whats-possible.
19. Friedman, Lisa. "What Is the Green New Deal? A Climate Proposal, Explained." *New York Times*, 21 February 2021, www.nytimes.com/2019/02/21/climate/green-new-deal-questions-answers.html.
20. Krieg, Gregory. "The Sunrise Movement Is an Early Winner in the Biden Transition. Now Comes the Hard Part." CNN, 2 January 2021, edition.cnn.com/2021/ 01/02/politics/biden-administration-sunrise-movement-climate/ index.html.
21. "2020 Presidential Candidates on Energy and Environmental Issues." Ballotpedia, 2021, ballotpedia. org/2020_presidential_candidates_on_energy_and_environmental_ issues.
22. Krieg, Gregory. "The Sunrise Movement Is an Early Winner in the Biden Transition. Now Comes the Hard Part."
23. Hattam, Jennifer. "The Club Comes Together." *Sierra*, 2005, vault.sierraclub.org/sierra/200507/ bulletin.asp.
24. Bloomberg, Michael, and Carl Pope. *Climate of Hope*. New York: St. Martin's Press, 2017.
25. "Bruce Nilles." Energy Innovation: Policy and Technology, 7 January 2021, energyinnovation. org/team-member/bruce-nilles.
26. Riley, Tess. "Just 100 Companies Responsible for 71% of Global Emissions, Study Says." *Guardian*, 10 July 2017, www.theguardian.com/sustainable-business/2017/jul/10/100- fossil-fuel-companies-investors-responsible-71-global-emissions-cdp- study-climate-change.
27. "American Business Act on Climate Pledge." White House, 2016, obamawhitehouse.archives.gov/ climate-change/pledge.
28. Hölzle, Urs. "Google Achieves Four Consecutive Years of 100% Renewable Energy." Google Cloud Blog, cloud.google.com/blog/topics/sustainability/google-achieves-four-consecutive-years-of-100-percent-renewable-energy. Accessed 21 June 2021.
29. Jackson, Lisa. "Environmental Progress Report." Apple, 2020, www.apple.com/environment/pdf/ Apple_Environmental_Progress_Report_2021.pdf.
30. "Net zero emissions." Glossary, Intergovernmental Panel on Climate Change, 2021, www.ipcc.ch/sr15/ chapter/glossary.
31. "Foundations for Science Based Net-Zero Target Setting in the Corporate Sector." Science Based Targets, September 2020, sciencebasedtargets.org/resources/legacy/2020/09/foundations-for-net-zero-full-paper.pdf.
32. Day, Matt. "Amazon Tries to Make the Climate Its Prime Directive." *Bloomberg Green*, 21 September 2020, www.bloomberg.com/news/features/2020- 09-21/amazon-made-a-climate-promise-without-a-plan-to-cut- emissions.
33. Palmer, Annie. "Jeff Bezos Unveils Sweeping Plan to Tackle Climate Change." CNBC, 19 September 2019, www.cnbc.com/2019/09/19/jeff-bezos-speaks- about-amazon-sustainability-in-washington-dc.html.
34. "The Climate Pledge." Amazon Sustainability, 2021, sustainability.aboutamazon.com/about/ the-climate-pledge.
35. "Colgate-Palmolive." Climate Pledge, 2021, www.theclimatepledge.com/us/en/

Signatories/colgate- palmolive.
36. "PepsiCo Announces Bold New Climate Ambition." PepsiCo, 14 January 2021, www.pepsico.com/news/story/ pepsico-announces-bold-new-climate-ambition.
37. "Business Roundtable Redefines the Purpose of a Corporation to Promote 'An Economy That Serves All Americans.' " Business Roundtable, 19 August 2019, www.businessroundtable.org/business-roundtable- redefines-the-purpose-of-a-corporation-to-promote-an-economy-that- serves-all-americans.
38. Walton, Sam, and John Huey. *Sam Walton: Made in America*. New York: Bantam Books, 1993.
39. "About Us." BlackRock, 2021, www.blackrock.com/sg/en/about-us.
40. Fink, Larry. "Larry Fink's 2021 Letter to CEOs." BlackRock, 2021, www.blackrock.com/corporate/ investor-relations/larry-fink-ceo-letter.
41. Engine No. 1, LLC. "Let- ter to the ExxonMobil Board of Directors." Reenergize Exxon, 7 December 2020, reenergizexom.com/materials/letter-to-the-board-of- directors.
42. Engine No. 1, LLC. "Letter to the ExxonMobil Board of Directors."
43. Merced, Michael. "How Exxon Lost a Board Battle with a Small Hedge Fund." *New York Times*, 28 May 2021, www.nytimes.com/2021/05/28/business/energy- environment/exxon-engine-board.html.
44. Krauss, Clifford, and Peter Eavis. "Climate Change Activists Notch Victory in ExxonMobil Board Elections." *New York Times*, 26 May 2021, www.nytimes.com/2021/05/26/business/exxon-mobil-climate-change.html.
45. Sengupta, Somini. "Big Setbacks Propel Oil Giants Toward a 'Tipping Point.' " *New York Times*, 29 May 2021, www.nytimes.com/2021/05/29/climate/fossil-fuel-courts-exxon-shell- chevron.html.
46. Herz, Barbara, and Gene Sperling. "What Works in Girls' Education: Evidence and Policies from the Developing World by Barbara Herz." 30 June 2004. Paper- back. Council on Foreign Relations, 2004.
47. Sperling, Gene, et al. "What Works in Girls' Education: Evidence for the World's Best Investment." Brookings Institution Press, 2015.
48. "Malala Fund Publishes Report on Climate Change and Girls' Education." Malala Fund, 2021, malala.org/newsroom/archive/malala-fund-publishes- report-on-climate-change-and-girls-education.
49. Evans, David K., and Fei Yuan. "What We Learn about Girls' Education from Interventions That Do Not Focus on Girls." Policy Research Working Papers, 2019, doi:10.1596/1813-9450-8944.
50. Cohen, Joel E. "Universal Basic and Secondary Education." American Academy of Arts and Sciences, 2006, www.amacad.org/sites/default/files/publication/downloads/ ubase_universal.pdf.
51. Sperling, Gene, et al. "What Works in Girls' Education: Evidence for the World's Best Investment." Brookings Institution Press, 2015.
52. "Health and Education." Project Drawdown, 12 February 2020, drawdown.org/ solutions/health-and-education/technical-summary.
53. Chaisson, Clara. "Fossil Fuel Air Pollution Kills One in Five People." NRDC, www.

nrdc. org/stories/fossil-fuel-air-pollution-kills-one-five-people. Accessed 20 June 2021.
54 Pandey, Anamika, et al. "Health and Economic Impact of Air Pollution in the States of India: The Global Burden of Disease Study 2019." *Lancet Planetary Health* 5, no. 1, 2021, e25–38, doi:10.1016/s2542-5196(20)30298-9.
55 Mikati et al. "Disparities in Distribution of Particulate Matter Emission Sources by Race and Poverty Status." *American Journal of Public Health* 108, 2018, 480–85, http://ajph.aphapublications.org/doi/pdf/10.2105/AJPH.2017.304297.
56 "Unlocking the Inclusive Growth Story of the 21st Century." New Climate Economy, 2018, newclimateeconomy.report/2018/key-findings.
57 "Unlocking the Inclusive Growth Story of the 21st Century." New Climate Economy, 2018, newclimateeconomy. report/2018/key-findings.
58 "Countdown." TED, 2021, www.ted. com/series/countdown.
59 Krznaric, Roman. "How to Be a Good Ancestor." TED Countdown, 10 October 2020, www.ted.com/ talks/roman_krznaric_how_to_be_a_good_ancestor.
60 Supreme Court of Pakistan. *D. G. Khan Cement Company Ltd. Versus Government of Punjab through its Chief Secretary, Lahore, etc.* 2021. Climate Change Litigation Databases, http://climatecasechart.com/climate- change-litigation/non-us-case/d-g-khan-cement-company-v-government-of-punjab/.
61 "24 Hours of Reality: 'Earthrise' by Amanda Gorman." YouTube, 4 December 2018, www.youtube.com/watch?v=xwOvBv8RLmo.

第九章

1 Lyon, Matthew, and Katie Hafner. *Where Wizards Stay Up Late: The Origins of the Internet*. New York: Simon & Schuster, 1999, 20.
2 "Paving the Way to the Modern Internet." Defense Advanced Research Projects Agency, 2021, www.darpa.mil/about-us/timeline/modern-internet.
3 "Where the Future Becomes Now." Defense Advanced Research Projects Agency, 2021, www.darpa.mil/about-us/darpa-history-and-timeline.
4 Henry-Nickie, Makada, et al. "Trends in the Information Technology Sector." Brookings Institution, 29 March 2019, www.brookings.edu/research/trends-in-the- information-technology-sector.
5 "ARPA-E History." ARPA-E, 2021, arpa-e.energy. gov/about/arpa-e-history.
6 Clark, Corrie E. "Renewable Energy R&D Funding History: A Comparison with Funding for Nuclear Energy, Fossil Energy, Energy Efficiency, and Electric Systems R&D." Congressional Research Service Report, 2018, fas.org/sgp/crs/misc/RS22858.pdf.
7 "ARPA-E: Accelerating U.S. Energy Innovation." ARPA-E, 2021, arpa-e.energy. gov/technologies/publications/arpa-e-accelerating-us-energy- innovation.
8 Gates, Bill. "Innovating to Zero!" TED, 18 February 2010, www.ted.com/talks/bill_gates_innovat- ing_to_zero.
9 Wattles, Jackie. "Bill Gates Launches Multi-Billion Dollar Clean Energy Fund." CNN Money, 30 November 2015, money.cnn.com/2015/11/29/news/economy/bill-gates-breakthrough-energy-coalition.
10 "2020 Battery Day Presentation Deck." Tesla, 22 September 2019, tesla-share.thron.com/

content/?id=96ea71cf-8fda-4648-a62c-753af436c3b6&pkey=S1dbei4.

11 "BU-101: When Was the Battery Invented?" Battery University, 14 June 2019, batteryuniversity.com/learn/article/ when_was_the_battery_invented.

12 Field, Kyle. "BloombergNEF: Lithium-Ion Battery Cell Densities Have Almost Tripled Since 2010." CleanTechnica, 19 February 2020, cleantechnica. com/2020/02/19/bloombergnef-lithium-ion-battery-cell-densities- have-almost-tripled-since-2010.

13 Heidel, Timothy, and Kate Chesley. "The All-Electron Battery." ARPA-E, 29 April 2010, arpa-e. energy.gov/technologies/projects/all-electron-battery.

14 "Volkswagen Partners with QuantumScape to Secure Access to Solid-State Battery Technology." Volkswagen Aktiengesellschaft, 21 June 2018, www. volkswagenag.com/en/news/2018/06/volkswagen-partners-with- quantumscape-.html.

15 Korosec, Kirsten. "Volkswagen-Backed QuantumScape to Go Public via SPAC to Bring Solid-State Batteries to EVs." *TechCrunch*, 3 September 2020, tech- crunch.com/2020/09/03/vw-backed-quantumscape.

16 Xu, Chengjian, et al. "Future Materi- al Demand for Automotive Lithium-Based Batteries." *Communications Materials* 1, no. 1, 2020, doi:10.1038/s43246-020-00095-x, https:// www.nature.com/articles/s43246-020-00095-x.

17 "Tesla Gigafactory." Tesla, 14 November 2014, www.tesla.com/gigafactory.

18 Lambert, Fred. "Tesla Increases Hiring Effort at Gigafactory 1 to Reach Goal of 35 GWh of Battery Production." Electrek, 3 January 2018, electrek.co/2018/01/ 03/tesla-gigafactory-hiring-effort-battery-production.

19 Mack, Eric. "How Tesla and Elon Musk's 'Gigafactories' Could Save the World." *Forbes*, 30 October 2016, www.forbes.com/sites/ericmack/2016/10/30/how-tesla-and-elon- musk-could-save-the-world-with-gigafactories/?sh=67e44ead2de8.

20 "Welcome to the Gigafactory:| Before the Flood." YouTube, 27 October 2016, www.youtube.com/watch?v=iZm_NohNm6I&ab_channel=NationalGeographic.

21 Frankel, Todd C., et al. "The Cobalt Pipeline." *Washington Post*, 30 September 2016, www. washingtonpost.com/graphics/business/batteries/congo-cobalt- mining-for-lithium-ion-battey.

22 Harvard John A. Paulson School of Engineering and Applied Sciences. "A Long-Lasting, Stable Solid-State Lithium Battery: Researchers Demonstrate a Solution to a 40-Year Problem." ScienceDaily, 12 May 2021, www.sciencedaily.com/releases/2021/05/210512115651.htm.

23 Webber, Michael E. "Opinion: What's Behind the Texas Power Outages?" MarketWatch, 16 February 2021, www.marketwatch.com/story/whats-behind-the-texas-power-outages-11613508031#.

24 "Texas: Building Energy Codes Pro- gram." U.S. Department of Energy, 2 August 2018, www.energycodes. gov/adoption/states/texas.

25 Steele, Tom. "Number of Texas Deaths Linked to Winter Storm Grows to 151, Including 23 in Dallas-Fort Worth Area." *Dallas News*, 30 April 2021, www.dallasnews.com/news/weather/2021/04/30/number-of-texas-deaths-linked-to-winter-storm- grows-to-151-including-23-in-dallas-fort-worth-area.

26 "Energy Storage Projects." BloombergNEF, www.bnef.com/interactive- datasets/

2d5d59acd900000c?data-hub=17. Accessed 14 June 2021.

27 "Bath County Pumped Storage Station." Dominion Energy, 2020, www.dominionenergy. com/projects- and-facilities/hydroelectric-power-facilities-and-projects/bath-county- pumped-storage-station.

28 Energy Vault. energyvault.com.

29 Baker, David R. "Bloom Energy Surges After Expanding into Hydrogen Production." *Bloomberg Green*, 15 July 2020, www.bloomberg.com/news/articles/2020-07-15/fuel- cell- maker-bloom-energy-now-wants-to-make-hydrogen-too.

30 "Safety of Nuclear Reactors." World Nuclear Association, March 2021, www.world- nuclear. org/information-library/safety-and-security/safety-of-plants/safety-of- nuclear- power-reactors.aspx.

31 "Fukushima Daiichi Accident—World Nuclear Association." World Nuclear Associa- tion, www.world-nuclear.org/information-library/safety-and- security/safety-of-plants/ fukushima-daiichi-accident.aspx.Accessed 20 June 2021.

32 "The Reality of the Fukushima Radioactive Water Crisis." Greenpeace East Asia and Greenpeace Japan, October 2020, storage.googleapis.com/planet4-japan-stateless/2020/10/ 5768c541-the-reality-of-the-fukushima-radioactive-water-crisis_en_summary.pdf.

33 Garthwaite, Josie. "Would a New Nuclear Plant Fare Better than Fukushima?" *National Geographic*, 23 May 2011, www.nationalgeographic.com/science/article/110323- fukushima-japan-new-nuclear-plant-design.

34 Bulletin of the Atomic Scientists. "Can North America's Advanced Nuclear Reactor Companies Help Save the Planet?" Pulitzer Center, 7 February 2017, pulitzercenter.org/ stories/can-north-americas-advanced-nuclear- reactor-companies-help-save-planet.

35 "TerraPower, CNNC Team Up on Travelling Wave Reactor." World Nuclear News, 25 September 2015, www.world-nuclear-news.org/NN-TerraPower-CNNC-team-up-on- travelling-wave-reactor-250915 1.html.

36 "Bill Gates: How the World Can Avoid a Climate Disaster." 60 *Minutes*, CBS News, 15 February 2021, www. cbsnews.com/news/bill-gates-climate-change-disaster-60-minutes- 2021-02-14.

37 Gardner, Timothy, and Valerie Volcovici. "Bill Gates' Next Generation Nuclear Reactor to Be Built in Wyoming." Reuters, 2 June 2021, www.reuters.com/business/energy/ utility-small-nuclear-reactor-firm-select-wyoming-next-us-site-2021- 06-02.

38 Freudenrich, Patrick Kiger, and Craig Amp. "How Nuclear Fusion Reactors Work." HowStuffWorks, 26 January 2021, science.howstuffworks.com/ fusion-reactor2.htm.

39 Commonwealth Fusion Systems, 2021, cfs.energy.

40 "DOE Explains... Deuterium-Tritium Fusion Reactor Fuel." Office of Science, Depart- ment of Energy, 2021, www.energy.gov/science/doe- explainsdeuterium-tritium-fusion- reactor-fuel.

41 Gertner, Jon. *The Idea Factory: Bell Labs and the Great Age of American Innovation*. New York: Penguin Random House, 2020.

42 "LCFS Pathway Certified Carbon Intensities: California Air Resources Board." CA.Gov, ww2.arb.ca.gov/ resources/documents/lcfs-pathway-certified-carbon-intensities. Accessed 24 June 2021.

43 "Economics of Biofuels." U.S. Environmental Protection Agency, 4 March 2021, www.epa.gov/ environmental-economics/economics-biofuels.
44 "Estimated U.S. Consumption in 2020: 92.9 Quads." Lawrence Livermore National Laboratory, 2020, flowcharts.llnl.gov/content/assets/images/energy/ us/Energy_US_2020.png.
45 "I3 and I3s Electric Sedan Features and Pricing." BMW USA, 2021, www.bmwusa.com/vehicles/bmwi/i3/ sedan/pric ng-features.html.
46 Boudette, Neal. "Ford Bet on Aluminum Trucks, but Is Still Looking for Payoff." *New York Times*, 1 March 2018, www.nytimes.com/2018/03/01/business/ford-f150-aluminum-trucks.html.
47 "LED Adoption Report." Energy.Gov, www.energy.gov/eere/ssl/led-adoption-report. Accessed 24 June 2021.
48 "Environmental Progress Report." Apple, 2020, www.apple.com/environment/ pdf/Apple_Environmental_Progress_Report_2021.pdf.
49 Gannon, Megan. "Oldest Known Seawall Discovered Along Submerged Mediterranean Villages." *Smithsonian*, 18 December 2019, www.smithsonianmag.com/history/oldest-known- seawall-discovered-along-submerged-mediterranean-villages-180973819.
50 Oppenheimer, Clive. "Climatic, Environmental and Human Consequences of the Largest Known Historic Eruption: Tambora Volcano (Indonesia) 1815." *Progress in Physical Geography: Earth and Environment* 27, no. 2, 2003, 230–59, doi:10.1191/0309133303pp379ra.
51 Stothers, R. B. "The Great Tambora Eruption in 1815 and Its Aftermath." *Science* 224, no. 4654, 1984, 1191–98, doi:10.1126/ science.224.4654.1191.
52 Briffa, K. R., et al. "Influence of Volcanic Eruptions on Northern Hemisphere Summer Temperature over the Past 600 Years." *Nature* 393, no. 6684, 1998, 450–55, doi:10.1038/30943.
53 "Volcano Under the City: Deadly Volcanoes." *Nova*, 2021, www.pbs.org/wgbh/nova/volcanocity/ dead-nf.html.
54 "David Keith." Harvard's Solar Geoengineering Research Program, 2021, geoengineering.environment.harvard. edu/people/david-keith.
55 Kolbert, Elizabeth. *Under a White Sky*. New York: Crown Publishers 2021.
56 Kolbert, Elizabeth. *Under a White Sky*.
57 "The World's Cities in 2018." United Nations, 2018, www.un.org/en/events/citiesday/assets/pdf/ the_worlds_cities_in_2018_data_booklet.pdf.
58 Hawkins, Amy. "The Grey Wall of China: Inside the World's Concrete Superpower." *Guardian*, 28 February 2019, www.theguardian.com/cities/2019/feb/28/the-grey- wall-of-china-inside-the-worlds-concrete-superpower.
59 Campbell, Iain, et al. "Near-Zero Carbon Zones in China." Rocky Mountain Institute, 2019, rmi.org/insight/near-zero-carbon-zones-in-china.
60 Bagada, Kapil. "Palava: An Innovative Answer to India's Urbanisation Conundrum." Palava, 21 January 2019, www.palava.in/blogs/An-innovative-answer-to-Indias-Urbanisation-conundrum; Stone, Laurie. "Designing the City of the Future and the Pursuit of Happiness." RMI, 22 July 2020, rmi.org/ designing-the-city-of-the-future-and-

the-pursuit-of-happiness.
61. Coan, Seth. "Designing the City of the Future and the Pursuit of Happiness." Rocky Mountain Institute, 16 September 2019, rmi.org/designing-the- city-of-the-future-and-the-pursuit-of-happiness.
62. Sengupta, Somini, and Charlotte Fuente. "Copenhagen Wants to Show How Cities Can Fight Climate Change." *New York Times*, 25 March 2019, www.nytimes. com/2019/03/25/climate/copenhagen-climate-change.html.
63. Kirschbaum, Erik. "Copenhagen Has Taken Bicycle Commuting to a Whole New Level." *Los Angeles Times*, 8 August 2019, www.latimes.com/world-nation/story/2019-08-07/copenhagen-has-taken-bicycle-commuting- to-a-new-level.
64. Monsere, Christopher, et al. "Lessons from the Green Lanes: Evaluating Protected Bike Lanes in the U.S." PDXScholar, June 2014, pdxscholar.library.pdx.edu/cgi/ viewcontent.cgi?article=1143&context=cengin_fac.
65. O'Sullivan, Feargus. "Barcelona Will Supersize Its Car-Free 'Superblocks.'" *Bloomberg*, 11 November 2020, https://www.bloomberg.com/news/articles/2020-11-11/barcelona-s-new-car-free-superblock-will-be-big.
66. Burgen, Stephen. "Barcelona to Open Southern Europe's Biggest Low-Emissions Zone." *Guardian*, 31 December 2019, www.theguardian.com/world/2019/dec/31/barcelona- to-open-southern-europes-biggest-low-emissions-zone.
67. Ong, Boon Lay. "Green Plot Ratio: An Ecological Measure for Architecture and Urban Planning." *Landscape and Urban Planning* 63, no. 4, 2003, 197–211, doi:10.1016/s0169-2046(02)00191-3.
68. "Health and Medical Care." Urban Redevelopment Authority, 15 January 2020, www.ura.gov.sg/Corporate/Guidelines/ Development-Control/Non-Residential/HMC/Greenery.
69. Wong, Nyuk Hien, et al. "Greenery as a Mitigation and Adaptation Strategy to Urban Heat." *Nature Reviews Earth & Environment* 2, no. 3, 2021, 166–81, doi:10.1038/s43017-020-00129-5.
70. The High Line, 11 June 2021, www. thehighline.org.
71. Shankman, Samantha. "10 Ways Michael Bloomberg Fundamentally Changed How New Yorkers Get Around." *Business Insider*, 7 August 2013, www. businessinsider.com/how-bloomberg-changed-nyc-transportation- 2013-8?international=true&r=US&IR=T.
72. Hu, Winnie, and Andrea Salcedo. "Cars All but Banned on One of Manhattan's Busiest Streets." *New York Times*, 3 October 2019, www.nytimes. com/2019/10/03/nyregion/car-ban-14th-street-manhattan.html.
73. "Inventory of New York City Greenhouse Gas Emissions in 2016." City of New York, December 2017, www1.nyc.gov/assets/sustainability/downloads/pdf/publications/GHG%20Inventory%20Report%20Emission%20Year%202016.pdf.
74. "New York City's Roadmap to 80 x 50." New York City Mayor's Office of Sustainability, www1.nyc.gov/assets/ sustainability/downloads/pdf/publications/New%20York%20City's%20 Roadmap%20to%2080%20x%2050.pdf. Accessed 23 June 2021.
75. Sinatra, Frank. "(Theme from) New York New York." *Trilogy: Past Present Future*. Capitol, June 21, 1977.

第十章

1. Eilperin, Juliet. "Why the Clean Tech Boom Went Bust." *Wired*, 20 January 2012, www.wired.com/2012/01/ff_solyndra.
2. Marinova, Polina. "How the Kleiner Perkins Empire Fell." Fortune, 23 April 2019, fortune.com/longform/kleiner-perkins-vc-fall.
3. "The Iconic Think Different Apple Commercial Narrated by Steve Jobs." Farnam Street, 5 February 2021, fs.blog/2016/03/steve-jobs-crazy-ones.
4. Shanker, Deena, et al. "Beyond Meat's Value Soars to $3.8 Billion in Year's Top U.S. IPO." *Bloomberg*, 1 May 2019, https://www.bloomberg.com/news/ articles/2019-05-01/beyond-meat-ipo-raises-241-million-as-veggie- foods-grow-fast.
5. Taylor, Michael. "Evolution in the Global Energy Transformation to 2050." International Renewable Energy Agency, 2020, www.irena.org/-/ media/Files/IRENA/Agency/Publication/2020/Apr/IRENA_Energy_ subsidies_2020.pdf.
6. "National Institutes of Health (NIH) Funding: FY1995-FY2021." Congressional Research Service, updated 12 May 2020, fas.org/sgp/ crs/misc/R43341.pdf.
7. Johnson, Paula D. "Global Philanthropy Report: Global Foundation Sector." Harvard University's John F. Kennedy School of Government, April 2018, cpl.hks.harvard.edu/files/cpl/files/global_philanthropy_report_final_april_2018.pdf.
8. Taylor, Michael. "Evolution in the Global Energy Transformation to 2050." International Renewable Energy Agency, 2020, www.irena.org/-/media/Files/IRENA/Agency/Publication/2020/Apr/IRENA_Energy_subsidies_2020.pdf.
9. Smil, Vaclav. *Energy Myths and Realities*. Washington, D.C., AEI Press, 2010.
10. Taylor, Michael. "Energy Subsidies: Evolution in the Global Energy Transformation to 2050." Irena, 2020, www.irena.org/-/media/Files/IRENA/Agency/Publication/2020/Apr/IRENA_Energy_subsidies_2020.pdf.
11. "10th Annual National Solar Jobs Census 2019." Solar Foundation, February 2020, www.thesolarfoundation.org/wp-content/uploads/2020/03/SolarJobs Census2019.pdf.
12. "Financing Options for Energy Infrastructure." Loan Programs Office, Department of Energy, May 2020, www.energy.gov/sites/default/files/2020/05/f74/ DOE-LPO-Brochure-May2020.pdf.
13. "TESLA." 2021, Loan Programs Office, Department of Energy, www.energy.gov/lpo/tesla.
14. Koty, Alexander Chipman. "China's Carbon Neutrality Pledge: Opportunities for Foreign Investment." China Briefing News, 6 May 2021, www. china-briefing.com/news/chinas-carbon-neutrality-pledge-new- opportunities-for-foreign-investment-in-renewable-energy.
15. Rapoza, Kenneth. "How China's Solar Industry Is Set Up to Be the New Green OPEC." *Forbes*, 14 March 2021, www.forbes.com/sites/kenrapoza/2021/03/14/how-chinas-solar-industry-is-set-up-to-be-the-new-green-opec/?sh=2cfec9f91446.
16. Analysis by Ryan Panchadsaram, data from Crunchbase.com.
17. Devashree, Saha and Mark Muro. "Cleantech Venture Capital: Continued Declines and Narrow Geography Limit Prospects." Brookings Institution, 1 December 2017, www.

brookings.edu/research/cleantech-venture-capital-continued-declines-and-narrow-geography-limit-prospects.
18 Devashree, Saha and Mark Muro. "Cleantech Venture Capital: Continued Declines and Narrow Geography Limit Prospects."
19 "Technology Radar, Climate-Tech Investing." BloombergNEF, 16 February 2021, www.bnef. com/login?r=%2Finsights%2F25571%2Fview.
20 Special Purpose Acquisition Company Database: SPAC Research. www.spacresearch.com.
21 Guggenheim Sustainability SPAC Market Update. June 6, 2021.
22 Alm, Richard, and W. Michael Cox. "Creative Destruction." Library of Economics and Liberty, 2019, www.econlib.org/library/Enc/CreativeDestruction.html.
23 "Energy Transition Investment." BloombergNEF, www.bnef.com/interactive-datasets/2d5d59acd9000005. Accessed 14 June 2021.
24 "Achieving Our 100% Renewable Energy Purchasing Goal and Going Beyond." Google, December 2016, static.googleusercontent.com/media/www. google.com/en//green/pdf/achieving-100-renewable-energy- purchasing-goal.pdf.
25 Porat, Ruth. "Alphabet Issues Sustainability Bonds to Support Environmental and Social Initiatives." Google, 4 August 2020, blog.google/alphabet/ alphabet-issues-sustainability-bonds-support-environmental-and- social-initiatives.
26 Kenis, Anneleen, and Matthias Lievens. *The Limits of the Green Economy: From Re-Inventing Capitalism to Re-Politicising the Present* (Routledge Studies in Environmental Policy). Abingdon, Oxfordshire, U.K.: Routledge, 2017.
27 Roeyer, Hannah, et al. "Funding Trends: Climate Change Mitigation Philanthropy." ClimateWorks Foundation, 11 June 2021, www.climateworks. org/report/funding-trends-climate-change-mitigation-philanthropy.
28 "FAQ." IKEA Foundation, 6 January 2021, ikeafoundation.org/faq.
29 Palmer, Annie. "Jeff Bezos Names First Recipients of His $10 Billion Earth Fund for Combating Climate Change." CNBC, 16 November 2020, www.cnbc.com/2020/11/16/jeff-bezos-names-first-recipients-of-his-10-billion-earth-fund.html.
30 Daigneau, Elizabeth. "From Worst to First: Can Hawaii Eliminate Fossil Fuels?" Governing, 30 June 2016, www.governing.com/archive/gov-hawaii-fossil-fuels-renewable-energy.html.
31 "Hawaii Clean Energy Initiative 2008–2018." Hawai'i Clean Energy Initiative, Jan. 2018, energy.hawaii.gov/wp-content/uploads/2021/01/HCEI-10Years.pdf.
32 "Hawaiian Electric Hits Nearly 35% Renewable Energy, Exceeding State Mandate." Hawaiian Electric, 15 February 2021, www.hawaiianelectric. com/hawaiian-electric-hits-nearly-35-percent-renewable-energy- exceeding-state-mandate.

结语

1 "Bell Labs." Engineering and Technology History Wiki, 1 August 2016, ethw.org/Bell_Labs.
2 Herman, Arthur. *Freedom's Forge: How American Business Produced Victory in World War II*. New York: Random House, 2012.

3 Connolly, Kate. " 'Historic' German Ruling Says Climate Goals Not Tough Enough." *Guardian*, 29 April 2021, www.theguardian.com/world/2021/apr/29/ historic-german-ruling-says-climate-goals-not-tough-enough.

致谢

1 "Paul Simon—You Can Call Me Al (Official Video)." YouTube, 16 June 2011, www.youtube.com/watch?v=uq-gYOrU8bA.

图片鸣谢

引言

第 2 页	富兰克林·罗斯福总统的鸡尾酒餐巾纸	图片提供：Jay S. Walker's Library of Human Imagination, Ridgefield, Connecticut
第 4 页	大气中的二氧化碳含量在过去 200 年中急剧上升	改编自 Max Roser and Hannah Ritchie, "Atmospheric Concentrations," Our World in Data, accessed June 2021, ourworldindata.org/atmospheric-concentrations
第 6 页	政策情景、排放和温度升幅范围预测	改编自 "Temperatures," Climate Action Tracker, 4 May 2021, climateactiontracker.org/global/temperatures
第 9 页	我们的温室气体排放总量是如何累加的	改编自 UNEP and UNEP DTU Partnership, "UNEP Report—The Emissions Gap Report 2020," Management of Environmental Quality: An International Journal, 2020, https://www.unep.org/emissions-gap-report-2020
第 14 页	埃克森公司 1978 年的幻灯片	作者：James F. Black and Exxon Research and Engineering Co.

第一章　交通运输电动化

第 23 页	电动汽车越来越受欢迎	改编自 "EV Sales," BloombergNEF, accessed 13 June 2021, www.bnef.com/interactive-datasets/2d5d59acd9000014?data-hub=11
第 24–25 页	路上行驶的汽车	摄影：Michael Gancharuk/Shutterstock.com
第 29 页	在所有车辆类别中，电动车的行驶里程表现都相对落后	改编自 Max Roser and Hannah Ritchie, "Technological Progress," Our World in Data, 11 May 2013, ourworldindata.org/technological-progress; Wikipedia contributors, "Transistor Count," Wikipedia, 1 June 2021, en.wikipedia.org/wiki/Transistor_count
第 36 页	比亚迪车队 / 在中国充电	摄影：Qilai Shen/Bloomberg via Getty Images
第 44 页	普罗特拉大客车	图片提供：Proterra

第 45 页	摩尔定律所预测的指数增长	改编自 Max Roser and Hannah Ritchie, "Technological Progress," Our World in Data, 11 May 2013, ourworldindata.org/technological-progress; Wikipedia contributors, "Transistor Count," Wikipedia, 1 June 2021, en.wikipedia.org/wiki/Transistor_count
第 46 页	莱特定律的应用：太阳能	改编自 Max Roser, "Why Did Renewables Become so Cheap so Fast? And What Can We Do to Use This Global Opportunity for Green Growth?" Our World in Data, 1 December 2020, ourworldindata.org/cheap-renewables-growth
第 47 页	莱特定律的应用：电池	改编自 "Evolution of Li-Ion Battery Price, 1995–2019—Charts—Data & Statistics," IEA, 30 June 2020, www.iea.org/data-and-statistics/charts/evolutionof-li-ion-battery-price-1995-2019

第二章　电网脱碳

第 53 页	随着太阳能发电价格下跌，需求激增	改编自 "The Solar Pricing Struggle," Renewable Energy World, 23 August 2013, www.renewableenergyworld.com/solar/the-solar-pricing-struggle/#gref
第 58 页	随着价格下降和装机容量增加，可再生能源正在逐渐赢得市场	改编自 Max Roser, "Why Did Renewables Become so Cheap so Fast? And What Can We Do to Use This Global Opportunity for Green Growth?" Our World in Data, 1 December 2020, ourworldindata.org/cheap-renewables-growth
第 60 页	欧洲以较少的碳排放实现了较大的经济产出	改编自 "Statistical Review of World Energy," BP, 2020, www.bp.com/en/global/corporate/energy-economics/statistical-review-of-world-energy.html; "GDP per Capita (Current US$)," The World Bank, 2021, data.worldbank.org/indicator/NY.GDP.PCAP.CD; "Population, Total," The World Bank, 2021, data.worldbank.org/indicator/SP.POP.TOTL
第 64 页	Sunrun	摄影：Mel Melcon/Los Angeles Times via Getty Images
第 69 页	温讷比海上风电场	图片提供：Wind Denmark，原 Danish Wind Industry Association
第 72–73 页	越大越强：奥斯特的风力涡轮机越来越大，发电能力越来越强	改编自 "Ørsted.Com—Love Your Home," Ørsted, accessed 13 June 2021, Orsted.com
第 81 页	对于大多数烹饪任务而言，电磁炉的表现均优于燃气灶	摄影：iStock.com/LightFieldStudios。

第三章　重塑食物体系

第 87 页	尘暴区	摄影：PhotoQuest via Getty Images
第 88–89 页	阿尔·戈尔	摄影：Hartmann Studios
第 92 页	减少耕作可以创造更健康的根系和土壤	改编自 Ontario Ministry of Agriculture, Food and Rural Affairs, "No-Till: Making it Work," Best Management Practices Series BMP11E, Government of Ontario, Canada, 2008, available online at: http://www.omafra.gov.on.ca/english/environment/bmp/no-till.htm (verified 14 January 2009). ©2008 Queen's Printer for Ontario. Adapted by Joel Gruver, Western Illinois University

第 93 页	再生农业解读	改编自 "Can Regenerative Agriculture Replace Conventional Farming?" EIT Food, accessed 22 June 2021, www.eitfood.eu/blog/post/can-regenerative-agriculture-replaceconventional-farming.
第 97 页	每千克食物的排放量	改编自 "You Want to Reduce the Carbon Footprint of Your Food? Focus on What You Eat, Not Whether Your Food Is Local," Our World in Data, 24 January 2020, ourworldindata.org/food-choice-vseating-local。
第 100 页	气候友好型食谱：大量水果和蔬菜，有限的动物基蛋白质	改编自 "Which Countries Have Included Sustainability Within Their National Dietary Guidelines?" Dietary Guidelines, Plant-Based Living Initiative, accessed 22 June 2021, themouthful.org/article-sustainable-dietary-guidelines
第 105 页	别样肉客汉堡	图片提供：别样肉客
第 108–109 页	水稻种植	摄影：BIJU BORO/AFP via Getty Images

第四章　保护自然

第 114–115 页	碳在陆地、大气和海洋中不断流动	改编自 "The Carbon Cycle," NASA: Earth Observatory, 2020, earthobservatory.nasa.gov/features/CarbonCycle
第 121 页	热带森林流失导致了全球森林的减少	改编自 Hannah Ritchie, "Deforestation and Forest Loss," Our World in Data, 2020, ourworldindata.org/deforestation
第 122–123 页	森林流失	摄影：Universal Images Group via Getty Images
第 125 页	雨林联盟	图片提供：RainForest Alliance
第 133 页	深海海底拖网	摄影：Jeff J Mitchell via Getty Images
第 135 页	海带养殖场	摄影：Gregory Rec/Portland Press Herald via Getty Images
第 136 页	泥炭地	摄影：Muhammad A.F/Anadolu Agency via Getty Images

第五章　净化工业

第 140 页	詹姆斯·瓦基比亚	图片提供：James Wakibia
第 145 页	指示性标签可以帮助消费者做出正确的回收决定	改编自 "How2Recycle—A Smarter Label System," How2Recycle, accessed 17 June 2021, how2recycle.info
第 146 页	聚乳酸（PLA）	摄影：Brian Brainerd/The Denver Post via Getty Images
第 147 页	塑料在其生命周期的每个阶段都会造成污染	改编自 Roland Geyer et al., "Production, Use, and Fate of All Plastics Ever Made," Science Advances, vol. 3, no. 7, 2017, p. e1700782. Crossref, doi:10.1126/sciadv.1700782
第 150 页	许多工业生产工艺中使用的化石燃料已经可以被取代	改编自 Occo Roelofsen et al., "Plugging In: What Electrification Can Do for Industry," McKinsey & Company, 28 May 2020, www.mckinsey.com/industries/electric-power-ad-natural-gas/our-insights/plugging-in-what-electrification-can-do-for-industry
第 160–161 页	钢铁生产	作者：Sean Gallup via Getty Images

图片鸣谢

第六章　清除碳

第 165 页	碳清除的多种可行方法	改编自 J. Wilcox et al., "CDR Primer," CDR, 2021, cdrprimer.org/read/chapter-1
第 170-171 页	Climeworks	图片提供：Climeworks
第 175 页	Watershed	图片提供：Watershed

第七章　赢得公共政策支持

第 186-187 页	签署《巴黎协定》	摄影：Arnaud BOUISSOU/COP21/Anadolu Agency via Getty Images
第 194 页	全球 2/3 以上的排放来自五大排放经济体	改编自 UNEP and UNEP DTU Partnership, "UNEP Report— The Emissions Gap Report 2020," Management of Environmental Quality: An International Journal, 2020, https://www.unep.org/emissions-gap-report-2020
第 199 页	中国的超高压线	摄影：Costfoto/Barcroft Media via Getty Images
第 204 页	印度太阳能	摄影：Pramod Thakur/Hindustan Times via Getty Images

第八章　行动！

第 218-219 页	格蕾塔·通贝里	摄影：Sarah Silbiger via Getty Images
第 226 页	日出运动	摄影：Rachael Warriner/Shutterstock.com
第 231 页	"超越煤炭"运动	图片提供：the Sierra Club
第 232 页	阿诺德·施瓦辛格会见迈克尔·布隆伯格	摄影：Susan Watts-Pool via Getty Images
第 243 页	沃尔玛的可持续发展目标	图片提供：沃尔玛

第九章　创新！

第 270 页	突破能源基金	图片提供：Breakthrough Energy Ventures
第 288-289 页	纽约市高架行人步道	摄影：Alexander Spatari via Getty Images

第十章　投资！

第 299 页	早期清洁技术投资的第一个 10 年：从繁荣到萧条	改编自 Benjamin Gaddy et al., "Venture Capital and Cleantech: The Wrong Model for Clean Energy Innovation," MIT Energy Initiative, July 2016, energy.mit.edu/wp-content/uploads/2016/07/MITEI-WP-2016-06.pdf
第 310 页	清洁能源项目融资呈上升趋势	改编自 "Energy Transition Investment," BloombergNEF, accessed 14 June 2021, www.bnef.com/interactive-datasets/2d5d59acd9000005
第 320 页	基金会正在崛起以抗击气候变化	改编自 Climate Leadership Initiative, climatelead.org